Historia del mundo contada para escépticos

Historia

Biografía

Juan Eslava Galán es doctor en Letras. Entre sus ensayos destacan *Historia de España contada para escépticos* (2017), *Una historia de la guerra civil que no va a gustar a nadie* (2005), *Los años del miedo* (2008), *El catolicismo explicado a las ovejas* (2009), *De la alpargata al seiscientos* (2010), *Homo erectus* (2011), *La década que nos dejó sin aliento* (2011), *Historia del mundo contada para escépticos* (2012), *Cocina sin tonterías* (2013), junto con su hija Diana, *La primera guerra mundial contada para escépticos* (2014), *La segunda guerra mundial contada para escépticos* (2015), *La madre del cordero* (2016), *La Revolución rusa contada para escépticos* (2017), *La familia del Prado* (2018), *La conquista de América contada para escépticos* (2019), *La tentación del Caudillo* (2020), *La Biblia contada para escépticos* (2020), *Enciclopedia nazi* (2021), *Viaje a Tierra Santa* (2022), junto con Antonio Piñero, y *La Reconquista contada para escépticos* (2022). Es autor de las novelas *En busca del unicornio* (Premio Planeta 1987), *El comedido hidalgo* (Premio Ateneo de Sevilla 1991), *Señorita* (Premio de Novela Fernando Lara 1998), *La mula* (2003), *Rey lobo* (2009) y *Últimas pasiones del caballero Almafiera* (2011), entre otras.

Más información en su página web:
www.juaneslavagalan.com

Juan Eslava Galán

Historia del mundo contada para escépticos

Planeta

Obra editada en colaboración con Editorial Planeta – España

Autor representado por Silvia Bastos, S. L., Agencia Literaria

Adaptación de la portada: Booket / Área Editorial Grupo Planeta
Imagen de la portada: © Alejandro Colucci
Fotografías e ilustraciones del interior: archivo del autor, AESA, © Joanne Herring, Album, TimePix, © Heinrich Hoffmann / Keystone / Getty Images, © Ana Miralles, © Icastro
Cartografía: © GradualMap
Fotografía del autor: © Icastro

Bajo el sello editorial PAIDÓS M.R.
Avenida Presidente Masarik núm. 111,
Piso 2, Polanco V Sección, Miguel Hidalgo
C.P. 11560, Ciudad de México
www.planetadelibros.com.mx
www.paidos.com.mx

Primera edición impresa en España en Colección Booket: enero de 2023
ISBN: 978-84-08-26750-8

Primera edición impresa en México en Booket: abril de 2025
ISBN: 978-607-569-950-9

Impreso en los talleres de Impregráfica Digital, S.A. de C.V.
Av. Coyoacán 100-D, Valle Norte, Benito Juárez
Ciudad De Mexico, C.P. 03103
Impreso en México - *Printed in Mexico*

Índice

Introducción

En mi remota juventud, cuando todavía soñaba con ser arqueólogo, asistí al prehistoriador Antonio Beltrán en una visita a las pinturas rupestres de la cueva de la Graja, en Jimena, Jaén. Lo acompañaban varias alumnas que, por una de esas extrañas coincidencias de la vida, eran, todas ellas, guapas y excelentemente proporcionadas. Una me ganó el corazón cuando le preguntó al sabio, según ascendíamos, jadeantes, monte arriba: «Don Antonio, estoy yo pensando... Lo de los asirios ¿viene antes o después de los romanos?»

A veces, en el transcurso de los años, me asalta el recuerdo de aquel momento perdido en el tiempo. La respuesta obvia a la indagación de la muchacha, «Asiria viene antes que Roma», no todo el mundo la conoce.

Natural. Casi todo el mundo pasa por la escuela o por el instituto estudiando Historia como una asignatura más, prescindible, incluso antipática. Y no digamos los chicos de la LOGSE, cuyo programa se diseñó específicamente para mantenerlos en la turbia y cálida placenta del analfabetismo.

Pasado el tiempo, muchos ciudadanos lamentan no haber prestado más atención a sus lecciones de Historia, como parte de una culturilla general que nunca sobra y que a veces incluso echan en falta.

Por eso, porque a ciertos lectores les interesa el pasado, me quiero embarcar en la grata tarea de componer libros de divulgación histórica que ayuden a contextualizar las películas, las series de la tele y las novelas ambientadas en el pasado. También los mitos históricos que nos salen al paso hasta en la publicidad (polvos Cleopatra, medias Mesalina, coñac Felipe II, etc.).

A estas personas, y a mis fieles lectores que tanto me quieren y tanto me ayudan, dedico este libro. Me he propuesto contar una historia sin mayores pretensiones, sencilla, esquemática y lo menos farragosa posible, como dicha al amor de una mesa camilla antigua, de las de brasero bajo las faldas, una tarde lluviosa de invierno, la sobremesa del domingo, cuando uno se enfrasca en los recuerdos familiares.

Es ésta, pues, una historia modesta, pero creo que honrada, sin ínfulas, muy personal si se me permite expresarlo así, y de antemano pido perdón por mi osadía al invadir sus predios a los historiadores profesionales, «ese gremio ajeno a los intereses de la comunidad humana que les paga el sueldo» (Fanjul, 2012, p. 213).[1] Prometo no abrumar con fechas, nombres propios ni erudiciones innecesarias. Como dice la protagonista de *El hotel encantado*, de Wilkie Collins: «Los hechos son poca cosa, sólo le confiaré impresiones.» Quiero decir que esta historia es mi propia interpretación de la Historia en un libro de quinientas páginas —el editor me ha advertido que no me alargue más— que no pretende mayores alcances. Por otra parte, la Historia imparcial y definitiva, el producto científico irreprochable, me temo que no existe, y que me perdonen los historiadores académicos que creen escribir obras definitivas y se imaginan a Clío, la musa de

1. «El investigador especialista suele mirar con recelo toda intrusión, en su campo de trabajo, del aficionado, del literato o del reportero —confiesa el maestro de arqueólogos y prehistoriadores Luis Pericot en el prólogo a *Dioses, tumbas y sabios*—. No debe culpársele de este sentimiento receloso. Es natural que sea un poco egoísta y un mucho vanidoso, pues sin este contrapeso de la vanidad y el egoísmo no se explicarían los esfuerzos, la paciencia, la renunciación a una vida normal muchas veces, a que se ve obligado el que cultiva con pasión una ciencia.» Al lector que precise una historia más densa y académica lo invito a internarse en los estudios que produce la prestigiosa universidad española, tan justamente apreciada y evaluada en el ranking académico internacional.

la Historia, una moza robusta y apetecible, recibiéndolos a porta gayola. No, queridos amigos, la musa es una chica voluble que olvida pronto a sus amantes y los renueva continuamente. Dicho de otro modo y sin extremar la metáfora: Clío no se casa con nadie, la disciplina histórica tiene tanto de arte como de ciencia, y cada generación parece condenada a reescribir y a corregir la historia que le legó la generación anterior. El académico ultramegaespecializado, el que se sabe en posesión de la verdad, tiende a olvidar que, dentro de una generación, esos discípulos criados a sus pechos que lo sucederán en la cátedra pondrán en solfa su obra, la considerarán superada y le enmendarán los errores. Justo lo que él hizo con sus maestros.

Al maestro, cuchillada. Así es la vida.

Y así se escribe la Historia.

El que esto firma ha tenido la suerte de nacer en la Europa de tradición cristiana, lo que no fue incompatible con la desgracia de nacer en la España nacional-católica del primer franquismo. Estas circunstancias biográficas nos determinan. Por eso (y por falta de espacio para mayores empeños) va a componer el presente relato para gente en la misma o parecida orteguiana circunstancia.

El cristianismo puede que sea tan falso como el resto de las religiones reveladas o por revelar, pero la gente que lo cursó desarrolló una civilización superior, con todos sus fallos, al resto de las civilizaciones. Por eso éste es un libro cristocéntrico, eurocéntrico o incluso etnocéntrico, exaltador de la civilización occidental nacida en Europa y de su expansión mundial. A esta edad uno ya puede permitirse el lujo de ser políticamente incorrecto, ¿verdad?

Nada más. Penetremos ahora en nuestra historia con todo el respeto que merece, como decía Goethe, «el misterioso taller de Dios».

CAPÍTULO 1

El planeta de los simios

Salí del cine un poco conmovido, como siempre que veo *Blade Runner* (y ya la he visto más de una docena de veces). Se había hecho de noche, lloviznaba y hacía frío. Me subí las solapas del abrigo, abrí el paraguas y me dirigí a casa. Por las aceras brillantes de farolas y neones rememoré las últimas palabras de Roy Batty, el replicante guapo: «Yo... he visto cosas que vosotros no creeríais... atacar naves en llamas más allá de Orión, he visto rayos C brillar en la oscuridad cerca de la puerta Tannhäuser. Todos esos momentos se perderán en el tiempo, como lágrimas en la lluvia. Es hora de morir.»

El replicante, tan humano como los humanos que lo crearon, lamenta, más que su muerte, la pérdida de sus recuerdos. Quizá sea que no somos, al cabo de la vida, más que lo que hemos vivido, la memoria.

Llegué a casa, cené los restos del guisado de mediodía y me fui a la cama. Me acompañaba todavía la película. Desvelado, tomé un libro que llevaba un tiempo en la estantería, un libro sobre la historia del mundo, o sea, sobre los recuerdos de la humanidad.

La humanidad, como cualquier persona, guarda una memoria fragmentaria e imprecisa de su pasado, pensé. El libro comienza de manera algo anodina: «El hombre es el animal que se hace preguntas. Desde que el desarrollo del cerebro nos permitió escapar del eterno presente en que viven los animales, comenzamos a formularnos preguntas de dificultosa respuesta: ¿de dónde venimos?, ¿de dónde procede cuanto nos rodea?»[2]

En este punto pensé en el replicante Roy, que se hacía las mismas preguntas: ¿de dónde vengo?, ¿adónde voy?, ¿cuánto tiempo me queda?, ¿cómo puedo salvar mis recuerdos antes de que se disipen «como lágrimas en la lluvia»?

Relatar los recuerdos es una manera de salvarlos: por eso escribimos. Por eso leemos también. Por eso nos interesa la historia. Por eso estamos leyendo, ahora, esta historia del mundo.

Comencemos por el remotísimo principio. Hace unos quince mil millones de años se produjo un estallido en medio de la nada, lo que los científicos llaman el *Big Bang* («la gran explosión»).[3]

Lo que estalló y puso en marcha el universo era una densa concentración de materia y energía que llamaremos «la nuez primordial». Ese estallido originó el espacio y el tiempo, que antes no existían. Es inútil preguntarse qué había antes del principio: ese concepto «antes» es absurdo porque el tiempo no existía.

2. Las religiones se inventaron para eso, para dar respuesta a las preguntas fundamentales del ser humano. Lo más cómodo sería admitir lo que dice la Biblia, que Dios creó el universo en siete días, que modeló a Adán del barro, que puso a la naturaleza al servicio del hombre y al hombre al servicio de Él mismo, o sea, de Dios (bajo la supervisión de líderes religiosos que viven de inventar y administrar esas fantasías), y que, al final, tras la inevitable muerte, y en el supuesto de que hayamos obedecido a los curas, nos aguarda una vida eterna mucho mejor que la que dejamos aquí, dónde va a parar. Hoy, gracias a los avances de la ciencia, podemos descartar esas hipótesis inverificables (la existencia de Dios, la Creación por designio divino, etc.) y vamos desvelando el verdadero origen del universo y las leyes naturales que lo rigen (aunque aún queda mucho por descubrir).

3. Esto nos lo enseña la cosmología, una ciencia novísima en continua expansión (como el universo que intenta describir). En 1927 el jesuita belga Georges Henri Lemaître (1894-1966) apuntó una explosión como origen del universo. (Ya ven que, como científico, el buen jesuita soslayaba la Creación según el Génesis.) En 1948 el físico ruso-americano George Gamow (1904-1968) llamó *Big Bang* a esa explosión.

Igualmente inútil es preguntarse en qué punto comenzó todo: antes del principio no había lugar, no había dimensión espacial.

—¿No pudo ser Dios el origen de esa nuez primordial? —sugieren algunos creyentes.

—Hombre, usted es muy dueño de creerlo si eso lo tranquiliza, pero el caso es que conocemos con bastante precisión el origen de los dioses de las diferentes religiones, incluido el de la cristiana (todos invención humana), pero todavía ignoramos el origen de esa nuez primordial cuyo estallido puso en marcha el universo.[4]

Después del *Big Bang*, la materia y la energía contenidas en la nuez primordial comenzaron a expandirse en todas direcciones y a vertiginosa velocidad.

Esa explosión no ha terminado. Habitamos un universo en el que las galaxias se alejan de las galaxias (justo como un gas comprimido que, liberado, tiende a ocuparlo todo). Más allá de Orión, más allá de las puertas de Tannhaüser, la propia expansión del *Big Bang* crea el espacio, y el proceso de la expansión crea el tiempo. Por consiguiente, el espacio y el tiempo también se expanden con el universo.

El *Big Bang* liberó masas de gas que se concentran en nubes moleculares y se transforman en galaxias y estrellas. Existen millones de estrellas, trillones quizá, muchas más de las que podemos imaginar. En medio de esa multitud mareante, el Sol sólo es una más de las cuatrocientas mil millones de estrellas que conforman la Vía Láctea. Ni siquiera es de las más importantes, sólo es una estrella de rango menor. La propia Vía Láctea no es más

4. El físico norteamericano Edward P. Tryon lo explicó en 1973 como fluctuación cuántica en el vacío. Eso nos remite a la teoría cuántica. «La física cuántica, o mecánica ondulatoria, es la rama de la física que estudia el comportamiento de la materia cuando las dimensiones de ésta son tan pequeñas, en torno a mil átomos, que resulta imposible detectar la posición de una partícula, o su energía, o conocer simultáneamente su posición y velocidad, sin afectar a la propia partícula.» (Tryon, Edward P., «Is the Universe a Vacuum Fluctuation?», *Nature,* 246 (1973), pp. 396-397.)

que una galaxia de segunda división en el conjunto de los millones de galaxias que conforman el universo.

Como todas las estrellas, el Sol se formó de una condensación o nebulosa de polvo y gases que se contrae, al girar sobre su eje (debido a su campo gravitatorio). La energía cinética de la materia, la que produce su propio movimiento, se convierte en calor al concentrarse. Entonces el centro de la nube eleva su temperatura hasta el punto de desencadenar una fusión nuclear: el hidrógeno se convierte en helio y origina una masa incandescente de materia, lo que llamamos una estrella. Así nació el Sol hace unos cuatro mil quinientos millones de años.

No quedó así la cosa. Algunos núcleos de polvo y gas del remolino solar se condensaron igualmente, pero no alcanzaron la temperatura adecuada para la fusión nuclear. Estrellas fallidas, se convirtieron en planetas, los planetas del sistema solar; entre ellos, la Tierra. Si contemplamos nuestro entrañable planeta azul desde el espacio (esas fotografías tomadas desde los satélites), encontramos una imagen serena, casi bucólica: azules mares y verdes continentes moteados de nubes.

En realidad, el aspecto de la Tierra es bastante engañoso. Por fuera está rodeada por una atmósfera rica en oxígeno e hidrógeno, agua y aire, que ha contribuido a enfriar una tenue corteza, pero esta capa superficial en la que vivimos no es muy profunda: apenas seis kilómetros a partir del fondo del mar y hasta treinta o cuarenta en tierra firme. Debajo de esa corteza perduran las altísimas temperaturas. Una potente capa aislante de unos tres mil kilómetros de espesor, rica en hierro y magnesio, envuelve un núcleo de hierro y níquel, un gel candente como los metales de los altos hornos.

La corteza de la Tierra, el suelo que pisamos, no es uniforme ni firme: está formada por placas tectónicas que flotan sobre el inestable magma interior, lo que explica la existencia de las fallas y encabalgamientos que producen el relieve. También los terremotos, maremotos y otros desastres naturales. Los volcanes son poros de esa corteza que comunican con las capas interiores y a veces vomitan magma ardiente.

Al principio, cuando la Tierra se formó y la corteza exterior se fue enfriando, sólo existía un continente (Pangea), rodeado de un gran océano. Hace unos dos mil millones de años, el deslizamiento de las placas tectónicas fracturó esa corteza y la dispersó como las piezas de un rompecabezas, que son los actuales continentes e islas.

En la Tierra abundaban el oxígeno e hidrógeno que componen el agua, además del nitrógeno, el anhídrido carbónico, el amoniaco y el metano.

Hace unos tres mil millones de años, quizá más, la combinación de unas sustancias produjo una reacción química que originó ácido desoxirribonucleico, o ADN, el núcleo de la vida.[5] Ése fue el origen de la vida sobre la Tierra.

Al principio, la vida se limitó a células muy simples, pero hace unos ochocientos millones de años esas células comenzaron a intercambiar genes, se diferenciaron y evolucionaron hasta constituir algas, gusanos, medusas, estrellas de mar y otras formas simples de vida animal o vegetal que poblaron los océanos.

Hace unos seiscientos millones de años, esa vida había evolucionado hasta crear animales más complejos, provistos de huesos o caparazones, que dejaron restos petrificados (los trilobites y otros fósiles). Hoy los encontramos en montañas muy alejadas del mar, pero algún día fueron fauna marina.

5. «El hidrógeno se combina con el oxígeno para formar componentes celulares y el oxígeno se libera en el aire.» Asimov, 2006, p. 7.

CAPÍTULO 2

El parque jurásico

Un buen día, hace unos trescientos millones de años, un pez, el sarcopterigio,[6] salió del mar y se adaptó a vivir fuera del agua (para lo cual tuvo que evolucionar hasta convertir sus aletas en patas y sus vejigas natatorias en pulmones). Ya hacía ciento cincuenta millones de años que la Tierra se había cubierto de un manto vegetal que proporcionaba abundante alimento. Los primeros animales que la poblaron fueron anfibios, los antepasados de las ranas y las salamandras. Después, continuando la cadena evolutiva, aparecieron los reptiles, entre ellos los dinosaurios que dominaron la Tierra hace entre doscientos y sesenta millones de años.[7]

6. Los sarcopterigios son peces de aletas lobuladas; o sea, con una base carnosa sostenida por un esqueleto interno de varios huesos. Además, sus fosas olfatorias se comunican con la cavidad bucal. Actualmente son muy escasos.

7. El periodo jurásico, popularizado por la novela y la película *Parque Jurásico*, abarca el periodo comprendido entre 208 y 146 millones de años. Me hago cargo de que estas fechas tan remotas nos resultan difíciles de imaginar porque escapan a la escala del tiempo humano. Supongamos que desde que apareció la vida sobre la Tierra hubiera transcurrido un año. En ese caso, si la Tierra se hubiera formado el día 1 de enero, los dinosaurios habrían aparecido a primeros de noviembre; los mamíferos a finales de ese mes; el primer homínido, el *Australopithecus*, el 31 de diciembre por la mañana; el *Homo sapiens* —nosotros—, el 31 de diciem-

¡Los dinosaurios! ¿Quién no ha soñado con ellos cuando era niño o, ya de mayor, después de ver *Parque Jurásico*? Aquellos enormes animales (aunque también los había diminutos) se extinguieron probablemente a causa del impacto de un meteorito. La nube de cenizas impidió durante muchos meses que los rayos solares llegaran a la Tierra, lo que agostó la vegetación y provocó la muerte por inanición de los dinosaurios (primero los que se alimentaban de plantas y después los depredadores de esos herbívoros).

Los nuevos inquilinos de la Tierra, desde hace unos cincuenta millones de años, fueron los mamíferos: los antepasados de los elefantes, ciervos, equinos y felinos.

¿Y el hombre?

Hace «sólo» seis o siete millones de años, la selva del África austral (la actual Tanzania y regiones limítrofes) era una maraña de árboles tan densa que apenas la penetraba la luz del sol.

En esos árboles vivían distintas especies de primates homininos[8] que se alimentaban de frutos, nueces, tallos tiernos, raíces, insectos y huevos.

Aquellos seres vivían tan felices como los chimpancés actuales, sin más trabajo que buscar fruta cuando tenían hambre y aparearse cuando las hembras se mostraban receptivas. Durante mucho tiempo se mantuvieron en esa adánica inocencia, libres de cuidados, ni envidiosos ni envidiados.

Pero hace unos dos millones y medio de años, un cambio climático enfrió y secó la Tierra. (Esos cambios son frecuentes en la vida de la Tierra, pero como no los abarca la escala humana, no los percibimos.)

---

bre a la hora de la cena, o sea, hace un momento como quien dice, y desde que empezó el cómputo de nuestra era, la que nos trae al año 2012, sólo ha transcurrido medio suspiro. ¡Qué vértigo asomarse al abismo del tiempo, ¿verdad?!

8. Cada especie animal se divide en varias ramas, familias o subtribus. De la hominina se han derivado, mediante evolución, el hombre, el orangután, el gorila, el chimpancé y el bonobo.

¿Qué ocurrió? Grandes extensiones de selva se transformaron en praderas de hierbas altas (gramíneas perennes) salpicadas de arbustos y matorral: la sabana africana.

Los antepasados del gorila, el chimpancé, el bonobo y el orangután siguieron viviendo en la selva, pero el antepasado del hombre abandonó la selva para adaptarse a la pradera.[9]

En la pradera, los animales se dividen en dos grupos: los que comen hierba (gacelas, ciervos, antílopes, etc.) y los que devoran a los que comen hierba (leones, tigres, leopardos, panteras, lobos...).

Los que comen hierba (herbívoros) habían desarrollado mecanismos de huida: eran velocistas natos, tan rápidos que, en caso de peligro, dejaban al monillo arborícola muy atrás. ¿Recuerdan el chiste de los excursionistas que se metieron por error en una dehesa de toros bravos? ¿A quién empitonará antes el miura? Respuesta correcta: al más lento, al cojo.

En la pradera primigenia, ¿a quién devoran primero el tigre, el león o el lobo?

A nosotros, al indefenso y torpe monillo que se ha atrevido a descender del árbol. El duelo no podía ser más desigual: los carnívoros puros, que tenían fuerza, garras y colmillos, frente al débil monillo, corto de vista y de olfato, lento de reflejos, lentísimo en la carrera y provisto de unas uñas y unos dientes menuditos, inofensivos, que daban pena.

Eso éramos: el último de la fila en el aula de la evolución, el más lerdo del pelotón de los torpes, el hazmerreír de la Creación.

El hominino tuvo que espabilar. Lo primero que hizo fue adoptar la postura erguida, sostenido sobre los pies, que le permitía otear por encima del yerbazal y percatarse de cualquier movimiento sospechoso que delatara la proximidad de un depredador.[10]

9. El hombre actual comparte casi el 99 por ciento de los genes con el chimpancé y el bonobo. Nuestro genoma sólo se diferencia en un exiguo 0,27 por ciento del genoma del chimpancé y en un 0,65 por ciento del genoma del gorila.

10. Esa postura erguida entraña una lenta evolución a lo largo de

Fuera de su medio habitual, el pobre hominino pasaba más hambre que un caracol en un espejo. Se resignó a comer de todo: unas majoletas, un puñado de moras, una lechuga mustia, incluso la carroña que dejaban las fieras después de un festín. De frugívoro (comedor de fruta) se transformó en omnívoro (el que come de todo). Así, probando, probando, descubrió que la carne es muy energética, pura proteína, y se aficionó a ella. Es natural, su creciente cerebro le exigía proteínas.

—¿Carne? —replica el hominino, nuestro querido antepasado—. ¿Podemos llamar carne, sin sarcasmo, a esos cuatro pingajillos que apuramos de los huesos mondos que desprecian los leones, las hienas y los buitres después de sus banquetes?

Lleva toda la razón. Su tragedia es que está mal dotado para la caza. Si el hominino quiere sobrevivir, tiene que cazar, pero ¿cazar qué? Todos los bichos, excepto la tortuga y el caracol, corren más que él. Contrastado con los otros mamíferos de la pradera es un mierdecilla: ni alcanza la velocidad necesaria para perseguir a sus posibles presas ni dispone de colmillos y garras para matarlas.

¡Qué contrariedad! (O ¡qué putada!)

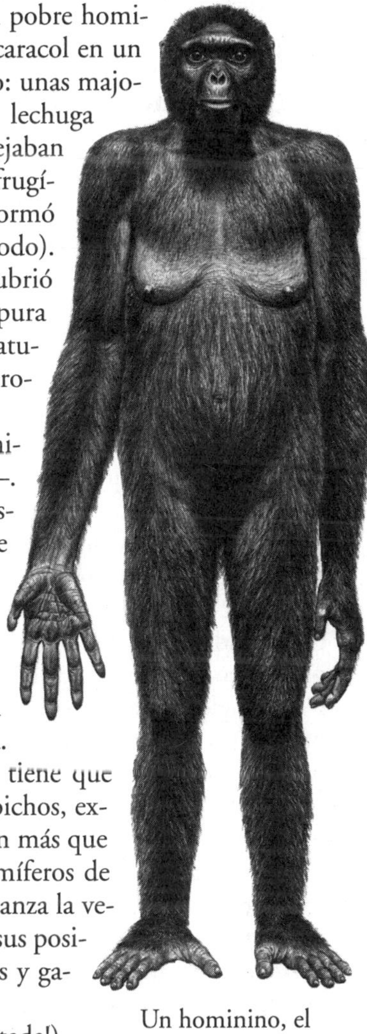

Un hominino, el *Ardipithecus ramidus.*

---

muchos milenios. Las cuatro manos de los arborícolas se tuvieron que transformar en dos manos y dos pies; la espina dorsal curva tuvo que adoptar una convexidad lumbar; las piernas y las nalgas tuvieron que desarrollar la necesaria musculatura.

CAPÍTULO 3

La evolución humana o a la fuerza ahorcan

¿Qué hacer? Lo primero, no ponernos nerviosos. Evaluemos fríamente el material que aportamos a la reñida carrera evolucionista. Desnúdese, lector o lectora, y mírese en el espejo del ropero, de cuerpo entero. Compárese ahora con los otros mamíferos superiores, con el caballo, con el león, con el tigre, con el elefante...

Sí, ya lo sé: lo que el azogue refleja es un alfeñique que no tiene media bofetada. Vístase ahora con atuendos Coronel Tapioca o con los productos que venden en la sección de caza de El Corte Inglés. Nuevamente al espejo. En postura gallarda, abombado el pecho, el pie sobre un melón tan alto como la cabeza de un tigre, sostenga la fregona e imagine que se trata de ese estupendo fusil de grueso calibre con el que nuestro bienamado monarca abate elefantes en Botsuana.

¡Qué cambio, ¿eh?! Provisto de las herramientas que ha fabricado aplicando su desarrollado cerebro, el alfeñique se nos ha convertido en el más peligroso depredador de la naturaleza. Ni corre más que sus eventuales presas, ni tiene fuerza para detenerlas, ni garras para agarrarlas, ni colmillos para degollarlas, pero está acabando con el reino animal.

¿Qué ha ocurrido? Pues que hemos evolucionado más que ningún otro ser en la Tierra. Durante mucho tiempo, un abismo de miles de siglos, nos resignamos a nuestra humillante condición de simples carroñeros. De pronto, el paulatino desarrollo de nuestro cerebro y la creciente habilidad de nuestras manos se combinaron para fabricar y manejar herramientas cada vez más complejas: lascas de sílex cortantes como navajas, núcleos de piedra (las primeras hachas o martillos), estacas para golpear o palos aguzados como lanzas... hasta acabar en la escopeta T-Rex capaz de fulminar a un elefante (aunque después, cosas de la edad, demos gatillazo con la rubia teutona).

Ese progreso nos ha permitido salvar la distancia que separa al carroñero del cazador: un avance inconmensurable.

Es conmovedor. Confrontado con un entorno hostil, para el que no estaba equipado, aquel tatarabuelo nuestro sacó fuerzas de flaqueza y desarrolló un notable cerebro que aventajaba en inteligencia al de los otros mamíferos. De este modo compensó su poquedad física. Pronto reparó en que las garras y los colmillos se podían suplir con palos y piedras. La casi continua posición bípeda le permitió servirse de las extremidades delanteras. La mano, con la que antes se agarraba a las ramas de los árboles, le servía, ya en tierra, para aferrar piedras y palos y convertirlos en herramientas.

Imaginemos la escena. Hace cinco millones de años. En el borde del bosque tupido, una manada de homininos se sostiene sobre las patas traseras mientras otea la herbosa sabana espiando cualquier movimiento: su aguzado instinto le dice: «Ahí están los mamíferos que puedes comer, los antílopes, los ciervos, las jirafas (sus antepasados, quiero decir), pero también están los leones que pueden devorarte.»

¡Un momento! ¿Qué llevamos en la mano? ¡Los adultos portamos palos afilados! ¡El sustituto de los colmillos y las garras que nos faltan!

«Aquella mañana se había dado cita allí toda nuestra historia: todo lo que íbamos a ser y todavía podemos ser.»[11]

Piedras y palos: las primeras herramientas, las primeras armas.

Al tatarabuelo nuestro que comía de todo y andaba sobre las patas traseras lo llamaremos australopiteco.[12] Era del tamaño y

11. Harris, 1995, p. 37.

12. Los científicos que estudian el origen del hombre lo han llamado

peso de un chimpancé (1,30 m y 35 kg) pero ya tenía los pies y las manos como nosotros. Con ser un adelantado para su tiempo, su cerebro resultaría bastante insatisfactorio para las exigencias actuales: unos 500 cc de capacidad, poco mayor que un puño (nosotros tenemos entre los 1.100 y los 1.500 cc; los de Bilbao, incluso un poco más).

El australopiteco talla piedras, lascas con filos cortantes como cuchillas y hachas multiusos, sin mango. Aprende a cazar, a tender trampas, a defenderse de sus depredadores. Sale de su rincón africano y coloniza los nuevos territorios de Eurasia (el continente formado por Europa y Asia) hace un millón y medio de años.[13]

¡Lástima que tan brillante carrera se truncara! Aquellos pri-

---

Australopithecus; o sea, «mono del Sur» (del latín *australis*, «sur», y del griego *pithecos* —escrito πίθηκος—, «mono»).

13. Todo lo relacionado con la paleoantropología (la ciencia que estudia al hombre primitivo) está sujeto a continua revisión, dado que los descubrimientos y los estudios se suceden a gran velocidad. Existe una posibilidad de que el primer homínido bípedo (hominino) sea el *Sahelanthropus tchadiensis* (hace 6 o 7 millones de años), pero el primer hominino seguro es el *Australopithecus* (entre 4 y 2,5 millones de años). Algunos autores distinguen entre el *Australopithecus africanus* propiamente dicho y el *Australopithecus robustus*, más fornido y dotado de grandes molares. A éstos podríamos sumar el *Australopithecus afarensis*, hallado en Afar (Etiopía), al que pertenece la famosa Lucy, una hembra a la que los paleontólogos bautizaron así porque en el momento de encontrar su esqueleto sonaba en el transistor la canción de los Beatles *Lucy in the sky with diamonds* (criptograma del alucinógeno LSD, entonces de moda). Algunas ramas de la familia *Australopithecus* originaron los distintos *homos* (*Homo rudolfensis* y *Homo habilis*, en África oriental, hace entre 2,5 y 1,8 millones de años, con un volumen craneal de entre 650 y 800 cm^3), que evolucionan en el *Homo ergaster* (hace 1,8 millones de años, y con un cerebro de entre 850 y 880 cm^3). De los *ergaster* que emigraron y colonizaron Eurasia derivan diversos *Homo erectus* (en realidad el mismo, más o menos, que recibe nombres distintos según los yacimientos: *Homo erectus* en Extremo Oriente —China, Java— y los *Homo antecesor* de España y *Homo cepranensis* de Italia). Los restos humanos más antiguos hallados en el yacimiento de la Sima del Elefante de Atapuerca (Burgos) datan de hace un millón y cuarto de años.

meros homininos que se extendieron por el mundo se extinguieron hace un millón de años. Un intento fallido de la humanidad, en eso quedó tanto esfuerzo evolutivo. Pero el mismo tronco tenía otros retoños...

La familia del *Australopithecus*.

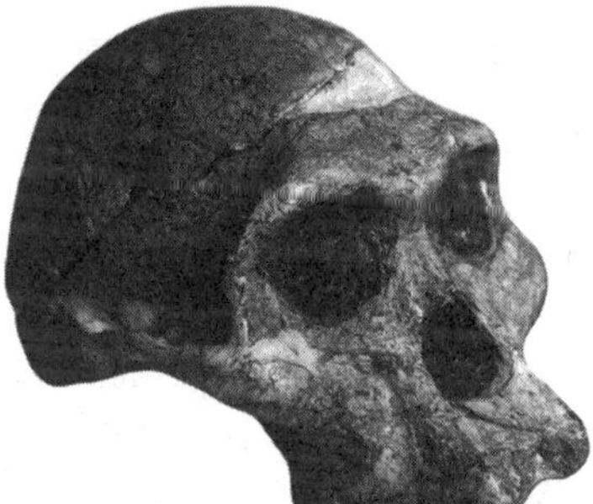

Cráneo de *Australopithecus*.

CAPÍTULO 4

Cromañones y neandertales

Transcurren unos cientos de miles de años hasta que, hace unos cien mil años, la fértil África lo intenta de nuevo, esta vez con más éxito, y produce al *Homo sapiens* u «hombre sabio»,[14] el hombre actual, una especie que, lejos de extinguirse, se ha reproducido y se reproduce hasta constituir la plaga más peligrosa del planeta.

La principal característica del *sapiens*, la que lo hace verdaderamente sabio, es el lenguaje.

El lenguaje le permite comunicar la experiencia a las nuevas generaciones y asegura su progreso, mientras que sus compañeros de viaje, los restantes animales, sólo evolucionan lentísimamente, por mutaciones genéticas. No hay color.

El desarrollo del lenguaje está relacionado con el de la laringe, que se produjo cuando el mono humano alteró su mecanismo respiratorio para que le permitiera acometer mayores esfuerzos sin asfixiarse. La laringe descendió en la garganta, paulatinamente (a lo largo de muchas generaciones, claro está).[15]

14. Ya sé que parece un chiste cuando uno considera la torpeza y necedad de una buena parte de la humanidad, pero, a pesar de ello, nuestro nombre científico es *Homo sapiens* e incluso *Homo sapiens sapiens*, duplicando lo de sabio, aunque parezca recochineo.

15. Los demás mamíferos tienen la laringe en la parte alta de la garganta, pero los humanos la tenemos más abajo, lo que permite a las cuerdas vocales la producción de sonidos más claramente diferenciados y va-

Así hemos llegado. Lo preocupante del caso es que los hombres de hoy padecemos un grave desfase: nuestra evolución tecnológica no se corresponde a la psicológica. Debajo del superficial barniz de la educación sigue latiendo el animal primitivo que frecuentemente perpetra animaladas. Pensemos en los alemanes del tiempo de Hitler: la sociedad aparentemente más culta y evolucionada de la Tierra, la que ha producido luminarias como Hegel, Beethoven y Einstein, se pone de pronto, con su avanzada tecnología, al servicio de una crueldad tribal impensable en las sociedades más salvajes e incivilizadas de la Tierra. ¿Recuerdan la fábula de *El señor de las moscas*, la estupenda novela de William Golding? Pues eso.

Perdonen la digresión. Vuelvo al meollo del asunto: hace cien mil años, algunos *Homo sapiens* africanos salieron de su continente y colonizaron el resto del mundo. Al llegar a Oriente Medio[16] se encontraron con una especie europea autóctona: el hombre de Neandertal.[17] Desde nuestro canon estético, el neandertal no era ningún guaperas. Cuasimodo, el campanero de *Notre-Dame de París*, la inmortal novela de Victor Hugo, podría pasar

---

riados. La pega es que, en esta posición, no se puede ocluir completamente la epiglotis, y por lo tanto no podemos tragar y respirar al mismo tiempo (cuando por accidente lo hacemos, tosemos y hasta llegamos a ahogarnos: «Se me ha ido por donde no era»). Los animales no tienen ese problema porque la epiglotis cierra la tráquea al beber e ingerir comida. Véase el libro de Jared Diamond *El tercer chimpancé* (2006).

16. El *Homo sapiens* llega a Etiopía hace unos 200.000 años; al Próximo Oriente hace unos 90.000, y a Europa hace unos 45.000 años. No cabe duda de que el origen de la humanidad está en África. Estudios de genética molecular (por ADNmt) demuestran que la humanidad desciende de una misma Eva mitocondrial o E. M., que vivió en el noreste de África, hace entre 150.000 y 230.000 años. Estudios de haplogrupos del cromosoma Y humano señalan una ascendencia paterna que alcanza hasta un Adán cromosómico, que habría vivido en el África subsahariana hace entre 60.000 y 90.000 años.

17. El hombre de Neanderthal (*Homo neanderthalensis*) surge en Europa y Oriente Medio hace unos 230.000 años y se extingue hace unos 28.000. Descendía del *Homo heidelbergensis*, que a su vez procedía del *Homo antecesor* (el tipo que colonizó Atapuerca), que a su vez era deudor de aquellas primeras migraciones salidas de África y extinguidas.

por neandertal: cabezón, paticorto, achaparrado, fornido y con una jeta francamente fea en la que llamaban la atención una nariz excesiva, la visera ósea sobre los ojos, la frente huidiza y la potente quijada desprovista de mentón.

A pesar de su aspecto brutal, el neandertal era inteligente y sociable, había desarrollado el habla, fabricaba herramientas de piedra y madera adecuadas a diversos usos, se protegía del frío con pieles, amparaba a los miembros débiles de la horda y enterraba a sus muertos con cierta ceremonia, lo que indica que creía en la prolongación de la vida después de la muerte.

Las dos especies, *sapiens* y neandertal, coexistieron durante un tiempo, sin tratarse mucho (entonces el mundo estaba poco poblado y podían evitarse), pero al final el neandertal, menos apto para la vida moderna, se extinguió.[18] Algunos autores implican al *sapiens* en tan turbio asunto.[19]

El *sapiens*, al que en Europa llamamos hombre de Cromagnon, señoreó el mundo y, gracias a su inteligencia, se adaptó a las cambiantes condiciones ambientales de cada lugar.

18. Hoy sabemos que las damas cromañonas no le hacían ascos a un buen revolcón con el rudo, fornido y sudoroso neandertal. Como consecuencia de ello ha resultado que el hombre eurasiático, o sea, nosotros, tenemos casi un 4 por ciento de genes neandertales. Parece que el desliz con resultado de preñez ocurrió en Oriente Medio hace unos 80.000 años, cuando los *sapiens* salían de África dispuestos a extenderse por Eurasia. Los que quedaron en África, hoy negros subsaharianos, están limpios de herencia neandertal. Esta información tan delicada procede de un estudio publicado en la revista *Science* por un equipo internacional encabezado por Svante Päävo, del Instituto Max Planck de Alemania. El equipo científico español que ha estudiado el genoma del neandertal está compuesto por Antonio Rosas, paleoantropólogo; Carles Lalueza-Fox, biólogo, y Marcos de la Rasilla, arqueólogo (*El Mundo, Eureka. Revista de la ciencia*, 9 de mayo de 2010, pp. 1-5).

19. Pudiera ser: en la cueva de Shanidar (Montes Zagros, Iraq) se han hallado restos de un neandertal atravesado por una lanza cromañona (lanzada con propulsor) hace entre 50.000 y 70.000 años (según informe de un equipo de antropólogos evolucionistas de la Universidad de Duke publicado en la revista *The Journal of Human Evolution*, julio de 2009).

CAPÍTULO 5

Las glaciaciones

Un elemento determinante en el desarrollo de la humanidad ha sido el clima. La Tierra está sujeta a la alternancia de ciclos fríos (glaciaciones) de unos cien mil años de duración, intercalados con otros cálidos (interglaciaciones) de unos veinte mil años.[20] Ahora estamos en uno de los cálidos.

En los periodos glaciares, la Tierra se enfría hasta el punto de que los hielos polares cubren buena parte de Eurasia y América del Norte. Entonces, el nivel del mar desciende hasta doscientos metros y la fauna y la flora se adaptan a las rigurosas condiciones climáticas. Ése es el ambiente en el que hemos de imaginarnos a las comunidades de Atapuerca, las más antiguas de España, coexistiendo con bisontes, rinocerontes lanudos, mamuts, antílopes, osos, lobos...

Cuando pasó la glaciación y tornó el clima cálido, cambió el

20. Durante el periodo Paleolítico (hace entre 600.000 y 10.000 años aproximadamente) ocurren las siguientes glaciaciones: primer periodo glaciar (Gunz): hace entre 600.000 y 540.000 años; primer periodo interglaciar (Gunz-Mindel): hace entre 540.000 y 480.000; segundo periodo glaciar (Mindel): hace entre 480.000 y 430.000; segundo periodo interglaciar (Mindel-Riss): hace entre 430.000 y 240.000; tercer periodo glaciar (Riss): hace entre 240.000 y 180.000; tercer periodo interglaciar (Riss-Würm): hace entre 180.000 y 120.000; cuarto periodo glaciar (Würm): hace entre 120.000 y 10.000. Desde el punto de vista geológico, el Paleolítico corresponde al Pleistoceno.

decorado: se derritieron los hielos y brotaron los bosques de hoja caduca y las praderas de gramíneas. La fauna fría se replegó hacia el norte y fue sustituida por la fauna cálida: los caballos y otros mamíferos menores.

Empieza la andadura de la humanidad en este paraíso, en este planeta azul que llamamos Tierra.

El avance de los hielos.

CAPÍTULO 6

Ice Age 2: El deshielo

Durante la última glaciación, hace unos ochenta mil años, el nivel del mar descendió y todas las tierras del planeta formaron un único continente.[21] Sin mares que le estorbaran el paso, el *Homo sapiens* colonizó hasta los últimos confines de la Tierra.[22]

La Tierra se mantuvo helada durante decenas de miles de años. Afortunadamente, el *Homo sapiens* había «domesticado» el fuego. Nuestro remoto ancestro había aprendido a encender una candela primero frotando dos palos, después produciendo chispas al friccionar un pedernal con una pirita.[23]

El fuego es la primera palanca del progreso humano, el fundamento de toda tecnología, el mayor adelanto técnico de la humanidad (que en su momento traerá la alfarería y la metalurgia).

21. Incluso Asia y América permanecieron unidas a través de Beringia (hoy estrecho de Bering), un puente de hielo entre Siberia y Alaska que los pobladores de América cruzaron hace unos cincuenta mil años. Eso explica ese vago aire familiar que comparten tártaros e indios americanos: es que son parientes lejanos.

22. La única excepción fue Australia, cuyos aborígenes debieron de llegar desde Nueva Guinea, en frágiles embarcaciones arrastradas por las corrientes.

23. Al famoso hombre de las nieves Ötzi (datado hacia el año -3300), hallado en un glaciar de los Alpes en 1991, se le encontró una faltriquera con estos implementos y una provisión de hongo de yesca que le permitía encender fuego incluso en un paisaje nevado.

El dominio del fuego convirtió al débil mono humano en el animal más poderoso de la naturaleza.

El fuego sirve para cocinar la carne (que hasta entonces se comía cruda), para iluminar las largas noches, para defenderse de los depredadores y para socializar. En torno a la hoguera nocturna se reúne la horda, se conversa, se planea la caza del día siguiente (o la cosecha de la próxima primavera), se cuentan cuentos, se transmiten experiencias, se aguzan y endurecen las puntas de las lanzas...

Los descendientes del *sapiens* habitaban en abrigos naturales, es decir, en cuevas abiertas, y, donde no las había, en chozas construidas con los elementos del entorno (incluso con hielo, a falta de mejor material; recordemos los iglús de los esquimales).

Aquellos hombres primitivos eran buenos cazadores y hábiles fabricantes de instrumentos de sílex, madera, hueso y asta. En sus ajuares funerarios encontramos azagayas, puntas de flecha, arpones y agujas (lo que demuestra que cosían pieles, con las que se protegían de las bajas temperaturas). Decoraban cuevas y abrigos con pinturas que representaban escenas de caza, o simples animales (seguramente, a modo de ritos propiciatorios de la caza). Recuerden Altamira, en Cantabria (hacia -14000), o Lascaux, en Francia (hacia -20000). Algunas cuevas eran verdaderos santuarios de la fertilidad: por eso, no por vicio, pintaban en las paredes falos erectos, vulvas femeninas y escenas de apareamiento.[24]

El hombre progresó. Desarrolló normas para regirse en co-

24. En la cueva de Tito Bustillo, en Asturias (hacia -20000), existe incluso un Camarín de las Vulvas, verdadera Capilla Sixtina del arte tocológico; en la cueva de Enlène (Pirineos franceses, hacia -13000) una pareja copula en la postura del misionero; por el contrario, en la de los Casares (Guadalajara, hacia -16000) consuman *a tergo*, o sea, estilo perro, y mientras la receptora pone el culo en pompa y los cinco sentidos en la correcta ejecución del acto, el ejecutante mira hacia atrás, algo distraído (¿recelando, quizá, una inoportuna irrupción del marido? En tal caso estaríamos asistiendo al adulterio documentado más antiguo). (Ahora que vengan los antropólogos a joderme la nota alegando que la monogamia no existía todavía. ¡Qué sabrán ellos!)

munidad y creencias religiosas que mitigaran su angustia ante la muerte.

Hace unos trece mil años, la temperatura de la Tierra aumentó más de seis grados. Terminaba la glaciación y comenzaba el cálido interglaciar que todavía disfrutamos los siete mil millones de terrícolas que superpoblamos el planeta.[25]

No ocurrió de golpe, claro. Los hielos que cubrían buena parte de Europa y Asia tardaron en fundirse un par de milenios. Por todas partes afluían ríos y arroyos que vertían aguas al mar hasta provocar un ascenso de su nivel (más de 150 metros). Con la subida de las aguas, muchas penínsulas se transformaron en islas, América y Asia volvieron a separarse.[26] Se acabó aquel continente único que nos permitía recorrer la tierra a pie enjuto.

¿Recuerdan la película de dibujos *Ice Age 2: El deshielo* (2006)? El cambio climático acarreó una profunda alteración de la cubierta vegetal y de la fauna que vivía de ella. A medida que ascendía la temperatura se replegaban las masas de abedules y coníferas de la etapa fría para dar paso a los bosques de robles, encinas, nogales, tilos y castaños. Y a las praderas (así como a los desiertos).

La fauna mayor (mamuts, renos, focas, etc.) emigró hacia el norte, en busca de regiones más frías. ¡Mal asunto, se trasteaba la despensa del *sapiens*! Los cazadores concentraron sus atenciones en las pocas especies de animales mayores que no habían emigrado, particularmente en los bisontes, que escasearon muy pronto

25. Recordemos que los periodos interglaciares suelen durar unos veinte mil años. Esto quiere decir que los fríos y los hielos regresarán dentro de unos miles de años, pero eso no debe preocuparnos: al paso que llevamos en la destrucción del medio natural, para entonces es muy probable que la humanidad se haya extinguido.

26. Durante el periodo glaciar, el Sáhara era una fértil pradera surcada por ríos. Recuerden las cuevas de Tassili, en el desierto argelino, con sus representaciones de jirafas, elefantes, leopardos, hipopótamos o cebras, así como las pinturas de Wadi Dora, en el desierto Líbico, la «cueva de los nadadores» de la película *El paciente inglés*. Estas pinturas las descubrió, en los años treinta del pasado siglo, el explorador húngaro Lászlo Almásy, en cuya historia se inspira la película.

debido a la sobreexplotación. Entonces tuvieron que conformarse con lo que les ofrecía el nuevo ecosistema, propio de zonas templadas: especies más pequeñas y difíciles de cazar, jabalíes, ciervos, rebecos, cabras, conejos...

Nuestros remotos abuelos erraban en busca de presas que se dejaran cazar más fácilmente. ¡Quía, estaban resabiadas! ¡Habían pasado los felices tiempos de los sangrientos chuletones de mamut o de megaterio displicentemente arrojados sobre las brasas!

Acuciados por la gazuza, nuestros predecesores se resignaron a comer de todo. Ganar la proteína diaria se puso cada día más cuesta arriba. En las costas de Portugal y Galicia surgieron mariscadores que han dejado enormes depósitos de conchas (concheiros), testimonios de su afición al marisco. No respetaron caracoles, tortugas, lapas, ni siquiera babosas. ¡Cómo estaría de hambreado el primero que no le hizo ascos a un percebe!

Henos aquí: el hombre. Nos crecemos ante las dificultades. La necesidad, el primer motor del progreso humano.

Ötzy.

Pareja en la Cueva de los Casares.

CAPÍTULO 7

La invención de la guerra: interludio maorí

Favorecidas por el clima más suave y por el progreso técnico, las hordas de hombres primitivos se multiplicaron, y con ellas, ¡ay!, inevitablemente, los conflictos. Las armas de caza, cada vez más certeras y letales, con puntas de piedra delicadamente talladas y aguzadas, se emplearon también en la guerra.

En una cueva de Barranco de Gasulla, en Castellón, asistimos a una escaramuza: dos grupos de arqueros se acribillan a flechazos. Hasta entonces las hordas se reunían en determinados lugares (santuarios) para intercambiar bienes y mujeres (inteligente evitación de la consanguineidad). A partir de entonces añadieron un tercer motivo: la guerra, «la continuación de la política por otros medios», como la define Karl von Clausewitz. ¿Por qué negociar lo que se puede conseguir por la fuerza? El descubrimiento de los metales sería decisivo: el cobre vence a la piedra; el bronce vence al cobre; el hierro vence al bronce y, finalmente, el arma de fuego vence al arma blanca.

El temprano dominio de estas técnicas por parte de los europeos determinará que las naciones de este pequeño apéndice de Eurasia (España, Italia, Francia, Inglaterra, Portugal, Holanda...) hayan colonizado el resto del mundo durante buena parte de la historia. Todo esto lo iremos viendo a lo largo del libro, pero ahora un pequeño aperitivo para que se vea cómo somos cuando nos sentimos técnicamente superiores y hay algo que robar al vecino.

En las antípodas de España (o sea, en el punto del planeta más alejado de nuestro país) está la isla polinesia de Nueva Zelanda. Sus primeros pobladores fueron maoríes que se establecieron en ella hacia el año 1000. Unos siglos después, un grupo de ellos se mudó a las vecinas islitas Chatham (situadas a unos ochocientos kilómetros).

Durante siglos, los maoríes de Nueva Zelanda y los morioris de las Chatham (así los llamamos para distinguirlos) evolucionaron separadamente, olvidados de la existencia del otro. Los maoríes, debido a la mayor riqueza de su hábitat, se hicieron agricultores, y los excedentes de los cultivos les permitieron desarrollar nuevas tecnologías, ejércitos, burocracias y jefes, lo que prestó a sus poblados y tribus la fuerza y organización necesarias para disputarse los campos en feroces guerras. Los de las islas Chatham, por el contrario, como la tierra no les daba para más, no desarrollaron tecnología alguna y siguieron siendo pacíficos cazadores recolectores sin problemas de propiedad ni liderazgos suficientes para hacerse la guerra.

En 1835, un barco australiano de cazadores de focas informó a los maoríes de la existencia de las islas Chatham, donde «abundan los peces y los crustáceos; los lagos están llenos a rebosar de anguilas y los indígenas carecen de armas y ni siquiera saben combatir».

Fue suficiente: al olor de la ganancia, una partida de novecientos maoríes armados desembarcó en las Chatham. Los morioris «acostumbraban resolver las disputas pacíficamente. Decidieron en una asamblea que no responderían a los ataques, y que ofrecerían a los invasores paz, amistad y división de recursos. Antes de que los morioris les pudiesen comunicar su oferta, los maoríes atacaron, los mataron a cientos, devoraron a muchos y esclavizaron a otros» (Diamond, 1998, p. 61).

CAPÍTULO 8

Ríos caudalosos en desiertos abrasadores

Con el cambio climático menguaron las lluvias. Vastas regiones del planeta hasta entonces cubiertas de prados y arboledas se transformaron en desiertos (el Sáhara y el Líbico en África; el Arábigo y el Sirio en Oriente Medio; el de Gobi en Asia...).

A medida que avanzaban los desiertos, los cazadores-recolectores que habitaban aquellas regiones se replegaron hacia las orillas de cinco ríos caudalosos que aún fluían por medio del desierto porque nacían a miles de kilómetros, en cordilleras nevadas o en regiones lluviosas: el Nilo, que mana desde el lago Victoria, en la remota Uganda; el Tigris y el Éufrates, que toman sus aguas en el Kurdistán;[27] el Indo, que desciende del Himalaya, y el río Amarillo de China, que procede de la meseta del Tíbet.[28]

La población de aquellas riberas llegó a ser tan densa que sus sobreexplotados recursos naturales escasearon.

27. El caudal de estos ríos es variable: depende del deshielo de las montañas armenias y de las lluvias primaverales. No dejaban barro fértil como el Nilo y el Amarillo.

28. El Nilo mide 6.760 kilómetros. La franja de tierra que fertiliza es de anchura variable, pero nunca excede los 60 kilómetros. Todavía hoy el viajero que recorre las riberas del Nilo se sorprende por el violento contraste: al intenso verdor sucede el arenal del desierto sin casi transición. Los antiguos egipcios distinguían nítidamente el desierto o «tierra roja» (*deshret*) y el valle del Nilo irrigable o «tierra negra» (*kemet*).

Hace unos doce mil años, aguzando el ingenio (nuevamente la necesidad como madre del progreso), los habitantes de aquellos ríos se plantearon un cambio en el modelo productivo: ¿por qué no capturar animales y domesticarlos en cautividad? ¿Por qué no arrancar la vegetación improductiva y sustituirla por las semillas de los cereales más útiles? Eso hicieron: domesticaron los vegetales y animales más útiles y se garantizaron un suministro constante de alimento.[29]

Se habían inventado la agricultura y la ganadería. Es lo que llamamos «revolución neolítica».

Revolución porque alteró profundamente la vida de los humanos.[30]

La domesticación no resultó tarea fácil. Pensemos que el pacífico cerdo es pariente del jabalí y que el adorable perro procede del lobo. Con las plantas, lo mismo. Las silvestres eran bravías; las berenjenas, las berzas, las patatas y hasta la dulce sandía proceden de plantas amargas. Algunas eran incluso venenosas.[31]

La región más afortunada en la domesticación de especies vegetales y animales fue la Media Luna Fértil (como llamamos a una imaginaria media luna que enlaza Mesopotamia y el valle del Nilo).[32]

29. Posiblemente la primera especie domesticada fue el perro, hacia el -13000, fruto de su espontánea connivencia con los cazadores. Después vendría la oveja, hacia el -8500, entre las actuales Turquía e Iraq; la cabra, hacia el -8500, en Irán, y la vaca, en Anatolia.

30. La palabra «neolítico» procede del griego *neo*, «nuevo», y *litos*, «piedra». Se refiere a que en esta etapa los instrumentos de piedra se pulían, en contraposición con la etapa anterior, denominada «paleolítico» (de *paleo*, «antigua» y *litos*, «piedra»), cuando los instrumentos de piedra se tallaban toscamente.

31. La almendra de nuestros turrones navideños era, en su origen, amarga y hasta venenosa (por la amigdalina, que se descompone en cianuro), pero algunos almendros salieron dulces debido a una mutación genética que impedía la formación de amigdalina, lo que los cultivadores aprovecharon para extender la especie mutada en detrimento de la genuina (aún presente en ejemplares silvestres).

32. La expresión «Media Luna Fértil», a menudo escrito Fértil Cre-

Los «cultivos fundadores» procedentes de esta zona han colonizado el mundo.[33] De allí (o de sus vecindades) proceden el trigo y la cebada, la oveja y el cerdo, «un paquete biológico poderoso y equilibrado para la producción intensiva de alimentos».[34] Cuando se sumaron la vaca y el buey (hacia el -6000), se obtuvo, además, un poderoso auxiliar de tiro para transporte y arado.

El cultivo de la tierra y la cría de animales resultaron la mar de provechosos: en el territorio donde antes subsistían con estrecheces cien cazadores-recolectores, los nuevos sembrados alimentaban a diez mil agricultores y, si la cosecha era buena, todavía quedaban excedentes para simiente y trueque.

La población crecía al ritmo de los alimentos. De un modo paulatino, en un proceso que duró miles de años,[35] la humanidad se reconvirtió de cazadora-recolectora en agricultora-ganadera.[36]

---

ciente (del inglés *fertile crescent*), se debe al arqueólogo James Henry Breasted, que la acuñó en 1906. Esta media luna incluye el valle del Nilo, en Egipto, y Mesopotamia, o sea, la región entre los ríos Tigris y Éufrates (*mesos pótamos* en griego significa «entre ríos»). Actualmente abarca Iraq, partes de Irán y Turquía, y la costa mediterránea que incluye Siria, Jordania, Líbano e Israel.

33. Los cultivos fundadores son: tres cereales (trigo escanda, trigo esprilla y cebada), cuatro leguminosas (lenteja, guisante, garbanzo y arveja) y una fibra (lino). Cfr. Diamond, 1998, p. 161.

34. Diamond, 1998, p. 161.

35. La extensión de los cultivos llevó su tiempo. Si tomamos por ejemplo el trigo, en su variedad escanda, empieza a cultivarse en el Creciente Fértil hacia el -8500, pero sólo llega a Grecia y a la India hacia el -6500; a Alemania, hacia el -5000; al sur de España, hacia el -5200; a Gran Bretaña, hacia el -3500, y a Suecia, hacia el -3000. Hacia los tiempos de Cristo estos cultivos se habían adaptado ya en toda la franja de Eurasia que abarca, en la misma latitud, los 15.000 kilómetros que se extienden desde Irlanda a Japón. Cfr. Diamond, 1998, pp. 108, 123, 209 y 213.

36. Bueno, toda no, algunos grupos se obstinaron en no evolucionar, en lugares apartados de África, de las selvas de Brasil o en la isla australiana de Tasmania. Al igual que estos grupos de africanos y brasileños, los tasmanos conservaron, como en una cápsula del tiempo, su sociedad

Los agricultores desplazaron a los cazadores-recolectores debido a su mayor potencia demográfica.[37]

El agricultor tiene que arrancar las malas hierbas, arar el campo, sembrarlo, quizá regarlo. Llegado el momento, debe cosechar y guardar el grano reservando la simiente necesaria para la siembra del año siguiente y algunos excedentes en previsión de malas cosechas...

El agricultor desarrolla el sentido de la propiedad de la tierra que labra y trabaja. Asentado en un lugar fijo, preferentemente alto, desde el que se puedan vigilar los cultivos, y cercano a un río o a un manantial, el antiguo nómada se convierte en sedentario. De la agrupación de agricultores para la mutua ayuda y defensa nacen poblados permanentes con sus zonas comunales, sus zonas residenciales y sus cementerios. La vida en comunidad acelera la evolución técnica y social.

Un cuadro feliz, sin duda. Se acabaron las hambrunas esta-

---

preneolítica de cazadores y recolectores, pero tuvieron la desgracia de que los exploradores europeos los encontraran en el siglo XVII cuando todavía no se apreciaban los estudios antropológicos ni existía activismo alguno por los derechos del hombre. Además, los tasmanos eran extremadamente feos para el gusto de los ingleses que los descubrieron, y bajitos (su estatura media no superaba los 160 cm). Los oficiales de Su Graciosa Majestad decidieron que aquellos impresentables no servían ni para esclavos y los exterminaron en 1803 a fin de despejar el terreno para sus colonos (la llamada «guerra negra»). Usaron con los tasmanos los mismos escrúpulos con que se aniquila una plaga de ratas (de hecho, utilizaron perros para cazarlos y el gobernador pagaba a los cazadores por cada piel de tasmano presentada). En 1860 el consejero de la Royal Society of Tasmania, George Stokell, se hizo forrar una maleta con la piel del último tasmano. Se calcula que esta «solución final» debió de afectar a unos siete mil individuos. El mismo camino llevan los animales autóctonos: el último tigre de Tasmania (*Thylacinus cynocephalus*) pereció en 1936 y del extraño marsupial *Sarcophilus harrisii* o «demonio de Tasmania» (así llamado porque es feo, apestoso y gritón) quedan escasos ejemplares.

37. Las mujeres de los agricultores sedentarios podían tener un hijo al año, pero las de los cazadores nómadas, siempre moviéndose de un lado a otro, sólo podían permitirse criar a un nuevo hijo cuando el anterior estaba en condiciones de caminar. Diamond, 1998, p. 126.

cionales y el ir de un lado a otro como feriantes, aquellas forzadas trashumancias de los cazadores-recolectores.

Un gran avance.

Sí, un gran avance, pero al menos la horda de cazadores-recolectores estaba socialmente nivelada por la propia precariedad de su existencia. Al convertirse en agricultora y ganadera, la sociedad produce excedentes que permiten alimentar a individuos no directamente productivos, pero necesarios (burócratas y guardias protectores).

Lo malo es que la producción de excedentes también favorece la especulación (acaparar recursos, negociar con ellos) y pronto surgen las diferencias sociales entre pobres y ricos, explotadores y explotados.

No es la única complicación del nuevo sistema. El agricultor vive en un sobresalto constante. Ahora tiene que trabajar de sol a sol, siempre pendiente de si llueve o no, y a la postre todo su esfuerzo puede malograrse en un momento si los nómadas (los cazadores-recolectores que aún no se han convertido a la agricultura) le saquean el granero o le roban el rebaño. El agricultor necesita protección y ésta se convierte pronto en objeto de trueque. El agricultor se ve obligado a acatar la autoridad de un protector (que a la larga pudiera convertirse en una lacra mayor que la que vino a remediar). Así nace la institución clientelar, todavía vigente en muchas sociedades actuales. El débil se somete a la tutela del fuerte a cambio de obedecerlo y pagarle en trabajo o en productos (o en votos). Por la ley de la mera fuerza bruta, el matón de la horda se promociona a jefe del poblado (régulo, cacique, caudillo, padrino o capo).[38] Los matones se erigen en gobernantes y administran el granero comunal (o dicho en términos económicos, los excedentes de riqueza, las plusvalías), lo que les permite adquirir los bienes de prestigio propios de su estatus

38. La clientela es una institución simple y efectiva propia de sociedades en las que el derecho y la ley no se han desarrollado todavía para garantizar la protección del débil frente a los desmanes del poderoso. En el sistema clientelar, el poderoso protege al débil de los abusos de los otros poderosos y éste, a cambio, lo sirve y lo obedece.

privilegiado (en la antigüedad, vestidos, armas, objetos de metal, cerámica de importación, y más recientemente, yates, chalets, coches deportivos, ligues de lujo, etc.).

Del régulo que comenzó de matón procede, en última instancia, una institución tan venerable como la monarquía hereditaria. Detrás de cada noble, remontando su estirpe, encontraremos a un noble bruto, en ocasiones brutísimo. El antepasado de los Grimaldi de Mónaco, por poner un ejemplo, fue un pirata que disfrazó de frailes franciscanos a su banda de facinerosos y así tomó la plaza.

¿Han visto cómo se enriquece el que detenta el poder? No me refiero sólo a los tiranuelos tipo Gadafi que expolian a su país y acumulan millonadas en paraísos fiscales. Ésos son los más notorios, que no se andan con disimulos. Hablo también de aparentemente respetables monarcas que llevan una existencia regalada, rodeados de lujo, por derecho divino, sin dar palo al agua. Hablo de esos políticos profesionales (en realidad, partitócratas) que se enriquecen y acumulan grandes patrimonios traficando con influencias y encubiertas marrullerías mientras predican justicia social.[39]

39. La rapacidad es consustancial al poder. El que parte y reparte se lleva la mejor parte, que decía mi abuela. El que administra el procomún se lucra con el trabajo de sus administrados y a poco que se prolongue en el cargo acaba metiendo la mano en la caja. Una ley universal nos enseña o debería enseñarnos que de igual manera que la humedad oxida el hierro, el poder corrompe al hombre. Del ideal de la aristocracia (gobierno de los mejores) o de la democracia (gobierno del pueblo) se deriva, fatalmente, la cleptocracia (gobierno de los ladrones). Al cleptócrata lo conoceréis porque desarma al pueblo y monopoliza la fuerza con el pretexto de mantener el orden público; porque se gana a las masas mediante redistribución (parcial, electorera, pura demagogia) del producto rapiñado; y porque esgrime una ideología (comunismo, socialismo, liberalismo, etc.) o religión (cristianismo, islamismo, etc.) que justifique la cleptocracia. Diamond, 1998, pp. 317-318.

CAPÍTULO 9

Vivamos en poblados

A unos treinta kilómetros de Jerusalén se ven las ruinas de lo que queda de Jericó, la ciudad cuyos muros demolió Josué al toque mágico de sus trompetas.[40] Este poblado canaanita es uno de los más antiguos conocidos. Hacia el año -8000 vivían allí unos cientos de personas en casas circulares de adobe (ladrillo sin cocer, secado al sol). Alrededor del poblado, defendiéndolo, levantaron una muralla con una gran torre (véase p. 50).

Los jericoanos habían desbrozado los campos del entorno y cultivaban farro, cebada y legumbres. Esa dieta tan sana (para un vegetariano) la complementaban con la caza. Cuando los animales del entorno comenzaron a escasear (la sobreexplotación) domesticaron la oveja e iniciaron la ganadería.

Los jericoanos observaban un curioso rito religioso consistente en sepultar las calaveras de sus difuntos bajo el suelo de la propia vivienda después de reconstruirles las facciones con yeso. En el lugar de los ojos ponían dos conchas marinas.

También se enterraban en casa, por la misma época, los difuntos del poblado de Catal Huyuk, en Anatolia. Este pueblo estaba obsesionado con el espacio: en lugar de chozas circulares las construía cuadrangulares, que aprovechan mejor el terreno, y no dejaba espacio para las calles: la gente circulaba por las terra-

40. Pudiera ser más antigua la ciudad llamada Zawi Chemi Shanidar, del año -9000 aproximadamente.

zas y entraba en las casas por arriba, con escaleras de mano (véase p. 50).

Cada pocas casas había una especie de templo presidido por altorrelieves de cabezas de toro modelados en yeso en los que se insertaban cuernos verdaderos. Adoraban a una Diosa Madre gorda, parturienta, el ancestral símbolo de la fecundidad.

Otros poblados fueron surgiendo por doquier, cada cual con su fórmula constructiva adaptada a las posibilidades del medio (tierra, piedra o madera). En los lagos europeos causados por el deshielo de los Alpes surgieron, hacia el -4000, comunidades palafíticas que hacían sus chozas de ramas y barro encima de plataformas sostenidas sobre postes clavados en el fondo del lago.

Poblados y sociedades estables por doquier. De muchos no ha quedado rastro, pero sabemos que existieron porque las reservas de alimentos que acumulaban permitieron liberar la fuerza de trabajo necesaria para emprender la construcción de grandes monumentos, los llamados megalitos (del griego *mega*, «grande», y *litos*, «piedra»): construcciones de grandes piedras.[41]

Los monumentos megalíticos más comunes son: el menhir (del bretón *men*, «piedra», e *hir*, «larga»), una piedra clavada en el suelo; el trilito, dos piedras verticales y una horizontal sobre ellas; el dolmen («mesa», en bretón), varios menhires que sostienen una losa, y el crómlech, varios menhires en círculo.

Los dólmenes suelen presentar un corredor de entrada alineado hacia el solsticio de invierno, lo que revela ciertos conocimientos astronómicos de las sociedades neolíticas. Es natural, su vida se acompasaba con los ciclos anuales de preparación del barbecho, siembra y recolección.[42]

41. El megalitismo es un fenómeno mundial, casi siempre cerca de las costas, especialmente en el Mediterráneo occidental y en la Europa atlántica. Abarca desde el -5000 hasta el -1400 (más o menos, se entiende).

42. El dolmen usado como mausoleo puede conectarse al exterior por un pasillo de trilitos (sepulcro de corredor). En España destacan la Cueva de Menga y la de la Pileta, cerca de Antequera, y, en Menorca, las

El más famoso monumento megalítico es Stonehenge, situado en el sur de Inglaterra, un crómlech construido hacia el -2500 (sobre otro anterior de palos y tierra, fechable hacia el -3100). Está orientado de manera que el sol naciente atraviesa su eje cuando despunta por el horizonte durante el solsticio de verano.[43] Menos famoso, pero no menos impresionante, es el menhir de Locmariaquer (Bretaña francesa), hoy roto en tres pedazos y postrado en el suelo, de 22 metros de longitud y unas 350 toneladas de peso. Casi nada si lo comparamos con el obelisco inacabado de la cantera de Asuán, de unas 1.200 toneladas, que se fisuró antes de que lo sacaran de la cantera y allí ha quedado para pasmo de los turistas.

Stonehenge.

taulas (dos piedras en forma de T) y las navetas (edificio de piedra en forma de barco invertido).

43. Aviso, para el que quiera comprobarlo, ese día aquello se pone como una feria, con abundantes mochileros, mucho pirado New Age y hasta antiguos hippies reciclados en ancianos druidas de barba luenga y camisón.

CAPÍTULO 10

El padrino

Hemos visto en el capítulo precedente que los más débiles del poblado buscaban el amparo de los poderosos. Con los poblados ocurría lo mismo: los más débiles se aliaban con los más poderosos y les pagaban tributos. Un buen día, uno de esos régulos sometía a los régulos de las comarcas vecinas y se proclamaba rey de un Estado. Así surgieron ciudades-estado con territorio propio en el que imponían leyes y cobraban impuestos a cambio de garantizar la paz y el orden.

¿Qué ha pasado? Los antiguos matones que auxiliaban al régulo se han convertido en generales que sirven al rey y entrenan a otros para la guerra.

Así surgen los Estados y los ejércitos.

El Estado requiere gente que lo defienda, pero también funcionarios que lo administren. Personas de juicio que recauden parte de los excedentes de los productores para mantenerse ellos mismos y para costear a los que detentan el mando. El Estado se vuelve cada vez más complejo y, con él, la sociedad que lo sustenta: hay poder político, hay contribuyentes y hay recaudadores, hay intereses supranacionales, hay rivalidades entre poblados...[44] Emerge la clase dirigente que, inevitablemente, se convertirá en

44. Ya se ven asomar las orejas del nacionalismo, esa ancestral tontería de la que tanta gente improductiva y enredadora vive en nuestros confusos tiempos.

parásito de la productora (así ha funcionado el mundo desde entonces).[45]

Cada ciudad o cada Estado somete un territorio y lo defiende de la codicia de sus vecinos. Cuanto más próspero sea, mejor debe armarse para disuadir a los posibles enemigos, es ley de vida.

¿La ley de la selva, más bien? Pues sí. Eso es lo que, en última instancia, ha regulado las relaciones entre los hombres a lo largo de la historia de la humanidad. En páginas sucesivas observaremos que impera la tiranía del más fuerte, como en el mundo animal: Estados fuertes explotan a Estados débiles (a cambio de la protección frente a otros Estados fuertes). Estados equilibrados en fuerza evitan llegar a las manos repartiéndose el terreno en disputa en zonas de influencia (y de ordeño). Hasta que uno de ellos se siente más fuerte que el otro y lo agrede para arrebatarle su parte del botín. De ahí salen los bloques, las alianzas, los ejes y las otras variadas formas de asociación y defensa (u ofensa) que el hombre ha ideado.

No quiero deprimir a nadie, sino antes bien componer un libro instructivo y divertido, pero si pretendo que, además, sea veraz, debo señalar que la historia de la humanidad es la historia de la explotación del hombre. El contrato social oculta una cleptocracia o gobierno de los ladrones en que las clases privilegiadas o dirigentes explotan a las sometidas o dirigidas; sea cual sea el régimen político (incluso en las democracias parlamentarias, que en realidad esconden partitocracias), el que recauda explota al contribuyente. Seguimos siendo aquellos monos agresivos que se bajaron de los árboles para conquistar el mundo.

45. Hay un detalle revelador: la clase dirigente defiende a la productora rodeando la ciudad con muros, pero se defiende ella misma de la productora encastillándose en una alcazaba, o barrio residencial fortificado, que la protege a la vez del enemigo exterior (invasores) y del interior (súbditos). Por eso la alcazaba suele situarse en el extremo mejor defendido de la ciudad, con salida libre al campo sin pasar por la población.

CAPÍTULO 11

Pasando el cepillo

El hombre es el único animal que, en cuanto alcanza el uso de razón, comprende que tiene que morir. Es una ingrata consecuencia del desarrollo de nuestra inteligencia, una lacra que no padece el resto de los animales. Para consolarse de su propia muerte (y de la de los seres queridos), el hombre desarrolló la creencia en una prolongación de la vida más allá de la muerte. Tal pensamiento es absurdo y enteramente inverificable, lo admito, pero ha adquirido entidad de verdad incuestionable al transmitirse de padres a hijos.

En uno de los primeros documentos escritos que produjo la humanidad, el poema de Gilgamesh, se expresa ya, tan tempranamente, la angustiosa necesidad que sentimos de prolongarnos más allá de la muerte.[46] Ese desconsuelo nos impulsa a aceptar toda clase de fantasías ultraterrenas inventadas por la casta sacerdotal que vive de la credulidad ajena.[47] Que el hombre, como la

46. El héroe Gilgamesh emprende un largo viaje en busca de Utnapishtim, el padre creador, que le desvelará el secreto. Igual que Roy Batty (*Blade Runner*) busca el secreto de su vida en Tyrell, su creador.

47. El hombre primitivo creía que los elementos de la naturaleza (la luna, el sol, fuentes, montañas, árboles, animales...) están dotados de alma o energía. Posteriormente esas creencias animistas se concretaron en una Diosa Madre que propiciaba las cosechas, la fecundidad de los animales y la sucesión conveniente de las estaciones del año (vitales para la

semilla enterrada, germine y renazca en alguna parte es la imperiosa necesidad que ha dado origen al gran negocio de las religiones.

¿Cómo ocurrió? La progresiva complejidad de los ritos propiciatorios demandó cierta especialización en las personas encargadas de realizarlos. No tardó en surgir el chamán o brujo, el gran embaucador designado por el jefe del poblado como intermediario entre los fieles y la divinidad. El gran embaucador le devuelve el favor al gerifalte declarándolo elegido por Dios para gobernar el poblado y persuade a su feligresía de que los dioses desean que unos pocos ciudadanos (la aristocracia y el clero) vivan regaladamente a costa del resto. En eso consiste la alianza del Altar y el Trono: el mandamás justifica los privilegios del embaucador y el embaucador unge, en nombre de Dios, al mandamás y justifica, en nombre de Dios, las guerras de conquista que el poderoso emprende. La comunidad acata ovinamente los mandatos divinos, no faltaba más, puesto que el sacerdote se arroga el derecho de señalar lo que es grato a la divinidad, una decisión que el creyente acepta porque de ello depende que alcance la felicidad eterna más allá del valle de lágrimas.

El sacerdocio, siempre aliado con el poder. En última instancia, y visto desde una perspectiva puramente materialista y moderna, se trata de conformar a los no privilegiados para que acepten la desigualdad social como lógica y conveniente dentro del orden cósmico sancionado por los dioses. Ése es el objetivo final, cínico y realista, de las religiones, por evolucionadas que sean: conformar a los explotados y mantenerlos sometidos al poder. Es la función social, utilísima y necesaria, del sacerdocio y de la Iglesia. Si esta gente de sotana viviera simplemente del cuento,

actividad agropecuaria). Esta señora de la vida y de la muerte se ha manifestado en diferentes culturas bajo formas diversas: las orondas Venus paleolíticas, la Innana de los sumerios, la Ishtar de los acadios, la Isis egipcia, la Astarté fenicia, la Tanit cartaginesa, la Uni de los etruscos, la Artemio Efesia de los griegos focenses, la Deméter, la Artemisa, la Hera griega, la Juno romana y sus sucesoras hasta alcanzar a la Virgen María de los cristianos.

como algunos creen, hace tiempo que habría desaparecido. Perduran porque se sostienen en la casta dominante y porque las personas necesitamos creer en algo que mitigue la muerte.

Torre de Jericó y su reconstrucción (Universidad Hebrea de Jerusalén).

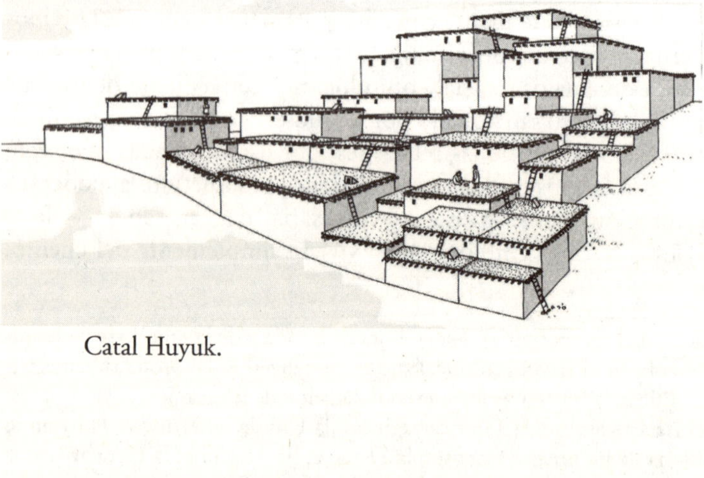

Catal Huyuk.

CAPÍTULO 12

La Media Luna Fértil

Concentrémonos ahora en las pobladas riberas de tres de los cinco grandes ríos que mencionamos antes: el Nilo, el Tigris y el Éufrates. Si los examinamos sobre el mapa advertiremos que en sus tramos finales se inscriben dentro de la llamada «Media Luna Fértil».

Ya hemos dicho que esta región fue la cuna de nuestra civilización.[48] La agricultura y la ganadería de nuestro mundo, el europeo u occidental, nacieron allí. Como Europa ha colonizado, a su vez, buena parte del resto del mundo, se explica que las especies animales y vegetales más divulgadas en el planeta provengan precisamente de la Media Luna Fértil: el trigo,[49] la cebada, el olivo; el perro, la oveja, la cabra, el cerdo y el caballo.[50]

48. Pero tienen el mismo derecho al título de cuna de la civilización, por idénticas razones, los valles de los ríos Indo y Amarillo. En realidad, los cinco ríos constituyen cinco focos de progreso que evolucionan separadamente pues entre ellos mediaban grandes distancias todavía habitadas por pequeñas hordas de cazadores-recolectores. El único contacto entre ríos, que posibilitará la influencia mutua se establece en la Media Luna Fértil por la relativa cercanía del Nilo, el Tigris y el Éufrates.

49. En realidad, la escanda, que es el antepasado silvestre del trigo moderno. A menudo se asociaba a la cebada, a la avena, al mijo y a la espelta. De todo ello se hacían gachas y pan.

50. En Asia la base de la alimentación sería el mijo, que más adelante se sustituyó por el arroz; en América, el maíz.

La facultad de producir excedentes de alimentos permite a la comunidad liberar a una parte de sus miembros para que se dediquen a tareas especializadas: administración, artesanía, obras públicas... La división del trabajo y la especialización por oficios facilita el progreso material. Al principio, como vimos, todos eran cazadores-recolectores (acaso los hombres cazaban y las mujeres recolectaban); después de la revolución neolítica, los agricultores y los pastores produjeron lo suficiente para alimentar a ceramistas, albañiles, fundidores, mercaderes, guardas, escribas, contables y sacerdotes.

La revolución neolítica, la que siguió a la implantación de la agricultura, no se produjo simultáneamente en todo el planeta. Cuando en la Media Luna Fértil surgen Estados poderosos, sociedades complejas, economías avanzadas, comercio, ciudades, civilizaciones,[51] en el resto del mundo siguen vagando los cazadores-recolectores en hordas de cien o doscientos individuos.

Va siendo hora de introducir el término «civilización».

Llamamos civilización al estadio cultural de una sociedad avanzada que ha alcanzado un nivel apreciable por su ciencia, tecnología, artes, ideas y costumbres.

Las primeras civilizaciones de la humanidad florecen en la Media Luna Fértil, en Mesopotamia, un amplio corredor fluvial casi del tamaño de España, recorrido longitudinalmente por dos caudalosos ríos, el Tigris y el Éufrates, y limitado (y defendido) en sus dos flancos por el desierto Arábigo y por la cordillera de los montes Zagros (véase mapa en páginas de color).

En Mesopotamia se suceden, a lo largo de tres milenios, diversos pueblos que fundan Estados: sumerios (-2600), acadios, babilonios y asirios. Cada cual con sus leyes, sus instituciones, su lengua y sus costumbres.

La tierra de Mesopotamia es tan plana que «te subes en una guía de teléfonos y ya tienes un mirador». Los cerretes que de vez

51. En el Nilo, los egipcios (desde el tercer milenio); en Mesopotamia, sucesivamente, los sumerios, los acadios, los babilonios (segundo milenio), y los asirios, los persas, los hititas, los hebreos y los fenicios (primer milenio). Concedamos a cada cual su parcela.

en cuando animan el relieve son, en realidad, enormes montones de escombros, los restos de una ciudad o de un zigurat.[52]

Estos derrubios cubiertos de yerbajos y habitados de lagartos fueron un día prósperas ciudades amuralladas, surcadas de amplias avenidas tiradas a cordel y jalonadas de templos, palacios y talleres artesanos.

¿Por qué no han dejado una ruina más noble, como los templos y edificios egipcios o griegos?

La respuesta está en el paisaje: en Mesopotamia escasea la piedra y abunda la arcilla; por lo tanto, sus pobladores construían con adobe, o sea, ladrillo sin cocer, que con el tiempo se desmorona.

Hace años, el que esto escribe visitó una de aquellas ciudades, Mari, en la Siria actual. No parece nada impresionante: ingentes montones de tierra entre los que apenas se distinguen restos de muros, pues todo se confunde en el mismo mantillo gris terroso, como si se hubiera disuelto bajo el inclemente sol. En la región llueve poco, pero si la excavación no se protege con cobertizos de chapa, en cuanto caen cuatro gotas los muros se ablandan, los edificios se disuelven y se convierten en barro. Lo único consistente son algunas estatuas de piedra (la piedra era un elemento precioso que había que transportar desde largas distancias). ¿Cómo sabemos, entonces, que esta ciudad fue importante? Porque en ella se encontró una biblioteca formada por unas veinticinco mil tablillas de barro cocido, durísimo, el material al que los mesopotámicos confiaban sus libros de contabilidad, sus documentos oficiales y sus poemas.

La escritura nace en Mesopotamia a partir de algún sistema contable que servía para asentar el número de ovejas y las cantidades de grano que los recaudadores extirpaban al contribuyente.[53]

52. Los árabes nativos los llaman *tells* («colina», en árabe y en hebreo). Tel Aviv significa «el cerrete de la primavera». En turco se dice *höyük*, lo que determina topónimos arqueológicos como Catal Huyuk.

53. La escritura es propia de sociedades organizadas. La inventaron independientemente los sumerios y los egipcios (antes del -3000), los

La escritura mesopotámica se denomina cuneiforme (o sea, con trazos en forma de cuña, porque la imprimían con ayuda de un punzón de caña sobre blandas tortas de arcilla que después cocían).

La pobreza material de los árabes que hoy habitan aquellas regiones puede darnos una idea engañosa de lo que fueron las ciudades mesopotámicas. En realidad, sus antiguos pobladores fueron tan ricos y culturalmente avanzados como los egipcios: redactaron los primeros códigos legales, idearon la bóveda y la cúpula, crearon un sistema de numeración de base doce.[54]

Los restos de la civilización mesopotámica muestran una cultura que ejerció una poderosa influencia en otras civilizaciones del momento y, por ende, en el desarrollo de la cultura occidental. A Mesopotamia le debemos el inicio de las matemáticas, las cuatro reglas, las potencias, las raíces cuadradas, el teorema de Pitágoras (mil años antes de que lo enunciara el sabio griego) y la astronomía.[55]

EL ALFABETO DE UGARIT

chinos (hacia el -1300), los zapotecas del sur de México (hacia el -600) y los mayas (hacia el -292).

54. Nosotros usamos el sistema decimal, pero todavía conservamos vestigios del sistema sumerio en la hora, que consta de 60 minutos; el minuto de 60 segundos; el día de 24 horas; el año de 12 meses, y el círculo de 360 grados.

55. Que no distinguieron de la astrología, me temo: escribieron sesudos tratados en los que señalaban las influencias de los cinco planetas (siete, con el Sol y la Luna) sobre las personas.

CAPÍTULO 13

Babilonia, la gran ramera

Sumer, la primera civilización, fue el resultado del florecimiento de unas cuantas ciudades-estado (Uruk, Eridú, Ur...) en las riberas del Éufrates, muy cerca de su desembocadura en el golfo Pérsico, donde los sedimentos fluviales se acumulan y forman un fértil subsuelo. Rodeadas de verdes campos irrigados por canales, las primeras ciudades de la humanidad eran una amalgama de activos y laboriosos talleres artesanos, de bullentes zocos, de barrios de casas de adobe de una sola planta, agrupados en torno al zigurat.

El zigurat, templo y observatorio de la civilización sumeria, era una pirámide escalonada de siete plantas, cada una del color del planeta que representaba (Saturno, Júpiter, Marte, el Sol, Venus, Mercurio y la Luna). Visible desde muchos kilómetros de distancia, el zigurat pregonaba a un tiempo la pujanza de los dioses y la solvencia de la ciudad-estado que lo había construido.

Desaparecidos los zigurats —el barro vuelve al barro, como advierte lúgubre la Biblia—, la prosperidad de la civilización sumeria se manifiesta en los ajuares de sus tumbas reales: joyas, ornamentos, vestidos ceremoniales, cosméticos...

Los sumerios se entregaban al goce de vivir. En los asuetos bebían *sikaru*, una cerveza de cereales fermentados, en tabernas regentadas por mujeres.

El rey acadio Sargón conquistó Sumer en el año -2340 y fundó un imperio con capital en Agadé (hoy Bagdad), que abarcaba desde el golfo Pérsico hasta el Mediterráneo. Lo sucedió, en la

Babilonia en la película de Griffith *Intolerancia* (1916).

hegemonía de la región, otra ciudad-estado, Babilonia, aguas arriba del Éufrates.

Babilonia estaba emplazada en un importante cruce de caminos caravaneros, los que venían del norte al sur y los que discurrían del este al oeste. Además, la proximidad del Tigris y el Éufrates la convertía en un buen enclave fluvial.

Después de Hamurabi, famoso por ser autor del primer código legal de la humanidad (-1792),[56] Babilonia pasó de mano en mano, herencia de sucesivos pueblos (hititas, casitas, elamitas, asirios...) hasta que el caldeo Nabopolasar (-612) se propuso devolverle su esplendor. Su hijo Nabucodonosor (-600) hizo de Babilonia la más bella y populosa urbe del mundo, acrecentó el bienestar de su pueblo excavando nuevos canales que convirtieron el desierto en un vergel y pobló las nuevas tierras de regadío con las poblaciones deportadas de los países que conquistaba (entre ellos, los judíos en la bíblica Cautividad de Babilonia).

Babilonia. Imaginemos, en medio de la verde llanura arbolada y cruzada de canales, una ciudad de 9 kilómetros cuadrados guardada por cuatro murallas sucesivas, la principal de 18 kilómetros de contorno y 7 metros de espesor, en la que se abren ocho puertas monumentales.[57]

Esa coraza inexpugnable guarda una ciudad placentera y rica, dotada de amplias y soleadas avenidas, de palacios y edificios monumentales dotados de refrigeración natural,[58] de plazas abier-

56. El código está inscrito en una columna de diorita en forma de pene erecto, lo que no es indecencia sino alusión al poder apotropaico del falo. En su parte elevada se representa al dios Shamash dictando las leyes sagradas a Hamurabi. El resto de la columna lo ocupan 282 artículos legales inscritos en minuciosa escritura cuneiforme. Algunas de sus leyes siguen vigentes en aquellas tierras, entre ellas la ley del Talión («ojo por ojo, diente por diente»).

57. Todavía podemos hacernos la ilusión de lo que fue Babilonia si contemplamos la monumental Puerta de Ishtar (en el museo de Berlín), alicatada hasta el techo de ladrillos esmaltados azules con 575 figuras de leones, toros y dragones en relieve. Es impresionante.

58. Habían ideado un sistema de lo más ingenioso: altas chimeneas a cierta distancia de los edificios conectadas a sus sótanos por túneles que discurrían bajo los jardines. El riego regular de las plantas filtraba agua

tas y espesos palmerales que acogen a su sombra populosos mercados, de templos (llegó a tener cincuenta) y de altares a los dioses (más de mil trescientos). Todo ello construido en piedra o ladrillo, nada del viejo y desmoronado adobe.

En el centro, junto al templo principal, consagrado a Marduk, se elevaba, poderoso, el zigurat o *Etemenanki*, «la casa del cielo y de la tierra», el portentoso edificio que inspiró la historia bíblica de la Torre de Babel: sobre una base cuadrada de 90 metros, siete pisos escalonados de unos 65 metros de altura. En su cúspide, un templo recubierto de ladrillos esmaltados refulgía al sol desde muchos kilómetros de distancia.

Los famosos jardines colgantes, una de las Siete Maravillas del Mundo Antiguo, fueron el regalo de Nabucodonosor II (-600) a su esposa Amytis, que añoraba las montañas florecidas de su tierra meda.[59]

Babilonia constaba de ocho barrios, cada cual con su avenida central ajardinada en la que desembocaban amplias calles jalonadas de buenos edificios. No faltaban zonas comerciales, barrios residenciales, paseos, mercados... hasta un barrio rojo (recordemos que la pacata Biblia llama a Babilonia «la gran ramera», la ciudad del pecado).[60]

---

que mantenía húmedas las paredes del túnel y producía una corriente de aire que refrescaba las habitaciones.

59. Según Filón de Bizancio, «contenían plantas cultivadas por encima del nivel del suelo y las raíces de los árboles se enredaban en las elevadas terrazas en lugar de hacerlo en la tierra. Toda esa masa verde descansaba en columnas de piedra... Chorros de agua emergían desde fuentes elevadas y se distribuían por toda la estructura en arriates inclinados... Las aguas regaban el jardín saturando las raíces de las plantas y llenando todo de humedad. En ese ambiente, la hierba siempre estaba verde y las hojas de los árboles crecían firmemente unidas a las flexibles ramas... Todo rezumaba arte y lujo real y se extendía suspendido por encima de las cabezas de los visitantes». Se deduce que eran terrazas escalonadas irrigadas desde una alberca superior. Lo intrigante es cómo se alimentaba la alberca: ¿con algún ingenio de norias o ruedas hidráulicas, o a fuerza de cántaros transportados desde el río?

60. Jeremías, el celebrado autor de sus jeremiadas, clama: «Una copa

Una ciudad de todo menos aburrida.

¿Que cómo acabó Babilonia? Desastradamente, como casi todo lo bello y placentero en esta vida (ya lo constata la Biblia, o los cenizos que la escribieron). Su decadencia se debió, en parte, a las crecidas del Éufrates, que la enlodaban un año sí y otro también (debido a negligencias en el dragado de los canales).[61] Cuando ya era una ruina, otras ciudades del entorno, especialmente Bagdad, la usaron como cantera de materiales, ladrillos, sillares, dinteles... Despojada de todo lo aprovechable, en 1173 visitó lo que quedaba de ella el judío español Benjamín de Tudela: «Todavía se encuentra allí el palacio derruido de Nabucodonosor y los hombres temen entrar en él por las serpientes y escorpiones que allí anidan.»

---

de oro era Babilonia en manos de Yavé. Embriagaba toda la tierra. De su vino bebieron las naciones: por eso deliran» (Jer., 51, 7). A muchos extranjeros los sorprendía algún aspecto de la religión babilónica. En Heródoto leemos: «La costumbre más ignominiosa de los babilonios es la siguiente: toda mujer del país debe, una vez en su vida, sentarse en el santuario de Afrodita y yacer con un extranjero. [...] se sientan en el santuario con una corona de cordel en la cabeza [...] y no regresan a su casa hasta que algún extranjero les echa dinero en el regazo y yace con ella en el interior del santuario. Y al arrojar el dinero basta con que diga "Te reclamo en nombre de la diosa Milita [como llaman los asirios a Afrodita]". La mujer sigue al primero que la requiere, sin despreciar a nadie. Tras la relación sexual, cumplido el deber para con la diosa, regresa a casa y lleva una vida honesta. Como es lógico, todas las mujeres guapas y esculturales se van pronto, pero las feas esperan mucho tiempo sin poder cumplir la ley, algunas hasta tres y cuatro años.» Añadamos que la prostitución sagrada era un vestigio de un rito propiciatorio de origen neolítico, o incluso anterior, encaminado a estimular la fecundidad de la naturaleza vegetal y animal. Celdas para la prostitución sagrada se han encontrado en el santuario de Cancho Roano (Badajoz) y en Cástulo (Jaén).

61. Cada nueva crecida depositaba nuevos sedimentos y subía el nivel de las aguas. Cuando Robert Koldewey excavó Babilonia, en 1899, tuvo que desterrar previamente los 20 metros de barro seco que la cubrían.

CAPÍTULO 14

Los asirios

Antes de proseguir remontemos un poco el río de la historia para hablar de los asirios mencionados anteriormente. En la planta baja del Museo Británico, ese magnífico almacén que acumula los tesoros arqueológicos de cien países expoliados,[62] hay una gran sala dedicada a los bajorrelieves asirios (un arte que heredaron de los hititas y de los caldeos). Son como un cómic minucioso que nos cuenta cómo se las gastaban los imperialistas asirios con los pueblos que se les resistían: ciudades asediadas por potentes máquinas, comandos de buceadores que se sirven de pellejos hinchados para atravesar los canales, enemigos torturados, prisioneros mutilados, reatas de reyes vencidos que aguardan maniatados la decapitación... Si creemos lo que dice la Biblia, palabra de Dios, tanta brutalidad era designio del Altísimo; por eso dice Isaías: «¡Ay de Asiria, la vara de mi ira! Pues en su mano está puesto el garrote de mi furor. La mandaré contra una nación impía, y la enviaré contra el pueblo que es objeto de mi indignación, a fin de que capture botín y tome despojos, a fin de que lo ponga para ser pisoteado como el lodo de las calles.» (No sé, al final va a resultar que eran crueles por inspiración de un dios que ni siquiera era el suyo.)

62. Conste que no lo critico; es más, me congratulo. Si no hubieran ido a parar al Museo Británico, al Louvre y a Berlín, la mayor parte de esas riquezas arqueológicas se habrían perdido o andarían ahora en colecciones particulares.

Los asirios se impusieron por el terror y por la propaganda del terror expresada en su arte refinado y elocuente cuyo mensaje está claro: el que se somete y tributa, goza de nuestra protección y de las ventajas que le brinda nuestro imperio mercantil (eran grandes comerciantes). El que se resiste, que se atenga a las consecuencias.

Los asirios legaron a la humanidad el empalamiento, la crucifixión y otros refinados métodos de tortura o ejecución. En su arte, concebido con intención propagandística, se recrean en la exhibición de la fuerza y el dolor. ¿Quién no se ha sobrecogido al contemplar el relieve de la leona que ha recibido un flechazo en la columna vertebral y, perdida la movilidad de sus cuartos traseros, se arrastra sobre los delanteros al tiempo que ruge de dolor y de ira?[63]

En otras representaciones, un impávido rey, la barba ordenada meticulosamente en tirabuzones, se enfrenta a un león cuerpo a cuerpo y le hunde una espada en el vientre. Uno no sabe qué musculatura admirar más, si la de la fiera o la del rey, de potentes bíceps y piernas como columnas.[64]

El caso es que, unas generaciones atrás, nadie hubiera sospechado el brillante destino que aguardaba a aquel pueblo de pastores y mercaderes. Los asirios comenzaron modestamente, sojuzgados por vecinos poderosos, los mitani primero y los hititas después. Pero cuando los Pueblos del Mar (-1200) perturbaron la escena política de Oriente Medio y arruinaron el Imperio hitita, los asirios se independizaron y decidieron ocupar su propio lugar en la historia con ayuda de dos poderosas innovaciones heredadas de los hititas: la metalurgia del hierro y el carro de guerra.

Los asirios ampliaron sus fronteras sometiendo a los pueblos

63. El relieve procede del palacio de Asurbanipal en Nínive. Hoy está en el Museo Británico. De haberlo dejado en su lugar, el Kurdistán iraquí, como quieren los que reivindican la devolución de las obras de arte a los países expoliados, quién sabe si se hubiera conservado. Recordemos la reciente destrucción de los budas afganos y la merma sufrida por los tesoros arqueológicos de Iraq, muchos de los cuales se encuentran en paradero desconocido después de las guerras recientes.

64. Los reyes asirios cazaron tanto en sus cotos que exterminaron esta especie de leones algo más pequeños y veloces que los africanos.

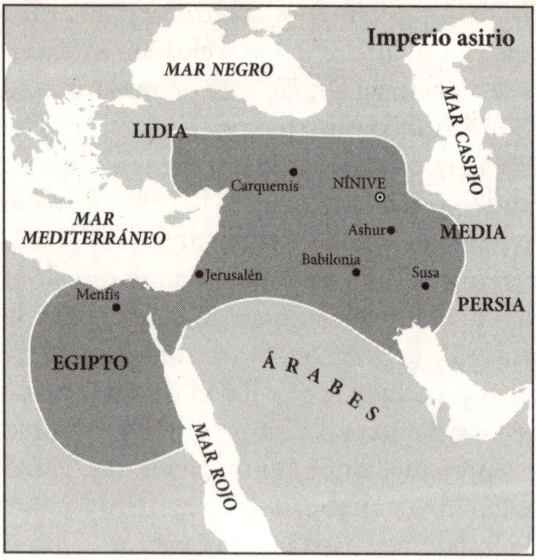

Cacería de leones en un relieve asirio.

del entorno: urarteos, hititas, babilonios, lullubis... Cuando el pueblo vencido era muy numeroso, deportaban una parte de su población a alguna región lejana que precisaran repoblar (así hicieron con los judíos en la llamada cautividad de Nínive, -722).[65]

Hacia el -800, los asirios dominaban todo el mundo conocido. Su imperio abarcaba desde Persia hasta Egipto y desde Anatolia hasta Arabia. Férreo control y puntual recaudación de los impuestos otorgaron al Estado asirio una prosperidad sin precedentes. Tan sólo permitieron cierto grado de libertad a los fenicios, no porque les profesaran una especial simpatía sino, más bien, porque, siendo más bien torpes en las cosas de la mar, necesitaban un pueblo marinero que los surtiera de metales (por eso, el auge del comercio mediterráneo fenicio coincide con el auge del Imperio hitita).

Todo lo que asciende cae, y esa inflexible ley histórica se aplica por igual a los clubes de fútbol que a los imperios (y mucho me temo que también a las personas).

Los asirios se mantuvieron imbatidos y temidos durante un par de siglos. Después se relajaron, les sobrevino la decadencia y sucumbieron ante el empuje de dos pueblos emergentes: los medos y los babilonios, a los que se sumaron los escitas, unos bárbaros de las estepas asiáticas que amenazaban las fronteras del norte. Cuando los babilonios se independizaron y los medos destruyeron Nínive, la gran capital asiria, el anónimo redactor de la Biblia exclamó: «¡Asolada está Nínive! ¿Quién tendrá piedad de ella?» (Na., 3, 7). Ciertamente nadie tuvo piedad: con la misma brutalidad con que habían sido sometidos, los pueblos emergentes sometieron al asirio. En el año -609 cayó Harrán, su último enclave. Después, el silencio bajo el sedimento de la historia. A la postre lo único perdurable fueron estos relieves propagandísticos en los que exhiben su fuerza, su bravura y su crueldad, pero también, en su propia perfección artística, su gusto por la belleza y la armonía.

65. Que no conviene confundir con la más famosa Cautividad de Babilonia, siglo y medio después (-597 y -586), cuando los caldeos arrasaron Jerusalén.

CAPÍTULO 15

La ruina de Mesopotamia

Babilonios, asirios, hebreos, medos, persas... larga es la lista de los pueblos que, a lo largo de dos milenios, poblaron Mesopotamia y sus aledaños. Los arqueólogos han encontrado cientos de miles de tablillas de barro en los archivos de sus templos y palacios que nos permiten conocer muchos detalles de su vida. Aun así, es mucho más lo que nos queda por saber y lo que sabremos cuando puedan excavarse los cientos de ciudades que permanecen sepultadas bajo sedimentos fluviales y montañas de escombros.

Hoy sólo nos queda la arqueología, a través de la cual podemos evocar el brillante pasado de aquellas culturas. Las tierras fértiles no se apartan mucho de las riberas del Tigris y del Éufrates. Más allá de los ríos se extiende, como en Egipto, la tierra improductiva y desértica que antiguamente fue un vergel, campos de regadío surcados por canales se perdían en el horizonte. ¿Qué ha ocurrido?

Talaron los árboles para aprovechar la leña, lo que favoreció la erosión que colmató las huertas de barro. A eso se unió que los regadíos abusivos provocaron el ascenso de las sales del subsuelo, lo que empobreció la tierra. Los lagos de agua dulce se convirtieron en salinas. Los cultivos se abandonaron. Los canales mal mantenidos se cegaron. Los trigales desaparecieron. El desierto ocupó las llanuras que habían sido un vergel, el pastoreo de cabras y ovejas sustituyó a la labranza, los pequeños y miserables puebluchos a las laboriosas y prósperas ciudades, la miseria a la abundancia, los dioses generosos se sustituyeron por un Dios mezquino y exigente, las leyes y las instituciones cayeron en desuso y una población atrasada y analfabeta señoreó aquellas regiones que habían estado habitadas por pueblos cultos y hacendosos.

Las mujeres sumerias, babilonias y asirias gozaban de mayores libertades y derechos que las iraquíes que hoy habitan el viejo solar mesopotámico... Es lo que frecuentemente encontramos en la historia de la humanidad. No siempre se progresa. A veces damos dos pasos adelante y uno hacia atrás, e incluso un paso adelante y tres hacia atrás. Por eso encontramos pueblos prósperos a pesar de habitar tierras pobres y faltas de recursos (Suiza) que contrastan vivamente con pueblos paupérrimos aquejados de hambrunas que habitan tierras sobradas de recursos (por ejemplo, algunos «estados fallidos» de África). Y no siempre se debe culpar al blanco colonialista que los ha despojado y reducido a la miseria. No es criticar, es referir, que conste.

Ruinas del zigurat de Ur, recién desescombrado.

CAPÍTULO 16

Tierra de faraones

El Nilo era un río milagroso: cada año, entre junio y septiembre, experimentaba una gran crecida y se desbordaba.[66] Meses después, cuando el agua se retiraba, la tierra quedaba encharcada y cubierta de una capa de limo negro que resultaba ser puro mantillo, un excelente fertilizante natural sobre el que, con ayuda del infatigable sol, se criaban excelentes cosechas de cereal (trigo y cebada), legumbres (lentejas y garbanzos), hortalizas (lechugas, ajos, cebollas...) y frutas (dátiles, uvas, higos, granadas, aceitunas...). No había en el mundo una tierra que ofreciera tanto por tan poco. Casi no había más que sembrar y recoger. Por eso Egipto fue el país más rico del mundo antiguo, un regalo del Nilo, como lo llama Heródoto.[67]

En este privilegiado valle surge hacia el año -6000 una miríada de poblados agrícolas que acaban agrupándose en dos Estados: el Alto Egipto (*Ta Shemau*) y el Bajo Egipto (*Ta Mehu*). En las diademas de los faraones observamos una cabeza de buitre y una co-

66. Estas crecidas no ocurren ahora, desde que la gigantesca presa de Asuán (1971) regula las aguas. El problema es que la acumulación de limo va menguando su capacidad.

67. El nombre de Egipto es griego (*Aegyptos*) y reproduce el egipcio *Hat Ka Ptah* («casa del espíritu de Ptah»), como se denominaba el principal templo de Menfis. El nombre se extendió primero al barrio, después a la ciudad y finalmente a todo el reino.

bra, emblemas de los dos Egiptos. También lo son el cayado y el espantamoscas que los faraones sostienen cruzados sobre el pecho en la pose ceremonial. Las tradiciones y los símbolos se transmitían inalterables a través de los milenios. El primer rey o faraón (Menes o Narmer, -3150) unió los dos Egiptos en uno solo que llegó a alcanzar seis o siete millones de habitantes y, a pesar de muchos avatares (guerras, anarquía, invasiones), conservó su independencia y su personalidad durante veinticinco siglos.[68]

La misma estabilidad se observa en la sociedad: en el nivel superior el faraón, dios encarnado, servido por una aristocracia que administra, defiende y legisla. En el siguiente nivel, un pueblo dócil conformado con trabajar de sol a sol para sostener al Estado y sufragar los lujos de los poderosos. El firme engrudo que une esas piezas es una casta sacerdotal que mantiene al pueblo sometido con la promesa de una vida mejor después de este transitorio valle de lágrimas.[69]

El reparto de las aguas, la recaudación de tributos y el almacenamiento y distribución de los excedentes requería una compleja burocracia. «Cuando una sociedad dispone de más bienes de los necesarios para el día a día, necesita números», observa Gordon Childe. Los escribas (así llamamos a los contables egipcios) idearon trucos mnemotécnicos, en un principio dibujos estilizados, los jeroglíficos, que más tarde se transformarían en signos abstractos para representar sílabas.[70] Del silabario al alfa-

68. Así como las tiaras papales (ahora en desuso) contenían tres coronas, las de los faraones simbolizan su dominio de las Dos Tierras encajando la mitra del Alto Egipto (la mitra blanca oblonga del dios Seth) en la corona del Bajo Egipto (levantada por el cogote y con una protuberancia rizada por delante, símbolo del dios Horus).

69. Lo de siempre, la misma pamema que siguen practicando las religiones actuales para que los explotados se conformen con su suerte.

70. Había miles de jeroglíficos, lo que complicaba mucho la tarea de memorizarlos. Por eso la profesión de escriba gozaba de gran prestigio, comparable a las nuestras de notarios, registradores de la propiedad y de ahí para arriba. Por cierto, una de las más famosas esculturas egipcias es la de «El escriba sentado». En nuestros días todavía conservan una escritura jeroglífica los chinos y los japoneses.

beto hay sólo un paso. Lo que al principio servía para asentar los tributos y la contabilidad de los almacenes reales, se extendió después a la narración de las hazañas del faraón y las fantasías de los sacerdotes. Esta difícil escritura se perdió con la decadencia de Egipto, pero afortunadamente el francés Champollion logró descifrarlo con ayuda de una losa de basalto, la Piedra de Rosetta, en la que un mismo texto se repite en demótico, griego y jeroglífico. La piedra se encuentra hoy en el Museo Británico (¿dónde si no?).

Los cultivos del Nilo garantizaban sobradamente el suministro de pan y cerveza (*zythum*), los alimentos básicos del egipcio, y dejaban tiempo libre a la población más acomodada para que se dedicara a otras cosas, al arte, al pensamiento y al gozo de vivir.

Piedra de Rosetta.

CAPÍTULO 17

Carne de momia

Los egipcios gozaban de la vida, pero se preocuparon más que ningún otro pueblo de la ultraterrena (pretendían prolongar los placeres más allá de la muerte). Pobres y ricos creían firmemente en que la vida terrenal es un mero trámite para la eterna (en realidad, ésta es la base del negocio religioso, lo que mantenía la secular estabilidad egipcia). Aquí se lució la eficiente clase sacerdotal. El egipcio estaba persuadido de que el cuerpo (*khet*) es morada de un alma (*ka*) y de un principio vital (*ba*). Si el cadáver se conserva y no se corrompe, el *ka* sigue habitándolo. ¿Cómo evitar la corrupción del cuerpo y cómo asegurarle la vida eterna? Momificándolo. Los pobres lo desecaban simplemente, como hacemos nosotros con los jamones, pero los ricos se hacían disecar con un laborioso proceso que garantizaba la conservación del cuerpo.[71]

Creían los egipcios que en el subsuelo de la tierra existe un mundo subterráneo (*Duat*) donde la existencia de los muertos puede prolongarse eternamente. Al morir, el difunto comparecía ante el tribunal de Osiris, en cuya presencia Anubis, el dios con cabeza de chacal, pesaba sus buenos actos en una balanza. Si le

71. La momificación se conseguía sumergiendo el cuerpo eviscerado en una solución de natrón (carbonato y bicarbonato de sosa). La de los pobres, enterrándolos en la arena, que absorbe el agua del cuerpo y lo seca (momificación natural).

faltaba peso, una diosa con cabeza de cocodrilo le devoraba el corazón; si sus buenas obras lo merecían podía integrarse en el mundo de los muertos.

El difunto no se despedía de la vida, sino que ingresaba en otra subterránea. Por lo tanto, se hacía sepultar con un ajuar proporcionado a su rango y riquezas, que lo acompañaba y servía en el ultramundo. Lo malo es que ese ajuar tentaba a los ladrones. Los faraones redoblaron sus esfuerzos por preservar sus cuerpos y sus tesoros, encerrándolos en pirámides aparentemente inviolables que, sin embargo, fueron sistemáticamente saqueadas. Probemos, entonces, a disimularlas, pensaron, y hacia el -2150 abandonaron la construcción de ostentosas pirámides y comenzaron a excavar sus panteones en discretos hipogeos, o tumbas subterráneas, emplazadas en lugares secretos, especialmente el Valle de los Reyes, una barranca seca en pleno desierto, a salvo de las crecidas del Nilo... pero donde también fueron saqueadas sistemáticamente.

Desde la antigüedad ha existido un intenso tráfico de objetos procedentes de tumbas egipcias. Vasos de alabastro egipcios han aparecido en ruinas romanas de Salobreña. Incluso las momias fueron —son— objeto de trapicheo.[72]

Regresemos a las riberas del Nilo. Aquella boyante agricultura liberaba mucha mano de obra en determinadas épocas del año. El Estado la empleó en obras monumentales, principalmente en la construcción de templos y tumbas, las pirámides e

72. En la antigüedad se consideraba que el alquitrán estaba dotado de maravillosas propiedades curativas aplicado como emplasto sobre heridas y úlceras. Cuando empezaron a agotarse los yacimientos de Oriente Medio, lo sustituyeron por carne de momia, de aspecto parecido. Durante la Edad Media, y hasta el siglo XVIII, las mojamas humanas fueron objeto de un activo tráfico bajo la denominación farmacéutica de *Mumia vera aegyptica*. En el siglo XIX, cuando el avance de la medicina las descartó como remedio, les buscaron un nuevo empleo... ¡como combustible en las locomotoras de vapor! Hoy están protegidas y se han ganado el respeto de los museos. No hay cuidado de que se acaben: tres milenios de momificación dan para mucho.

hipogeos.[73] Los templos egipcios no son menos impresionantes que las pirámides. En los de Karnak y Luxor encontramos salas hipóstilas sostenidas por columnas que diez personas agarradas por las manos no abarcan.

Los relieves y los dibujos sobre estuco que decoran los muros de los templos e hipogeos retratan minuciosamente la vida de los egipcios: agricultores en el Nilo, constructores que arrastran los gigantescos bloques de una pirámide, deportistas en competición, músicos que amenizan una fiesta, soldados que regresan de una campaña, esclavos nubios que siegan los trigos, niños jugando, las ceremonias de una sociedad refinada y hedonista, amante del lujo hasta más allá de la muerte. Por eso se hacían sepultar en tumbas profusamente decoradas y llevaban consigo estupendos ajuares, para disfrutarlos en la otra vida: muebles, carros, vasijas, vestidos elegantes, tejidos vaporosos, joyas.

A veces, los alegres relieves de las tumbas nos transmiten guiños enternecedores. En la tumba del joven faraón Tut y su mujer, un friso representa la cacería de aves con palos, una pícara alusión a la pasión de los enamorados que llevarían su amor más allá de la muerte (como dice Quevedo), porque en egipcio la expresión «tirar el bastón» significaba copular.

La imagen más divulgada de Egipto, la que aparece en postales y camisetas, es la de la Esfinge y las famosas pirámides de la llanura de Giza (Keops, Kefren y Micerinos), construidas hacia el año -2500.

Cuando contemplamos una pirámide, y no digamos cuando penetramos en ella (sobreponiéndonos al intenso hedor amoniacal del guano de murciélago que perfuma sus adentros, pésimo para los asmáticos), nos sentimos anonadados ante la perfección técnica, la organización, el poder y la riqueza del Estado que la erigió. Desde una perspectiva moderna, asombra que una sociedad o un Estado haya acumulado tanto ingenio y tanto trabajo en la construcción de un edificio enteramente superfluo. Exami-

73. Ello explica que a lo largo del Nilo se concentre más del 50 por ciento de los yacimientos arqueológicos del mundo (me refiero a los de cierta entidad).

nado el asunto más detenidamente, es posible que le encontremos utilidades: refuerza el prestigio del faraón y de la casta dominante, refuerza las creencias en la vida ultraterrena y emplea a una gran cantidad de desocupados temporales, lo que es otra forma de redistribución de la riqueza.

En su prolongada existencia, el Egipto faraónico conoció épocas de esplendor y expansión y épocas de decadencia. Hacia -1800, se debilitó y disgregó en decenas de poderes autonómicos que desembocaron en franca anarquía. Los beduinos de la periferia, los hicsos, aprovecharon esta debilidad para adueñarse del país. Cómo ocurrirá milenios más tarde con el Imperio romano y ocurre ahora en Europa, el proceso se inicia con la llegada aparentemente pacífica de oleadas de emigrantes procedentes de países menos desarrollados (en el caso de Egipto, libios y cananeos), y termina en ocupación de las instituciones por esos extranjeros que imponen su propia forma de vida menos evolucionada a los débiles o incautos naturales. Un viejo castellano diría: «Al villano dale pie y se tomará la mano.» Ocurre siempre en la historia y ningún pueblo escarmienta. En el caso de los egipcios, lo pudieron remediar, después de unos doscientos años de sometimiento, cuando un movimiento que reivindicaba la «salvación de Egipto» consiguió expulsar a los hicsos tras una cruenta «guerra de liberación».

El primer faraón que mencionaremos es, en realidad, una faraona, la resuelta Hatshepsut (hacia -1458), regente durante la minoría de edad de su hijastro, una mujer decidida que gobernó sabiamente con ayuda de su amante Hapuseneb, en el que concentró (con gran escándalo de la corte) los títulos de visir y sumo sacerdote.

Para hacerse respetar en su papel de faraón, la grácil Hatshepsut asumió los títulos tradicionales[74] y hasta se atavió con una barba ceremonial postiza. Es de creer que incluso disfrazada de mujer barbuda no conseguiría disimular su condición femenina:

74. No todos, el de «Toro poderoso» no terminó de gustarle. Pensaría, coqueta, que sus adversarios la llamarían «Vaca poderosa», que la gente es muy mala.

poseía unas tetas estupendas que le abultarían el corpiño[75] y en la intimidad, antes de recibir a Hapuseneb, al que imaginamos impetuoso como venado en celo, hemos de creer que se rizaba el pelo con tenacillas, se depilaba las cejas con pinzas, se maquillaba los párpados con verde malaquita y se pintaba los labios con manteca teñida de almagre (son los vestigios de tocador que encontramos en las tumbas de las damas).

Anciana y viuda de su amante, sin gusto ya por la vida, Hatshepsut se dejó arrebatar el poder por su hijastro y sucesor, el vengativo Tutmosis III, que hizo raspar el odiado nombre de su madrastra de todos los registros y monumentos del reino.[76]

Un siglo después de la resuelta Hatshepsut ocupa el trono Akenaton (-1353), que se hizo famoso porque intentó subvertir el milenario orden enfrentándose a los poderosos sacerdotes. Se le había metido en la cabeza que sólo existe un Dios (Atón, representado por el sol) y que toda la elaborada religión desarrollada hasta entonces, con su complejo panteón de dioses en torno a Amón, era una pura filfa. No contento con ello, mudó la capital a Amarna y hasta reformó las inmutables normas artísticas que idealizaban la representación de las figuras. Afortunadamente para todos, y en especial para los sacerdotes, murió pronto (diecisiete años reinó), las aguas volvieron a su cauce y el herético episodio quedó archivado como una leve perturbación en el perfil inmutable de la historia egipcia.

75. De hecho, los arqueólogos que descubrieron su momia, hallada en el sepulcro de su nodriza, en el Valle de los Reyes, describieron como rasgo distintivo unos «pechos enormes que caen como péndulos» (no es desdoro, murió a los sesenta, ya convertida en una anciana obesa).

76. Esta operación, más propiamente llamada *damnatio memoriae*, es muy frecuente a lo largo de la historia: se trata de eliminar cualquier huella de un régimen o personaje odiado incluso raspando su nombre de las inscripciones de los monumentos. Ahora la estamos viviendo en la memoria de Franco y de su Régimen.

CAPÍTULO 18

Nefertiti, *mon amour*

La esposa de Akenaton y colaboradora más o menos resignada en sus delirios místicos es la reina Nefertiti (c. -1330), la del largo cuello de garza en el famoso y bellísimo busto.[77] Su carita afilada, de anoréxica aún potable, contrasta con unos labios sensuales, muy bien perfilados, y unos ojos de inquietante mirada (un ojo, en realidad; el otro perdió la policromía y lo tiene blanco, anublado, por eso la retratan siempre de perfil).[78]

Akenaton fue probablemente padre de Tutankamon (-1336 a -1327), el faraón más famoso, que, sin embargo, fue, paradójicamente, uno de los más irrelevantes. Este mozalbete de poca sustancia, fallecido a los diecinueve años de malaria y necrosis ósea, debe su fama al descubrimiento de su tumba intacta por el arqueólogo Howard Carter en 1922.

Tutankamon reposaba en un hipogeo relativamente modesto pero repleto de tesoros que había pasado inadvertido a los sa-

77. Me refiero a «busto» en la segunda acepción de la RAE: escultura o pintura de la cabeza y parte superior del tórax, no al busto como tetamen (tercera acepción), porque la chica era más bien escurrida y escasa de chicha.

78. Nefertiti, su busto, reside ahora en una sala recoleta, para ella sola, del remozado Neues Museum de Berlín. ¡Qué enigmática belleza nos transmite a través de los siglos ese cráneo menudo, esa fina calavera que se adivina bajo el cutis de nácar moreno de la reina!

queadores bajo los escombros de otra tumba en el Valle de los Reyes. Recordarán, por haberla visto reproducida mil veces, la máscara de oro macizo con incrustaciones de lapislázuli que cubría el rostro de la momia: el tradicional tocado egipcio de lino sujeto con una diadema adornada en la frente con la cabeza del buitre y la serpiente, representación de los dos Egiptos. Además, el áspid simbolizaba a la diosa Uadjet y era emblema del poder (se creía que este reptil escupía llamas venenosas sobre el enemigo).[79]

Después de estos avatares (que si Amón, que si Atón), Egipto recuperó la grandeza y prosperidad de antaño. Durante el largo reinado del faraón Ramsés II (-1290 a -1224), extendió sus dominios hasta Libia por el oeste y hasta Siria y el Éufrates por el norte (en competencia con los hititas).

En los pílonos de los templos se representa la gran victoria de Ramsés sobre los hititas en Qadesh (-1274): el faraón triunfante en su carro y los prisioneros maniatados. También los montones

79. Tenía Carter un canario muy querido, de nombre *Otelín*, que le alegraba con su canto canoro las mañanas y lo acompañaba en sus desplazamientos. Pues bien, a poco de descubrir la tumba real se lo tragó una cobra, la serpiente titular de la diosa Uadjet. Ésta es la única prueba, más bien indicio, de que exista una maldición de los faraones. El resto es leyenda y tontería que el escéptico hará bien en rechazar. El propio Howard Carter, responsable principal del descubrimiento, murió plácidamente en la cama muchos años después, en 1939, cumplidos los sesenta y cinco. Hace pocos años, cuando buscaba, de madrugada, en el dial de la radio, una emisora en la que retransmiten cada madrugada el rosario rezado y comentado por el papa Wojtyla, topé con uno de esos programas de misterio que versaba sobre la maldición de los faraones. Aseguraba el especialista entrevistado que los que violaron la tumba de Tutankamon murieron antes de que concluyera el año, lo que demuestra el persistente poder de los antiguos dioses. Un oyente llamó para explicarlo por el lado científico: las muertes se debieron a las malignas esporas que flotaban en el aire viciado de la tumba. No terminé de escuchar sus razones porque se me pasaba la alocución de Wojtyla. Pura filfa para que cuatro embaucadores se ganen la vida a costa de la gente crédula (me refiero al programa de misterio, no al rosario comentado de Wojtyla).

de penes cercenados como trofeo de la victoria, que sólo de verlos da alferecía.[80]

Lo que en Egipto presentaron como una gran victoria del faraón en realidad debió de quedar en tablas. Es lo que se deduce de la copia hitita del tratado, escrita sobre una tablilla de arcilla, que se conserva en el museo de Estambul.

El tratado de Qadesh cimentó una paz duradera que benefició a las dos potencias: los hititas recibieron arquitectos egipcios y los egipcios recibieron hierro y metalúrgicos hititas que los sacaron de la Edad del Bronce (un gran progreso).

Páginas atrás vimos que hacia -1200 los Pueblos del Mar, un conglomerado de invasores de incierto origen (¿filisteos, griegos, troyanos, anatolios?), asolaron las costas del Mediterráneo oriental y acabaron con el Imperio hitita. Egipto logró sobreponerse y sobrevivir unos cuantos siglos más.

Antes de despedirnos de Egipto mencionaremos a una pareja amorosa y dispar, la formada por Seneb y Senetefes (hacia -2528). No es fácil verlos porque en la inmensa chamarilería que es el Museo de El Cairo pasa inadvertida esta escultura de caliza de apenas dos palmos de altura que representa al enano Seneb posando, como en foto familiar, con su atractiva esposa Senetefes y con los dos hijos, chico y chica, habidos del matrimonio.

Senetefes es blanquita de tez; Seneb, mulato café con leche y enano de cintura para abajo (como Toulouse Lautrec). A pesar de su minusvalía ha triunfado en la vida gracias a su carácter emprendedor y enérgico (esa impresión transmite su semblante), que lo aupó a jefe de la Guardarropía del Faraón, un cargo importante. Se retratan con una leve sonrisa en los labios, ella rodeándolo con sus níveos brazos, como diciéndonos, a través de los milenios: «Vale, soy/es enano, ¿qué pasa?» Así son las cosas del amor.

Ya vamos viendo que esta gente de apariencia hierática que se

80. Es la parte que más fotografían los turistas y la más manoseada por el guía, que, mientras la señala o manosea, dirige su maliciosa sonrisa a alguna rubia entrada en carnes a ver si capta el mensaje.

retrata con el cuerpo de frente y brazos y manos de perfil tiene su corazoncito capaz de albergar pasiones y sueños.

No nos despediremos sin mencionar otra devastadora historia de amor egipcio, la de la bella Cleopatra, pero ésa se merece un capítulo nuevo.

Seneb y Senetefes.

CAPÍTULO 19

Cleopatra, la serpiente del Nilo

Un encanto de mujer esta Cleopatra (-69 a -30). Si la llamo serpiente es por una cuestión de mercadotecnia, para estimular la lectura de este capítulo y porque es el título de uno de mis libros (véase la bibliografía).

La famosa reina de Egipto debió de ser mestiza de egipcia y griega (los tolomeos, descendientes del general de Alejandro Magno, llevaban ya tres siglos en Egipto). En cualquier caso, aunaba la cultura griega y el refinamiento egipcio. En sus escasos retratos se nos representa como una mujer delgada y no muy agraciada: gran nariz ganchuda, frente despejada y, calculando a ojo de buen cubero, talla 105, copa C.

No fue, por tanto, su belleza física la que despertó una ardiente pasión en Julio César y en Marco Antonio (y aun, quizá, la hubiese inspirado en el esquivo Octavio, de haber sido ella algo más joven y él menos avisado). Los escritores de su tiempo se sintieron igualmente fascinados: «Su voz —dice Plutarco— era como un instrumento de muchas cuerdas.» «Existen —escribe otro— cien formas de adular, pero ella sabía mil.»

O sea, una mujer fascinante que sabía sacar partido de su femineidad, de su cultura, de su exotismo y, ¿por qué no?, de otros secretos encantos y habilidades.[81]

81. En inglés se llama *Cleopatra's grip*, o presa de Cleopatra, a una técnica sexual que consiste en entrenar el músculo de la vagina para que

Julio César había instalado a Cleopatra en Roma, en su lujosa villa a orillas del Tíber, y no ocultaba su adoración por ella (incluso la había colocado en forma de estatua dorada en el templo familiar de Venus Genetrix). Cuando asesinaron a César, la atractiva egipcia se sintió insegura en Roma y regresó a Egipto apresuradamente junto con el pequeño Cesarión, el hijo que había tenido con Julio. El resto de esta triste historia es bien conocido porque ha inspirado cantidad de obras de arte: después del breve duelo de su viudez, engatusó a Marco Antonio (o viceversa) y ambos se enfrentaron con Octavio, que los derrotó (todo esto se explica en los capítulos romanos que seguirán).[82]

No es seguro que la bella Cleopatra se suicidase haciéndose picar por una serpiente áspid que se había hecho llevar oculta en una cesta de rosas, pero es poéticamente plausible. En cualquier

---

apriete el pene o pilila en una especie de movimientos peristálticos la mar de gustosos. Esta facultad no es innata sino que depende del desarrollo del músculo pubococcígeo (un conjunto de músculos que rodea la parte inferior de la uretra, la vagina y el recto). Es un músculo la mar de útil porque, además de los juegos sexuales que permite, con él se controla la micción, y se previene el prolapso de útero y vagina. Las bolas chinas permiten ejercitarlo. Lo dominan muy bien las prostitutas tailandesas, según tengo leído. El erotófilo Richard F. Burton (1821-1890), en sus merodeos por el mundo islámico, documenta la presa de Cleopatra en Egipto: «Entre algunas de estas razas [especialmente entre las mujeres gana], los músculos constrictores de la vagina se hallan anormalmente desarrollados. En Abisinia, por ejemplo, casi cualquier mujer puede contraerlos hasta el extremo de provocar dolor en el hombre; acuclilladas sobre los muslos del hombre, son capaces de inducir el orgasmo en él sin mover ninguna otra parte de sus cuerpos. A tales artistas se las denomina en árabe *kabbacah*, que literalmente significa "poseedora, agarrador o receptáculo". No es extraño que los mercaderes de esclavos estén dispuestos a pagar sumas exorbitantes por una mujer dotada de tal habilidad.»

82. ¿Cuántas óperas, cuántos dramas, cuántas novelas, cuántos óleos historicistas habrá inspirado esta mujer? Más que ninguna otra, más incluso que nuestra venerada Isabel la Católica, dónde va a parar. En el cine la hemos visto representada por *sex symbols* de cada época: Theda Bara, Claudette Colbert, Elizabeth Taylor y, últimamente, por la turbadora (aunque algo descarnada) Lyndsey Marshal, de la serie «Roma».

caso, ya queda dicho que la serpiente simbolizaba la divinidad del reino. Dicen que esta ilustre y bella suicida escribió una carta a Octavio suplicándole que la sepultaran al lado de Marco Antonio. El magnánimo vencedor accedió. Cleopatra murió a los treinta y nueve años. Dion Casio le dedica este epitafio: «Conquistó a los dos romanos más ilustres de su tiempo, pero el tercero fue causa de su ruina.»

¡Pena de Egipto! La decadencia sobrevino cuando Estados más poderosos lo sojuzgaron y lo incorporaron a diversos imperios; primero los persas, después los griegos (Alejandro Magno); después, sucesivamente, los romanos, los bizantinos y los musulmanes. O sea, fue de mal en peor hasta llegar al actual Egipto, que del antiguo sólo conserva el nombre, como fácilmente observamos en los telediarios y a poco que pongamos los pies en él.

Cleopatra (Museo de Berlín).

CAPÍTULO 20

Las gallinas del Indo

Hemos visitado tres grandes ríos civilizadores, los dos de Mesopotamia y el Nilo. Digamos ahora algo, no mucho, de los dos restantes: el Indo en la India y el Amarillo en China.

En el valle del Indo también ocurría, como en Egipto, una crecida anual que dejaba una fértil capa de limo allá donde alcanzaba, lo que aseguraba ubérrimas cosechas a los pobladores de sus riberas. Además, la intensa humedad de los monzones favorecía el crecimiento de una espesa jungla.

Los primeros agricultores comenzaron a arar y sembrar hacia el 6000. Además de cereales lograron domesticar vacas, ovejas, cerdos, cabras, asnos, camellos y gallinas ponedoras. Sus descendientes crearon hacia el -2500 una floreciente civilización que creó grandes ciudades planificadas (Mohenjo-Daro y otras) y se prolongó, por espacio de ocho siglos, en un territorio como el doble de la península Ibérica.

El gobierno estaba en manos de reyes-sacerdotes que habitaban ciudadelas al extremo de la ciudad, dominando un núcleo urbano de casas bajas en las que no faltaban canalizaciones de agua, cloacas para la evacuación de residuos ni baños enladrillados. Eran gente alegre —los ciudadanos, digo, no sólo los reyes-sacerdotes— que gustaban de adornarse, de maquillarse, de rodearse de objetos artísticos, incluso de labrados peines de marfil, y de vestir con elegancia. Las mujeres dieron con una moda de lo más atractiva: una especie de minifalda y nada por encima de la cintura. Usaban carmín en los labios.

El sueño civilizador duró unos siete siglos. Después comenzaron los problemas. Como en Mesopotamia, la sobreexplotación del suelo y la tala de árboles excesiva favorecieron la erosión, y las crecidas que arrastraban la tierra cultivable encenagaron las ciudades y obstruyeron los canales.

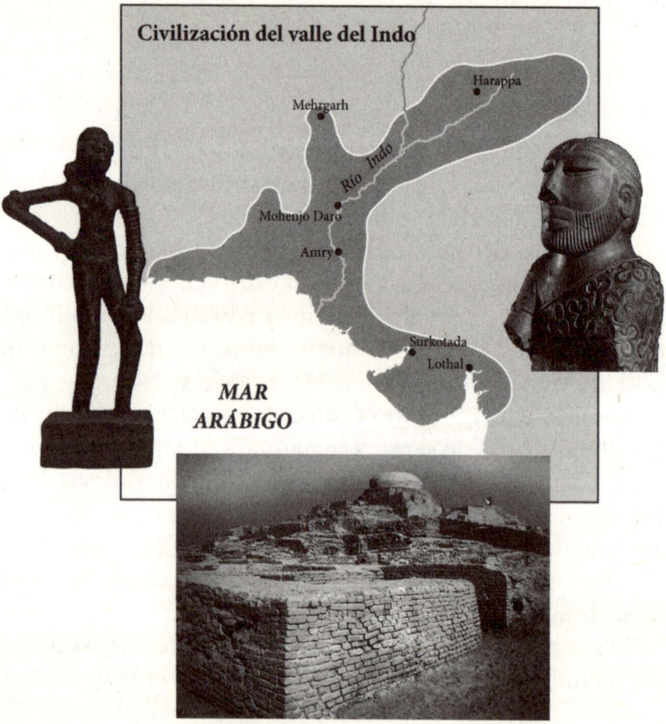

Ruinas de Mohenjo-Daro.

CAPÍTULO 21

Resonando su largo látigo

Nos queda el valle del río Amarillo, en China, para completar nuestros cinco ríos civilizadores. El río Amarillo tiene su propio carácter. Es un río indeciso que no sabe muy bien para dónde tirar, fluye hacia el norte, luego hacia el sur, cambia de idea varias veces y finalmente parece que discurre hacia el este, manso, lento, irresoluto, arrastrando grandes cantidades de limo, mucho más que el Nilo, inundando y fertilizando tierras, alterando su propio curso con los sedimentos y dejando a un lado y a otro inmensos fangales en los que crece estupendamente el arroz.

Hacia el año -4700, los cazadores y pescadores chinos comenzaron a cultivar mijo y arroz en las márgenes del río Amarillo. Al propio tiempo domesticaron el perro, el cerdo, la oveja, el caballo y la vaca. Hacia el -1500 comerciaban con carros y fabricaban bronce y tejidos de seda. El territorio estuvo dividido entre pequeños reyezuelos hasta que lo unificó Shih Huang-Ti (-221), «el primer emperador» que reguló los regadíos, tendió carreteras y gobernó con mano firme «resonando su largo látigo», como dice un cronista. Él construyó la primera muralla china, de tierra pisada, para contener a los bárbaros del norte. Sus sucesores la reedificaron en piedra y ladrillo.

El mausoleo de Shih Huang-Ti es famoso por las casi siete mil esculturas de guerreros de terracota, a tamaño natural, que lo acompañan, cada cual con sus rasgos faciales modelados individualmente, nada de moldes. A cosa de un par de kilómetros podría estar la tumba del emperador debajo de una pirámide de tierra de 76 metros de altura (que originalmente pudo alcanzar los 115 metros).

China permanecía aislada de toda influencia exterior gracias a los desiertos y cordilleras que la rodean, pero eso no evitó que, a partir del siglo I, se estableciera una animada ruta de la seda, por la que la seda y otras manufacturas chinas de lujo (nada de «todo a cien») llegaban hasta la Roma imperial. Los chinos, menudos son, mantuvieron durante milenios el secreto de la fabricación de la seda y cuando lo perdieron se les acabó uno de los negocios más saneados que registra la historia.[83]

Zigurats, pirámides, menhires, catedrales, palacios, Valle de los Caídos... el anhelo del hombre por trascenderse y vencer a la muerte (y cuánto trabajo inútil e improductivo, ¿no?).

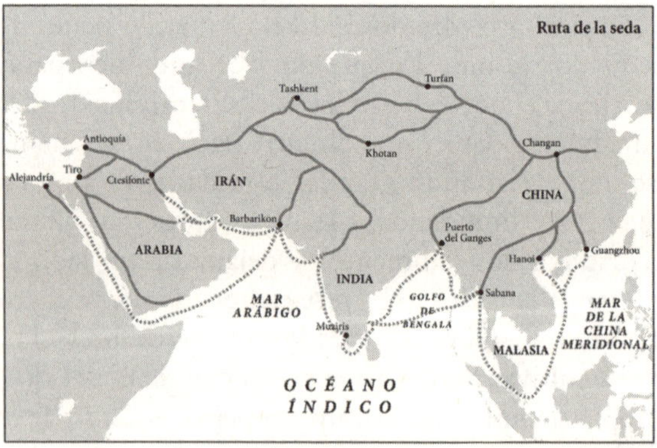

Ruta de la seda

83. Los chinos desarrollaron la sericultura hacia el año -2000 y mantuvieron un intenso comercio de tejidos de seda con Occidente desde los tiempos de Egipto. China prohibió a sus sericultores, bajo pena de muerte, la divulgación de los secretos de obtención y fabricación de la seda fuera del imperio. El comercio de la seda se intensificó durante el Imperio romano para delicia de las damas de la alta sociedad a las que Séneca zahiere por usar «ese fino vestido que hace que un extraño conozca el cuerpo de la esposa tan bien como el marido». Parece que la sericultura llegó a Occidente en tiempos de Justiniano (552), cuando dos monjes persas que habían estado en China contrabandearon huevos de gusanos de seda en sus bastones de bambú. Fíese usted del clero.

CAPÍTULO 22

Donde esté el metal que se quite la piedra

Durante decenas de miles de años, la humanidad se las ingenió para subsistir sin otro utensilio que unos toscos instrumentos de piedra, palo o hueso.[84] Con lascas de sílex fabricaba herramientas cortantes: hachas, punzones, raederas, puntas de flecha... Con otras piedras apreciadas por su rareza, por sus bellos colores o por sus hermosas texturas, confeccionaba collares y adornos. Las piedras bellas y raras eran objeto de intenso comercio: la azurita, de intenso azul; la malaquita, verde brillante, con la que se fabricaba el polvo cosmético que unas páginas atrás se aplicaba en la raya de los ojos la faraona Hatshepsut...[85]

84. Los primeros cambios de la humanidad fueron muy lentos. Los podríamos comparar a una larga infancia. La Edad de Piedra duró cientos de miles de años. Al principio aquel hombre de cerebro aún por desarrollar sólo usaba herramientas de sílex (hachas, punzones, raederas) o de granito (martillos) talladas a lo basto (por eso denominamos al periodo Paleolítico, o «piedra antigua»). Más adelante, tras una lenta evolución de decenas de miles de años, las técnicas de tallado de la piedra se refinaron hasta producir unas herramientas perfectamente pulidas y suaves como el culo de un niño (Neolítico, o «piedra nueva»).

85. Una mina prehistórica del tercer milenio hallada en Can Tintorer, en Gavà, Barcelona, muestra una compleja red de galerías y pozos en los que se han encontrado picos, mazas y cinceles de piedra. De ella se extraían piedras consideradas preciosas, principalmente variscita, de un color verde muy intenso, y lidita, un cuarzo de color oscuro. Se usaban

En cuanto a los metales, el oro, un elemento inalterable y maleable, tan brillante que parecía contener al mismo sol, aparecía en forma de pepitas en las arenas de los ríos. La plata nativa también aparecía en brillantes filones (en Riotinto o Almería, sin ir más lejos).

Oro y plata servían, todo lo más, para fabricar adornos. Los otros metales, los industriales, tardaron en llegar. Las pirámides y los templos egipcios se construyeron con porros de granito y martillos de piedra (y cuñas de madera que, remojadas, se hinchaban y agrietaban la piedra de la cantera).

Piedras y tiempo sobraban entonces a aquellos felices antepasados nuestros que vivían en un mundo nuevo, libres de apremios fiscales. Observaban la naturaleza y aprendían de ella.

Así fue como, por pura casualidad, descubrieron el primer metal útil. Imaginemos un grupo que se asienta a las orillas de un arroyo para pasar la noche. Lo primero es encender una buena hoguera para calentarse, cocer o asar los alimentos y ahuyentar a los lobos. En el lar hay una piedra que contiene una veta de malaquita. Al calentarse, la malaquita se derrite y se transforma en una pasta brillante que, a la mañana siguiente, una vez fría, resulta un nuevo y desconocido elemento, el cobre, con el que se pueden fabricar adornos y objetos más cortantes que los de piedra.[86]

Los sorprendidos descubridores del fenómeno buscan más piedras con vetas de malaquita o calcopirita y las calientan al fuego. Aplican la pasta fundida a moldes en forma de cuchillo, de punzón, de paleta. Pronto fabrican azadas y otras herramientas.

---

para fabricar cuentas de collares y otros adornos con los que se sepultaba a los difuntos.

86. El cobre se encuentra a veces en la naturaleza en estado nativo, es decir, puro, sin combinar con otros elementos. Al contrario que la piedra, es un material muy maleable y dúctil que puede martillarse en frío o en caliente, lo que aumenta su consistencia y dureza, pero al principio sólo lo usaron para hacer adornos. Hasta que a alguien se le ocurrió afilarlo y descubrió que tenía un filo más agudo y duradero que la piedra.

La humanidad ha avanzado un gran paso: de la larguísima Edad de Piedra pasa a la Edad de los Metales.[87]

Los primeros hornos metalúrgicos conocidos se construyeron hacia el -4000 en los Balcanes, en los montes Zagros (Irán) y en Anatolia.[88] En el -3500 el cobre era sobradamente conocido y apreciado en Egipto y Mesopotamia.

A partir de este punto, la historia se acelera. Hacia el -3000, los metalúrgicos descubren que, añadiéndole un 10 por ciento de estaño, el cobre se endurece y se transforma en un metal mucho más duro y resistente: el bronce.

Entramos en la Edad del Bronce. De pronto todo el mundo quiere tener herramientas y armas de bronce.

El cobre abundaba en Chipre (cuyo nombre significa precisamente «cobre»), pero el estaño era mucho más raro.[89]

La escasez de metales en los países de la Media Luna Fértil estimuló un activo comercio, particularmente en el Mediterráneo, lo que resultó un gran agente civilizador al favorecer el intercambio de ideas y productos entre pueblos distantes.

87. El lector habrá oído hablar de la Edad de Piedra, de la Edad del Cobre, de la Edad del Bronce y de la Edad del Hierro. Esta clasificación proviene del director del Museo de Copenhague, don C. J. Thomnsen, quien, en 1836, ideó una manera fácil de ordenar los objetos expuestos en su museo por antigüedad según el material utilizado. Así comenzó con la Edad de Piedra, que se inicia hace más de un millón de años, y continuó con la del Cobre, la del Bronce y, por último, la del Hierro. Apurando la clasificación podríamos decir que ahora vivimos en la Edad del Plástico.

88. Se han fechado utensilios de cobre en torno al -7000 en Çayönü Tepesí (en la actual Turquía) y en Iraq, pero se trata de cobre nativo, es decir, encontrado en su estado natural. La metalurgia propiamente dicha (reducción en crisol a partir de carbonatos, con carbón) data del -v milenio.

89. La mina de Kestel, en Anatolia, apenas abastecía las necesidades locales. Las grandes potencias tenían que traer el estaño de muy lejos, de Erzgebirge (Alemania), de Bretaña (Casitérides, llamaron a las islas Británicas), de Cornualles, de Galicia, de Afganistán, de Samarcanda, incluso de Uganda, de las minas de Kilembe (lo sabemos por su análisis químico), quizá identificables con el «País de Punt», del que los egipcios recibían también oro, marfil y pigmeos.

Ocurría como hoy: los países desarrollados no tienen petróleo y los que lo tienen (en Oriente Medio y África) son tan subdesarrollados que no sabrían qué hacer con él si no se lo compraran los otros.

Las armas de bronce eran caras y escasas (por la carestía del estaño). Esa misma escasez ayudó a mantener los privilegios de la minoría aristocrática y guerrera que podía costeárselas.

Hacia el año -1000 se divulgó la metalurgia del hierro, un mineral abundante y de fácil extracción. El único problema es que requiere una temperatura de fusión tan alta que sólo hornos diestramente fabricados la alcanzaban. Cuando estos hornos se generalizaron, el herrero que sabía machacar el hierro candente y modelarlo a base de martillo se agregó al guerrero y al sacerdote como fuerza viva del poblado.

Las armas y herramientas de hierro se afilaban mejor y resistían más que las de bronce (aunque se oxidaban más fácilmente). En unos siglos, el hierro arrinconó al bronce. Hachas y sierras facilitaron la deforestación de los bosques; arados de reja, azadas y hoces impulsaron la agricultura; ejes de carro y cubos de rueda, el transporte. Las espadas, las lanzas y los dardos arrojadizos, la guerra.

Las armas de hierro, al alcance de una capa más amplia de la población, determinaron cambios sociales en todo el entorno mediterráneo. ¡El mundo progresaba con el hierro!

Keftiu, lingote de cobre hallado en Creta.

CAPÍTULO 23

Los señores del hierro

Si remontamos Mesopotamia llegamos a Anatolia, una apaisada península montañosa mayor que España que se asoma al Mediterráneo.[90] En esta zona florecieron docenas de ciudades-estado que hacia -1680 se agruparon bajo el dominio del poderoso pueblo hitita. El temprano dominio de la metalurgia del hierro y de la construcción de carros de guerra sólidos y ligeros permitió a los hititas extender su imperio por las tierras del sur en dura competición con los egipcios y forjar un gran imperio que, hacia -1300, abarcaba casi toda Anatolia, Chipre y extensas zonas de Siria y Mesopotamia.

Sorprendentemente, la decadencia de los hititas fue casi tan súbita como su ascensión: desaparecen bruscamente por el escotillón de la historia hacia -1200. Quizá no sobrevivieron al ataque

90. En el centro de Anatolia está la Capadocia, una región abundosa en toba calcárea en la que la erosión ha labrado las caprichosas formas de un paisaje lunar. Abunda la zona en iglesias ortodoxas excavadas en la roca y, más sorprendente aún, en ciudades subterráneas que en tiempos de peligro podían acoger hasta veinte mil personas. La más visitable, Kaymakli, datada entre los siglos V y X, consta de nueve pisos de profundidad y está provista de lagares, caballerizas, panaderías, almacenes y pozos de agua. Abstenerse claustrofóbicos, asmáticos y gordos cebollones. A éstos les aconsejo que, mientras los compañeros de viaje viven su aventura troglodítica, se acojan al establecimiento de masajes El Jardín de Alí. Cuidado con la que se hace llamar Chari, que, a pesar de su aspecto frágil, me fisuró el esternón.

de los misteriosos Pueblos del Mar que también causaron tremendos quebrantos por todas las costas del Mediterráneo oriental y muy especialmente a micenos y egipcios. ¿Quiénes eran y de dónde venían estos sujetos genéricamente llamados «Pueblos del Mar»? Todavía es un misterio sujeto a múltiples y enconadas discusiones. Es posible que fueran de origen misceláneo y producto de uno de esos cataclismos demográficos que ocasionan corrimientos de pueblos a lo largo de la historia: los pobres y hambrientos de la desolada estepa asiática presionan sobre los pueblos germánicos vecinos y éstos, a su vez, sobre los mediterráneos del caldeado sur (¿chipriotas, itálicos, libios...?), que, arruinados, no tienen otra salida que dedicarse a la piratería y al bandidaje.

Hace años visité la capital de los hititas, Hattusas, en la actual provincia turca de Çorum. La verdad es que decepciona un poco encontrar un cerro pedregoso coronado de ruinas tan arrasadas que apenas transmiten su pasada grandeza, cuando allí bullía una ciudad de unos cincuenta mil habitantes, rodeada de bosques y feraces pastizales. En el interior de la ciudadela, que aún guarda, en su muda grandeza, esquemáticas esculturas de leones y esfinges, se levantaban templos y edificios administrativos en los que se archivaban tablillas con textos históricos, diplomáticos y comerciales. Naturales de la región reciben al turista con una sonrisa y lo acompañan en su incómodo deambular por las ruinas sin dejar de importunarlo, porfiados como moscas cojoneras, con una sobada ristra de postales y un cubo de refrescos calentitos.

Puerta de los Leones en Hattusas.

CAPÍTULO 24

En el laberinto del Minotauro

Hemos visto que las primeras civilizaciones de la humanidad fueron fluviales, comunidades de regantes en las riberas del Nilo, del Éufrates, del Tigris, del Indo y del río Amarillo.

Siendo gente fluvial, choca que todos ellos vivieran de espaldas al mar. Quizá sus cambiantes humores les infundían pavor. El caso es que limitaban su comercio a las vías fluviales y a las caravanas.

Volvamos ahora la mirada al Mediterráneo. Frente a las costas egipcias, a un día de navegación, se encuentra Creta, en cuyas tabernas te sirven unos estupendos caracoles con salsa picante. Creta es hoy una isla montañosa y deforestada, pero hace cinco mil años estaba tapizada de densos bosques que permitieron a sus pobladores desarrollar una construcción naval sin parangón.

Los cretenses habían inventado la galera, una nave abierta impulsada a remo o por una gran vela cuadrada si sopla el viento de popa. La galera perdurará en el Mediterráneo, con escasas variantes, hasta el siglo XVII.

Creta era una talasocracia,[91] o sea, una potencia basada en el dominio del mar (como lo sería Inglaterra en el siglo XIX y lo es Estados Unidos en nuestros días). Las ciudades de Creta carecían de murallas. ¿Para qué iban a construirlas, si ninguna potencia

91. Del griego θάλασσα (*thalassa*, «mar») y κράτος (*kratos*, «gobierno»).

enemiga podría atacarlas? Parece mentira que en un lugar tan pequeño, apenas mayor que la provincia de Madrid, floreciera una gran civilización, la llamada minoica o cretense, entre el -2500 y el -1400.[92]

Los avezados marinos cretenses practicaban una navegación de cabotaje: saltaban de isla en isla (en el Egeo hay más de mil) o navegaban a lo largo de las costas.[93] Al caer la noche se arrimaban al abrigo de alguna ensenada, echaban el ancla (una losa ensogada) y descendían a tierra para descansar y hacer aguada. Muy importante lo de la aguada porque los remeros sudaban a caño abierto y tenían que hidratarse bebiendo grandes cantidades de agua.

Los cretenses habitaban casas de piedra y adobe con muros estucados y patios enlosados. Vivían bien gracias al comercio marítimo: cobre, vajilla, joyas, adornos, perfumes, armas, marfil, púrpura, esclavos... Egipto era un cliente preferente (lo sabemos

92. El término «minoico» se debe al arqueólogo Arthur Evans, excavador, en 1903, del llamado «palacio de Cnosos», el yacimiento arqueológico más representativo de la cultura cretense. Evans lo relacionó con la leyenda griega del rey Minos y el laberinto del Minotauro. Según ésta, hace casi cuatro mil años, el dios marino Poseidón castigó al rey cretense Minos haciendo que su esposa, Pasífae, se enamorara de un toro, del que quedó embarazada y dio a luz al Minotauro, un monstruo con cuerpo humano y cabeza de toro. Minos encerró al Minotauro en un laberinto construido por el industrioso Dédalo, y cada año saciaba su voracidad con siete muchachos y siete muchachas que tributaban los pueblos sometidos a Creta. Cuando le llegó el turno a Atenas, el joven Teseo se postuló como voluntario y, antes de penetrar en el laberinto, enamoró a la princesa Ariadna, la hija de Minos, y la convenció para que le entregase un ovillo de hilo («el hilo de Ariadna»), con el que se orientó para encontrar la salida del siniestro edificio después de matar al Minotauro. Teseo huyó con Ariadna a la isla de Naxos, la sedujo... y la abandonó aprovechando que estaba dormida, el muy impresentable.

93. En cierto modo, Creta fue como el pilar intermedio de un puente tendido entre Egipto y Grecia por el que fluía la cultura. Un milenio después, en la época de Alejandro Magno, la floreciente cultura griega cancelaría la vieja deuda al fecundar culturalmente Egipto con la helenización que aportó la dinastía grecoegipcia de los Tolomeos.

porque objetos manufacturados en un país abundan en yacimientos arqueológicos del otro).

Fabricaban los cretenses bellas cerámicas decoradas con pulpos y otra fauna marina (un artículo muy exportable) y figuritas femeninas de cerámica vidriada con apretados corpiños que resaltan la opulencia de las caderas en contraste con sus cinturitas de avispa y sus pechos valentones. Estas damas suelen portar serpientes enredadas en las muñecas (véanse páginas en color). ¿Son sacerdotisas oficiando algún rito ofídico o es ése el perturbador atuendo que las cretenses usaban a diario? No lo sabemos.

En los «palacios» cretenses (en realidad, edificios de múltiples funciones, no necesariamente residenciales) encontramos frescos de vivos colores que parecen representar una sociedad alegre y festera. Hay incluso hábiles «forcados» capaces de agarrar al toro por los cuernos y saltar ágilmente por encima de él, evitando la embestida.

O sea, parece que los laboriosos y alegres cretenses sabían ganar el dinero y sabían gastarlo.

Los cretenses se dejaron influir por la superior cultura de los egipcios y por sus creencias en el mundo de los muertos. Se ha sugerido que los «palacios» cretenses pudieran ser, en realidad, santuarios y panteones a imitación de las necrópolis egipcias: «Los palacios de Cnosos, Pesto, Hagia Triada, Malia y Kato Zakro [...] no eran las alegres residencias de gobernantes pacíficos y aficionados al arte, como sir Arthur Evans y sus sucesores pretenden. En realidad eran complejas edificaciones levantadas para el culto y la sepultura de los difuntos [...] un conjunto de construcciones cuyo objeto era la veneración ritual y la conservación de miles de cadáveres de la nobleza cretense.»[94]

94. Ésta es la tesis de Hans G. Wunderlich: que son tumbas y no palacios. Según este autor, el faraón Ammenemes (o Amenemhet) III construyó en Medinet y el Fayum, junto a la pirámide de Hawara, hacia -1800, un laberíntico templo a los muertos que pudo inspirar los supuestos palacios cretenses. Heródoto lo describe así: «Por dentro, el edificio es de dos plantas y contiene tres mil habitaciones, de las que la mitad son subterráneas y la otra mitad están sobre ellas. Me llevaron a través de las habitacio-

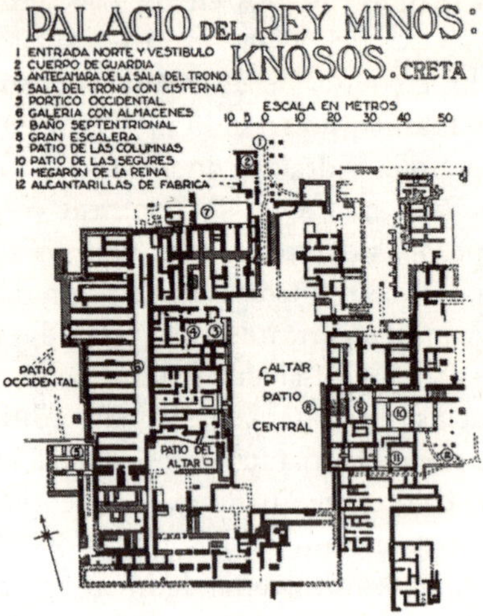

Plano de Cnosos, 1915.

nes de la planta superior, por lo tanto lo que digo de ellas procede de mis propias observaciones, pero de las subterráneas sólo puedo hablar de oídas porque los encargados egipcios no me permitieron verlas, ya que contienen las tumbas de los reyes que construyeron el laberinto y también las tumbas de los cocodrilos sagrados [...], los intrincados pasillos de una habitación a otra y de un patio a otro eran una interminable sorpresa para mí, porque íbamos de patios a habitaciones, de habitaciones a pasillos, de pasillos a otras habitaciones y de allí a otros patios [...]. Cada patio está excelentemente construido en piedra blanca y rodeado por una columnata.» Si aceptamos la tesis de Wunderlich, la civilización minoica se conjuntaría armónicamente con otras civilizaciones de este mismo periodo —la egipcia— y otras del periodo que la sucederá —la etrusca— en el esquema general de unas culturas mediterráneas que observan parecidas tradiciones (Hans G. Wunderlich, *The secret of Crete*, Fontana, Londres, 1976). Oswald Spengler había llegado a la misma conclusión en 1935, cuando escribió: «¿Eran los palacios de Cnosos y Festo templos de los muertos, santuarios de un poderoso culto del más allá? No quiero insistir en esta afirmación, puesto que no puedo probarla, pero me parece que esta posibilidad merece ser considerada seriamente.» Desgraciadamente, Spengler falleció al año siguiente y su idea, solamente apuntada, pasó inadvertida.

CAPÍTULO 25

¿Es Creta la Atlántida?

Hacia -1600 Creta alcanzó su máximo esplendor y su comercio se hallaba en plena expansión, con buenos mercados en Egipto y en los enclaves griegos. Hasta estaba estableciendo prósperas colonias en las costas de Asia Menor y Sicilia.

A las galeras cretenses les soplaba el viento de popa.

Todo iba a pedir de boca y de pronto, ¡zas!, la desgracia. A poco más de cien kilómetros de Creta había una pequeña isla volcánica, Thera (hoy Santorini), apenas una motita en el mapa del Egeo, unas cuantas casitas de pescadores y algunos campos de labor en las faldas del cráter dormido. Hacia -1470 el volcán estalló lanzando por los aires más de veintidós kilómetros cúbicos de rocas, que se dice pronto. ¡Dos tercios de la isla, 110 kilómetros cuadrados, desaparecieron! El estampido se percibió hasta en Escandinavia.

La explosión de Thera ocasionó un tsunami de unos cien metros de altura que arrasó las costas cretenses destruyendo las instalaciones portuarias, la flota y muchos pueblos.[95] Detrás de la ola gigante llegó una lluvia de cenizas volcánicas que malogró las cosechas y dejó impracticables por muchos años los campos de cultivo. Devastada y desprovista de su flota, Creta quedó in-

95. Solamente se salvó del desastre el palacio de Cnosos, enclavado a unos cinco kilómetros de la costa.

defensa y a merced de sus vecinos: los aqueos (griegos primitivos), que la invadieron y se apoderaron de ella.[96]

Hacia -1100 una nueva invasión griega, la de los dorios, terminó de arruinar Creta y la incorporó, ya definitivamente, al mundo griego.

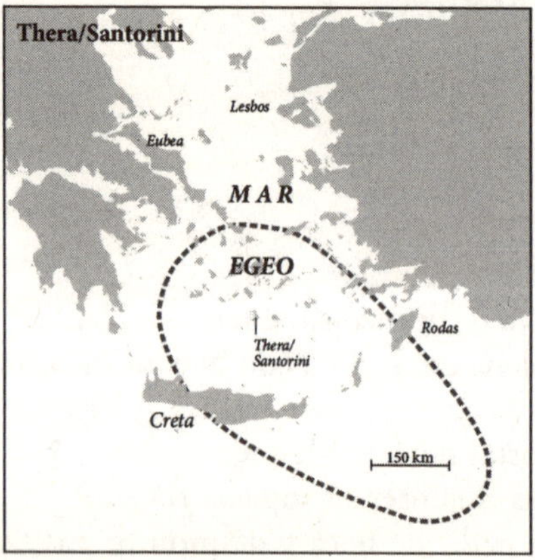

Santorini, según Kurt Benesch.

96. Es muy posible que el desastrado fin de la Creta minoica inspirara la leyenda de la Atlántida, la mítica y civilizada isla destruida por los elementos en un día y una noche según la narración de Platón.

CAPÍTULO 26

Micenas

A una hora de Atenas, en la meseta de un cerrete, se encontró en 1841 un bloque de piedra triangular de casi cuatro metros de altura con un relieve que representaba a dos leones rampantes en torno a un pilar. La insólita escultura era el adorno de una puerta monumental de una muralla construida con sillares de tal tamaño que parecían colocados por gigantes.[97] Era la entrada principal de la acrópolis de Micenas, la próspera ciudad-estado de los reyes aqueos que entre -1600 y -1100 dominaron el sur de Grecia (y Creta, tras el tsunami).

En este recinto se han encontrado tumbas de corredor y restos de fuertes construcciones (palacios, los llaman, aunque si fueron viviendas debieron de ser incomodísimas).

En Micenas se adoraba a Zeus y a los otros dioses menores que lo acompañan.[98]

El recuerdo de Micenas, transmitido a través de poemas épicos como la *Ilíada* y la *Odisea*, permaneció vivo en la memoria de los

97. De ahí que las denominaran «ciclópeas», en recuerdo del cíclope Polifemo, el del único ojo en medio de la frente, que entortó Ulises.

98. Es el origen del panteón clásico, seis deidades femeninas y seis masculinas: el latino Júpiter (griego Zeus), Juno (Hera), Minerva (Atenea), Vesta (Hestia), Ceres (Deméter), Diana (Artemisa), Venus (Afrodita), y Marte (Ares), Mercurio (Hermes), Neptuno (Poseidón), Vulcano (Hefesto) y Apolo (Apolo).

griegos. Cuando tuvieron que aunar fuerzas contra algún enemigo común recordaban con nostalgia, en torno a las hogueras campamentales, aquella Edad Oscura de su historia en que el fabuloso Agamenón, rey de Micenas, los lideró en la guerra de Troya.

Reconstrucción de Micenas.

Máscara llamada de Agamenón.

CAPÍTULO 27

La guerra de Troya

Homero, un poeta griego del siglo -VIII, describió en su poema *Ilíada* la guerra entre la confederación de pueblos eolios y aqueos (los que habitaban la península e islas griegas) y la poderosa ciudad-estado de Troya, que resultó destruida. Todos recordamos la historia del famoso caballo de Troya ideado por el astuto Ulises para tomar la ciudad.

Durante mucho tiempo se pensó que todo el asunto era una mera invención del poeta, que Troya no existía. Hasta que un comerciante alemán enriquecido, Heinrich Schliemann (1822-1890), se empeñó en buscar Troya a sus expensas. Indiferente a la rechifla del mundo académico, nuestro arqueólogo aficionado excavó la colina de Hissarlik, en la costa turca, un promontorio desde el que se domina la boca del estrecho de los Dardanelos, el lugar ideal para instalar un fielato y cobrar derecho de paso, porque en aquel punto ha discurrido y discurre un intenso comercio desde que el mundo es mundo.[99]

El visionario Schliemann desmontó aquel pedregal con la *Ilíada* en la mano ¡y encontró Troya! Bueno, en realidad encontró nueve Troyas, o sea, nueve ciudades superpuestas que se habían sucedido, cada una edificada sobre las ruinas de la

99. Actual provincia turca de Çanakkale, junto al estrecho de los Dardanelos (Helesponto), entre los ríos Escamandro (o Janto) y Simois.

anterior, en un periodo que abarca desde el -2500 hasta el -400.[100]

Ahora, a toro pasado, es fácil señalar por qué Troya tenía que estar donde Schliemann la buscó. Desde aquella privilegiada posición se dominan los accesos al mar Negro (el *Ponto Euxino* de los griegos). En aquel punto del estrecho de los Dardanelos se producen violentas corrientes desde el mar de Mármara hasta el Egeo. Además, en verano (la mejor estación para navegar) soplan vientos contrarios, de este a oeste. Las naves debían refugiarse en el puerto de Troya y aguardar a que cambiara el viento antes de aventurarse por el estrecho o (lo más plausible) desembarcaban las mercancías y las transportaban por tierra, a través de la llanura troyana, hasta el mar de Mármara, desde el que, nuevamente embarcadas, podían continuar el viaje.

O sea: Troya controlaba el tráfico comercial por los Dardanelos y obligaba a pagar derechos de paso a los comerciantes micénicos. Debió de ser un gran negocio hasta que a los micénicos se les inflaron las narices y decidieron destruir la ciudad que los sangraba.

Esta explicación tan prosaica no resulta nada literaria, por eso Homero prefirió cantar que la guerra de Troya se desencadenó por un asunto de cuernos: el hijo del rey Príamo de Troya, el joven y apuesto Paris, había seducido a la mujer del rey aqueo Menelao (la bella Helena, que estaba como un queso). El marido cornudo logró que su hermano Agamenón, rey de Micenas, persuadiera a los otros reyes aqueos para aunar fuerzas contra Troya.

Como novela está bien y es mucho más efectivo que explicar que los aqueos estaban hartos de pagar derechos de paso a los troyanos y decidieron unirse para acabar con ellos. Un puro asunto de negocios (como casi todo en la historia; apena reconocerlo).

100. Schliemann excavó, en realidad, la acrópolis de Troya. La ciudad propiamente dicha se comenzó a excavar en 1988 y es trece veces más extensa que la acrópolis. Debió de tener entre cinco y diez mil habitantes, lo que es mucho para la Edad del Bronce. Durante el asedio quizá aumentó a cincuenta mil habitantes, con los refugiados de las aldeas de su entorno.

Los aqueos sitiaron Troya (quizá aprovechando que un reciente terremoto había maltratado sus defensas), la asaltaron y la arrasaron. Es probable que de las Troyas sucesivas de la acrópolis la homérica sea la Troya VII A (hacia -1200), porque en ella se ha encontrado un espeso estrato de cenizas (prueba de un incendio devastador), además de restos carbonizados de esqueletos, armas y depósitos de proyectiles de honda.

La ruina quedó abandonada por un tiempo. Años después se asentó sobre ella la Troya siguiente, más pobre, con pobladores procedentes de los Balcanes.

Con intermitencias, Troya estuvo poblada hasta época bizantina, en el siglo XIV, y después se perdió su noticia hasta que Schliemann se puso a soñar con ella, con Homero abierto sobre el regazo.

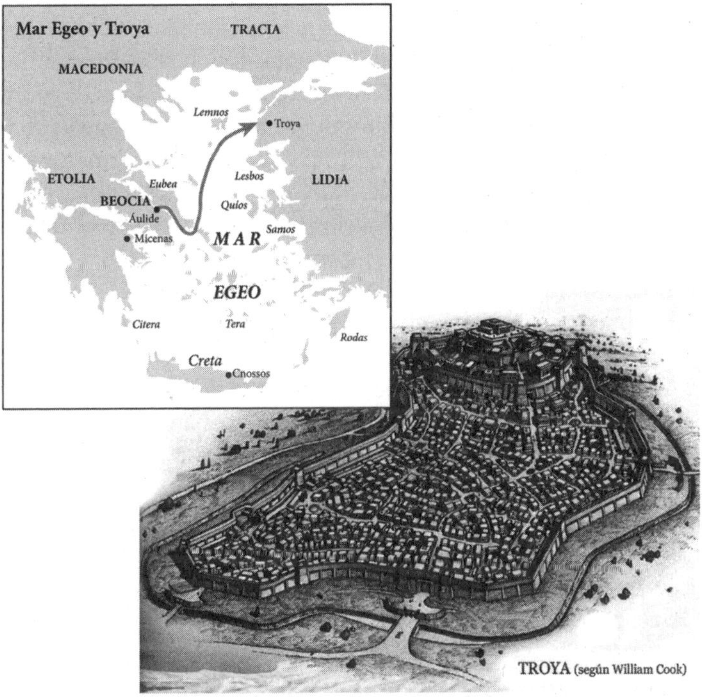

La Troya homérica.

CAPÍTULO 28

Los buhoneros fenicios (se hacen portes)

Había un país en la Media Luna Fértil, Fenicia (a caballo entre las actuales Líbano e Israel), que no disponía de cuenca fluvial alguna en la que criar ubérrimos trigales ni mollares rebaños. Sus ríos eran mezquinos y la franja costera donde se asentaban los poblados estaba aislada del continente por una cadena de montañas. Los fenicios, «el pueblo botado al mar por su geografía» (Heródoto) entre espléndidos bosques de cedros y el mar, comprendieron que estaban predestinados a la construcción naval y al comercio marítimo. Su pericia marinera era proverbial. Hacia el año -600, el faraón Necao II quiso saber la extensión de África y financió una expedición fenicia que partiendo del mar Rojo circunnavegara el continente y regresara por el Mediterráneo. Lo cuenta Heródoto: «Partieron, pues, los fenicios y navegaron por el mar del Sur. Cuando llegaba el otoño desembarcaban en cualquier punto de África, sembraban y aguardaban el tiempo de la siega. Recogida la cosecha, se hacían nuevamente a la mar, de suerte que, pasados dos años, al tercero doblaron las Columnas de Hércules [el estrecho de Gibraltar] y llegaron a Egipto. Y contaban lo que para mí no es creíble, aunque para otros quizá sí: que navegando alrededor de África habían tenido el sol a la derecha.»[101]

101. Este dato, que a Heródoto le parece sospechoso, nos confirma, paradójicamente, la hazaña fenicia. En efecto, al ascender por las costas

No deja de ser aleccionador que los fenicios circunnavegaran África en tres años, una hazaña en la que dos mil años después, en la época de Colón, los exploradores portugueses invertirían todo un siglo.

Los fenicios poseían la flota y el conocimiento del ancho mundo, con sus recursos. Por lo tanto se convirtieron en suministradores de metales de los países ricos de la zona, todos ellos gente de secano y nada inclinada a las aventuras marítimas.

Además, siempre atentos a la mejora del negocio, legaron a la humanidad dos inventos fundamentales: la moneda y el alfabeto, tan necesarios para las transacciones y la correspondencia comercial.[102]

Por cierto, estas letras con las que yo escribo y usted lee, el alfabeto latino, son las mismas que inventaron los fenicios hace tres mil años. Si acaso algo alteradas después de pasar por los griegos, por los etruscos y por el ordenador.

En Fenicia, el comercio lo determinaba todo, incluso el sistema político. En un mundo gobernado por reyes divinizados y despóticos, los fenicios constituían una federación de empresarios. El verdadero gobierno de cada ciudad estaba en manos de una oligarquía financiera, la asamblea de ancianos, una especie de consejo de administración, aunque, por cuestiones de protocolo, existía también una dinastía real representada por la familia más poderosa. No tenían ejército. Cuando lo necesitaban, contrataban mercenarios. De todos modos, sus ciudades, asentadas sobre islas próximas a la costa (Tiro, Arados) o sobre penínsulas de estrechos istmos (Biblos, Sidón, Beritos —hoy Beirut—), estaban defendidas por el mar.

---

atlánticas de África debieron tener el sol a la derecha, lo que, a unos marinos que desconocían la brújula y nunca se habían arriesgado fuera del Mediterráneo, les debió de parecer cosa maravillosa.

102. La moneda se inventó en Lidia, una región de la actual Turquía, hacia el siglo -VII, pero fueron los fenicios los que la divulgaron por el Mediterráneo. Su valor dependía del contenido metálico, especialmente si era de oro o de plata, aunque con el tiempo fue valorándose también el prestigio de la ciudad o estado emisor, que garantizaba su valor.

Los cautos fenicios practicaban una navegación de cabotaje, con la costa a la vista, y establecían colonias y factorías distantes entre sí un día de navegación, de manera que después de una singladura diurna, al caer la noche, la nave encontrara un puerto amigo donde guarecerse y repostar. Una de estas colonias fue Cartago, en la actual Túnez, que crecería hasta convertirse en una gran potencia mundial que se enfrentó con la poderosa Roma.

Como un Taiwán de la época, Fenicia fabricaba en serie objetos pequeños, valiosos y de fácil transporte: tejidos, joyas, perfumes, adornos, amuletos, vajillas, figuritas de marfil, huevos de avestruz y otra exótica pacotilla. Con estos productos inundaban los mercados allí donde encontraban metales con los que negociar.

No intentaban los fenicios ser originales, ni les importaba armonizar los más dispares estilos, por lo que crearon una especie de *kitsch* que debió de ser muy apreciado por sus clientelas indígenas. Se limitaban a fabricar aceptables imitaciones de todo producto griego, mesopotámico, egipcio o de Asia Menor que se vendiera bien. Por eso sus mercaderías son difíciles de clasificar y producen quebraderos de cabeza a los museos. También comerciaban con objetos robados. Como dijimos más arriba, en Almuñécar se han descubierto urnas egipcias de alabastro procedentes del saqueo de una tumba en el valle del Nilo.

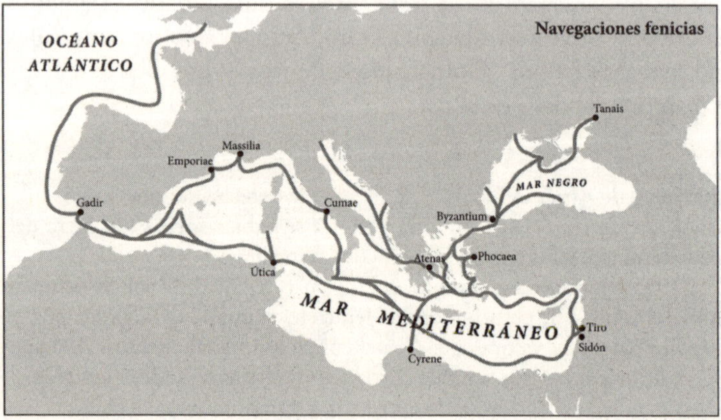

CAPÍTULO 29

Una luz llamada Grecia

Hubo un tiempo en el que los mercaderes fenicios aspiraron al monopolio del comercio ultramarino, pero no tardaron en salirles unos competidores tan astutos y emprendedores como ellos: los griegos.

Los griegos también procedían de una tierra pobre, montuosa y superpoblada que los obligaba a echarse al mar para subsistir. Herederos culturales de los cretenses y de los micénicos, exploraron el Mediterráneo en busca tanto de mercados como de tierras fértiles a las que trasladar sus excedentes de población.[103]

Los griegos fundaron prósperas colonias en el mar Negro, Asia Menor (actual Turquía), el sur de Italia (que llamaron Magna Grecia), Sicilia y la costa mediterránea (Marsella y Ampurias).[104]

Griegos y fenicios. Dos historias paralelas, en apariencia. Sin embargo, los griegos tuvieron mucha más trascendencia que los fenicios. Los fenicios eran imitadores; los griegos, creadores.

La masa de la cultura griega, fermentada por la levadura semita, con el añadido de unas gotas de sangre germánica, ha producido este pan crujiente que nos alimenta, la cultura europea,

103. Aún hoy, la tercera parte de los griegos vive fuera de Grecia.

104. El nombre de Ampurias procede del griego *emporio*, «mercado».

o sea, la civilización cristiana occidental, la más avanzada de la humanidad.[105]

Los griegos hicieron al hombre centro del universo y medida de la creación. En esto, como en casi todo, se mostraron muy superiores a las otras culturas de su tiempo, que inventaban dioses crueles y exigentes.

En Grecia, bendita sea, nacieron la filosofía, el amor al conocimiento, la reflexión sobre el hombre y la naturaleza, la investigación científica basada en la razón, la observación y la experimentación, el sentido de la libertad, de la dignidad del hombre y de la justicia.

Los griegos cultivaron la belleza y el conocimiento en todas sus formas: bellas artes, oratoria, danza, deporte, medicina, ingeniería. Brillaron más en ciencias que en tecnología (lo contrario que sus herederos, los romanos). Nos dieron el teatro, la novela, la poesía, la música...

Los griegos apreciaban la mesura, la proporción, el dominio y el conocimiento de sí mismo, un conjunto de virtudes que hemos heredado a través de Roma (aunque no las practiquemos mucho).[106]

Parece mentira que tanta luz saliera de Grecia, una tierra tan pobre.

Los griegos raramente se daban por satisfechos. Lo cuestionaban todo, y por tanto estuvieron dispuestos a experimentarlo todo. Descontentos con la monarquía (inevitablemente despóti-

105. Hoy la cuna de Occidente, Europa, está muy decaída, pero nos gustaría pensar que no engendró en balde a Aristóteles, Platón, san Agustín, Cicerón, Virgilio, Ovidio, Dante, Montaigne, Cervantes, Shakespeare, Molière, Spinoza, Voltaire, Descartes, Mozart, Kant, Hegel, Nietzsche y algunos otros. También engendró monstruos, claro, pero ¿y quién no?

106. La *hibris* o *hybris* (en griego antiguo ὕβρις, *hýbris*) es un concepto griego que puede traducirse como «desmesura», «pasión irracional», «desequilibrio»... todos los males que ahora aquejan a la civilización occidental por haberse apartado de la antigua norma griega.

ca en aquel tiempo) probaron nuevas formas políticas: la oligarquía, la plutocracia,[107] la democracia.[108]

Del centenar largo de ciudades-estado griegas, las dos más conocidas hoy, quizá porque representaron formas de vida totalmente distintas y hasta opuestas, fueron Atenas y Esparta, el día y la noche, como quien dice.

Atenas era una democracia de comerciantes y marinos; Esparta, una oligarquía de rudos guerreros montañeses consagrados *full time* al entrenamiento militar. Entonces, ¿quién cultivaba los campos de Esparta y quién les pastoreaba el ganado?, se preguntará el lector. Los ilotas, los descendientes de los antiguos pobladores de la región, a los que los espartanos explotaban como fuerza de trabajo (alguien tiene que trabajar para mantener al guerrero, ¿no?). En Esparta las tierras eran propiedad del Estado y los ilotas que las cultivaban, también.

107. El vocablo griego ἀρχή (*arké*, «gobierno») combina con μόνος (*monos*, «único») para dar la palabra «monarquía», el gobierno de una sola persona, aunque sea imbécil; combinado con ὀλίγος (*oligós*, «pocos») da «oligarquía» (ὀλιγαρχία), el gobierno de unos pocos; combinado con ἀν- (*an*, «sin») da «anarquía», falta de gobierno. De δῆμος (*demos*, «pueblo») y κράτος (*kratos*, «poder») procede la palabra «democracia», el gobierno del pueblo. De ἄριστος (*aristos*, «el mejor») y κράτος (*kratos*, «poder») sale «aristocracia», el gobierno de los mejores (en su origen, se entiende; con el tiempo queda en el gobierno de los descendientes de los mejores, lo que no garantiza que sea bueno). Y combinado con πλοῦτος («riqueza») nos da «plutocracia» (o sea, el gobierno de los ricos).

108. Una democracia quizá imperfecta, como todas lo son, pero que aun así es la forma de gobierno más racional. En Atenas, por ejemplo, no votaban los pobres ni las mujeres. Aristóteles justificaba la limitación del voto a los propietarios de alguna fortuna, o sea, a los que pagaban impuestos, porque si se les concedía el voto a los pobres exigirían tantas ayudas que arruinarían el país: «Los pobres sólo reciben, no dan, y siempre piden más.»

CAPÍTULO 30

Santuarios y olimpiadas

Las ciudades-estado griegas mantenían ciertas raíces comunes: la lengua (con sus variedades dialectales), la historia común (el pasado micénico), la religión (los dioses del Olimpo), la literatura (aquellos poemas, la *Ilíada* y la *Odisea*, cantados por los rapsodas en las fiestas) y un venerado santuario común, el oráculo de Delfos. Allí, en una caverna del monte Pyto, solía vivir una enorme y sabia serpiente, la Pitón, que Apolo mató para apoderarse de sus conocimientos. El sarcófago con las cenizas de la serpiente reposaba en el templo de Apolo, bajo una piedra sagrada, el *ónfalos* («ombligo») que marca el centro del mundo. Hoy el ónfalos está en el museo adyacente, pero el resto del santuario está donde estaba, aunque en ruinas, como todo.[109]

El otro gran elemento de cohesión interhelena eran los juegos de Olimpia, en los que competían noblemente los atletas de

109. Delfos: de una hendidura en la roca de la montaña brotaban vapores volcánicos que respiraba la Pitonisa, una médium sentada en un trípode alto. Apolo hablaba por su boca, que, en presencia del consultante, decía palabras incoherentes (como que estaba drogada) que los sacerdotes interpretaban. Era algo serio. A la consulta acudían tanto particulares como corporaciones, ciudades, asociaciones, etc. El santuario decayó mucho con el fin del paganismo, pero aun así mantuvo su vigencia hasta que el emperador Teodosio el Grande (c. 346-395) lo clausuró el año 390.

las distintas ciudades.[110] A menudo las ciudades griegas se enzarzaban en guerras y rivalidades intestinas, pero en alguna ocasión supieron unirse contra un enemigo común. Los juegos olímpicos fueron la primera liga mundial (el mundo eran ellos, los griegos; el resto eran bárbaros que no contaban).

Estadio de Olimpia. Los espectadores se sentaban en la hierba.

110. Esos juegos de Olimpia inspiraron nuestras actuales olimpiadas. Las obras faraónicas en las que se embarca cada país anfitrión contrastan vivamente con las instalaciones deportivas de Olimpia: un mero estadio amplio en el que la única arquitectura es un arco de piedra de acceso: el resto es un valle herbáceo de fondo plano como una artesa, en el que los espectadores se sentaban en los bancales laterales. Y los premios para los vencedores eran simples ramas de olivo, nada de medallas de oro ni contratos millonarios para publicidad. Claro, tenían otras compensaciones: el honor, las fans que se les entregaban extasiadas, los poetas que les componían cantos, las ciudades que les levantaban estatuas públicas.

CAPÍTULO 31

Las guerras médicas

La mayor amenaza colectiva que tuvieron que afrontar los griegos fue la de los persas.

Los persas fueron en su origen un pueblo de jinetes nómadas, procedentes de las grandes llanuras asiáticas, que se asentó al norte de Mesopotamia. Durante siglos estuvieron sometidos a los asirios o a los babilonios, pero hacia el siglo -v se habían vuelto tan poderosos que su imperio abarcaba desde la India hasta el mar Negro y el Mediterráneo (Mesopotamia, Siria, Israel, Fenicia, incluso Egipto en algún momento). Casi todos los pueblos conquistados aceptaban de buen grado la autoridad de los persas porque éstos eran tolerantes, garantizaban la paz y favorecían el libre comercio bajo un sistema imperial de pesas, medidas y monedas. Y no se metían en las leyes o en las religiones de los pueblos conquistados: les cobraban unos impuestos nada abusivos y los dejaban en paz.

El inmenso imperio, dividido en provincias o satrapías, estaba surcado por una red de calzadas reales que favorecían las comunicaciones.

Casi todo el mundo estaba contento con los persas, pero los puñeteros griegos tenían que ser la excepción con aquella manía suya de no someterse a nadie. Las prósperas colonias griegas de Jonia (en la costa de Asia Menor) no aceptaban de buen grado las imposiciones del remoto gobierno persa y acabaron rebelándose contra sus funcionarios imperiales.

Darío, el rey de reyes, el pastor de cien pueblos, soberano del mayor imperio jamás conocido, no podía dejar sin castigo la insurrección de aquellos pigmeos. Decidió conquistar Grecia, la metrópoli de las colonias insurrectas, y en especial Atenas, que había auxiliado a los jonios rebeldes.

El rey de reyes convocó un enorme ejército y armó una escuadra formidable.

Mala pata: una tempestad estrelló la escuadra contra los acantilados. El gran rey tuvo que aplazar su conquista. Mientras llegaba el día, le encargó a un esclavo de palacio que antes de servirle la comida le dijera: «Señor, acuérdate de los atenienses.»

Y ya almorzaba con las tripas negras, claro.

En el año -490 llegó el desquite. Darío envió a su yerno contra Grecia al frente de un potente ejército que desembarcó en la llanura de Maratón, cerca de Atenas. Los atenienses les salieron al encuentro. No les importó que hubiera siete persas por cada uno de ellos: atacaron con denuedo y obligaron a los asiáticos a reembarcar.

Conviene apuntar que, además de más disciplinados y mejor entrenados que los persas, los griegos estaban mejor armados. Los helenos combatían con grandes escudos de bronce y lanzas largas contra persas armados de escudos de mimbre y lanzas cortas.

El soldado encargado de llevar la noticia del resultado de la batalla a Atenas (hay que imaginar con qué ansiedad la esperaban) recorrió los 40 kilómetros sin descanso y al llegar a la ciudad sólo pudo decir «Nenikékamen» (Νενικήκαμεν, «¡Hemos vencido!») antes de desplomarse, muerto de fatiga. Ése es el origen de la célebre carrera maratón. Filípides se llamaba el esforzado y desventurado corredor.[111]

Darío murió dejando en herencia a su hijo Jerjes la tarea de castigar la insolencia de los griegos.

111. Precisemos: la leyenda es algo confusa. Parece que Filípides no corrió de Maratón a Atenas, sino de Maratón a Esparta para pedir refuerzos (fueron 250 kilómetros, en los que invertiría dos días). La distancia del Maratón olímpico (42.195 metros) se estableció en 1908, en las olimpiadas de Londres, porque era la distancia entre Windsor, castillo real, y el estadio londinense.

Jerjes reunió un inmenso ejército, unos trescientos mil hombres, y atravesó el Bósforo por un puente de barcas que no resistió los embates del mar. Entonces el encolerizado Jerjes castigó al mar haciéndolo azotar con cadenas, una extravagancia que los griegos contemplaron con displicencia. «Ese tío es tonto ¿o qué?»

Esta vez los griegos tenían que habérselas con dos ejércitos persas: uno por mar y otro por tierra. El que iba por tierra tenía que pasar por el desfiladero de las Termópilas, de cien metros de anchura, guardado por siete mil griegos, de los cuales trescientos eran espartanos (los trescientos famosos de la película-cómic *300*, de Zack Snyder, 2006).

Los que vieron la película recordaran a Leónidas y sus leones: todos musculosos de gimnasio y con el abdomen marcando unas tabletas de chocolate envidiables. No es probable que los espartanos originales fueran tan musculosos (entonces no existían los anabolizantes), pero en cualquier caso eran tan disciplinados y valientes como en la película. Cuando el persa les pidió que entregaran las armas, Leónidas respondió: «Μολὼν Λαβέ» (*Molón labé*; o sea, «Ven y cógelas»). Cuando amenazó: «Os lanzaremos tantas flechas que cubrirán el sol», el griego respondió: «Tanto mejor, así pelearemos a la sombra.»

Esos diálogos que parecen de cómic son imaginaciones de los historiadores griegos, pero los traigo a colación porque los europeos siempre nos hemos entusiasmado con la batalla de las Termópilas, que representa nuestra superioridad moral frente a las chusmas invasoras que históricamente han venido de Asia y hoy parece que atacan por el turbio sur.

El desfiladero de las Termópilas en el que los griegos aguardaron al invasor era bastante estrecho, lo que impedía al persa desplegar sus fuerzas. Quizá los griegos hubieran resistido más de tres días si no llega a ser porque un traidor le indicó a Jerjes un sendero de montaña que conducía a la retaguardia de los griegos. Cuando Leónidas se vio perdido, despidió a sus aliados griegos y se quedó a morir con sus trescientos espartanos. Con un par.[112]

112. Hoy el que visite las Termópilas se llevará una decepción: la erosión y la sedimentación han ensanchado el desfiladero más de un kiló-

Grecia se estremeció ante la noticia de que la horda persa había rebasado las Termópilas. No había ya fuerza que contuviera aquel enorme ejército. Los aliados de Atenas miraron para otro lado.

Los atenienses desampararon su ciudad, protegida por débiles murallas, y se refugiaron en la cercana islita de Salamina, desde cuyas cumbres contemplaron, angustiados, aquella misma noche, el resplandor que proyectaba en el cielo su ciudad incendiada. Los persas no dejaron piedra sobre piedra.

No bastaba con la ciudad para satisfacer la venganza de Jerjes. El persa quería aplastar a los atenienses. Abandonó la ciudad tomada y se dirigió contra Salamina con todo su poder. Se imaginaba regresando triunfal a Persia con una larga caravana de atenienses reducidos a esclavitud.

Salamina es una isla de perfiles quebrados en una costa igualmente quebrada y azarosa. Las pesadas galeras persas, que maniobraban con gran dificultad tan cerca de la costa, sucumbieron ante las atenienses, mucho más ágiles.

Jerjes contempló el desastre de su escuadra desde un promontorio, en tierra. Todavía intentaría aplastar a los griegos en una batalla campal, en Platea (-479), pero resultó igualmente derrotado.

Rabo entre las piernas y humillado, el rey de reyes regresó a sus palacios asiáticos preguntándose cómo podría superar aquella vergüenza.

---

metro, hasta el punto de que ya ni puede llamarse desfiladero ni nada, y sólo se conoce que allí fue la gesta en los monumentos que le han levantado, amén de algún kiosco de recuerdos y bebidas que acoge al turista. Una losa contiene la inscripción: Ὦ ξεῖν', ἀγγέλλειν Λακεδαιμονίοις ὅτι τῇδε κείμεθα, τοῖς κείνων ῥήμασι πειθόμενοι, o sea «Forastero, di en Esparta que yacemos aquí tal como nos ordenaron». Es pena esto de que no se conserven los lugares heroicos. Lo mismo pasa en nuestras Navas de Tolosa: llega uno con la ilusión de recorrer el espacio que cruzaron los caballeros cristianos a galope contra la morisma y se encuentra un espeso pinar repoblado que no te deja dar un paso.

CAPÍTULO 32

Los secos espartanos

De Esparta hemos recibido el adjetivo «espartano», que significa «austero, sobrio, firme, severo». De la región que habitaban los espartanos, la Laconia, hemos recibido el adjetivo «lacónico», que aplicamos a la persona de pocas palabras, como lo eran los espartanos.[113] Ya se ve de qué va la copla: los espartanos vivían en una adustez sobrecogedora, sometidos a las leyes de Licurgo, un antiguo magistrado tan severo que lindaba en la crueldad.

La vida del espartano, de la cuna a la sepultura, era entrenarse para el combate y endurecerse. En Esparta no había lugar para los débiles. El bebé que nacía con el más mínimo defecto servía de alimento a buitres y lobos (lo despeñaban desde el monte Taigeto). A los niños los apartaban de las madres a los siete años y los educaban en incómodos cuarteles sometidos a disciplina militar, con entrenamientos extenuantes. Acostumbrados a la vida dura, a las privaciones, al hambre y al frío, también debían soportar el dolor: uno de los ritos de paso consistía en ser flagelado frente a una sacerdotisa que sostenía la imagen de Artemisa. La familia se enorgullecía de que su vástago soportara más latigazos que el del vecino.[114]

113. También a nuestros abuelos castellanos los educaban así: «De toda palabra ociosa dará el hombre cuenta rigurosa», dice la inscripción en el dintel de una puerta.

114. Al lector que quiera más detalles le sugiero la lectura de la no-

Los jóvenes espartanos ingresaban en la vida adulta mediante el rito de la *crypteia*,[115] que consistía en desterrarlos descalzos y desnudos, sin más equipaje que un cuchillo y una ración de pan, para que se buscaran la vida por sus medios a costa de los ilotas (la población campesina sometida), a los que podían robar y asesinar sin cargo alguno, ya que previamente el gobierno de la ciudad les había declarado la guerra.

Pasado un tiempo prudencial, los desterrados eran recibidos en la ciudad, ya ciudadanos de pleno derecho, o sea hoplitas certificados, y los infelices ilotas respiraban tranquilos hasta que saliera la siguiente promoción de reclutas.[116]

En Esparta no había monumentos, ni palacios, ni jardines. Por no tener, al principio no tuvieron ni siquiera murallas porque ¿quién iba a atacarlos que fuera más peligroso que los espartanos mismos?

Uno cínicamente piensa: soportaban esa vida por no trabajar, porque los ilotas que les estaban sometidos en condiciones de casi esclavitud se habrían rebelado contra cualquier amo menos terrible.

Escudo espartano (Museo Stoa de Attalos).

vela de Valerio Massimo Manfredi *Talos de Esparta* (1986), en la que asistirá, además, a la batalla de las Termópilas.

115. *Crypteia* (κρυπτεία) viene de *criptos* (κρυπτός, «escondido», «oculto»). La describe Plutarco en su *Vida de Licurgo*, 28, 3-7.

116. Los ilotas aguantaron durante generaciones (quizá porque cada año los reclutas espartanos mataban a los más rebeldes) hasta que en el año -464, aprovechando que un terremoto había asolado Esparta, se rebelaron y se hicieron fuertes en el monte Ithome. Los espartanos no pudieron con ellos y tuvieron que transigir y concederles la libertad.

CAPÍTULO 33

Los pulidos atenienses

Los otros griegos famosos, los atenienses, evolucionaron de la oligarquía[117] a la democracia: un voto por hombre, sin mirar fortunas ni calidades (lo que a muchos espíritus elevados les pareció la perversión del sistema).[118]

117. En realidad, una timocracia, que no significa el gobierno de los timadores sino el de los que tienen honor (de τιμή, *timé*, «honor», y κράτια, *krátia*, «gobierno»). Ahora bien, el honor se confundía con las propiedades, porque para acceder a los cargos superiores de gobierno había que pertenecer a los *pentakosiomedimnoi*, o sea «hombres de las quinientas fanegas». Otros cargos medios estaban a disposición de los *hippeis*, o caballeros, propietarios de al menos trescientas fanegas (con las que podían costearse caballo y equipo pesado de guerra). Detrás venían los *zeugitai* u hoplitas, infantería pesada, y finalmente los más modestos, los *thetes*, que eran los que remaban en las galeras en caso de guerra.

118. Para los platónicos, «la democracia surge de la oligarquía en la que el afán por la ganancia ha relegado la educación y la cultura a un último plano y ha sumido en la ignorancia a las grandes mayorías, es decir, a los pobres. Esta democracia es gobernada por un grupo de administradores zánganos que viven de los ricos supervivientes de la revuelta social que instauró la democracia. Finalmente, está el pueblo, esto es, los trabajadores manuales a los que los políticos controlan repartiéndoles algo de lo que les quitan a los ricos, una mínima parte comparada con la que se reservan para ellos. Esto conduce a inculpaciones mutuas de corrupción entre los ricos y los políticos para defenderse frente a acusaciones del pueblo, lo que sembrará la desconfianza y preparará el terreno para que

La democracia ateniense era muy participativa. Los ciudadanos aprendían a hablar en público, a rebatir los argumentos del contrario, incluso aprendían a pensar. La oratoria se apreciaba como un arte excelso.

El más ilustre político ateniense fue Pericles (-495 a -429), hombre culto y sensato, honrado y virtuoso, al que permitieron dirigir la ciudad en solitario (aunque advertían que ello conducía a la detestada dictadura).

Pericles extendió el poder de Atenas mediante juiciosas alianzas y alumbró una etapa de prosperidad que se manifestó en numerosas obras públicas. En el sagrado monte de la diosa Atenea, la acrópolis, reconstruyó en mármol los templos de madera que habían incendiado los persas cuando arrasaron la ciudad, entre ellos el Partenón.

La rivalidad entre Atenas y Esparta condujo a la guerra del Peloponeso (-420), que duró veintisiete años y dejó a Grecia tan postrada que Filipo II, rey de Macedonia (la vecina del norte), la incorporó a su reino sin gran trabajo (-338).

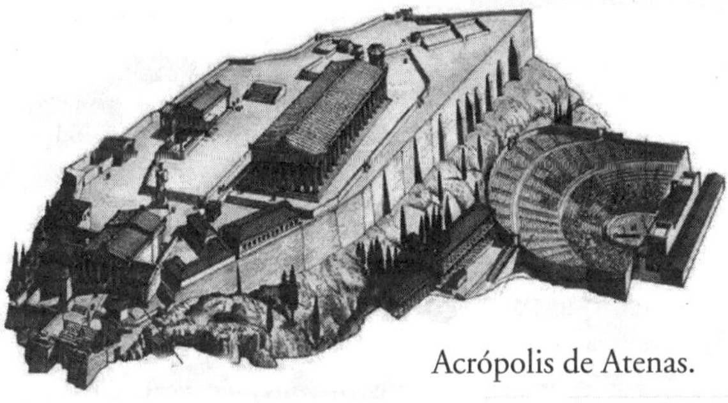

Acrópolis de Atenas.

---

un líder charlatán aglutine a las masas y se convierta en dictador o tirano» (texto libremente adaptado de la filósofa peruana Carmen Zabala).

CAPÍTULO 34

La gran aventura de Alejandro

Filipo de Macedonia acertó al contratar a Aristóteles, el gran sabio de la antigüedad, como preceptor de su hijo Alejandro, al que la posteridad conocería como el Magno.

Alejandro lo tenía todo: juventud (heredó el trono a los veintidós años), belleza física, inteligencia y ambición. A esas cualidades unió su principal don: la falange macedónica, una táctica militar desarrollada por Filipo que le permitió conquistar el mundo.[119]

El joven rey de los griegos atrajo a las ciudades helenas a una empresa común y gananciosa: la conquista del Imperio persa. El desquite por los viejos agravios del pasado apenas disimulaba el ansia de botín.

Alejandro cruzó el estrecho de los Dardanelos, conquistó a los persas sus posesiones mediterráneas (Asia Menor, Levante y Egipto), derrotó al sucesor de Jerjes tantas veces como le presentó batalla, ocupó Babilonia y se proclamó rey de Asia. Al humillado rey persa lo asesinaron sus propios generales, que lo culpaban de los descalabros (el éxito tiene muchos padres, pero el fracaso es huérfano).

119. La falange era una formación cerrada compuesta por dieciséis filas de infantes armados de *sarissas* (picas de hasta seis metros de longitud) que cada combatiente apoyaba en el hombro del delantero al embestir al enemigo. Triunfó en los campos de batalla durante más de un siglo, hasta que fue superada por la legión romana.

No contento con lo conseguido, el joven macedonio consumó la conquista de las satrapías orientales y, trascendiendo sus fronteras, invadió el valle del Indo. Allí le salió al encuentro el rey Poros con un ejército de elefantes que el macedonio aniquiló igualmente (Punjab, -326).

¡Invicto Alejandro! A lo largo de la historia, todos los grandes capitanes lo han admirado y han soñado con emularlo, en especial Julio César, Fernando el Católico y Napoleón. Hitler incluso, mencionado sea con la debida repugnancia, y que los antedichos me perdonen por agregarlo a la serie.

¿Qué viene después de la India?, se preguntó Alejandro, ya desenfrenado: China, la tierra incógnita de la seda.

¿Podemos imaginar cómo hubiera sido el destino del mundo con una China, ya milenaria, conquistada por los griegos, las dos culturas fundidas en una sola?

Pero no hubo tal. Por Alejandro no quedó, que él hubiera proseguido sus conquistas hasta los confines del mundo, pero sus tropas se plantaron: no queremos ir más allá del Ganges, le dijeron.

Comprensible. Llevaban años lejos del hogar. Muchos habían formado familias en los países conquistados (el propio Alejandro favorecía los matrimonios mixtos como factor de helenización). ¿Para qué conquistar más tierras si hemos dejado atrás, sometidas, ricas y fértiles, más de las que podemos necesitar para vivir holgadamente el resto de nuestras vidas hasta la generación de nuestros nietos? No les faltaba razón.

Alejandro se encerró en su tienda. A meditar. Al cabo de tres días salió con la decisión tomada: regresamos a Babilonia.

El rey de Asia cedía. Las tropas descansaron en «la gran ramera», como la llama la Biblia.

Alejandro, aquel culo inquieto (dicho sea sin segundas esta vez), aún planeaba ensanchar su imperio por el norte (el mar Caspio) y por el sur (Arabia) cuando unas fiebres palúdicas lo liberaron de futuros trabajos en el verano del año -323, a los treinta y tres años de edad.

El joven estadista dejaba atrás un imperio que abarcaba casi todo el orbe conocido, una hazaña que jamás se ha repetido en la historia (aunque otros genios militares —Julio César, Napoleón— lo intentaron). Se cuenta que cuando era apenas adolescente, su preceptor, Aristóteles, le aconsejó dominar su impaciencia. Él le respondió: «Maestro, si espero como dices perderé la audacia de la juventud.»

Muerto Alejandro (-323), sus generales Seleuco, Casandro, Lisímaco y Tolomeo se repartieron el imperio y fundaron sendas dinastías.

Después de Alejandro, Grecia dejó de contar como poder político y cedió paso a las nuevas superpotencias emergentes: Roma, en la ribera europea del Mediterráneo, y Cartago, en la africana.

Finalmente Roma ocuparía el solar de los griegos y lo incorporaría como una provincia más de su imperio. Fue una mutua conquista porque, al propio tiempo, la superior cultura griega conquistó a los romanos, que acrecentaron y transmitieron este precioso legado a la civilización occidental.

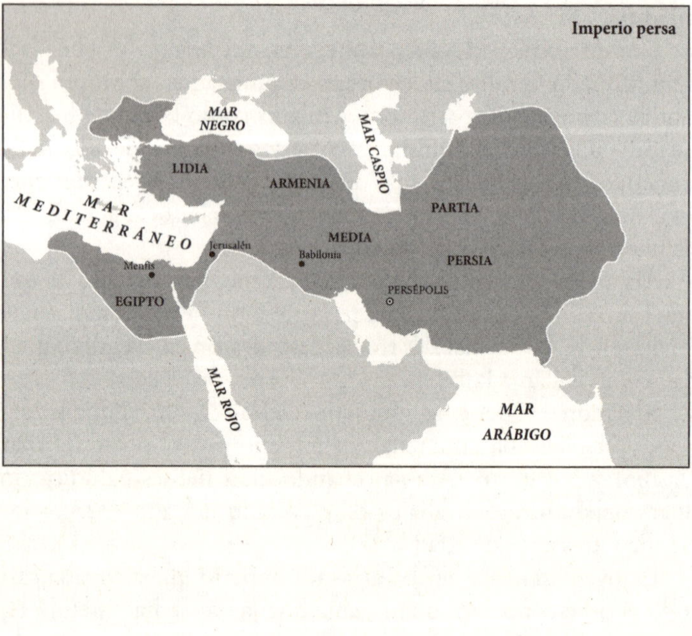

CAPÍTULO 35

El pueblo elegido (y fastidiado)

Los judíos fueron sólo un pequeño pueblo que habría pasado inadvertido entre los cientos de pueblos minúsculos que se suceden en la historia, de no ser porque idearon una religión, el judaísmo, que andando el tiempo generó el cristianismo y el islam, las dos creencias más determinantes de la historia de la humanidad.

Los orígenes de los judíos están en la Biblia, una fuente pródiga en fantasías que, convenientemente contrastada, puede suministrar alguna información aprovechable.

La Biblia nos habla de un patriarca del que descienden todos los judíos: Abraham, natural de Ur, en la actual Iraq, una tierra entonces pacífica y hasta puede que habitada por personas razonables. Ur no estaba lejos del lugar donde los ríos Tigris y Éufrates juntan sus aguas antes de desembocar en el golfo Pérsico. Ya lo vimos páginas atrás: Mesopotamia, una tierra rica, con regadíos, árboles frutales y buenos pastos.

Pero Abraham debió de tener poderosos motivos para emigrar. ¿Deudas, presión fiscal, líos de faldas? No lo sabemos. Lo cierto es que un buen día reunió a su extensa familia, hijos, nietos, primos, etc., lió el petate y marchó lejos en busca de mejores oportunidades.

—¿Adónde vamos, padre? —le preguntaban los yernos.

—A donde Dios provea.

Primero remontó el Éufrates, siguiendo el camino de las caravanas, hasta llegar a Harrán, en la actual Turquía. Culillo de mal asiento, tampoco le satisfizo aquel lugar, así que reemprendió el camino y descendió de los altos del Golán para establecerse en la tierra de Canaán (actuales Israel y Líbano).

La familia de Abraham creció en las nuevas tierras hasta que una pertinaz sequía agostó los pastos (eran pastores) y los obligó a emigrar de nuevo, esta vez a Egipto, en busca de mejores oportunidades.

Eso dice la Biblia. Pero la Biblia no es un libro histórico, aunque contenga elementos históricos.

¿Existió Abraham o es una mera leyenda, un personaje imaginario inventado para que los distintos clanes y tribus israelitas dejaran de zurrarse por un pozo, por un pastizal o por un dátil y se hermanaran bajo la égida de un antepasado común?

Sobre este punto los historiadores mantienen opiniones encontradas. Los minimalistas sostienen que no tenemos pruebas, que todo lo que cuenta la Biblia es leyenda embustera; los maximalistas creen ver algo de verdad, tampoco mucha.

¿Y lo del cautiverio de Egipto y el vagabundeo por el desierto, con parada y fonda en el monte Sinaí para la entrevista de Moisés con Yahvé, antes de proseguir la errancia hasta alcanzar la Tierra Prometida?

Lo mismo: los minimalistas, que es pura fábula;[120] los maximalistas, que algo habrá de verdad cuando tanto se insiste.

Los datos proceden de la Biblia y no cuentan con otro refren-

120. En palabras de Ze'ev Herzog, profesor de arqueología en la Universidad de Tel Aviv, en un artículo publicado por la revista *Haaretz* («Deconstruyendo los muros de Jericó: mito bíblico y realidad arqueológica»): «Los israelitas nunca estuvieron en Egipto, no vagaron por el desierto, no conquistaron el territorio en una campaña militar y no lo trasmitieron a las doce tribus de Israel. Además, la monarquía unificada de David y Salomón, que en la Biblia se describe como un poder regional, fue como mucho un pequeño reino tribal.» Van a tener razón los cachondos que se dedican a añadir en las tapas de las biblias de los hoteles una pegatina que avisa: «Este hotel no se responsabiliza de la veracidad del contenido de este libro.»

do textual, pero la arqueología ofrece a veces indicios válidos sobre los que los maximalistas construyen sus hipótesis.

Hubo, al parecer, una dinastía egipcia de origen semita, los hicsos, que procedían de Canaán o aledaños. Hacia -1600 una pertinaz sequía agostó los pastos y las fuentes y pudo obligar a los israelitas, con su patriarca Jacob al frente, a trashumar a Egipto al amparo de estos hicsos, sus primos lejanos.

Pudiera ser.

Lo malo es que los egipcios expulsaron a los hicsos poco después, y, aunque en un principio permitieron la permanencia de los israelitas en el delta, aprovechando que eran buenos pastores, las relaciones entre las dos comunidades se fueron deteriorando hasta que en el siglo -XIII casi todos los israelitas se vieron enrolados a la fuerza, casi esclavizados, en las obras públicas del faraón.

Los egipcios construían grandes fortalezas en sus fronteras, para defenderse de los llamados Pueblos del Mar, y no se andaban con miramientos a la hora de reclutar fuerza de trabajo.

Los israelitas, descontentos con el cambio, decidieron regresar a sus tierras de origen, a Canaán (Éx. 12, 38), y tuvieron sus más y sus menos con el faraón, que se resistía a concederles el visado. Al final, fuera por lo de las plagas que desencadenó Moisés (dudoso) o por otro motivo más creíble (que desconocemos), el faraón les permitió marchar.

¿Cruzaron los israelitas el mar Rojo (*Yam Suf*), que abrió sus aguas como sabemos por la película *Los Diez Mandamientos*?

No se sabe.

¿Qué ruta siguieron en el Sinaí?

Tampoco se sabe.

¿Dónde está el monte Sinaí en el que Yahvé se apareció a Moisés?

Vaya usted a saber. Pudiera ser, aunque es dudoso, el monte que hoy se identifica como Sinaí. Por cierto que tiene a su pie el monasterio de Santa Catalina, desde cuya hospedería parten los turistas para ascender a la montaña por un sendero tortuoso jalonado por tramos de escalones, algunos tallados en la piedra.

Hay también un oasis, Ein Qudeirat (¿el Kadesh Barnea de la

Biblia?), donde pudieron acampar los israelitas cuarenta años antes de llegar a la Tierra Prometida.

En el desierto del Sinaí no se han encontrado pruebas, a lo mejor porque todo es pura leyenda, pero los arqueólogos detectan una migración y la fundación de nuevos poblados en el altiplano de Judá hacia los siglos -XIII y -XII.

¿De dónde procedían estos colonos?

Algunos, de la costa, huyendo de los filisteos (uno de los misteriosos Pueblos del Mar). Otros es posible que del este.

¿Eran estos nómadas los israelitas recién llegados a la Tierra Prometida después de vagar cuarenta años por la península del Sinaí? Pudiera ser.

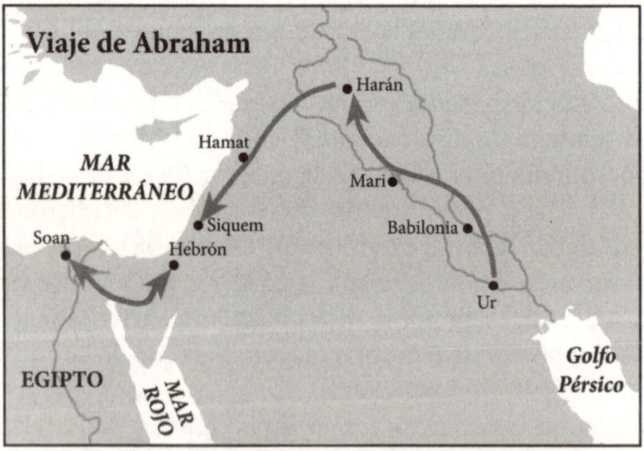

Prisioneros israelitas en un relieve asirio.

CAPÍTULO 36

A Moisés lo viene Dios a ver

Dice la Biblia (pero la verdad sólo Dios la sabe) que Moisés ascendió a la cumbre del monte Sinaí y se entrevistó con Yahvé, el verdadero Dios, que se le apareció en forma de una zarza que ardía sin quemarse (¿alucinación visual y auditiva?, ¿había ingerido Moisés alcohol o alguna sustancia psicotrópica?). El caso es que Yahvé alcanzó un acuerdo solemne con el israelita, o al menos eso fue lo que éste contó a su regreso. Yahvé estaba dispuesto a adoptar a los israelitas como pueblo elegido y les prometía regalarles Canaán, el hogar de sus ancestros, «la tierra que mana leche y miel» (no existían entonces leyes contra la publicidad engañosa), a cambio de que lo adoraran sólo a Él, en exclusiva, desterrando a los demás dioses.[121]

Cerraron el trato y Yahvé le entregó a Moisés dos tablas de piedra en las que Él mismo había cincelado las diez exigencias o mandamientos básicos, dejando al albedrío de Moisés la redacción de otras prohibiciones menudas que dificultaran aún más la vida de los fieles y una minuciosa serie de preceptos contenidos

121. Theissen y Merz, 1999, p. 153. No deja de sorprendernos esta faceta de Dios, esa vehemente y algo histérica necesidad de que lo adoren, y también sorprende su carácter exclusivista y celoso: «Sólo a mí». Los hipercríticos, especialmente los psicólogos argentinos, han creído detectar en ello los vestigios de algún trauma infantil, un deseo de autorrealización a través de la subordinación de los otros. No diría yo que no.

en la Ley Mosaica *(Torá)* que regulaba hasta el más mínimo detalle la vida de los judíos, como la obligación de circuncidar a los hijos varones, la prohibición de trabajar en sábado y múltiples prescripciones alimenticias a cual más porculera, como evitar la carne de animales de pezuña hendida (¡el consumo de jamón declarado pecado, imagínense!), de criaturas marinas desprovistas de escamas (¡lo que excluye gambas y langostinos!), de mezclar en la misma comida leche y carne, de purificarse después de la eyaculación o de la menstruación y un largo etcétera.

También dejó a su albedrío la elección de una clase sacerdotal. Moisés designó para este menester a una de las doce tribus, la de Leví.

Así fue cómo los judíos pudieron regresar por fin a Canaán, la tierra prometida al pueblo elegido.[122]

El pacto entre Yahvé y el pueblo judío estaba claro, pero hay que reconocer que ninguna de las partes lo cumplió satisfactoriamente. Los israelitas se descantillaban al menor descuido y daban en adorar a los dioses y diosas de los pueblos vecinos, más permisivos que el suyo (que ni siquiera se dejaba representar, mientras que, por ejemplo, la Astarté de los fenicios era una estupenda morenaza con las tetas al aire, ¡no hay color!). Yahvé, por su parte, los acomodó en una tierra francamente pobre, cuatro piedras peladas hirviendo al sol en medio de un desierto poblado de lagartos, donde los arroyos de «leche y miel» se revelaron como una broma pesada: de agua medio salobre y gracias, pero al menos pasaban por allí importantes rutas comerciales que unían Mesopotamia y oriente con el Mediterráneo y Asia Menor con Egipto.[123]

122. Génesis 15, 18-21; 28, 13 y Deuteronomio, 1, 8. Un cachondo, ese Dios de los judíos: después de someterlos a toda clase de pruebas y calamidades los aloja en la única parcela de Oriente Medio donde no hay petróleo y les hace creer que son su «pueblo elegido». ¿Elegido para qué, para putearlos?

123. Esta estratégica situación explica la implantación en esta tierra de Estados occidentales o europeos, el de los cruzados latinos en época medieval y el de los judíos occidentalizados de la moderna Israel, al fin y al cabo, un enclave de Occidente en medio del océano islámico.

Los judíos se conformaron. ¿No era la tierra de Canaán lo que habían añorado desde el cautiverio de Egipto? Pues toma Canaán.

Si hubieran andado más listos, con la fama de sagaces que tienen, le habrían pedido a Yahvé que guiara a los egipcios a Canaán y los dejara a ellos en el Nilo.[124]

¿Se imaginan? En este caso Jesús habría nacido, vivido, muerto, resucitado y ascendido a los cielos en Egipto y los turistas cristianos podríamos visitar de una tacada pirámides y Santos Lugares.

Por otra parte, Yahvé cumplió deficientemente su parte del trato: les prometió a los judíos la posesión perpetua de Canaán y sin embargo los ha dejado reiteradamente con el culo al aire ante las sucesivas potencias ocupantes de aquellas comarcas (Asiria, Babilonia, Persia, Macedonia, Egipto, Roma, el islam...), lo que los profetas y la clase sacerdotal, todos ellos vendidos a Yahvé (del cual comen), disculpan atribuyéndolo no a que Yahvé flaquee ante el poder de los dioses rivales, los de los pueblos vencedores,[125] sino a que ése es su modo de castigar las veleidades del pueblo elegido.

Algunos hipercríticos estudiosos de la Biblia han sospechado que en realidad todo lo referente a Yahvé no era más que una patraña urdida por Moisés y los sacerdotes para cohesionar las doce tribus de Israel y vivir a costa del contribuyente. Esta ausencia de Yahvé, un Dios tan imaginario como todos los demás,

124. En este punto los neotestamentólogos podrán objetar que el propio Dios define la Tierra Prometida en términos más generosos en otro pasaje (ése es el mérito de la Biblia, que lo mismo te sirve para un roto que para un descosido, lo contiene todo): «A tu descendencia doy esta tierra desde el torrente de Egipto hasta el gran río el Éufrates: los quenitas, queniceos, cadmonitas, hititas, periceos, refaimitas, amorreos, gonorreos, cananeos, guirgaseos y jebuseos», o sea, le da la tierra con los pueblos que contiene. Todos esos pueblos han desaparecido, pero el de Israel se mantiene a pesar de los reveses de la Historia, con un par.

125. En un comentario hipercrítico leemos literalmente: «Yahvé tenía menos influencia que un gitano en los Juzgados», lo que nos parece del todo improcedente, comenzando por el hecho de que en aquella época los gitanos todavía no habían salido de su India originaria y eran desconocidos en occidente.

explicaría que el «pueblo elegido» se haya visto tan a menudo dejado de la mano de Dios.

Como cristianos, tendemos a creer que la historia del pueblo hebreo es la que cuenta la Biblia. Recientes estudios han demostrado que esa epopeya de los patriarcas es, en buena parte, una invención.

No podemos probar que Abraham, supuesto padre de las naciones hebrea e ismaelita, existiera. Todas las noticias que tenemos de él son míticas o legendarias.

Igualmente míticos parecen sus descendientes, Isaac, Jacob con sus doce hijos —fundadores de otras tantas tribus—, el cautiverio de Egipto, el legislador y líder espiritual Moisés, el merodeo del pueblo por el desierto del Sinaí, la revelación de la zarza ardiente y la conquista de la tierra prometida. Todo falso.

Lo que nos cuenta la Biblia empieza a ser historia constatable más o menos en la época de David y Salomón, que sin duda existieron, aunque desde luego no fueron tan poderosos como nos los presenta el Libro Santo ni su imperio se extendía desde el río Éufrates al mar Rojo.

Recientes estudios han demostrado que la Biblia no es tan antigua como se pensaba. Su parte esencial, el Pentateuco o Torá, no se compuso hacia el año -900, sino unos doscientos años después, en tiempos del rey Josías de Judá (de -639 a -608) y a ese núcleo se le hicieron muchos añadidos posteriores. También sabemos que la redacción de esos primeros libros de la Biblia responde a la necesidad de Josías de sistematizar la religión nacional, de manera que consolidara su monarquía y justificara sus apetencias sobre los territorios de Canaán.

Canaán es la región comprendida entre el río Jordán y el mar Mediterráneo. Esta tierra se la disputaban egipcios e hititas, pero después de la batalla de Qadesh (-1274) llegaron a un acuerdo: el imperio hitita extendía su frontera hasta Biblos y Beirut, y los egipcios se quedaban con Canaán.

El pueblo hebreo es probablemente una de las tribus cananeas, semitas, que habitaban los actuales Israel y Siria. Nació para la historia de unos asentamientos de pastores trashumantes en las colinas de Canaán hacia -1200.

Cromañones.

Hacha paleolítica.

La Venus de Willendorf.

Gran menhir de Locmariaquer.

La Media Luna Fértil.

Inanna, diosa del amor en Babilonia.

El código de Hammurabi.

La puerta de Ishtar en Babilonia.

Palacio de Nimrud.

Guerreros asirios.

La leona herida.

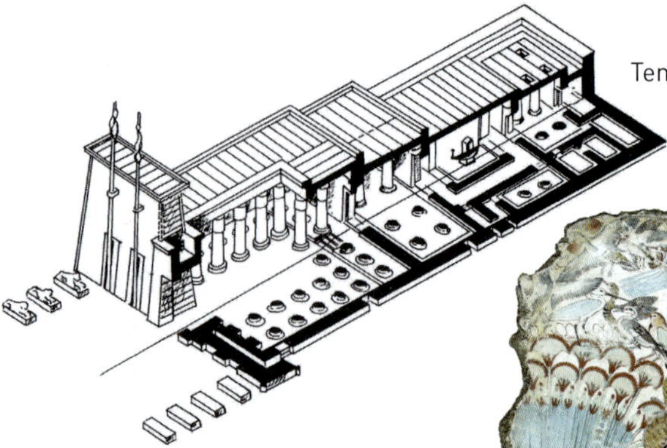

Templo de Karnak.

Tut y su esposa cazan aves.

Templo de Isis (dibujo de David Roberts).

Nave fenicia.

Guerrero chino.

Hattusas, capital de los hititas.

Palacio de Cnosos.

Templo de Atenea en el Partenón.

El griego perjudica a un persa.

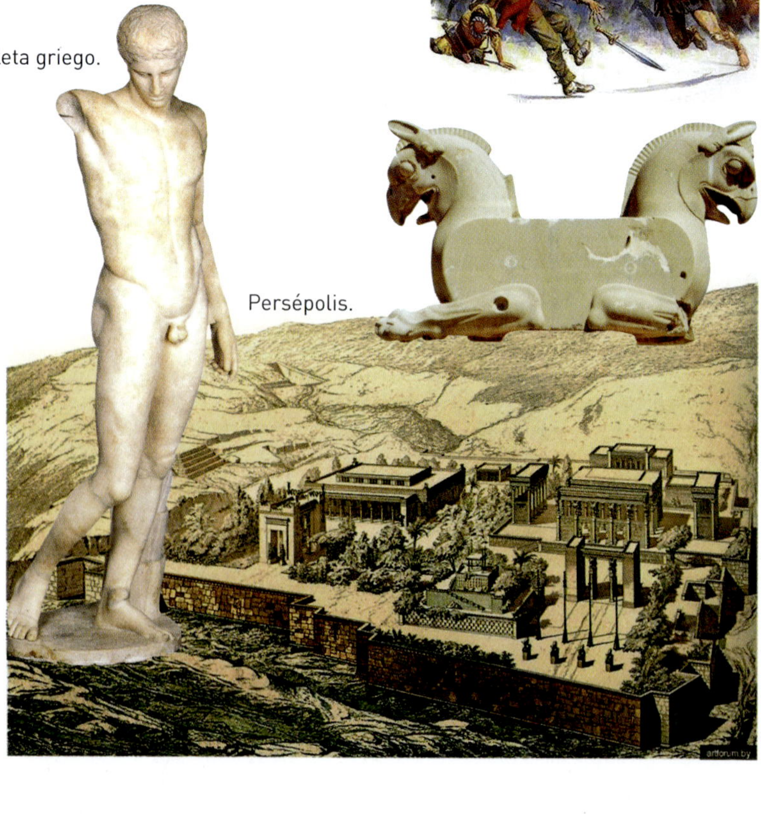

Atleta griego.

Persépolis.

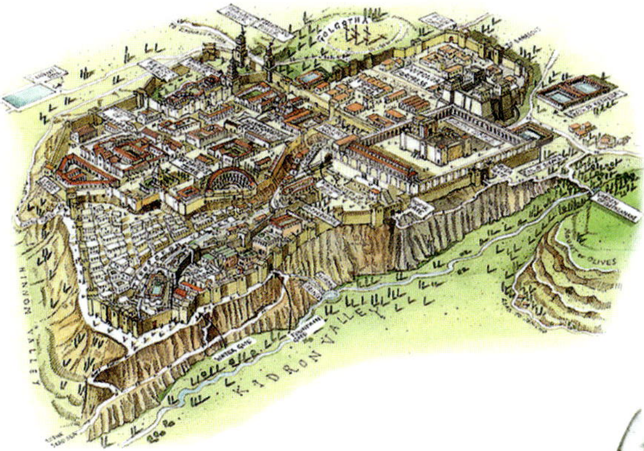

Jerusalén en los tiempos de Cristo.

Amuleto cristiano (hacia el año 100).

Destrucción de Jerusalén (óleo de Francesco Hayez, 1867).

El foro romano.

Augusto.

Cartago y sus puertos: militar (en círculo) y comercial (rectángulo).

Legionarios romanos.

Saqueo de Roma por los visigodos (óleo de Joseph-Noël Sylvestre).

Monje en el *scriptorium* del monasterio.

Mausoleo de Teodorico en Rávena (cromo, hacia 1920).

Santa Sofía.

Teodora.

El fuego griego.

Justiniano y su cortejo (San Vital, Rávena).

La expansión del islam.

La Meca (cuadro cerámico del siglo XVI).

Piratas normandos (óleo de Évariste Vital).

La corona imperial.

Carlomagno.

Oratores, *pugnatores*, *laboratores*.

Homenaje del vasallo a su señor.

Templarios y hospitalarios.

Monumento a Saladino en Damasco.

Godofredo de Bouillón (cromo del siglo XIX).

Cota de malla islámica (siglo XIII).

San Luis ante Damieta (dibujo de Gustave Doré).

Batalla de Crécy (manuscrito del siglo XIV).

Juana de Arco (estampa, siglo XIX).

Fraile laborando en la bodega del convento (manuscrito del siglo XIII).

Médico con careta contra la peste.

La peste negra en un manuscrito medieval.

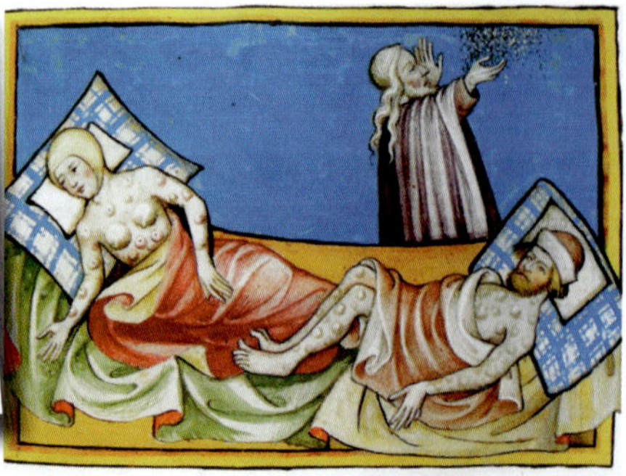

Campesinos asesinan a un noble en la *Grand Jacquerie*.

Toma de Constantinopla por los otomanos.

Bombarda turca que batió las murallas de Constantinopla.

Los avaros (óleo de Marinus van Reymerswaele, Museo del Prado).

Don Enrique el Navegante.

Carabela portuguesa.

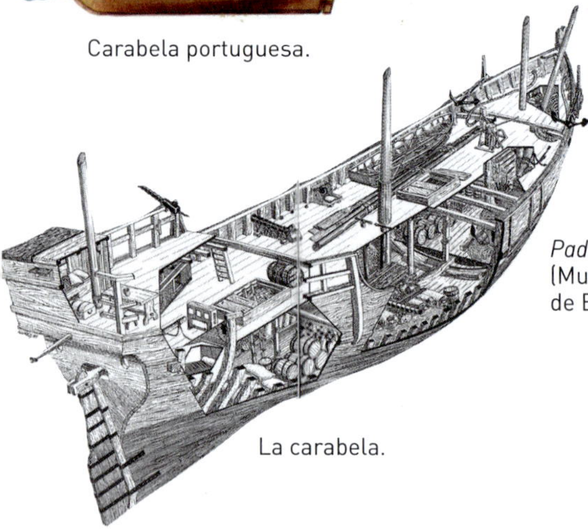

La carabela.

Padrão del Cape Cross (Museo de la Técnica de Berlín).

Ballestero portugués en África (siglo XV).

Vasco de Gama.

Tradicionalmente los pastores de las colinas cananeas habían practicado el trueque con sus vecinos del llano. Los pastores daban queso, carne y pieles a cambio de cereales. Hacia -1250, el imperio egipcio se desmembró y abandonó Canaán. La súbita decadencia de las ciudades-estado del llano trastocó este comercio y los pastores tuvieron que producir su propio cereal, lo que los obligó a establecer asentamientos permanentes.

Con otras palabras: «La aparición del primitivo Israel fue el resultado del colapso de la cultura cananea, no su causa, como mantiene la Biblia. Y la mayoría de los israelitas no llegó de fuera de Canaán, sino que surgió de su interior. No hubo un éxodo masivo de Egipto. No hubo una conquista violenta de Canaán [...], los primeros israelitas fueron también —ironía de ironías— ¡cananeos!».[126]

Aquellos pastores de los que procede el pueblo hebreo participaban de las creencias religiosas de los primitivos cananeos; eran politeístas, practicaban la prostitución sagrada,[127] adoraban piedras y más tarde ídolos (Dagán, el Baal local)[128] y ofrecían sacrificios humanos.[129]

Con el tiempo, un nuevo dios, Yahvé, evolución del antiguo dios 'El,[130] creció en importancia hasta imponerse al resto de los dioses, aunque nunca pudo desarraigarlos por completo.

126. Finkelstein y Silberman, 2003, p.133. Algunos autores creen que los primeros hebreos son los *hapiru* que fuentes egipcias mencionan entre los pueblos de Canaán, que tributaban a Egipto hacia -1550.

127. «No traerás la paga de una ramera ni el sueldo de un perro a la casa del Señor tu Dios para cualquier ofrenda votiva, porque los dos son abominación para el Señor tu Dios» (Deuteronomio 23: 18). El perro se refiere a la prostitución masculina, que también se practicaba en los templos.

128. Génesis 12, 7; 13, 18; 28; 18-19; 35, 14; Primer libro de los Reyes 11, 7.

129. Segundo libro de los Reyes 16, 1-4; 21, 1-9; 23, 10 y 17, 17; Salmos 106, 36, 38; Jeremías 7, 31; 19, 5; 23, 35; Ezequiel 20, 25-26.

130. Algunos autores que creen en la existencia de Moisés creen que 'El era un dios madianita, ya que su mujer, Séfora, era hija de un sacerdote de Madián (Éxodo 2, 21 y todo el capítulo 18 que muestra la influencia de Jetró, el suegro, sobre Moisés).

Yahvé no era un dios como los demás, que convivían pacíficamente. Era un dios celoso y exigente, que aspiraba a ser el único y no admitía competencia. Con él empieza el monoteísmo que tantas desgracias acarreará a la humanidad.

El humilde pueblo de pastores, que con la decadencia de las ciudades-estado cananeas comenzó a colonizar las tierras altas, fue descendiendo paulatinamente, primero a las faldas rocosas que permitían el cultivo de olivos y vides, y luego a los llanos adyacentes, buenos para el cereal. Al mejorar sus ingresos pudieron constituirse en comunidades más complejas, primero bajo el mando de caudillos (los jueces de la Biblia) y luego, cuando alcanzaron la suficiente complejidad social, se constituyeron en monarquía bajo el rey Saúl. Este rey tuvo que defender su territorio de los filisteos (descendientes de los «pueblos del mar», establecidos en las ciudades costeras). A Saúl lo sucedió el rey David, que fundó una fugaz dinastía con capitalidad en Jerusalén hacia el año -1000.[131]

Si creemos a la Biblia, el imperio de Salomón «abarcaba desde el Éufrates hasta la tierra de los filisteos y la frontera de Egipto» (Primer libro de los Reyes 4, 24) y «en su capital la plata era tan corriente como las piedras» (Primer libro de los Reyes 10, 27). O sea, Israel tuvo el poderío y la riqueza de Egipto, de Asiria, de Babilonia, de Persia, de Roma y de cualquier otro imperio de la antigüedad.

Guiados por la Biblia, los primeros arqueólogos atribuyeron a las fulgurantes conquistas del rey David los niveles de destrucción hallados en ciudades cananeas y filisteas y asignaron al reinado de Salomón los restos palaciegos, las puertas monumentales y las supuestas caballerizas halladas en las ciudades fuertes de Meggido, Hazor y Guézer.[132] Todo ello demostraría la existencia

131. David, un auténtico salido de los de culito veo, culito deseo, pero como le cae en gracia a Yahvé, le disculpa todo.

132. Según la Biblia, Salomón mantenía cuatro mil caballerizas para los diez mil caballos que tiraban de sus mil cuatrocientos carros de guerra (Primer libro de los Reyes 10, 26) y doce mil jinetes (Primer libro de los Reyes 5, 6).

de «una organización estatal plena en el siglo -X y el férreo dominio de Jerusalén sobre el norte».[133]

La historia de las grandezas (y flaquezas) de David y Salomón fue bella mientras duró. Una nueva generación de arqueólogos, dotados con mejores medios y menos prejuiciados por la Biblia, corrigieron a los maestros y descubrieron que aquellas estupendas puertas monumentales excavadas en Meggido, Hazor y Guézer se construyeron a principios del siglo -IX. Las supuestas caballerizas salomónicas databan del reinado de Jeroboam II (hacia -760).[134]

O sea, las maravillas arquitectónicas atribuidas a Salomón eran muy posteriores a su reinado. La conclusión era desoladora: «Todas las descripciones bíblicas de la historia israelita no son más que construcciones ideológicas hábilmente elaboradas, producidas en Jerusalén por círculos sacerdotales en tiempos posteriores al exilio babilónico (entre -586 y -537) e incluso en época helenística» (después de -323).[135]

David y su hijo Salomón existieron, de eso no cabe duda (sus reinados se sitúan entre los años -1005 y -930),[136] pero sólo fueron caudillos de un diminuto reino tribal con una población de unas cinco mil almas, pastores seminómadas que apacentaban sus ovejas en las colinas pedregosas que rodean Jerusalén. El fabuloso reino de Salomón descrito en la Biblia fue, en realidad, «un país remoto y subdesarrollado, abrumadoramente rural, desprovisto de población permanente, muy aislado y muy marginal, sin centros urbanos de importancia, escasamente poblado y sin indicios de la alfabetización imprescindible para el funcio-

133. Finkelstein, 2003, p. 170.

134. Finkelstein, 2003, p. 235.

135. Finkelstein, 2003, p. 144.

136. En 1993 se descubrió en Tell Dan, al norte de Israel, un trozo de un monumento de basalto rojo en cuya inscripción se menciona «la casa de David», que conmemora el asalto de Jazael, rey de Damasco, al reino israelita del norte hacia -850 (entonces las doce tribus se habían dividido en dos reinos: el del norte o Israel, con capital en Samaria, y el del sur o Judá, con capital en Jerusalén).

namiento de una monarquía propiamente dicha».[137] Este reino subdesarrollado y pobre coexistió con las prósperas ciudades-estado cananeas de las feraces tierras del norte.

Entonces, ¿de dónde saca la Biblia esos imperios y esos esplendores? Todo es pura invención del llamado «historiador deuteronomista», un individuo, o quizás grupo de individuos, al servicio del rey Josías de Judá (entre -639 y -608).[138]

¿Qué intención ocultaba el fabulador inicial? Su relato tiene por objetivo ensalzar a David como el gran monarca que erradicó la idolatría del pueblo israelita, gracias a lo cual Yahvé le ayudó a completar la conquista de Canaán, la tierra prometida por Yahvé al pueblo hebreo.

La intención propagandística de la fábula es evidente. Josías es el nuevo David al que Yahvé, agradecido porque ha destruido los ídolos y restaurado su religión, le entregará la tierra prometida que abarca no solo el reino de Judá que ha heredado, sino los más ricos territorios norteños del antiguo reino de Israel a los que aspira el ambicioso Josías.

Después del reinado de Salomón, hijo de David: la monarquía hebrea se escindió en dos reinos, el del norte o Israel, con capital en Samaria; y el del sur, Judá, con capital en Jerusalén (año -922).

Los dos reinos disfrutaban (o padecían) de dos ecosistemas distintos. Israel era rico (las llanuras agrícolas de Galilea y su lago, las grandes ciudades, los caminos caravaneros), mientras que el reino del sur era pobre (desierto y montañas pastoriles en

137. Finkelstein, 2003, pp. 149 y 160. Para mayor abundancia, no existen pruebas arqueológicas de que Jerusalén estuviese ocupada en el siglo -X, supuestamente su gran época. Abundan los testimonios arqueológicos más antiguos (Bronce Medio y Hierro), pero en la época del mayor esplendor bíblico no hay apenas nada, quizá la ciudad se había reducido a una mísera aldea de pastores.

138. Su tarea básica realizada en esta época fue continuada por otros «historiadores» en el exilio de Babilonia, e incluso por otros después, de modo que el texto actual de toda esta «historia deuteronomista», revisada y ampliada durante dos siglos, procede del siglo -V. Este hecho disminuye aún más su credibilidad histórica.

torno a Jerusalén), lo que determinó que siempre estuviera sometido a su hermano pudiente.

Israel, expuesto a las influencias foráneas, descuidó el culto a Yahvé y adoró a los dioses fenicios y cananeos Baal y Astarté. Por el contrario, el reino de Judá, más aislado, se mantuvo fiel a Yahvé.

El relato bíblico ofrece la impresión contraria: el reino importante era el de Judá, pero ello se debe a que la historia la escribieron (o inventaron) los funcionarios del entorno del mencionado rey Josías de Judá.

El reino de Judá no generó las estructuras administrativas propias de un estado hasta dos siglos después de Salomón, en el siglo -VIII. Los boatos que la Biblia atribuye a Salomón se inspiran en la riqueza y esplendor de una dinastía del reino del norte, los omritas (por su fundador Omrí).

Al dividir sus fuerzas, los dos reinos quedaban más expuestos a los ataques de los poderosos vecinos, Asiria y Egipto. A pesar de ello, el reino del norte se mantuvo algo más de dos siglos, hasta que los asirios lo incorporaron a su imperio. Paradójicamente, el reino más débil, el del sur, prolongó su existencia siglo y medio más que su hermano del norte, porque en realidad ninguna gran potencia ambicionaba aquellas montañas improductivas.

Desaparecido el reino del norte, los del sur (Judá) pudieron escribir la historia a su manera. Para el fabulador de la Biblia lo que perdió al reino del norte fue que se entregó a la idolatría y Yahvé dejó de protegerlo. Por el contrario, Judá, que se mantuvo fiel, prevaleció a lo largo del tiempo.

La capital del reino de Josías (640-609) era Jerusalén, un pueblecito de unos quince mil habitantes medio defendido por una muralla que aprovechaba el barranco del torrente Cedrón. No sería gran cosa, pero era lo mejor que tenían. Allí instalaron las dos grandes instituciones del Estado: el palacio del rey Josías, no mayor que un chalecito moderno, y el único templo donde podía sacrificarse a Yahvé, una construcción modesta que cabría holgadamente dentro de una de esas iglesionas que encontramos en los pueblos de España.[139]

139. Una planta rectangular de 31,5 x 10,5 m y una altura de 15,75 m.

Josías conocía el paño: la dificultad de las comunicaciones, el aislamiento de las aldeas de su reino, la vida nómada de parte de sus habitantes y la tentación de adoptar dioses y ritos foráneos exigían una centralización y un control de la religión nacional que estaba diseñando. Por lo tanto, determinó que el dios de los judíos, Yahvé, no pudiera adorarse en cualquier parte, como los demás dioses, sino solo en un único santuario, el Templo de Jerusalén donde Yahvé habitaría en una habitación reservada, el *sancta sanctorum*, donde colocarían el Arca de la Alianza, la sede material de Yahvé, su asiento.

El rey Josías decretó que el culto de Yahvé se ajustaría a un venerable código que sus sacerdotes supuestamente habían encontrado durante unas obras en el Templo de Jerusalén (el libro Levítico o quizá el Deuteronomio) en el que se especificaba el pacto de Yahvé con su pueblo elegido.

El plan de Josías para robustecer su autoridad y extender sus dominios parecía bueno, pero todo se vino abajo cuando fue derrotado y muerto por el faraón Necao en el año -609.[140] Después de esto, el reino de Judá sólo sobrevivió, y muy precariamente, unos pocos años. En -587, Nabucodonosor, rey de Babilonia, destruyó Jerusalén, deportó buena parte de su población a Babilonia y anexionó el reino judaíta a su imperio.[141]

A Nabucodonosor le sucedieron reyes débiles. Babilonia, en su día tan potente, la que abarcaba desde Egipto a la India, decayó y en -539 fue a su vez conquistada por los persas, un pueblo procedente del sur del mar Caspio que forjó el mayor imperio de la antigüedad, ciento veintisiete provincias, que abarcaban desde la India hasta Etiopía.

Bajo los persas, Canaán se escindió en dos provincias: Judea, ahora denominada Yehúd, y Samaria (aproximadamente corres-

140. Necao, al frente de su ejército, iba en auxilio de sus aliados asirios asediados por los babilonios cuando Josías, satélite de los babilonios, intentó impedirle el paso en el valle de Jezreel, cerca de Meggido.

141. Resumiendo: el reino del norte (Israel) perduró hasta su anexión por los asirios hacia el año -700; el reino del sur, Judá, sobrevivió siglo y medio más, hasta su anexión a Babilonia.

pondientes a los antiguos reinos del norte o Israel y el sur o Judá). Los habitantes de Yehúd, los judaítas, se conocieron como *yehúdim*, judíos, de ahí procede el gentilicio.

Los persas se mostraban bastante benévolos con los pueblos sometidos, con tal de que abonaran puntualmente los impuestos. Como parte de esta política permisiva, Ciro II (de -555 a -529) permitió el regreso de los exiliados a Judea y uno de sus sucesores, Darío I (522-489), permitió que reedificaran el Templo y se gobernaran por sus propias leyes.

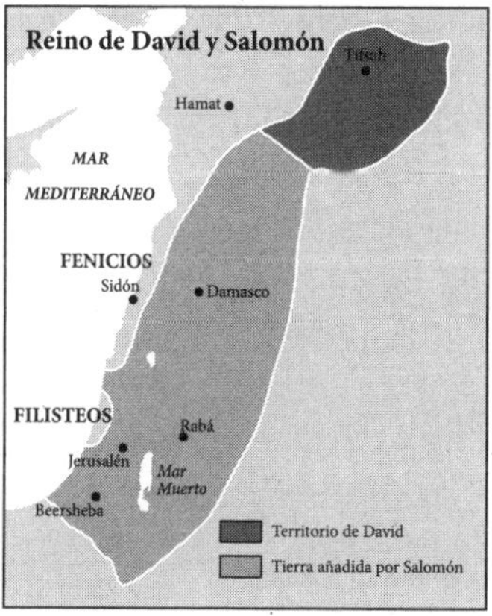

Judea y Samaria fueron provincias persas durante dos siglos y pasaron a poder de los griegos en -332, cuando Alejandro Magno conquistó el imperio persa.

A la muerte de Alejandro, sus generales se repartieron el imperio y Judea-Samaria se convirtió en zona de disputa. Primero perteneció a los lágidas de Egipto (-285)[142] y después a los seléucidas de Siria, con capital en Antioquía (-200), cuyo imperio se extendía hasta la India.[143]

En -164, una oligarquía formada por la familia sacerdotal de los asmoneos (llamados también macabeos) consiguió liberarse del dominio seléucida y constituyó la dinastía asmonea que gobernaría al pueblo judío durante un siglo hasta que en el año -63 el general romano Pompeyo conquistó Jerusalén.

142. El general Tolomeo, fundador de la dinastía lágida (por su padre Lago), se quedó con la satrapía de Egipto e instaló su capital en Alejandría.

143. El fundador de la dinastía fue el general Seleuco, al que correspondió la satrapía de Babilonia y Siria.

CAPÍTULO 37

En tiempos de Cristo

En adelante Judea sería un protectorado de Roma, aunque teóricamente siguiera gobernada por el último rey de la dinastía asmonea (Hircano II) hasta el -38, año en el que el Senado de Roma —controlado por Marco Antonio y Augusto— nombró rey «socio y amigo del pueblo romano» a un idumeo, Herodes (el Grande, el que asesinó a los inocentes, según los Evangelios),[144] que había mostrado desde siempre una gran simpatía por el Imperio. Herodes fue un gobernante excelente que trajo quietud y prosperidad al pueblo en su largo reinado (de -37 a -4). Cuando falleció, dejando a su pueblo más regocijado que pesaroso, Augusto, que no se fiaba de sus hijos, dividió el reino de Herodes entre ellos.[145]

¿Qué panorama religioso encuentra Jesús cuando alcanza la edad de la razón?

144. Más que sucesión hubo deposición por parte de Herodes, hijo de Antípatro, el valido de Hircano II, con la ayuda de Roma que deseaba tener un hombre fuerte y leal al mando de Israel.

145. Herodes Antipas (el que decapitó a san Juan Bautista) heredó Galilea y Perea; Filipo heredó Auranítida, Panea, Gaulanítida y otras provincias del Norte; Arquelao heredó Judea, Samaria e Idumea, aunque, debido a su mal gobierno, los romanos se la arrebataron diez años después para administrarla directamente por medio de un prefecto o gobernador, Poncio Pilato.

El judaísmo estricto se practicaba principalmente en Jerusalén, la ciudad del Templo, en la que convivían varias sectas o grupos pertenecientes al *establishment* de Israel. De ellos, el principal lo constituían los saduceos, importantes familias sacerdotales que controlaban el Templo y sus servicios. El Templo, sede de la religión mosaica, venía a ser una especie de Vaticano de los judíos: una saneada fuente de ingresos que a los que estaban en la pomada les permitía vivir estupendamente sin dar palo al agua.

¿Tan adormecida tenían la conciencia?, se preguntará el lector.

Natural. Con tal de mantener sus privilegios, no les importaba colaborar con los ocupantes romanos.

La influencia del Templo y sus sacerdotes llegaba bien a Judea, pero apenas a la agreste y montaraz Galilea, una región conflictiva en la que mediaba un abismo social entre la clase dominante, helenizada y urbana, y la clase campesina, empobrecida y hostil a lo extranjero.

Los fariseos, puntillosos cumplidores de las abundantes prescripciones mosaicas, creían en el cielo, en el infierno y en la resurrección de los justos dentro de un nuevo cuerpo que duraría eternamente.

Los habitantes de Judea, Galilea y demás territorios de la antigua Israel estaban divididos en diversos grupos y sectas religiosas y políticas: los aristócratas saduceos;[146] fariseos (rigurosos ob-

146. Los saduceos eran los sucesores teóricos de Sadoc, sumo sacerdote de la época de David. Sólo admitían como revelado el Pentateuco. No aceptaban como sagrados ni los libros históricos ni los profetas. Consecuentemente, no creían en la inmortalidad del alma ni en la vida futura con sus premios y castigos. Como partido político nacieron probablemente poco antes de la rebelión macabea en el -168. Una vez quisieron enredar a Jesús con una pregunta capciosa: «Maestro, a ver si nos despejas una duda: una mujer que se ha casado de nuevo después de enviudar ¿de quién será esposa cuando los muertos resuciten?». Jesús, sin inmutarse, respondió: «Los resucitados no tendrán esposa ni marido, serán como ángeles del cielo» (Marcos 18-27; Mateo 22, 23). ¡Planchados los dejó! Esa argucia dialéctica de la pregunta enredona se denomina *trampa saducea,* la pregunta que no se hace con sincera voluntad de saber, sino para que el interlocutor se perjudique tanto si responde en un sentido como

servantes de la ley); celotes (independentistas exaltados, pero que albergaban teóricamente la doctrina farisea) y otras sectas más puramente religiosas como apocalípticos de diverso pelaje, y esenios (entre ellos, los habitantes de Qumrán).

Casi todos aspiraban a independizarse de Roma, aunque discrepaban sobre el procedimiento a seguir. Sólo coincidían en creer a pies juntillas la inminencia del cumplimiento de una antigua profecía[147] relativa al advenimiento de un dirigente o *mesías* que liberaría a Israel e instauraría el reino de Dios sobre la tierra —en cuyo centro y como caudillo de todos los pueblos estaría Israel— y con él la paz y la armonía universales. El caso era consolarse de la humillación, que ya duraba varios siglos, de que Israel, siendo el «pueblo elegido» por Dios, estuviese siempre sometido a otros.

---

en otro. La usan mucho los políticos, incluso los de ingenio más romo, que son casi todos, y conste que no señalo a nadie. Aquellos infelices saduceos que quisieron confundir a Jesús se creían muy listos. Estaban lejos de sospechar que el que creían charlatán palurdillo recién llegado de Galilea (así lo veían ellos) era Hijo de Dios, nada menos, y les daba a todos cien mil vueltas.

147. Se encuentran en los llamados libros proféticos, especialmente en el de Isaías.

CAPÍTULO 38

En el que se habla de Jesús, la figura más importante de esta historia (y de toda)

El sumo sacerdote gobernaba con ayuda del *Gran Sanedrín*, una curia asociada al Templo cuyos miembros procedían de antiguas familias saduceas que vivían estupendamente del negocio religioso.

En este contexto, algo confuso como vemos, hay que señalar el paso por el mundo de nuestro dulce Jesús, la primera figura de la religión cristiana.

Jesús hablaba arameo, la lengua de Israel, emparentada con el hebreo. Es posible que también chapurreara algo de griego porque Galilea, su patria chica, estaba muy helenizada,[148] aunque también era la más levantisca de la zona, vivero de independentistas y violentos celotas, unos *abertzales* partidarios de sacudirse el yugo romano.

En aquella encrucijada de culturas que era Israel, los judíos estaban familiarizados con las creencias de otros pueblos mediterráneos y orientales (religiones mistéricas persas, siriacas, egipcias, de Asia Menor, helénicas...) y con la filosofía gnóstica, casi una religión nacida de la confluencia del pensamiento y la religión.[149]

148. El helenismo era la cultura internacional de los dominadores romanos basada en buena parte en la cultura griega que los romanos habían adoptado.

149. ¿Qué es la gnosis? Es un movimiento religioso y filosófico que valora el conocimiento (*gnosis)* sobre las creencias (*pistis*). Sus practicantes parten de la creencia de que los humanos tenemos una naturaleza huma-

Jesús, probablemente un *nazarita* o *nazareo,*[150] fracasó en su intento de propiciar un levantamiento general contra los romanos, aunque apoyado más en los ángeles de Dios que en las fuerzas terrenales, por lo que fue ejecutado en la cruz por disposición del gobernador romano Poncio Pilato.[151]

¡El caudillo Jesús crucificado! Muchos de sus seguidores, que lo habían tomado por el *mesías* que según las profecías liberaría al pueblo del yugo romano, reciclaron su figura, después de un primer momento de dolorosa perplejidad, y de caudillo independentista le convirtieron en una especie de mesías espiritual.

El cristianismo primitivo se nutriría de bautistas y celotes, la tradicional clientela de las clases bajas y desheredadas.

Lo de Jesús fue tan sólo una anécdota dentro del Imperio romano y del mundo, si hacemos salvedad del cataclismo religioso que su figura desencadenó (el cristianismo).

El gran levantamiento de los sometidos judíos ocurrió en el año 66, unos treinta años después de la muerte de Jesús. Roma

---

na mortal, material (éidolon), y otra divina o alma inmortal (*daimon*). El creyente debe remontar desde el éidolon hasta alcanzar la plenitud del *daimon*. Esa iluminación se obtiene al fundir su naturaleza humana con la divina, una ascesis que luego encontramos en el cristianismo, con santa Teresa, san Juan de la Cruz y otros místicos. A ese conocimiento se asciende mediante la iniciación y la enseñanza. La gnosis triunfa en los siglos II y III sobre un sustrato de las religiones iraní, egipcia, griega, judía, con aportaciones de la filosofía platónica y aristotélica.

150. *Nazareo* es el judío que profesa el *nazir*, un voto ascético propio de los judíos más fanáticos y religiosos. Estos ascetas, entre los que se encuentra el forzudo Sansón, se dejaban crecer el pelo como señal de la promesa. En este sentido no va descaminada la iconografía al uso que nos presenta a Jesús luciendo una cuidada melena. Extrañamente, a las señoras devotas de Jesús que frecuentan los sacramentos y tienen al Galileo por modelo de vida, les resultan sospechosos los hombres que se dejan crecer el pelo, con la excepción del expresidente Aznar. Lo menciono para señalar la inconsistencia de las opiniones mundanas (y la falta de caridad).

151. Poncio Pilato, el gobernador romano de Judea y secarrales adyacentes, tan mentado en los sermones de Cuaresma, mantenía relaciones cordiales con el sumo sacerdote del Templo, máxima autoridad religiosa, al que permitía cierta autonomía en Jerusalén y sus contornos.

aplastó a los insurrectos, destruyó Jerusalén y arrasó el segundo Templo (reconstruido por Herodes el Grande) el año 70. Solo quedó, para muestra, el Muro de las Lamentaciones.

El pueblo de dura cerviz no escarmentó y volvió a enfrentarse a Roma medio siglo después, con la rebelión del Bar Kokhbá (entre 132-135).

Esta vez, el emperador Adriano perdió la paciencia, prohibió bajo pena de muerte que cualquier judío se acercara a menos de cuarenta millas de Jerusalén, lo que acentuó la Diáspora o dispersión de los judíos fuera de su tierra (iniciada siglos antes). Los judíos se dispersaron por todo el Imperio romano, principalmente por Egipto y Babilonia. Sólo unas pocas familias quedaron en el territorio de Israel.

Durante más de mil setecientos años, en la diáspora, sin estado propio, los judíos formaron comunidades más cerradas que abiertas, y siguieron tercamente apegados a su religión incluso cuando todo el imperio aceptó el cristianismo. La fe en que algún día restaurarían su nación y reedificarían el tercer Templo mantuvo durante veinte siglos la cohesión de un pueblo disperso por la faz de la tierra y perseguido en todas partes.

Finalmente, después de la terrible experiencia del Holocausto, consiguieron en 1948 que la ONU les asignara un hogar nacional, el Estado de Israel, en las tierras que hasta 1918 habían pertenecido al imperio turco.

El segundo Templo de Jerusalén.

CAPÍTULO 39

Los osados cartagineses

El año -573 los asirios conquistaron Tiro, el próspero emporio fenicio que controlaba buena parte del comercio mediterráneo y en especial el de los metales.

Conmoción en el comercio del estaño, que los fenicios casi monopolizaban.

Ya queda dicho que el estaño constituía un material estratégico esencial. La industria del bronce de los países desarrollados (los de la Media Luna Fértil) dependía del estaño de Bretaña, Cornualles y las islas Británicas.[152]

Con el mercado desabastecido, los avispados griegos foceos disputaron la clientela a los cartagineses, los herederos naturales de Tiro.[153]

Los cartagineses, nacidos en las ásperas tierras líbicas, más agresivos y osados que sus primos de Tiro, se enfrentaron a los griegos con grave perjuicio de ambas partes. Después de una

152. Los griegos las llamaban islas Casitérides, por su abundancia en Κασσίτερος (Kassiteros) o casiterita, el mineral del que se extrae el estaño.

153. Lo único que se alteró fue la ruta: los fenicios lo traían por mar; los griegos prefirieron la ruta terrestre, por los ríos Ródano-Saona hacia Marsella, su gran emporio comercial. El Ródano y el Saona constituyen, desde la prehistoria, una frecuentadísima ruta comercial. Por aquí bajaba también el ámbar del Báltico, elemento precioso ya en la Europa prehistórica.

guerra costosa que no resolvió nada, se impuso la razón (comercial) y los contendientes acordaron dividirse las zonas de influencia: los griegos comerciarían con el norte de la península Ibérica y los cartagineses, con el levante y el sur.

Los cartagineses emprendieron la exploración de nuevos mercados y rutas, especialmente en las costas africanas. Con el fin de mantener alejados a los competidores divulgaban fantásticas leyendas sobre la existencia de monstruos marinos y de vertiginosos abismos más allá del estrecho de Gibraltar.[154]

Durante dos siglos, el Mediterráneo fue escenario de cruentas batallas navales. Cartagineses y etruscos (un pueblo itálico) se aliaban para disputar a los griegos foceos las rutas comerciales y las ricas islas de Córcega y Sicilia.[155]

El año -509 los cartagineses firmaron un tratado de amistad con Roma, una potencia emergente dentro del entorno etrusco. Los romanos aceptaban el monopolio marítimo cartaginés a cambio solamente de que Cartago no hostigara a sus aliados. La zona de influencia se establecía a partir del cabo Kalon Akroterion.[156]

154. Una de estas expediciones se componía de sesenta barcos con tres mil colonos, amén de abundantes pertrechos, pero se agotaron las provisiones a la altura de Senegal y tuvieron que regresar. No obstante, trajeron interesantes noticias de África y de sus gentes: «Había muchos salvajes —escribe un testigo—, gentes de cuerpo velludo llamados *gorillai* que huyeron de nosotros. Logramos atrapar a tres hembras pero como se negaban a seguirnos y mordían y arañaban a los que las llevaban tuvimos que sacrificarlas y trajimos las pieles a Cartago.» La noticia procede de «El viaje de Hannón, comandante de los cartagineses, alrededor de las partes de Libia más allá de la Columnas de Hércules, que depositó en el templo de Crono». Hannón vivió en el siglo -VI.

155. En estas guerras, los cartagineses emplearon mercenarios españoles, en especial honderos baleares. «Alrededor de la cabeza llevan tres hondas de junco negro, de cerdas o de tendones: una larga para los tiros largos, otra corta, para los cortos, y la tercera mediana, para los intermedios —escribe Estrabón—. Desde niños los adiestran en el manejo de la honda y si tienen hambre tienen que acertar en la diana antes de recibir el pan.»

156. Consta que algunos historiadores han descuidado sus obliga-

Hacia el año -500, los cartagineses recuperaron sin contemplaciones los mercados de la península Ibérica e instalaron dos bases en sendos puntos estratégicos: la isla de Ibiza y el magnífico puerto natural de Cartagena, llamada, con redundancia, Cartago Nova, es decir «la nueva Cartago».[157]

Corrían tiempos revueltos. Todo el mundo quería medrar con los metales. Sin salir de nuestro entorno ibérico, las minas de Sierra Morena se fortificaban y a lo largo de las rutas de transporte del mineral, Guadalquivir abajo, se construían recintos fortificados y torres de vigilancia. Los arqueólogos se topan con muchas señales de guerra.[158]

Pasado un siglo, los griegos focenses y los etruscos habían perdido la partida. Las únicas superpotencias que se mantenían sobre el tablero mediterráneo eran Cartago y Roma. En el año -348 acordaron repartirse el territorio, pero el Mediterráneo no bastaba para contenerlos. Sucesivos tratados comerciales no mitigaron el creciente antagonismo que sólo terminó con la destrucción de Cartago, como veremos en el capítulo siguiente, cuando tratemos de Roma.

---

ciones conyugales en cavilosas vigilias sobre la identificación de ese promontorio. ¿Se trata del moderno Ras sidi Ali el Mekki, al norte de Túnez? ¿Es el cabo de Palos? ¿Es el de La Nao (Alicante)?

157. Una denominación doblemente redundante porque Cartago, a su vez, significa *Qarthadash*, «ciudad nueva».

158. Por ejemplo, en Porcuna, el magnífico mausoleo de un reyezuelo local fue destruido y el grupo escultórico que lo adornaba acabó en pedazos en el fondo de una zanja donde durmió el sueño de los justos hasta su descubrimiento en 1975. Ahora constituye la joya del Museo Íbero de Jaén. Entre las figuras épicas que representan combates de guerreros o enfrentamientos con monstruos hay una, más civil, que retrata a un masturbador en plena acción.

CAPÍTULO 40

El esplendor que fue Roma

Hacia el año -750, Roma era una veintena de chozas en la ladera del monte Palatino, a orillas del Tíber.[159] El lugar era insalubre, rodeado de pantanos palúdicos, pero estaba estratégicamente situado en el centro de la península Itálica, que era centro, a su vez, del mundo conocido.

Los romanos progresaron lenta e implacablemente. Dos siglos después eran los dueños de la comarca; pasados otros doscientos años se habían impuesto en toda la bota italiana. Prosiguiendo su imparable ascensión, derrotaron a la poderosa Cartago y dominaron las tierras ribereñas del Mediterráneo (el *Mare Nostrum*, «nuestro mar»). Finalmente extendieron su poder por la Europa atlántica y Oriente Medio hasta los confines de Persia.

En sus inicios, Roma fue una monarquía. Después de padecer a siete reyezuelos sucesivos, los romanos derrocaron al último y se proclamaron república (-509). Una asamblea popular, los Comicios, elegía anualmente a unos cargos de gobierno que ratificaba el Senado (la cámara de la aristocracia). Este doble poder político se expresaba por la conocida fórmula *Senatus Populus Que Romanus*, o SPQR (Senado y Pueblo Romano), que vemos

159. A los romanos les gustaba pensar que su ciudad se fundó el año -753, y computaban el tiempo a partir de esa fecha con la frase *ab urbe condita* (desde la fundación de la ciudad).

en los estandartes romanos de la Semana Santa y en las películas.[160]

En Roma compartían el poder dos cónsules o presidentes del gobierno elegidos anualmente con poderes casi absolutos.[161] En tiempos de crisis se nombraba un dictador que permanecía en el cargo seis meses o hasta que pasara el nublado.

Los romanos eran, y en realidad nunca dejaron de serlo, campesinos y soldados. Gente vinculada a la tierra y dotada de un envidiable sentido común, pragmática, tenaz, realista. Destacaron mucho en las ciencias positivas, en organización, explotación y administración de sus conquistas. Por el contrario, descuidaron las especulativas, la lucubración filosófica y el arte en general, que prefirieron copiar de otros pueblos, particularmente del griego. No pretendían ser artistas, se conformaban con ser buenos artesanos. Eran, también, profundamente religiosos y estaban convencidos de que sus dioses tutelaban Roma, creencia que constituyó un poderoso acicate en las épocas de adversidad. Su gran creación, también cimiento de su grandeza, fue el derecho romano, un minucioso código legal que regulaba claramente los derechos y deberes de los ciudadanos.

Cuando los romanos dominaron la península italiana, pensaron en expandirse por el Mediterráneo, pero se toparon con los

160. En la práctica, todo el poder se concentraba en manos de la *nobilitas* o aristocracia senatorial. La clase contigua era la de los caballeros o *equites,* integrada por los ciudadanos adinerados que podían mantener un caballo. La más baja y extensa era la de los desposeídos o *proletarii*, palabra que significa «que sólo poseen a sus hijos». Éstos no votaban en las elecciones, pero tampoco hacían servicio de armas.

161. Los cónsules tenían *imperium*, es decir, poder de vida y muerte. Los escoltaban guardias (*lictores*) que portaban al hombro sendos haces (*fasces*) de varas de azotar, símbolo del poder coactivo que les otorgaba el cargo. Cuando salían de la ciudad, y por lo tanto de la jurisdicción del pueblo, añadían a las varas un hacha de verdugo (*securis*), cuyo hierro sobresalía del haz. Mussolini, que soñaba con devolver a Italia las glorias de Roma, adoptó las *fasces* como símbolo de su partido «fascista». Los actuales maceros de nuestros ayuntamientos, con sus pelucas y sus dalmáticas, constituyen la réplica moderna de estos portadores de *fasces*.

cartagineses, que dominaban el mar desde la actual Túnez. Fieles a las prácticas comerciales de sus abuelos fenicios, los cartagineses habían extendido sus colonias y factorías por las costas mediterráneas y en particular por Sicilia.

CAPÍTULO 41

Duelo de titanes

Romanos y cartagineses se disputaron el dominio del Mediterráneo en tres guerras (las famosas guerras púnicas) entre los años -264 y -146.[162] En la primera, los romanos ocuparon Sicilia y obligaron a Cartago a pagar una crecida indemnización.[163] Durante la segunda guerra, el general cartaginés Aníbal cruzó los Alpes con un ejército mercenario (de númidas, hispanos y galos) que derrotó repetidamente a los romanos y llegó a las puertas mismas de Roma.

Los romanos devolvieron los golpes en Hispania, la despensa de Aníbal y su punto débil. Allí derrotaron a Asdrúbal (hermano de Aníbal), aniquilaron los refuerzos que proyectaba enviar a Italia,

162. *Púnico* significa «cartaginés» (por el etnónimo latino *Pūnicī* con el que designaban a los cartagineses y a ancestros fenicios).

163. Para que se vea el ingenio y la determinación de los romanos: los cartagineses eran muy superiores en el mar (los romanos continuaban siendo un pueblo agrícola, sin tradición marinera). Conscientes de su inferioridad, los romanos aprovecharon que habían capturado una galera cartaginesa embarrancada en una playa, la desmontaron, copiaron sus piezas y produjeron en serie una armada suficiente para enfrentarse a la cartaginesa. En pocos meses. Además, innovaron los medios de combate con pasarelas provistas de garfios (el *corvus*, «cuervo») que les permitían asaltar la nave enemiga y convertir la batalla naval en un enfrentamiento terrestre (una táctica que se prolongará en el Mediterráneo hasta después de Lepanto). Recuerden la batalla naval de la película *Ben Hur* (1959).

conquistaron Cartagena, su puerto principal, y se aliaron con caudillos indígenas a los que prometieron librarlos de los cartagineses.[164]

A Aníbal sólo le quedaba su tierra africana y un ejército debilitado por las largas campañas en Italia, ya sin fuerzas para conquistar Roma. Comprendió que había perdido la partida y regresó a casa con la esperanza de, al menos, salvar los muebles. No hubo tal: Escipión, el general romano que había arrebatado a Cartago su provincia hispana, desembarcó en África y lo derrotó en Zama.

Los vencedores impusieron a Cartago una rendición suficientemente onerosa como para asegurarse de que su emporio comercial jamás levantaría cabeza. Erraron el cálculo. Medio siglo después, la vieja rival se había recuperado alarmantemente. ¿Los dejarían crecer hasta que fueran más poderosos que Roma? El senador Catón el Viejo se hizo portavoz de la conciencia romana cuando remataba todas sus intervenciones con la coletilla *Ceterum censeo Carthaginem esse delendam* («Aparte de eso opino que hay que arrasar Cartago»).

Arrasar Cartago. Es lo que hicieron con el más fútil pretexto en el año -147: deportaron a su población e incendiaron la ciudad. Esta vez no concederían al viejo enemigo una segunda oportunidad. Cartago ardió durante diecisiete días. Después arrasaron las ruinas y sembraron de sal campos y huertas. Tácito, el gran historiador romano, escribió: «Es propio de la naturaleza humana odiar al que se ha ofendido.»

Borrada Cartago del mapa, Roma quedó dueña del Mediterráneo (el *Mare Nostrum,* «nuestro mar») y pudo concentrar su esfuerzo en su expansión colonial. Desde Escocia y el Rin hasta los desiertos de África y desde el Finisterre gallego hasta los confines de Persia, en poco más de dos siglos, todo fue territorio romano, sometido o asociado.

164. Los iberos no advirtieron que aquellos romanos que los ayudaban a sacudirse el yugo cartaginés les iban a imponer otro aún más pesado y, además, definitivo. Aunque también es cierto que Roma los desasnó. Vaya lo uno por lo otro.

El botín de las conquistas y la explotación de los territorios adquiridos enriqueció a la aristocracia senatorial que ocupaba los cargos, pero, al propio tiempo, la muchedumbre de mano de obra esclava que afluía sobre Roma arruinó al pequeño campesino y al artesano y los convirtió en parásitos improductivos cuya única salida consistía en alistarse en el ejército o emigrar a la populosa Roma. Multitudes de campesinos empobrecidos se apilaron en las miserables colmenas de los suburbios.

Roma era, a un tiempo, un espectáculo de miseria y de ostentosa riqueza. Las grandes fortunas provenientes de las conquistas permitían realizar magnas obras de ingeniería o arquitectura: acueductos, calzadas,[165] teatros, arcos triunfales, templos, quintas de recreo...

La Roma imperial, capital del estado universal, rectora del mundo conocido, «la reina de las ciudades y señora del mundo», como la llama Cervantes, llegaría a sumar, en el siglo II, un millón doscientos mil habitantes.

Imaginemos el foro, la plaza mayor de Roma, un ensanchamiento en el que pulula una heterogénea multitud: procuradores, secretarios, escribanos, ricos mercaderes, ávidos cambistas, vociferantes abogados, ayunos literatos, geómetras, ganapanes, mendigos, médicos, vendedores ambulantes de salchichas y empanadas de garbanzos, gente ociosa... Todas las razas y pueblos del mosaico imperial están representados en el mar de cabezas. Rubios germanos, azafranados galos, endrinos etíopes, rizosos judíos, greñudos sirios, impecables griegos, cetrinos hispanos... De vez en cuando, dos fornidos esclavos apartan a empujones a la gente abriendo paso a una silla de mano cerrada que transporta a una dama o a un importante patricio.

Éste es el corazón del imperio. De esta bulliciosa fuente mana su burocracia: cartas, certificados, informes, órdenes de pago,

165. Una red de magníficas calzadas comunicaba Roma con sus más distantes dominios, favorecía el comercio, lo que producía riqueza y bienestar para los súbditos del imperio, y el rápido desplazamiento de tropas para sofocar rebeliones provinciales. Verdaderamente todos los caminos conducían a Roma.

contratas de obras públicas, nombramientos, recomendaciones, ceses. Los funcionarios estatales trabajan media jornada, desde el amanecer hasta el mediodía. La tarde es para el ocio y los deportes. Ni Babilonia.

Dos reformadores, los hermanos Graco, tribunos de la plebe, intentaron obtener tierras para el pueblo por medio de una revolución pacífica. Los asesinaron, pero la aristocracia tuvo que calmar a la plebe indignada y desde entonces el enriquecido Estado conformó al pueblo con repartos de trigo y otros productos básicos.

El Estado sobornaba a la plebe con *panem et circenses*, o sea repartos gratuitos de trigo y espectáculos de entrada libre, especialmente luchas de gladiadores y carreras de carros, el equivalente al fútbol de nuestro tiempo. Igual que hoy, los políticos mantenían a la plebe ocupada en asuntos deportivos mientras ellos se forraban. *Nihil novum sub sole*.

El subsidio social o *annona* institucionalizado en tiempos de Augusto (con ingentes cantidades de trigo egipcio, siciliano y bético) contribuyó al crecimiento de una numerosa clase social parasitaria y embrutecida que vivía del Estado.[166]

Hacia el año -100, Roma seguía rigiéndose por un gobierno municipal, como cuando era una aldea. El poder se concentraba en las manos de los aristócratas que se repartían los cargos públicos y copaban el Senado, una institución obsoleta y corrupta, incapaz de administrar los inmensos territorios conquistados.

Roma debía evolucionar. Al malestar de la plebe, que asistía al festín y tenía que conformarse con las migajas, se sumaba el de los *equites* («caballeros»), antiguos plebeyos enriquecidos por el

166. No seré yo el que establezca parentesco alguno entre esta forma de soborno estatal y los actuales subsidios de desempleo con los que ciertos gobiernos autonómicos cautivan el voto de sus bases, lo que les asegura el cumplimiento de su principal objetivo político: perpetuarse en la poltrona. Tampoco compararé el *circenses* con el vertedero de programas basura en que se han convertido algunas televisiones autonómicas y nacionales.

comercio que exigían un espacio político proporcional a su poderío económico.

La república, pensada para regir una ciudad y su entorno campesino, no daba más de sí. La administración de los inmensos territorios imperiales exigía un mando más permanente.

Julio César, consciente de ello, preparó el camino al retorno de la odiada monarquía. Su asesinato lo impidió, pero su sucesor Augusto llevó a feliz término su proyecto.

El foro romano hoy.

Yelmo de gladiador.

CAPÍTULO 42

Julio César: el hombre que pudo reinar

Julio César, aunque nacido en el seno de una antigua y prestigiosa familia senatorial, se inclinó políticamente por el partido del pueblo, opuesto al corrupto Senado y partidario de devolver cierto poder a la plebe. El joven César apostó fuerte: primero se atrajo a los humildes con los consabidos espectáculos públicos, banquetes y dádivas (que lo dejaron endeudado y al borde de la ruina); después hizo fortuna en Hispania, donde sofocó una rebelión de tribus indígenas.

En Roma se disputaban la arena política Pompeyo, famoso general, y Craso, millonario y líder del partido del pueblo.[167] César los reconcilió y formó con ellos una coalición electoral o triunvirato. Sumando la fuerza de sus aliados a la de sus muchos partidarios, César fue elegido cónsul para el año -59, pero, como los cónsules eran dos, teóricamente se veía obligado a compartir el poder con un compañero de ideología conservadora. En la práctica consiguió desplazarlo para gobernar de manera casi per-

167. Este Craso, llamado *el Rico* (*Crassus dines*), era un tiburón de las finanzas, ingenioso y exento de escrúpulos, que se había adueñado de la mayor parte de los bienes raíces de Roma, pero sabía ganarse a la gente con préstamos y regalos y el pueblo lo apoyaba. Uno de sus negocios consistía en un cuerpo de bomberos privado. Cuando estallaba un incendio en la ciudad, compraba a bajo precio los inmuebles amenazados y luego enviaba a sus hombres a sofocarlo.

sonal, después de anular a sus otros adversarios políticos de importancia: Cicerón, el famoso orador, y Catón.

Cuando expiró su periodo consular, César marchó a las Galias en busca de gloria militar con la que cimentar su prestigio político. Consiguió plenamente sus objetivos: sometió a las tribus rebeldes de aquella rica provincia y conquistó para Roma nuevos y extensos territorios.

Estos fulgurantes éxitos despertaron la envidia de Pompeyo y Craso, y el recelo de la aristocracia senatorial, que veía peligrar sus privilegios si César impulsaba los anhelos democratizadores del partido del pueblo.

Craso, deseoso, por su parte, de emular las victorias de César, emprendió una campaña de conquista en Oriente, pero fue derrotado y muerto por los partos.[168]

Desaparecido Craso, el enfrentamiento entre Pompeyo y César era inevitable. El Senado ganó a Pompeyo para su causa y lo nombró dictador. César regresó de las Galias al frente de sus tropas. La frontera del territorio senatorial era el riachuelo Rubicón. Cruzarlo con tropas, y sin la autorización del Senado, constituía rebelión armada. César lo atravesó al tiempo que pronunciaba aquella famosa frase: *Alea jacta est* («La suerte está echada»).[169]

La guerra civil había comenzado.

César venció a Pompeyo y a los senadores. Pompeyo se refugió en Egipto, país satélite de Roma, donde contaba con la protección de la casa real. Pero el maquiavélico primer ministro egipcio, Potino, pensó que sería mejor congraciarse con el victorioso César; después de recibir a Pompeyo con halagos, lo hizo asesinar.

168. Se cuenta que el rey de los partos, cuando le presentaron el cadáver de Craso, le hizo verter en la boca oro derretido, al tiempo que le decía: «¿No es esto lo que venías buscando desde siempre? Anda, hártate ahora.»

169. A estos acontecimientos hemos asistido en la apreciable serie histórica «Roma» (2005), más verosímil que exacta y bastante distante de la edulcorada *Holly Rome* (la Roma de Hollywood) a la que nos tiene acostumbrados el péplum.

César, menos cruel que aquellos orientales, lamentó sinceramente la muerte de su adversario, al que, a pesar de todo, admiraba por sus glorias pasadas.

Y en este punto de nuestro relato aparece otro fascinante personaje: Cleopatra (sí, la Cleopatra famosa que encarnó en el cine Liz Taylor).

El rey de Egipto era a la sazón Tolomeo XIII, un jovenzuelo de trece años de edad que estaba enemistado con su hermana Cleopatra. La muchacha, que se sabía irresistible (y más para un romano cincuentón), burló los controles fraternos haciéndose llevar a la alcoba de César dentro de una rica alfombra. Cautivado por la belleza y la osadía de la muchacha (quizá también algo encalabrinado, porque era muy doñeador), César destronó a Tolomeo XIII y entregó el trono de Egipto a su amante.

Pacificado Oriente, César regresó a Roma, donde su fiel lugarteniente Marco Antonio había cuidado de sus intereses durante su ausencia. La ascensión del victorioso general era ya imparable: contando con la fuerza del ejército, con la simpatía del pueblo y con la creciente debilidad y desprestigio del Senado, acaparó los resortes del poder, se hizo nombrar dictador vitalicio, jefe supremo del ejército, sumo sacerdote e incluso tribuno vitalicio, cargo que, además, sacralizaba su persona.

Dueño de Roma, César acometió reformas políticas encaminadas a beneficiar a la mayoría en detrimento de la clase privilegiada: aumentó a novecientos el número de los senadores, incluyendo a muchos partidarios suyos, algunos de ellos incluso procedentes de provincias; reformó el sistema fiscal para aliviar la abusiva presión impositiva en las provincias; destituyó a gobernadores abusones; extendió la ciudadanía romana a la Galia y a ciertas ciudades de Hispania; reformó la seguridad social (la *annona*, el trigo de los pobres); fundó ciudades provinciales; reformó el calendario;[170] apadrinó ambiciosos proyectos de obras

170. El primer calendario romano se basaba en el año agrícola y no contaba el invierno, en el que la tierra está muerta. El año tenía diez meses que sumaban 305 días. Marzo (consagrado a Marte, dios de la guerra); abril (*aprilis*), por la floración vegetal (*aperire* es «abrir»); *maius* («mayo»),

públicas y puso, en fin, los cimientos del imperio que habría de sucederle.

En toda esta acertada gestión sólo cometió un error grave. Ya dictador vitalicio, concibió la idea de reinstaurar la monarquía en una dinastía que él mismo encabezaría.[171] Mal asunto: el pueblo romano era refractario a la monarquía. La historia oficial había enseñado durante generaciones que la grandeza de la ciudad se debía a su régimen republicano, tan superior moralmente a las podridas monarquías de los pueblos sojuzgados por Roma.

César había minado el poder del Senado reduciéndolo a un papel meramente consultivo y se había atraído a la clase ecuestre y a parte de la *nobilitas*, pero la aristocracia senatorial era aún poderosa y lo asesinó el año -44.[172]

---

por la pléyade Maia; *junius* («junio»), por la diosa Juno, esposa de Júpiter. Los seis meses restantes carecían de denominación y se designaban por el ordinal correspondiente: quinto (*quintilis*), sexto (*sextilis*), séptimo (*september*), octavo (*october*), noveno (*november*) y décimo (*december*). Más adelante se añadieron dos meses para el invierno: *januarius* («enero»), por Jano, el dios de los dos rostros; y *februarius* («febrero»), por los ritos de purificación (*februalia*). Después de la muerte de Julio César se decidió honrar su memoria dando su nombre a un mes: *quintilis* se llamó desde entonces *julius* («julio»), y por la misma razón *sextilis* se llamaría *augustus* («agosto»), en memoria de Augusto. Al sucesor de Augusto, Tiberio, le propusieron denominar septiembre con su nombre pero él rechazó la idea: «¿Qué haréis cuando se acaben los meses y siga habiendo emperadores?»

171. Esta dinastía sería de origen divino, puesto que su familia, la *gens* Iulia, era descendiente de Eneas y de Venus (idea que plasma Virgilio en la *Égloga IV* y en la *Eneida*). Las pretensiones monárquicas de César eran evidentes: se hacía escoltar por 72 lictores, y vestía manto y zapatos rojos (como los antiguos monarcas y los actuales papas).

172. César, al descubrir a su hijo adoptivo, Bruto, entre los conjurados, murmuró: *Tu quoque, fili mi!* («¿Tú también, hijo mío?») y no opuso resistencia: se cubrió la cabeza con la toga para evitar que vieran sus muecas de dolor y se dejó apuñalar. Escribo estas líneas el mismo día en que han asesinado a Gadafi refugiado en una alcantarilla y suplicando clemencia a sus captores. ¡Qué lejos el tiranuelo libio de la *dignitas* romana al enfrentarse con la muerte!

Desaparecido César, tres hombres se disputaron su herencia política: su lugarteniente Marco Antonio, el general Lépido y el joven Octavio, ahijado de César que se hacía llamar César Octavio. Antes de decidir a quién correspondía la herencia, los tres pretendientes se unieron (segundo triunvirato) para derrotar a las tropas senatoriales. Cuando lo lograron se ocuparon de ellos mismos: un duelo a tres bandas, como en el emocionante final de *El bueno, el feo y el malo*.

Primer movimiento: Octavio y Marco Antonio se aliaron para anular a Lépido y repartirse el poder (para sellar la alianza Marco Antonio se casó con la hermana de Octavio). Desbancado Lépido, quedaban los otros dos, pero el mundo parecía demasiado pequeño para contenerlos. La historia de la rivalidad de César y Pompeyo se reprodujo fatalmente entre Octavio y Marco Antonio.

Nuevamente entra en escena la bella Cleopatra, que ya se adentraba en una apetecible madurez. Marco Antonio, que había marchado a Oriente para reorganizar aquellas provincias, se prendó de ella y repudió a su esposa Octavia, la hermana de su poderoso socio. Era todo lo que Octavio necesitaba para declararle la guerra.

Derrotados, Marco Antonio y Cleopatra se suicidaron (ella haciéndose morder por un áspid). El Senado, reducido ya a un mero coro de comparsas, concedió a Octavio el título de Augusto.

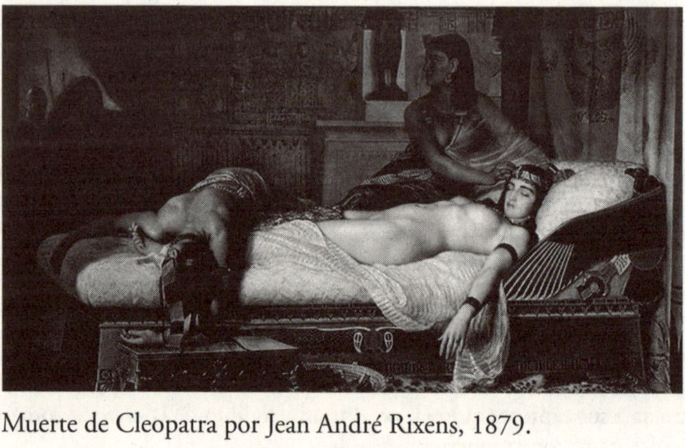

Muerte de Cleopatra por Jean André Rixens, 1879.

CAPÍTULO 43

El primer ciudadano

Año -27. El Imperio romano había comenzado.

Augusto, autócrata de Roma, se tituló príncipe (*princeps*, es decir, «primer ciudadano»), como si estuviera sometido al órgano parlamentario, el Senado.[173]

Lo cierto es que Roma volvía a ser una monarquía, aunque el título de rey, tan desprestigiado, se cambiara por el de césar (en recuerdo de Julio César).[174]

Augusto terminó con las guerras civiles y con los enfrentamientos que desangraban Roma. Esta *pax* romana, que perduraría más de medio siglo, hasta la dinastía de los Antoninos (año 96), permitió la romanización del imperio. Los romanos expor-

173. Además de príncipe era *imperator*, es decir, jefe máximo del ejército. Augusto se abrogó la potestad tribunicia, lo que lo convertía en sacrosanto valedor del pueblo y le otorgaba, además, derecho de veto frente al Senado y los cargos por él designados; por otra parte, gozaba de *imperium* proconsular, lo que reunía en sus manos los poderes ejecutivo, legislativo y judicial. Finalmente, también era sumo pontífice y controlaba las decisiones religiosas. Los sucesores de Augusto serán *princeps* hasta el siglo III. A partir de 285 (Diocleciano), el título cambia a *dominus* («señor»), lo que refleja, ya sin tapujos, el poder absoluto de que está investido el emperador.

174. No sólo, por cierto, en la Roma imperial que él cimentó, sino en ámbitos tan alejados de ella como el ruso y el alemán modernos. Los títulos de zar y káiser derivan de la palabra «césar».

taron el estilo de vida romano-helenístico (estaban muy influidos por los griegos) que se basaba en la ciudad (*civitas*) como elemento civilizador.

La ciudad era un núcleo urbano independiente, regido por un Ayuntamiento o Senado, sujeto a leyes precisas, con territorio y recursos propios de aprovechamiento comunal, con una estructura económica compleja y una organización social que integraba a los ciudadanos en un marco jurídico avanzado, superando las limitaciones de las tribus.[175]

Al amparo de la paz, Europa y el norte de África se romanizaron. Augusto concedió títulos de *coloniae* («colonias») y *municipia* («municipios») a muchas ciudades. La colonia era ciudad de nueva creación, cuyos primeros pobladores solían ser colonos llegados de Italia, generalmente soldados veteranos a los que se recompensaba con lotes de tierras. Los municipios, por el contrario, eran poblaciones indígenas que recibían el estatus de ciudad. En los dos casos, el gobierno municipal dependía de una asamblea de ciudadanos con derecho a voto entre los que se elegía a los dos alcaldes (*duumviri*) y a los concejales (*aediles* y *quaestores*). Los cargos eran anuales y sus aspirantes debían cortejar al electorado con banquetes y promesas que no siempre pensaban cumplir. Un poco como ahora.

Por doquier surgieron ciudades romanas de nueva planta, con un trazado racional, cuadradas o rectangulares, calles que se cortaban en ángulo recto, plazas y espacios públicos. Las dos vías principales, más anchas, se cruzaban en el centro sobre la plaza mayor porticada (*forum maximum*), en torno a la cual se alzaban

175. Roma trataba a las ciudades como a los individuos. Casi todas eran estipendarias (*stipendiariae*), es decir, sujetas a tributo en dinero, especie o servicios. Las celtíberas solían pagar en cabezas de ganado o en productos manufacturados locales, por ejemplo, las capas de lana llamadas *sagum*, lejano antecedente de la prieta capa zamorana, muy apreciadas en Roma. Junto a las ciudades contribuyentes existieron otras, pocas, federadas y libres, que disfrutaban de exención tributaria (Cádiz, Málaga, Tarragona). Era el premio por haber ayudado a Roma en momentos de apuro o por haberse mostrado particularmente sumisas.

los edificios públicos, templos, termas, mercado, etc. En las ciudades importantes había un teatro semicircular, al aire libre, y un anfiteatro, elíptico, cerrado, en el que se celebraban los espectáculos de gladiadores.

La romanización acabó con las precarias economías indígenas basadas en el autoabastecimiento e impuso el cultivo extensivo de la llamada «tríada mediterránea» (aceite, trigo y vino), que sería, con los metales y la salazón de pescados, la gran aportación de Hispania a Roma.[176]

En la ciudad romana había tiendas, almacenes, posadas, bibliotecas y todo lo necesario para la vida moderna. Había médicos, boticarios, carpinteros, abogados, alfareros, profesores, herreros, músicos y artistas. También tabernas y prostíbulos, cada cual con el indicativo propio de los servicios ofrecidos. Y recaudadores de impuestos. Una de las grandes ventajas del carácter autonómico del municipio romano era que los políticos tenían que embarcarse en ambiciosas obras públicas: fuentes, plazas, cloacas, letrinas comunales, calzadas... pagadas de su bolsillo particular, para ganarse a los votantes.

El equivalente al casino o al club social moderno eran las termas. Además de su higiénico cometido, estos baños públicos (a menudo construidos y decorados con gran lujo para prestigiar a la ciudad) eran mentidero, lugar de tertulias, barbería, sala de masajes, centro cultural y polideportivo. El usuario de las termas pasaba por cuatro salas sucesivas: la primera era una especie de

176. En los museos españoles abundan las ánforas olearias, panzudas, casi esféricas, destinadas al transporte del aceite. Eran envases no retornables: las vaciaban en los almacenes del Tíber, las rompían y arrojaban los tiestos a un descampado cercano. El montón de tiestos fue creciendo hasta formar un verdadero monte de cincuenta y cuatro metros de altura y un kilómetro de contorno, el Monte Testaccio (de *testae*, «tiesto»), que hoy se integra en Roma, cerca de la Puerta de San Pablo. Casi todas las ánforas del Testaccio llevan sellos identificativos que señalan su origen español, especialmente los niveles del siglo II, antes de que la competencia del aceite barato y de peor calidad del norte de África amenazara al mercado hispánico (se ve que la decadencia del Imperio romano tuvo también su capítulo gastronómico).

sauna donde se sudaba (*sudarium*), en la segunda se daba un baño caliente (*caldarium*), y a continuación rebajaba su temperatura en la sala templada (*tepidarium*) antes de darse un baño en agua a temperatura ambiente en el *frigidarium*. Las termas, y algunas casas especialmente lujosas, disponían de ingeniosos sistemas de calefacción (*hipocausto*) que hacían pasar el aire caliente procedente de las calderas por canalizaciones dispuestas bajo el suelo y a lo largo de los muros.

La casa romana, a la que todo ciudadano acomodado aspiraba, era un edificio cuadrangular sin ventanas a la calle, cuyas estancias se abrían a un patio central columnado del que recibían luz y ventilación. A menudo había otro patio trasero, más amplio, ajardinado.[177]

La decoración de la casa romana era, quizá, un poco abigarrada para el gusto moderno. Las paredes solían decorarse con tapices o con pinturas murales de vivos colores y los suelos se cubrían de mosaicos formados por diminutas piedrecitas coloreadas. En contraste, no había más muebles de los necesarios: camas, mesas, sillas. Los ciudadanos romanizados aprendieron a comer a la griega, recostados en una tarima de tres plazas (*triclinium*), con el codo apoyado en un cojín.

Las ciudades estaban comunicadas por una estimable red de carreteras tan excelentemente construidas que algunos tramos todavía se usan como caminos vecinales. Todo el imperio, hasta sus últimos confines, estuvo recorrido por estos caminos que favorecían el tráfico de viajeros y mercancías y permitían el rápido desplazamiento de tropas allí donde fueran necesarias.[178] El viajero que recorría una calzada romana encontraba una piedra miliar numerada cada 1.470 metros. Si no iba provisto del itine-

177. Es básicamente la actual casa andaluza, con patio interior, de Córdoba o Sevilla, erróneamente llamada a veces «casa árabe». Los árabes se limitaron a reproducir los modelos romanos y griegos que encontraron en su expansión norteafricana. Lo que no los desmerece, pues demuestra no poca inteligencia.

178. Una idea copiada por el plan de autopistas de Hitler, aunque su imperio «de los mil años» fue efímero.

rario (equivalente a nuestro mapa de carreteras), podía calcular la distancia hasta la siguiente venta (*mansio*).

Los excelentes ingenieros romanos no se arredraban por las dificultades técnicas. Abordaban con éxito puentes, acueductos, pantanos, sistemas de irrigación, puertos e incluso complejos sistemas de drenaje para desecar zonas pantanosas. La propia administración financiaba las obras donde era menester. Todavía causan pasmo obras como el puente de Alcántara (Cáceres), el acueducto de Segovia y el faro de La Coruña o Torre de Hércules.

Los baños de Diocleciano reconstruidos.

CAPÍTULO 44

Yo, Clau... Claudio

Pacificada Roma, Augusto se ocupó de las fronteras: sometió a los inquietos galos e hispanos, guerreó contra los belicosos partos, extendió los límites imperiales hasta el Danubio y el Elba. No todo fueron triunfos: los germanos le aniquilaron tres legiones y lo obligaron a replegar sus tropas hasta el Rin, donde se estableció la frontera definitiva.[179]

La vida de Tiberio (-14-37), el sucesor de Augusto, es como una novela (y seguramente lo que sigue les sonará familiar a los lectores de la estupenda novela de Robert Graves *Yo, Claudio* o a los espectadores de la no menos memorable serie de televisión en ella basada). Su madre, la bella Livia, tenía trece años cuando lo dio a luz. Todavía era niño cuando Augusto, enamorado de Livia, la obligó a divorciarse de su marido para casarse con él.[180]

179. Si Roma hubiese permanecido en el Elba hubiera sido tanto mejor para todos, habría civilizado y romanizado a los germanos, lo que, a la postre, redundaría, si bien se mira, en beneficio tanto de sus actuales descendientes como del resto de Europa.

180. En este punto es conveniente aclarar que los romanos de la clase aristocrática se casaban y divorciaban por razones prácticas. No eran raros los casos en que un patricio le cedía la mujer a otro precisado de heredero (previo divorcio y matrimonio) y, una vez engendrado legalmente el hijo, el primer marido la recuperaba (mediante nuevos divorcio y matrimonio). La mujer era simplemente un *venter*, un vientre en el que perpetuar el linaje. Sólo a partir del siglo II, con la divulgación de la mo-

Tiberio recibiría la esmerada educación en el seno de la familia imperial. A los veintidós años destacó en varias campañas militares y ganó un *triunfo* (desfile militar por la Vía Sacra del foro romano, un gran honor). Augusto lo obligó a repudiar a su mujer, Vipsania, de la que estaba enamorado, para casarlo con su hija Julia. Tiberio nunca pudo olvidar a su mujer, a la que Augusto casó con un senador.

Julia era bella, alegre, casquivana y adúltera reincidente: mala pareja para el taciturno Tiberio. Profundamente deprimido, Tiberio renunció a sus cargos y honores, dejó en Roma a la alegre Julia y se retiró a la isla de Capri.

En el retiro de Capri pasó Tiberio diez oscuros años, hasta que Livia obtuvo pruebas irrefutables de los adulterios de Julia y la denunció ante Augusto. El emperador desterró a la culpable a la diminuta isla Pandataria.

Tiberio recuperó el favor de Augusto, que lo llamó a Roma y lo adoptó como hijo y sucesor, pero ya las miserias pasadas le habían agriado el carácter. Cuando heredó el imperio, a los cincuenta y seis años, era un hombre amargado. Al principio gobernó sabiamente y fue un gran administrador, pero después se entregó a los excesos y a las perversiones sexuales (si creemos al chismoso Tácito).

A Tiberio lo sucedió su sobrino e hijo adoptivo Calígula (12-41),[181] un maníaco homicida y exhibicionista con aficiones impropias de la alta dignidad que ocupaba: gladiador, auriga, cantante, bailarín...[182] Un producto degenerado de los casamientos

---

ral estoica, a la que prontamente imitará el cristianismo, la mujer comenzará a ser considerada compañera del hombre y no su instrumento. Otro modo de perpetuar linajes consiste en prohijar al amigo. A veces un patricio prohijaba a otro de su edad o incluso mayor.

181. Se llamaba en realidad Cayo César Germánico, pero es más conocido por el apodo cariñoso con que lo llamaban los soldados de su padre, entre los que se crió. Calígula es el diminutivo de *caligae*, la sandalia de suela claveteada usada por los legionarios romanos.

182. Los aurigas eran tan idolatrados por la plebe como los futbolistas de ahora. Recuerden que uno de los hijos de Gadafi también quiso ser futbolista famoso.

consanguíneos dentro de la dinastía julio-claudia (lo que pasaría en España primero con los Austrias y después con los Borbones).

Calígula despilfarró el tesoro imperial reunido por Augusto y acrecentado por el avaro Tiberio, creó nuevos impuestos, esquilmó las provincias y confiscó las fortunas de ciudadanos acaudalados. Influido por tradiciones egipcias y orientales que defendían la encarnación de los dioses en simples mortales (el cristianismo sin ir más lejos), se empeñó en que el Senado lo proclamara dios aún en vida e hizo consagrar diosa a su fallecida hermana Drusila, con la que, notoriamente, había mantenido una relación incestuosa.

Lo asesinó el prefecto de su guardia pretoriana, Casio Querea, al que solía humillar imponiéndole expresiones obscenas o ridículas como santo y seña del día.

Muerto Calígula, los pretorianos que registraban el palacio imperial encontraron a Claudio, su tío carnal, oculto y tembloroso detrás de unas cortinas. Lo sacaron al patio y lo aclamaron como nuevo emperador.

Claudio (41-54) se había pasado la vida fingiendo ser más tonto de lo que en realidad era, a lo que quizá debió su supervivencia física en el ambiente de conjuras y asesinatos que caracterizó los principados de Tiberio y Calígula.

La actuación de Claudio como emperador fue, en general, beneficiosa: retornó a la tradición administrativa de Augusto, reformó el sistema judicial, otorgó la ciudadanía romana a algunas provincias, fundó ciudades...

Incluso amplió el imperio con la anexión de dos nuevas provincias africanas (las Mauritanias) y otra en Asia Menor (Licia) y Britania, la actual Inglaterra. En lo personal tuvo poca suerte con sus cuatro sucesivas esposas: Urgalanilla, Aelia Pactina, Valeria Mesalina (famosa por su lubricidad)[183] y Agripina la Joven.

183. Mesalina (22-48), la tercera esposa del emperador Claudio y madre de Octavia, esposa de Nerón, es recordada por su galante y esforzada carrera de ninfómana. Se dice que satisfacía apetitos sexuales indiscriminadamente con secretarios y siervos del emperador, apuestos miembros del Senado, mozos de cuadra e incluso entre los rudos clientes de los

Esta última, su sobrina carnal, lo envenenó para acelerar la sucesión al trono de su hijo Nerón. (La señora tenía cierta práctica en el parricidio. También había eliminado a su anterior marido.)

Nerón (54-68), educado por Séneca, el famoso filósofo cordobés, gobernó sabiamente al principio (abolió la pena de muerte y prohibió los juegos sangrientos en el circo, redujo los impuestos y humanizó las condiciones de vida de los esclavos), pero de pronto se torció, asesinó a su posesiva madre, a su esposa, a su preceptor y a todo el que lo contrariaba. Peor aún fue que se empeñara en triunfar como artista y cómico.

El gobernador de las Galias, Julio Vindex, un romano de los antiguos, de una pieza, no soportó tanta chabacanería y se sublevó contra Nerón: «Lo he visto actuar sobre un escenario haciendo papeles de mujer preñada y de esclavo al que van a ejecutar.» En aquello había quedado la severa continencia de los antiguos romanos. Abandonado de todos, el emperador se hizo matar por un liberto.

Nerón, sistemáticamente difamado por la Iglesia, ha merecido un juicio histórico demasiado severo. Es falso que incendiase Roma para contemplar una ciudad en llamas (en realidad dirigió abnegadamente los trabajos de extinción y socorrió a los damnificados). Tampoco es cierto que acusara a los cristianos y desencadenara contra ellos una sangrienta persecución.[184]

Con Nerón pereció la dinastía julio-claudia, que tan gloriosamente fundara Augusto un siglo antes.

Siguió un periodo de turbulencias y disputas entre los milita-

---

prostíbulos barriobajeros en los que lograba récords de resistencia en la práctica del *gang bang* en competencia con las más capaces profesionales del amor. Los libertos de la cancillería imperial delataron esta conducta al ignorante e imperial Claudio, que, apesadumbrado, la hizo ejecutar. El poeta Juvenal dice de ella: «Cuando el burdel cerraba marchaba triste, todavía ardiendo con la erección de su tieso clítoris, cansada de tíos pero aún no saciada. Tiznada por el humo del candil llevaba el olor del lupanar a su almohada.»

184. Los cristianos de la ciudad eran todavía escasos. Las noticias relativas a esta persecución son apócrifas y fueron insertadas, siglos después, en los textos de Tácito y Suetonio.

res. En menos de un año, cuatro generales se sucedieron en el trono imperial y cada uno de ellos suprimió al anterior: Galba, Otón, Vitelio y Vespasiano. Esto sucedía porque había tres ejércitos y cada cual elegía por emperador a su general.

Más afortunado que sus antecesores, Vespasiano se mantuvo en el poder durante diez años (69-79) y fundó la breve dinastía de los Flavios. Era un militar chapado a la antigua que administró austeramente el imperio, favoreció a las provincias, extendió la ciudadanía latina (*Ius latii*) a Hispania y nombró senadores a muchos miembros de la nobleza municipal, plebeya, de las ciudades italianas. Él inició la construcción del Coliseo o anfiteatro Flavio, el monumento más característico de Roma. Su principado distó de ser pacífico. Lo sucedió su hijo Tito, otro brillante y sensato general (el que aplastó la rebelión judía y destruyó el Templo de Jerusalén). En su reinado ocurrió la famosa erupción del Vesubio (año 79) que destruyó Pompeya y Herculano. A Tito lo heredó su hermano Domiciano, un sujeto absolutista y despótico que fue asesinado, a los quince años de reinado, por una conjura palaciega.

Moldes de pompeyanos atrapados bajo las cenizas del Vesubio.

CAPÍTULO 45

De la virtud a la decadencia

Hemos visto que, durante la república, Roma y su imperio fueron propiedad de un número reducido de familias nobles pertenecientes a la clase senatorial, cuyos descendientes heredaban este privilegio, por línea masculina, hasta la cuarta generación. Alcanzar un asiento en el Senado dependía del prestigio social alcanzado por el individuo: «El pueblo ve las cosas a través de los ojos de las estirpes ilustres», dice Tácito. El aristócrata romano estaba tan orgulloso de su origen campesino que esta vinculación al campo le parecía garantía de rectitud moral. No obstante, distaba mucho de ser un mero terrateniente: su máxima aspiración era hacer carrera política ejerciendo sucesivamente cargos cada vez más importantes, el *cursus honorum.* De este modo adquiría dignidad para él y para sus descendientes.

Al romano le importaba mucho la censura colectiva (*reprehensio*), que venía a ser, bien mirado, el único recurso en manos de un pueblo despojado de derechos políticos. El aristócrata debía cultivar su prestigio. La expresión *romanum non est* estaba continuamente en la boca del padre noble que fomentaba en su hijo las virtudes exigibles en un romano:[185] la fidelidad a su ciu-

185. O sea, el miembro de la alta sociedad que haga honor a la etimología de la palabra: del griego ἀριστοκρατία (*aristokratía*), de ἄριστος (*aristos*, «excelente»), y κράτος (*kratos*, «poder»), o sea, el «gobierno de los mejores».

dad o a su clan (*fides*), la devoción (*pietas*), el valor (*virtus*), la independencia (*libertas*) y, sobre todo, la subordinación del individuo a la ley (*lex*), fundamento del derecho romano, que es todavía la más valiosa aportación de Roma a la cultura occidental.[186]

Tradicionalmente, Roma dividía a su gente en dos grandes categorías: esclavos (*servi*) y libres (*ingenui*). Los libres se subdividían, a su vez, en tres grupos: los desprovistos de todo derecho (que eran casi todos los indígenas de las tierras conquistadas o *incolae*), los que tenían derecho de ciudadanía itálica (un premio otorgado a los aliados de Roma), y los que disfrutaban de plena ciudadanía romana, por lo general comerciantes, recaudadores, técnicos y soldados de origen romano.[187]

En tiempos de la república, la movilidad social había sido prácticamente nula. *Qui in pergula natus est, aedes non somniatur* («El que nace en el trastero no sueña con la casa»), decían. Pero a medida que Roma conquistaba el mundo y se enriquecía, el dinero prevaleció sobre el linaje y la rígida separación de las clases se volvió más permeable en el imperio. Augusto dividió a los ciudadanos de Roma en tres clases: senatorial (los poseedores de más de un millón de sestercios), ecuestre (cuatrocientos mil sestercios) y plebe. Los esclavos y libertos, desprovistos de derechos de ciudadanía, no contaban, pero el hijo de un antiguo esclavo manumitido, si se enriquecía, podía lograr que sus hijos ingresa-

186. A estas virtudes ciudadanas, el romano unía estimables virtudes privadas: integridad (*probitas*), juicio ponderado (*consilium*), circunspección (*diligentia*), autodominio (*temperantia*), tenacidad (*constantia*) y rigor (*severitas*). A los jóvenes se los educaba en la obediencia (*obsequium*), el respeto (*verecundia*) y la pureza (*pudicitia*). Aún conviene añadir ciudadanía (*auctoritas*), responsabilidad (*gravitas*), autocontrol (*severitas*), autoestima (*dignitas*), firmeza (*firmitas*), laboriosidad (*industria*), previsión (*prudentia*), honradez (*veritas*), austeridad (*frugalitas*), cortesía (*comitas*), discreción (*clementia*), civilidad (*humanitas*), capacidad de discernimiento (*simplicitas*).

187. La ciudadanía romana confería pleno derecho a votar y a ser elegido para desempeñar puestos oficiales, y comportaba sustanciosas ventajas fiscales y jurídicas.

ran en el orden ecuestre y que sus nietos llegaran a ser senadores. La riqueza lo era todo. La nueva aristocracia se ganaba el favor del pueblo no por sus virtudes y sus desvelos ciudadanos sino por el dinero que gastaba en subsidios, repartos, juegos,[188] obras públicas...

Con el tiempo, Roma se relajó. Trató con benevolencia a los vencidos, emancipó progresivamente a los esclavos y suavizó los rigores de la ley. En el siglo III la población de Roma estaba tan bastardeada que más de la mitad del censo descendía de antiguos esclavos. Finalmente, la generosa extensión de la ciudadanía romana a todos los pueblos sometidos (obra del emperador Caracalla, año 212) elevó a Roma al podio del compromiso moral, pero, al propio tiempo, aceleró su decadencia.[189]

188. Un cínico personaje de Petronio observa: «Él me ha ofrecido el espectáculo y yo lo he aclamado: estamos en paz; una mano lava la otra.»

189. El griego Elio Arístides pronunció en 143 un discurso ante el emperador Antonino Pío, la mejor alabanza que puede expresar un hombre del pueblo sometido a sus conquistadores: «A todos los hombres de mérito que están en el imperio [...], lo hicisteis ciudadano y hasta vuestro congénere, mientras que el resto quedó como súbdito y gobernado. Y ni el mar ni toda la tierra que se interponga impiden obtener la ciudadanía, y aquí no hay distinción entre Asia y Europa. Todo está abierto para todos. Nadie que sea digno de una magistratura o de confianza es extranjero, sino que se ha establecido una democracia común a la tierra bajo el dominio de un solo hombre, el mejor gobernante y regidor; todos se reúnen aquí como si fuera en el ágora común, cada uno para procurarse lo debido. Lo que una ciudad es para sus propias fronteras y territorios, eso es esta ciudad para toda la ecúmene, como si se presentase como el núcleo urbano común a todo el territorio. Podrías decir que todos los periecos o los otros que habitan los demás lugares, distribuidos en demos, se reúnen en esta misma y única acrópolis. Ésta nunca ha repudiado a nadie sino que, como el suelo fértil de la tierra mantiene a todos los hombres, así esta ciudad recibe a los hombres de toda la tierra, como el mar recibe a los ríos. Pero también esto otro lo tiene en común con el mar: pues ni aquél llega a ser más grande por las aportaciones de los ríos, como si se hubiese dispuesto por el hado que el mar siempre tuviese la misma magnitud aunque los ríos vertiesen en él, ni tampoco en ésta es visible ningún cambio en su tamaño. Como los ríos son recibidos en los golfos, la ciudad

La moral se relajó. Las estrictas virtudes aristocráticas, el amor al trabajo y la rectitud se arrumbaron. Pervertida por la riqueza, Roma se entregó a los placeres.

La severa aunque tolerante religión antigua cedió sus altares a un batiburrillo de oscuros cultos orientales que se difundieron a partir del siglo II, el cristianismo entre ellos, que, si al principio fueron propios de gente baja e inculta, rápidamente ganaron terreno hasta escalar las clases dirigentes.

Los romanos antiguos incorporaban de buena gana a su panteón los dioses de los pueblos conquistados. Como eran politeístas, cuantos más dioses, mejor. Tal magnanimidad era impensable entre los intransigentes cristianos, que adoraban a un solo dios, excluyente, celoso y casi siempre malhumorado al que le

---

ocultándolo contiene así todo, de manera que parece que siempre es la misma a pesar de las llegadas y las partidas [...] convertisteis el ser romano, no en ser miembro de una ciudad, sino en el nombre de un cierto linaje común, pero no de un linaje cualquiera de entre todos, sino en el contrapeso de todos los restantes. Pues no separáis ahora las razas entre helenas y bárbaras, ni les habéis presentado una división ridícula al construir una ciudad más populosa que toda la estirpe helénica, por así decirlo, sino que las habéis dividido en romanos y no romanos: hasta tal grado habéis llevado el nombre de la ciudad. Establecida así la división, muchos, en sus respectivas ciudades, son ciudadanos vuestros no menos que de sus congéneres, aunque algunos de ellos no hayan visto jamás la ciudad de Roma. Y no hay ninguna necesidad de guarniciones que ocupen las acrópolis, sino que las personas más importantes y poderosas de cada ciudad guardan sus respectivas patrias en vuestro nombre. Y ocupáis las ciudades de doble manera, desde aquí, la capital, y por medio de vuestros conciudadanos en cada una de ellas. Ninguna envidia pone su pie en el imperio, pues vosotros mismos sois los primeros en no sentir envidia, porque lo habéis puesto todo a disposición de todos y habéis permitido que los poderosos no sean gobernados más que lo que ellos gobiernan por turno. Además, ciertamente, tampoco existe odio en los que se han quedado fuera. Pues gracias a que la constitución es común y semejante a la de una única ciudad, naturalmente los gobernantes gobiernan no como sobre extranjeros sino como sobre compatriotas.» Elio Arístides, *Discurso a Roma*, 58-65, traducción de Juan Manuel Cortés, Biblioteca Clásica Gredos, Madrid, 1997.

molestaba que la gente se entregara al placer y a la buena vida. Triste como un sermón de cuaresma.

Roma contenía todavía a sus enemigos germanos, dacios, britanos, partos, pero el imperio comenzaba a dar muestras de cansancio. Incapaces de conquistar nuevas tierras, se limitaron a defender las que ya tenían y crearon las primeras líneas defensivas (*limes*) en Escocia y en el Rin. Negros nubarrones se congregaban en el horizonte.

A la dinastía Flavia siguió la Antonina, basada más en la adopción que en la sucesión familiar. Los Antoninos fueron juiciosos y benéficos. Incluso intentaron reformar las costumbres y reeducar al pueblo. Al primer emperador, Nerva (96-98), lo sucedió un gobernante excepcional, Marco Ulpio Trajano (97-117), oriundo de Itálica, junto a Sevilla, quizá el mejor gobernante que jamás tuvo Roma.[190]

Trajano integró las provincias en el núcleo de decisiones del imperio, aquel sueño de César que Augusto había frenado. Reemprendió las conquistas, estancadas prácticamente desde Augusto, sometió a los dacios, guerreó contra los partos y creó las nuevas provincias de Dacia (actual Rumanía), Armenia, Siria y Mesopotamia.

Con Trajano, Roma alcanza su máxima expansión, pero también acusa alarmantes señales del cansancio y agotamiento que preceden al declive.

A Trajano lo sucedió su pariente Adriano (117-138), también hispano.[191] Este hombre culto, refinado y distante resultó

190. A su muerte se estableció la costumbre de desear a cada nuevo emperador, en el acto de toma de posesión, que fuera *felicior Augusto, melior Trajano* («Más feliz que Augusto y mejor que Trajano»).

191. Adriano, recién llegado de España, intentó pronunciar un discurso en el Senado y, en cuanto abrió la boca, sus colegas se desternillaron de risa. ¡Vaya usted a saber cómo sonaba aquel latín hispano que Cicerón describe como *pingue atque peregrinum*, es decir, gangoso y extraño! Los idiomas españoles, el castellano, el catalán, el valenciano y el gallego, descienden de aquel latín que aprendieron nuestros antecesores. De lo que se hablaba antes de la llegada de los romanos sólo ha sobrevivido el vascuence, como es natural.

ser un infatigable viajero y turista «explorador de todo lo curioso» (*omnium curiositatum explorator*). Seguramente era homosexual y eso explicaría que llenara el imperio con estatuas del bello Antínoo, su amante.

Trajano (Museos Vaticanos).

Adriano (Museo Capitolino).

CAPÍTULO 46

Adriano y su mausoleo

Adriano se ganó el aprecio de los romanos con juegos y amnistía fiscal y prosiguió las obras sociales de su predecesor, pero renunció formalmente a la expansión del imperio, hizo la paz con los partos, a los que devolvió extensos territorios, y sólo se preocupó de ganarse la amistad de los pueblos sometidos y de establecer fronteras seguras: la oriental en el Éufrates y la europea en el Danubio y el Rin. En Bretaña construyó la Muralla de Adriano, que atraviesa Inglaterra de costa a costa, para contener a las tribus norteñas. Fue también un buen organizador que reestructuró la administración y el ejército, codificó el derecho civil romano y fundó ciudades en un intento de reactivar la economía de sus dominios. Lo sepultaron en un monumental mausoleo circular (*mausoleum Hadriani*), la base del actual castillo de Sant'Angelo.

A Adriano lo sucedió su hijo adoptivo Antonino Pío (138-161), hombre sabio, gris y pacifista (aunque nuevamente se vio obligado a combatir a los belicosos partos, aquel grano purulento del este).

A la muerte de Antonino Pío sucedió la diarquía de Marco Aurelio y Lucio Vero. Las constantes guerras contra los partos y contra los germanos que agotaban a Roma hubieran sido más llevaderas de no haber sucedido al sabio Marco Aurelio su hijo Cómodo (161-192), que cometió la torpeza de enfrentarse al Senado, lo que, dado que los historiadores romanos solían ser prosenatoriales, contribuyó a que lo retrataran como sádico y manirroto. Los directores de cine han completado el retrato de un paranoico que despilfarra el erario público organizando juegos gladiatorios en los que él mismo actúa (en peleas amañadas, naturalmente). No cabía mayor indignidad en un romano.[192]

Así llegamos al siglo III, en el que asistimos al pleno ocaso de Roma. La natalidad de las clases dirigentes cayó en picado no por mengua de fornicio, que se practicaba más que nunca, sino porque las parejas jóvenes se habían vuelto comodonas y evitaban tener hijos.[193] La agricultura se empobreció, escaseó la mano de obra, se deterioraron las carreteras, faltas de reparos, la inflación disparó los precios y la devaluación de la moneda arruinó a la clase media sobre la que se apoyaba el sistema tributario.

El imperio a la deriva. Los ingresos menguaban, pero los gastos crecían. En la época dorada, la maquinaria estatal se alimentaba con el botín de las nuevas conquistas, pero, desde que las fronteras se estabilizaron, Roma sólo ingresaba el dinero de los impuestos extirpados a la cada vez más oprimida clase media. Para colmo de males, Roma vivía en casi constante estado de guerra porque los bárbaros presionaban en las fronteras del Danubio y del Rin y los partos en Oriente. Los gastos militares dejaron exhaustas las arcas públicas. El ejército que una vez fue invencible y extendió el dominio de la pequeña ciudad por casi todo el orbe conocido estaba ya prácticamente integrado por mercenarios procedentes de los pueblos sometidos, que primero se alistaron a sueldo de Roma para hacerle el trabajo sucio y des-

192. Este Cómodo es el mequetrefe que asesina a Máximo Décimo Meridio en la película de Ridley Scott *Gladiator* (2000). El Cómodo histórico e histérico no murió en la arena, como nos cuenta la película, sino estrangulado por unos conspiradores que querían sustituirlo por alguien más juicioso. Tampoco acertaron y aquel año hubo hasta cuatro emperadores (cada uno eliminando al anterior). ¡Menudo final de la dinastía Antonina, la más ilustre de Roma!

193. Un sesudo censor del siglo -I había manifestado: «Como es sabido, el matrimonio es una fuente de desdichas, pero no por ello hay que dejar de casarse: es un deber cívico.»

pués se alzarían con el santo y la limosna (las invasiones bárbaras).

Añadamos a esto que la administración imperial resultaba demasiado compleja para los limitados medios de la época: desde Roma no podía administrarse todo.

A la breve dinastía de los Severos (193-235) sucede un periodo de anarquía militar (235-276). En medio siglo se suceden treinta y nueve emperadores, muchos de los cuales perecen asesinados en golpes de Estado. Roma queda a merced de los pretorianos establecidos en la capital o de los generales que guardan las fronteras. Los militares se reparten el poder en tetrarquías (desde Diocleciano, 293).

Reconstrucción del mausoleo de Adriano, hoy castillo de Sant'Angelo.

CAPÍTULO 47

La decadencia del Imperio romano

El emperador Constantino introdujo dos radicales reformas en su afán por hacer gobernable el imperio: el establecimiento de una religión oficial, el cristianismo, y la fundación de Constantinopla, una segunda Roma, franquicia de la primera, más cerca de las sensibles fronteras orientales (año 336).

Constantinopla, la moderna Estambul, en la bisagra de Europa y Asia, domina el estrecho que une el mar Negro con el Mediterráneo.[194] No cabe emplazamiento más estratégico.

Pasado un tiempo se comprobó que los problemas no se resolvían. ¿De qué nos sirve tener dos capitales, si las decisiones se siguen tomando en la vieja Roma?

El emperador Teodosio el Grande pensó que sería más práctico que hubiera dos imperios gemelos, cada cual con su capital, y dividió el imperio entre sus hijos: Arcadio recibió Constantinopla con los territorios de Oriente y Honorio recibió Roma con las provincias de Occidente (394).

El imperio se escindió oficialmente en dos grandes bloques:

194. Constantino la llamó *Nea Roma Constantinopolis* (Nueva Roma de Constantino), aunque pronto se la conoció como Constantinopolis (en griego, Κωνσταντινούπολη). Constantino quiso hacer una copia de Roma con su foro, su capitolio, su senado y sus catorce regiones administrativas. También estaría libre de impuestos, como si fuera suelo itálico.

Oriente y Occidente. En Occidente el idioma usual sería el latín; en Oriente, el griego.[195]

La partición del imperio no frenó la decadencia. Una resignada melancolía se instaló en el alma de sus ciudadanos más clarividentes: «El mundo —escribe Cipriano de Cartago— ha entrado ya en su senectud, pues la decadencia de las cosas prueba que se aproxima a su ocaso. En invierno no llueve lo suficiente para que grane la cosecha; el verano no calienta para granar la espiga. Las montañas, exhaustas, producen menos mármol; las minas, agotadas, dan menos metales. Faltan campesinos en los campos, marinos en el mar y soldados en los campamentos. Faltan magistrados justos, artesanos diestros, disciplina y buenas costumbres.»

Mientras, los cristianos, influidos por los textos de Daniel y el *Apocalipsis*, saludaban alborozadamente la decadencia confundiéndola con el profetizado fin de los tiempos que anuncia el reino de Dios sobre la tierra. Amiano Marcelino (muerto hacia 391), un hombre todavía apegado a los antiguos dioses, atribuye la decadencia a la indolencia, degradación y hedonismo imperantes desde que los romanos se apartaron de las virtudes de sus antepasados.

Amiano Marcelino censura acremente a los ociosos jóvenes romanos que pasan las noches en las plazas tocando el tambor (el botellón de hoy), se dejan el cabello largo como los bárbaros (*crines maiores*) y visten extravagantemente con chaquetones de piel (*indumenta pellium*). ¿No nos recuerda algo a los jóvenes occidentales de hoy?[196] Volveremos a él páginas adelante.

195. Mala cosa cuando los idiomas sirven para separar a la gente, el manido recurso de los nacionalistas. Aunque peores que los idiomas son las religiones...

196. Un filósofo anónimo que firma Elsicario lo expresaba así hace años en una hoja volandera: «Los imperios decaen por dos circunstancias: la ineptitud y corrupción a nivel humano y moral de sus líderes y el despilfarro y la falta de austeridad en sus sociedades, corrompidas con el sustento fácil que proporcionan sus dirigentes. Evidentemente una actitud vigilante contra estos vicios de la sociedad es misión imposible dado el carácter humano de las mismas, que más pendiente del "bien vivir" que

Moraleja: Roma se engrandeció gracias al carácter austero, valeroso y emprendedor de sus primeros ciudadanos, pero sus viciosos, perezosos y cobardes descendientes se desentendieron del procomún, lo que acarreó, fatalmente, la decadencia y ruina del imperio.[197]

---

de otras preocupaciones de mayor altura moral, prefiere relajarse hasta la extinción, antes de afrontar el esfuerzo que supone superarse.»

197. Montesquieu evitó mencionar el fin del paganismo y la expansión del cristianismo como otra posible causa de la decadencia. Gibbon lo insinúa en su magna obra *Historia de la decadencia y ruina del Imperio romano*, un espléndido retrato de la disolución de Roma cuando la ciudad se ve atacada por el cáncer de la barbarie y del fanatismo religioso («La Iglesia —e incluso el Estado— fueron distraídas por facciones religiosas cuyos conflictos eran muchas veces sangrientos, y siempre implacables; la atención de los emperadores fue desviada de los campos de batalla a los sínodos. El mundo romano comenzó, pues, a ser oprimido por una nueva especie de tiranía, y las sectas perseguidas se convirtieron en enemigos secretos del Estado.»). Por su parte, Voltaire formula la misma idea con brutal claridad: «El cristianismo abrió el cielo, pero arruinó el imperio.» Luego han venido otros (Frobenius, Spengler) que consideran la decadencia de los imperios como un hecho biológico inexorable. La idea de que las sociedades decaen cuando sus individuos se entregan a la molicie para dar paso a jóvenes bárbaros que heredan el mundo se transmite en la literatura insistentemente hasta nuestros días. En su novela *Aita Tettauen*, Benito Pérez Galdós sugiere su propia teoría sobre el impacto del vicio en las viejas civilizaciones: «Decaen los imperios, se desmedran las razas, los fuertes se debilitan y la hermosura perece entre arrugas y canas. Mas no suspende la vida su eterna función, y con las causas que descienden hacia la vejez, se cruzan los caminos de la juventud que van hacia arriba. Siempre hay imperios potentes, razas vigorosas, ideales y bellezas de original frescura; que junto al sumidero de la muerte están los manantiales del nacer continuo y fecundo...»

CAPÍTULO 48

Mustio collado

Perdonen si me pongo sentimental. Escribo estas líneas en Roma, después de pasear por las ruinas del foro invadidas de turistas chinos y de nuevos ricos del Este que se hacen acompañar por fastuosas rubias. *Estos, Fabio, ¡ay dolor! que ves ahora / campos de soledad, mustio collado, / fueron un tiempo Itálica famosa...*

La decadencia de la ciudad de los césares fue fruto de un proceso más lento y doloroso que la del imperio. El cristianismo triunfante, en su desprecio por la arquitectura civil (termas, circos, teatros, foros, etc.), centró sus esfuerzos en la construcción de iglesias. Como la menguante economía no permitía ya emprender grandes obras, saquearon los materiales de las antiguas que se arruinaban por falta de reparos.[198]

La historiografía del materialismo histórico ha criticado la obra de Roma. Nos presenta el mundo antiguo como una inmensa vaca cuya leche fluía generosamente sobre las insaciables fauces de la explotadora ciudad. Aquella república de frugales campesinos degeneró, nos cuentan, en la opulenta ciudad de los

198. La ciudad comienza a alimentarse, monstruosamente, de su propio cuerpo. Los grandes edificios públicos que elevó el paganismo quedan obsoletos y se deterioran rápidamente. Después los van despojando de estatuas, bronces, mármoles, tejas, techumbres, vigas y todo tipo de recubrimientos en materiales aprovechables que se revenden en diversos mercados o se transportan a la nueva Roma, Constantinopla.

vicios, donde una legión de nuevos ricos y otra de nuevos pobres vivían de las rentas y de la *annona*, de los subsidios. Es decir, de los recursos de las oprimidas provincias del imperio. Y, en la base de todo, una economía que sustentaba sus cimientos en la explotación de mano de obra esclava y en la expansión imperialista tras los metales preciosos, las materias primas y las nuevas tierras que el Estado necesitaba.

Estas acusaciones son básicamente ciertas, pero su certeza no invalida el hecho de que, en términos generales, el balance civilizador de Roma resulte abrumadoramente positivo. Roma somos nosotros: los europeos y cuantas naciones del mundo tienen sus raíces en Europa (es decir, la mayoría de ellas). Lo que los europeos somos hoy es, para bien o para mal, el resultado de la interacción de dos vigorosas corrientes que hace dos mil años se fundieron en el crisol de Roma: la cultura griega y el pensamiento religioso judío, origen, respectivamente, de la expansión universal de la civilización helénica y de la religión cristiana. Una peculiar aleación que quizá fuese prudente seguir denominando civilización cristiana occidental.

Roma es una larga historia de superación, la historia de una aldeíta que llega a adueñarse de casi todo el mundo conocido y que prolonga su historia a lo largo de un milenio (en realidad, de más, porque todavía la alarga en la cultura occidental y Europa y la herencia europea serían muy distintas sin el previo concurso de Roma).

Roma nos legó su forma de vida y sus instituciones, impuso a los pueblos sometidos hermandad dentro del marco institucional jurídico y administrativo del *cives romani* y nos legó el patrimonio precioso de su ley y de su lengua, los dos pilares básicos sobre los que aún se asientan las coordenadas históricas de los europeos.

La añoranza de volver a ser Roma ha presidido la historia europea desde entonces: primero en el Imperio bizantino, después en el Sacro Imperio Romano Germánico, incluso en Napoleón (cuyo símbolo era el águila de las legiones). El último intento es el de la Comunidad Europea, que ya veremos cómo sale. Da que pensar, y nada bueno, que el pueblo hegemónico tenga que ser Alemania, o sea, los bárbaros del norte.

CAPÍTULO 49

Los cristianos conquistan el imperio[199]

En el siglo primero, Judea era un reino vasallo sometido a Roma. Como sabemos por la película *La vida de Brian*, los judíos estaban divididos en un puñado de sectas político-religiosas enemistadas entre ellas y a cual más fanática: saduceos, fariseos, zelotes, bautistas, esenios...

Algo tenían en común: todos creían inminente el advenimiento del Mesías, un caudillo que expulsaría a los romanos y restauraría el reino de Dios prometido por las antiguas profecías.

La secta más extremista eran los zelotes, unos fanáticos *abertzales* partidarios de la lucha armada. En el extremo opuesto del arco sectario militaban los esenios, ascetas consagrados a la meditación y el estudio, gentes de poco gasto que vivían en comunidades apartadas, en medio del desierto.

Israel producía abundante cosecha de visionarios y profetas.[200] Uno de ellos, Juan el Bautista, un tipo algo selvático, quizá escapado o expulsado de una comunidad esenia, predicaba por los secarrales de Galilea la proximidad del reino de Dios.

199. Este capítulo sintetiza noticias de mi ensayo *El catolicismo explicado a las ovejas* (Planeta, 2009), en el que el lector encontrará explicaciones más extensas y la correspondiente bibliografía.

200. Entiéndase por profeta esa típica especie de loco mediterráneo que abunda en todas las épocas y las culturas.

Alguna vez se acercaba al río Jordán a practicar un antiguo rito purificador, el bautismo.

Entre los seguidores del Bautista se contaba un joven carpintero fariseo, de nombre Jesús, que se haría mundialmente famoso como fundador de una religión que nunca fundó. Cuando el rey Herodes el Grande hizo degollar al Bautista (porque lo pregonaba de incestuoso y pagano), Jesús se radicalizó y se alistó en los fanáticos zelotes. Sus incondicionales (los apóstoles) lo siguieron ciegamente sin pararse a pensar en que aquello era meterse en camisa de once varas.

Los zelotes habían preparado una insurrección armada contra los romanos y sus colaboracionistas saduceos. La rebelión comenzaría en Jerusalén y, con un poco de suerte (eso esperaban), se propagaría a toda Judea. Liberados del yugo romano, restaurarían la soberanía de Israel. ¡Ilusos!

La víspera de la Pascua, la fiesta grande de los judíos, los conjurados se concentraron cerca de Jerusalén. Al día siguiente, entrarían en la ciudad, con las armas ocultas, confundidos entre la multitud de devotos que acudían al Templo.

El plan era simple, pero se fastidió. Informados por sus espías, los romanos atacaron el campamento zelote y capturaron a algunos conjurados, Jesús entre ellos, a los que acusaron de sedición (*laesa maiestas populi romani*). Como era de esperar, los crucificaron.[201]

Muerto Jesús, sus seguidores constituyeron la secta cristiana, una más de las muchas que coexistían en el seno del judaísmo. Muy pronto se observaron en ella dos tendencias: la hebraizante, que exigía a los adeptos circuncisión y observancia de la Ley Mosaica; y la helenista, más tolerante, integrada por judíos hele-

201. A los rebeldes se les condenaba a la *mors aggravata* de la cruz. Esto ocurrió seguramente entre los años 26 y 36 (periodo en el que Pilatos fue procurador de Judea). Después de este contratiempo, los zelotes perseveraron en sus intentos de provocar una insurrección contra Roma. Lo consiguieron al fin, en el año 66, la llamada Gran Revuelta que terminó con la derrota de los judíos, la destrucción de Jerusalén (y su Templo) y la dispersión (Diáspora) de los judíos por el Imperio romano.

nizados, de habla griega. Prevalecieron estos últimos, como es lógico, los que eximían a los nuevos conversos de la problemática circuncisión.[202]

San Pablo (el verdadero fundador del cristianismo) tuvo la feliz ocurrencia de transmutar el Jesús histórico, el frustrado agitador político implicado en una rebelión contra Roma, en pacífico Hijo de Dios enviado por el Padre para redimir a la humanidad. Insuperable lanzamiento del nuevo producto, si se nos permite expresarlo así, porque los paganos (la clientela natural de la nueva religión) aceptaban que los dioses pudieran transmutarse en hombres y engendrar hijos. De esa idea, simple y efectiva, Jesús Hijo de Dios encarnado, deriva una teología que nutre espiritualmente a millones de cristianos.[203]

En el tiempo en que san Pablo urdía sus planes empresariales, la figura histórica de Jesús había entrado en la leyenda. Los discípulos relataban sus prodigios ante catequistas embobados, se narraban milagros cada vez más fantásticos, se enriquecía y reelaboraba su biografía para probar el cumplimiento de las profecías a los que todavía dudaban de que Jesús fuera el Mesías anunciado. En fin, esas ficciones que urden los charlatanes para vivir del aire, como los camaleones.

Gracias a la inteligente actividad misional de Pablo y sus enviados, el cristianismo se difundió por todo el imperio. Pronto hubo comunidades cristianas en Roma, Antioquía, Éfeso, Corinto y Alejandría.

Como tantos pueblos politeístas, el romano toleraba los dioses ajenos e incluso los incorporaba a sus devociones. El dios de los cristianos no hubiera tenido problemas de haberse presentado como un dios tolerante, pero se presentó como un dios excluyente que declaraba abominables y falsos a los otros dioses. En

202. La circuncisión ritual, o corte del prepucio con una navaja filosa, se tolera más o menos cuando eres un niño de pocos días y ni sabes hablar ni te piden opinión, pero si te la tienen que practicar ya talludito uno se lo piensa dos veces.

203. A unos figuradamente (las ovejas) y a otros incluso literalmente puesto que constituye su saneado medio de vida (los pastores).

consecuencia, la plebe inculta y supersticiosa de la Roma pagana empezó a murmurar de los cristianos y les atribuyó ritos perversos (infanticidios, antropofagia y toda suerte de nefandas maldades).[204]

Para colmo de malos entendidos, los cristianos se negaban a cumplimentar el rito estatal de sacrificar ante la estatua del emperador divinizado (una ceremonia más cívica que religiosa). Esta negativa, considerada acto de sedición, provocó las famosas persecuciones. Las primeras (dudosas), en tiempos de Nerón (64).[205] Las de Domiciano (entre los años 81 y 96), Decio (249) y Valeriano (257) no fueron muy cruentas, aunque apologetas posteriores las exageraron por motivos propagandísticos.[206] Más grave fue la de Diocleciano (entre 303 y 313), que afectó más a las jerarquías que a las bases, o sea, murieron más obispos que monaguillos.

Hacia mediados del siglo II la comunidad cristiana había crecido y era ya notoria en el Imperio romano. Primero se implantó entre los pobres y los esclavos. Las gentes sencillas admiraban la simplicidad de los ritos cristianos, la humildad y solidaridad de sus practicantes, y también, ¿por qué no reconocerlo?, el reparto de alimentos y subsidios que los adeptos más pudientes practicaban entre los más necesitados. Los Hechos de los apóstoles con-

204. «"¡Los cristianos a las fieras!" se convirtió en el grito obligado en toda suerte de motines y algaradas populares», dice Tertuliano. Los romanos cultos no tenían mejor opinión: Tácito considera el cristianismo «superstición detestable» y tiene a los cristianos por «enemigos del género humano»; a Suetonio le parecen gente «nueva y peligrosa»; a Plinio el Joven, «perversa y extravagante».

205. La silencian las fuentes cristianas, aunque la literatura, la pintura y el cine (*Quo Vadis?,* Peter Ustinov) la han exagerado posteriormente.

206. Kenneth Humphreys demuestra que las persecuciones se produjeron en periodos de tiempo intermitentes y muy restringidos, dando a entender que las divulgadas por el martirologio cristiano son un mito. Por su parte, Edward Gibbon, en la parte VIII del capítulo XVI de su *Decadencia y caída del Imperio romano,* calcula un máximo de dos mil víctimas cristianas durante la Gran Persecución (303-313) y estima la cifra total en unos cuatro mil.

firman ese idílico retrato: «Todos los creyentes vivían unidos y tenían las cosas en común. Vendían las propiedades y los bienes, y lo repartían entre todos, según la necesidad de cada uno [...] la multitud de los creyentes no tenía sino un solo corazón y una sola alma, y ni uno de ellos no decía que fuera suyo nada de lo que le pertenecía, sino que todo les era común. [...] No había ningún pobre entre ellos, porque todos los que poseían tierras o casas las vendían, llevaban el producto de la venta y lo depositaban a los pies de los apóstoles; entonces era distribuido a cada uno, según sus necesidades.»[207]

Luego se fueron incorporando miembros de estratos más elevados de la sociedad con gran implantación entre las mujeres (marginadas por otros cultos mistéricos),[208] incluso señoras encopetadas, noveleras damas romanas de ebúrneos brazos y peina-

207. Conmovedor, ¿eh?, pero también tenía su lado oscuro. Si continuamos leyendo topamos un caso que se menciona a modo de advertencia contra las tentaciones: «Cierto hombre llamado Ananías, con Safira su mujer, vendió una heredad, y sustrajo una parte del precio, sabiéndolo también su mujer; y trayendo sólo una parte, la puso a los pies de los apóstoles. Y dijo Pedro: "Ananías, ¿por qué llenó Satanás tu corazón para que mintieses al Espíritu Santo, y sustrajeses del precio de la heredad? Reteniéndola, ¿no se te quedaba a ti? Y vendida, ¿no estaba en tu poder? ¿Por qué pusiste esto en tu corazón? No has mentido a los hombres, sino a Dios." Al oír Ananías estas palabras, cayó y expiró. Y vino un gran temor sobre todos los que lo oyeron. Y levantándose los jóvenes, lo envolvieron, y sacándolo, lo sepultaron. Pasado un lapso como de tres horas, sucedió que entró su mujer, no sabiendo lo que había acontecido. Entonces Pedro le dijo: "Dime, ¿vendisteis en tanto la heredad?" Y ella dijo: "Sí, en tanto." Y Pedro le dijo: "¿Por qué convinisteis en tentar al Espíritu del Señor? He aquí a la puerta los pies de los que han sepultado a tu marido, y te sacarán a ti." Al instante ella cayó a los pies de él, y expiró; y cuando entraron los jóvenes, la hallaron muerta; y la sacaron, y la sepultaron junto a su marido. Y vino gran temor sobre toda la Iglesia, y sobre todos los que oyeron estas cosas.» (¡Caramba, cómo se las gastaba el dios de los cristianos!)

208. Incluso había «apóstolas» y profetisas de prestigio, entre ellas una tal «Junia destacada entre los apóstoles», como la llama san Pablo (Rm. 16, 7). Por cierto que la deferencia hacia las mujeres duró poco, ya

dos altos de panal a las que fascinaban aquel secretismo subterráneo y aquellos extraños ritos en los que compartían sencillas viandas con esclavos sudorosos y harapientos.[209]

Los cristianos no superaban todavía el 10 o el 15 por ciento de la población del imperio, pero su número crecía veloz. Desbordados por la muchedumbre de los nuevos conversos, los apóstoles del núcleo primitivo se vieron obligados a conceder franquicias espirituales regentadas por ancianos (o presbíteros) y rectores u obispos (*episcopos*). El obispo presidía la Eucaristía y administraba el peculio común (o sea, concentraba el poder social y el económico, los dos pilares en los que se apoyará la futura Iglesia). También velaba por la ortodoxia,[210] según las directrices de la jerarquía superior, establecida en Roma, Antioquía o Alejandría. Finalmente, y no sin conflictos, se erigió como cabeza de la Iglesia el obispo de Roma, el más próximo a la fuente del poder.

Transcurridos tres siglos desde el fallecimiento de Jesús, la religión de sus seguidores había crecido hasta instituirse como la predominante en las ciudades.

---

se sabe lo misógina que ha tenido que ser la Iglesia muy a su pesar. En ediciones posteriores del texto paulino convirtieron a Junia en Junio.

209. Diríase que lo hacían por morbo, si las comparásemos con las señoras desocupadas que compensan las ausencias del marido, por trabajo o amores, yéndose a repartir prendas y paquetes de garbanzos a las chabolas, el chófer con gorra y uniforme a prudente distancia sin quitar ojo del Mercedes.

210. La voz «obispo» proviene del griego *episcopos*, «vigilante» (de *epi*, «encima», y *skopeo*, «mirar»). Existieron otros ministerios carismáticos, los maestros y los profetas, aunque la Iglesia los suprimió pronto porque resultaron de natural enredadores. Los obispos, por el contrario, crecieron en importancia como elemento intermedio entre la infantería (el cura de misa y olla) y la oficialidad (la curia vaticana). La Iglesia se cimentaba sobre las firmes bases que aún la sostienen: jerarquía, especialización, reglamentación, objetivos y beneficios. Así se construye la empresa multinacional más antigua y asentada de la humanidad. Como apunta el teólogo Busquets (2007, p. 93): «¡El cristianismo ya nace diversificado en ministerios institucionales y carismas espontáneos!»

En el siglo IV, los alarmantes síntomas de desintegración del imperio preocupaban a los gobernantes. Urgía encontrar algún elemento de cohesión. Desde hacía siglos se venía promocionando una religión cesárea, unificadora, pero los cristianos, que ya eran multitud, se resistían a acatarla.

Las antorchas de Nerón, óleo de Henryk Siemiradzki, 1877.

Anagrama de Cristo en el sarcófago de un cristiano pudiente.

CAPÍTULO 50

Constantino y el triunfo de la cruz

El emperador Constantino, un político pragmático, encaró el problema: aquel imperio no era más que una miscelánea de pueblos carente de unidad y, por lo tanto, tendente a la disgregación. Una religión común podía ser la amalgama que lo integrara todo: «Un Dios, un emperador, una Iglesia, una fe.» A ver, se dijo, ¿cuál es la religión mejor situada en el ranking de los nuevos cultos? ¿La cristiana? Pues ésa va a ser la religión oficial.

Dicho y hecho: el emperador convirtió a la Iglesia en una institución a sueldo del Estado (literalmente, puesto que asignó salarios a los obispos). En adelante lo político primó sobre lo espiritual.[211]

Había un problema: el cristianismo estaba dividido en muchas sectas (marcionitas, montanistas, gnósticos... la tira). Había que unificarlo. A tal efecto, en 325, Constantino reunió en Nicea a unos cuantos obispos apesebrados[212] para que consensuaran, de una vez por todas, los dogmas que todo cristiano debía acatar. Los obispos decidieron que aquel Jesús carpintero en Galilea era el Hijo de Dios encarnado, Jesucristo, un ser divino provisto de dos naturalezas, divina y humana.

211. La Iglesia tomó la sartén por el mango y así sigue, al menos en países como la católica España, el nuestro, que han sabido mantenerse en su fe.

212. Antigua ciudad de Bitinia, en Asia Menor, actual Iznic, en la Anatolia turca.

Así se escribe la historia. De predicador y modelo de vida religiosa (el zelote estaba ya olvidado), Jesús se transformó en Dios mismo. Todo esto se sustanciaba en una declaración de fe, el Credo,[213] y en una ceremonia, la Eucaristía.[214]

El obispo Siricio (384-399) fue el primero que se tituló papa (del griego *pappas* —πάππας—, «padre»),[215] y preparó el terreno para las reformas de León I (440-461), que se abrogó el título pagano de *pontifex maximus* desechado por el emperador de Bizancio e impulsó la idea (de san Agustín) de los dos poderes terrenales: el temporal, que pertenece al emperador, y el espiritual, que pertenece al papa.

La Iglesia se instaló en la caduca estructura del imperio como el cangrejo ermitaño se instala en la caracola, adapta su cuerpo todavía blando a ella y la convierte en su morada.

La Iglesia adoptó la burocracia de los césares y su sistema recaudatorio. Dividió el mundo en provincias, legaciones, magistraturas, jerarquías... Su estructura piramidal duplicó la del Imperio romano: papa (el César), cardenales, obispos, sacerdotes, parroquias y feligreses. Las diócesis coincidieron con las provincias del imperio. Al frente de cada una habría un sínodo metropolitano y provincial. Los obispos controlarían la bolsa del dinero y nombrarían a los sacerdotes.

El «reino que no era de este mundo» se había consolidado hasta constituir un Estado dentro del Estado.

Había un Credo unificador. En adelante, el que no lo observara estrictamente se declaraba hereje, delito no sólo doctrinal

213. Al Credo le debemos este cristianismo institucional que hoy disfrutamos con una Trinidad formada por Dios Padre, por su Hijo Jesús redentor de la humanidad, consustancial con el Padre, y por el Espíritu Santo.

214. En eso se transformaron los ágapes informales de los primeros cristianos, en la Santa Misa obligatoria. El reparto de pan se instituyó en Eucaristía. Todo fue a más.

215. Otras teorías sostienen que es el acróstico de *Petrus Apostolus Princeps Apostolorum* (Pedro Apóstol, Príncipe de los Apóstoles) o *Petri Apostoli Potestatem Accipiens* («el que sucede al apóstol Pedro»). Vaya usted a saber.

sino civil. La ley descargaría su peso sobre los disidentes. Pronto la Iglesia ejecutaría a los desobedientes en nombre del dulce Jesús.

Así fue como, cuando todavía no se habían apagado los ecos de la última persecución anticristiana, la Iglesia se convirtió, a su vez, en perseguidora.[216] Un caso claro de estricta aplicación de la fórmula Montalembert: «Cuando soy débil os reclamo la libertad en nombre de vuestros principios; cuando soy fuerte os la niego en nombre de los míos.»[217]

Cuando el Imperio romano se encaminó a su disolución, los obispos ocuparon el vacío de poder resultante y se aplicaron diligentísimamente a la tarea de convertir al catolicismo a los reyes y caudillos bárbaros que ocupaban los despojos de Roma. El imperio de los césares desapareció, pero en su lugar surgió la cristiandad bajo la autoridad moral, y más tarde política, de los papas y de la Iglesia de Roma.

De este modo se prolongó el contubernio Iglesia-Estado, lo que, con la ayuda de Dios y no poco celo inteligente de los ministros del Altar, se ha conseguido hasta nuestros días.

216. Como testimonia el teólogo católico Torrents, «Los cristianos pasan de perseguidos a perseguidores. En el siglo IV, bandas de monjes fanáticos causarán estragos en todo el imperio hasta el punto de que, en el año 383, Símaco, angustiado senador romano pagano, suplicaba la tolerancia religiosa. En pleno reinado de Teodosio (379-395), que declaró el cristianismo como la única religión que podía practicar una persona, los cristianos demolían los altares y templos paganos y amenazaban a sus fieles y sacerdotes. [...] En 381 Teodosio declaró el gnosticismo crimen de lesa majestad contra el Estado. Diez años después clausuró todos los templos paganos». Torrents, op. cit., p. 220.

217. Instalada en el poder, la Iglesia se mostró intolerante. En 392 una turba de cristianos exaltados destruyó la famosa Biblioteca de Alejandría, el emporio de la cultura helenística. En 389 ejecuta al disidente Prisciliano; en 415, a la sabia Hipatia, que sostenía una postura crítica hacia el cristianismo. Podemos evocarla con el rostro y las delicadas formas que le prestó Rachel Weisz en el cine. Los cristianos soliviantados por las predicaciones del obispo Cirilo la asesinaron descarnándola con conchas afiladas. El historiador Gibbon comenta: «Esta acción manchó el cristianismo de modo indeleble.»

CAPÍTULO 51

Los bárbaros conquistan el imperio

En el siglo III, un cambio climático agostó las estepas del Asia Central (la actual Mongolia). Las tribus nómadas que poblaban aquellos parajes, los hunos, migraron a Occidente en busca de mejores pastos para sus rebaños de caballos. Empujados por los belicosos hunos (consumados jinetes que conocían la montura y el estribo, dos innovaciones que explican su supremacía sobre sus oponentes, a las que cabe sumar que eran temibles arqueros),[218] otros pueblos bárbaros del este de Europa (visigodos, ostrogodos, francos, vándalos, burgundios, anglos y sajones) se agolparon en las fronteras o *limes* del Imperio romano.

El imperio llevaba tiempo admitiendo a su servicio a pequeños contingentes de bárbaros. Incluso había encomendado la

218. El historiador romano Amiano Marcelino nos deja una breve semblanza de los hunos: «Unos seres imberbes, musculosos, salvajes, extraordinariamente resistentes al frío, al hambre y la sed, desfigurados por ritos de deformación craneana y de circuncisión, e ignorantes del fuego, de la cocina y de la vivienda.» Añadamos, por otras fuentes, «chatos, pómulos saltones, ojos torcidos y hondos, los párpados bermejos del turbión polvoriento de sus cabalgadas, piernas cortas, chicos de cintura para abajo pero membrudos de cintura para arriba, con brazos robustos y mucha fuerza en las manos. Visten pieles, comen carne prácticamente cruda, macerada bajo la montura de sus caballos, y apestan a manteca rancia a considerable distancia». Seguramente eran también pedorreros y regoldadores, aunque eso no lo mencionan las fuentes.

defensa de sus confines a algunas tribus germanas, que, a cambio de servir a Roma, recibían lotes de tierras y soldadas, pero aquel aluvión resultaba preocupante.

Algunos romanos aquejados de buenismo pensaron que los bárbaros eran una gente estupenda que aportaba un nuevo vigor al imperio. Oigamos a Constancio Cloro: «Aquel que durante tanto tiempo nos ha arruinado con sus saqueos, nos enriquece ahora. Miradlo vestido de campesino, trabajando hasta el agotamiento, acudiendo a los mercados a vender sus animales. En grandes extensiones que permanecían improductivas verdean ahora las cosechas gracias a los bárbaros.»

Este idílico panorama se alteró drásticamente unos años después, cuando ya era tarde para frenar la invasión. Oigamos las quejas de Sinesio de Cirene por la excesiva tolerancia del emperador Teodosio (379-395): «Los ha tratado con dulzura, les ha otorgado el título de aliados, les ha concedido derechos políticos, honores y tierras, pero los muy desagradecidos toman por debilidad la generosidad y se han vuelto insolentes y arrogantes.»

En 376 los visigodos cruzaron el Danubio y arrollaron a las guarniciones que guardaban la orilla. Estimuladas por su ejemplo, las otras tribus bárbaras que hasta entonces habían respetado a Roma se sumaron a la rebatiña. En la Nochevieja del año 406 una muchedumbre de suevos, vándalos y alanos[219] cruzó el río Rin (se había helado debido al cambio climático) y, tras arrollar a los defensores del *limes*, irrumpió en la apacible retaguardia del imperio.

«Los bárbaros se derraman furiosos —escribe un testigo—... y el azote de la peste no causa menos estragos, el tiránico exactor roba y el soldado saquea las riquezas y las vituallas escondidas en las ciudades; reina un hambre espantosa [...], exacerbadas en todo el orbe las cuatro plagas: el hierro, el hambre, la peste y las

219. Los alanos, de origen iranio, «altos y rubios, de mirada fiera» (según Amiano Marcelino), trajeron consigo, según aseguran algunos criadores de perros, esa raza, alana, el perro de presa tan potente que acompañó a los tercios de Flandes y los conquistadores de América.

fieras, cúmplense las predicciones que hizo el Señor por boca de sus profetas. Asoladas las provincias [...], los bárbaros se reparten a suertes las regiones de las provincias para establecerse en ellas.»[220]

«Bandas innumerables y muy feroces han ocupado las Galias —escribe san Jerónimo—. Todo lo comprendido entre los Alpes y los Pirineos, entre el océano y el Rin, está devastado por los cuados, los vándalos, los sármatas, los alanos, los gépidos, los hérulos, los sajones, los burgundios, los alamanes y los panonios. "Asur ha venido con ellos" (Sal. 82, 9). Han saqueado la ilustre Maguncia y han asesinado a miles de personas en su iglesia. La misma suerte han sufrido Worms, Reims, Amiens, Arras... Aquitania está arrasada, Hispania tiembla viendo a la muerte abatirse sobre ella. En fin, no cuento más para que no parezca que desespero de la misericordia divina...»

Los godos saquearon Italia (Roma incluida)[221] y se establecieron en Hispania y en el sur de la Galia;[222] los francos ocuparon

220. Hidacio, *Chronicon* (hacia 468).

221. «Conquistaron la capital que conquistó el mundo entero —escribe san Jerónimo—. Cae la urbe antigua, que por siglos dominaba el mundo, y por sus calles y casas a cada paso yacen los cadáveres: inmensa visión de la muerte.» Epístola CXXVII, *A Principia* (412), publicada en Hubner, 1945, pp. 493-496. (Aen. II, 361-365 y 369). Roma sería repetidamente saqueada por los godos de Alarico I (410), por los vándalos (455), por Ricimero (472), por los ostrogodos (546). Cuenta Jordanes en su *Getica* que este primer saqueador de Roma, Alarico, se hizo enterrar con buena parte de sus tesoros en el lecho del río Barentius, cerca de Cosentia (que previamente desviaron para construir la tumba). Enterrados el bárbaro y su botín, restituyeron las aguas a su cauce primitivo y degollaron a los obreros que habían intervenido en la obra para que nadie supiera el emplazamiento del tesoro. Cuando se encuentre será tan sensacional como el de Tutankamon (suponiendo que no se haya encontrado ya).

222. En 418, tras la invasión de las provincias de la Galia e Hispania (por suevos, vándalos y alanos), los romanos firmaron un pacto (*foedus*) con los visigodos por el que les encargaban la recuperación de las provincias de Galia e Hispania. Virtualmente se les concedió el protectorado de

el norte de las Galias;[223] los sajones, los anglos y los jutos desembarcaron en Britania.[224]

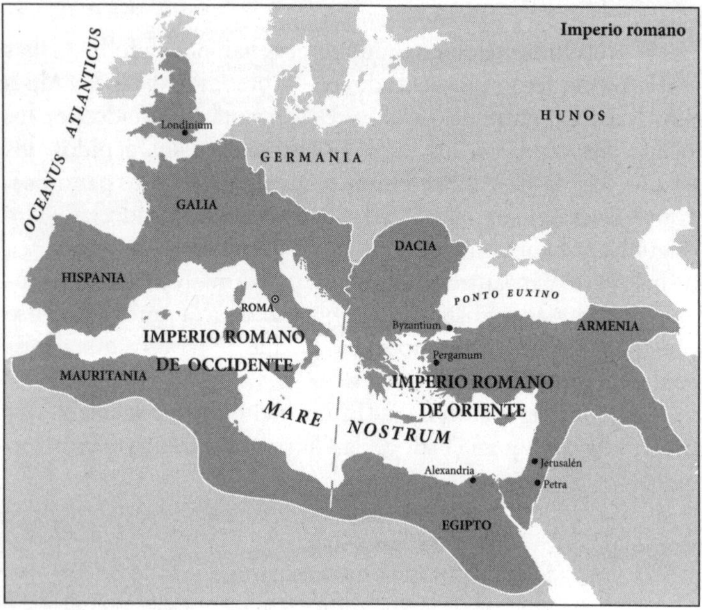

aquellas provincias, que se convirtieron en un reino godo con capital en Toulouse.

223. Un siglo después, en 507, los francos expulsaron a los visigodos de las Galias y el reino godo se redujo a Hispania, con capital en Toledo. Algún lector talludo recordará el tormento escolar de memorizar la lista de los reyes godos hasta Rodrigo, el que perdió el reino a manos de los musulmanes.

224. De ellos procede el adjetivo «anglosajón» con el que a veces designamos la cultura inglesa.

CAPÍTULO 52

Atila y su caballo herbicida

La aterrorizada población romana ignoraba que lo peor estaba por llegar. Los germanos que ocupaban sus provincias se habían amansado algo en su prolongado contacto con el mundo civilizado, pero los que llegaban detrás, los hunos de las estepas asiáticas, venían completamente asilvestrados.

El jefe huno más famoso, Atila (395-453), puso en jaque tanto a los latinos de Roma como a los griegos de Constantinopla: «Los hunos conquistaron más de cien ciudades, los pobladores de Constantinopla huyeron y los bárbaros asesinaron a tantos que era imposible contar los muertos. ¡No respetaron iglesias ni monasterios, la de monjes y doncellas que degollaron...!» [225]

Los cronistas transmiten una imagen negativa de Atila: «bajo, robusto, las piernas arqueadas de cabalgar, cabezón, ojos hundidos, nariz chata, barba rala, irritable, irascible».[226] Prisco, emba-

225. Eso dice Callínico en su *Vida de san Hipatio.*

226. Así lo describió Prisco de Pania, el embajador romano, que lo conoció personalmente, en su perdida *Historia bizantina*, que se ha conservado en parte en los *Excerpta* de Constantino VII. Algún lector de mi generación recordará al actor peor encarado de Hollywood, Jack Palance, aquel rostro angulado que «sólo una madre podría amar» (Elia Kazan), que encarnó convincentemente a Atila en un péplum de 1954: *Sign of the Pagan*, aquí traducido como *Atila, rey de los hunos.* También recordará de aquella película el estupendo muslamen de la circasiana Ludmilla Tcherina, que concitaba las más bajas pasiones del bárbaro. Recordándola nos

jador de Roma ante Atila, cuenta: «Prepararon para nosotros una opípara comida servida en vajilla de plata, pero Atila no comió más que carne en un plato de madera. En todo lo demás se mostró también templado; su copa era de madera, mientras que al resto nos sirvieron en cálices de oro y plata. Atila vestía con sencillez, y de lo único que alardeaba era de limpieza. La espada que llevaba al costado, los lazos de sus zapatos escitas y la brida de su caballo carecían de adornos, a diferencia de los otros escitas, que llevan oro o gemas o cualquier otra cosa preciosa.»

Durante ocho años Atila saqueó a voluntad el antiguo Imperio romano. Incluso llegó a las puertas de Roma y de Constantinopla, aunque no intentó tomarlas. El escéptico lector hará bien en dar por falsa la noticia de que cuando se presentó ante Roma al frente de sus tropas, el año 452, el papa León I le salió al encuentro rodeado de un valeroso grupo de clérigos que entonaban latines y solamente con la santidad que emanaba de su persona inclinó al bárbaro a respetar la ciudad.[227] La verdad es que Roma era un hueso demasiado duro de roer para un ejército debilitado por una larga campaña[228] y muy mermado a causa de una reciente epidemia (recuerden que los microbios son, junto con la desordenada codicia de los bienes ajenos, el gran motor de la historia). A ello habría que añadir que Atila, hombre sensato, aceptaba rescates por las ciudades que respetaba.

Los dos emperadores (el de Roma y el de Constantinopla) y

---

preguntamos, los buenos aficionados, François Villon mismamente, si hubiese alcanzado a conocerla: ¿Qué fue de las damas de antaño?

227. Lo cuenta Próspero de Aquitania (390-445) en su *Epitoma Chronicon*. No den crédito a este gran fabulador, un laico meapilas discípulo de san Agustín y enchufado del papa León I. La Iglesia lo ha recompensado por sus mentiras elevándolo a los altares. Por cierto, lo de Roma fue salvarse de la sartén para caer en el fuego, porque tres años después de la retirada de los hunos la saquearon los vándalos de Genserico (455).

228. En 451 había sufrido un gran desgaste en la batalla de los Campos Cataláunicos, en un enfrentamiento contra la confederación de romanos y visigodos. Fue sólo un leve contratiempo para un imperio que se extendía desde Centroeuropa al mar Negro, y desde el valle del Danubio al mar Báltico.

no se sabe cuánta gente más respiraron tranquilos cuando supieron que el tremendo rey de los hunos, el «azote de Dios», el que se decía que «donde pisa su caballo no vuelve a crecer la hierba»,[229] había muerto prematuramente, a los cuarenta y ocho años. Una muerte inesperada, por cierto, a causa, según se dijo, de un percance sufrido en su noche de bodas.[230]

Después de estos cataclismos, el Imperio Romano de Occidente quedaría finalmente dividido en tres reinos germanos: los francos en Francia, los visigodos en España y los ostrogodos en Italia.[231] Los vándalos, por su parte, conquistaron las provincias romanas de África (todo el Magreb) y acabaron estableciéndose en la antigua Cartago (actual Túnez), desde la que se dedicaron a la piratería en el Mediterráneo y hasta intentaron conquistar Italia.[232]

El Imperio Romano de Occidente (el latino) no sobrevivió a

229. Para los aficionados al equino: el caballo de Atila se llamaba *Othar* y pertenecía a una raza euroasiática, la tarpán (*Equus ferus*), hoy extinta. El último ejemplar de la especie falleció en el zoológico de Moscú en 1875. Medían poco más de 130 centímetros a la altura de la cruz.

230. Aquí se ven las inconveniencias de los excesos venéreos a cierta edad. Atila, que ya tenía muchas mujeres, se casó con la goda Ildico, una mujer de gran alzada y rotundas hechuras (así la queremos imaginar en suplencia de las limitadas fuentes) y en el ejercicio de la monta puso tal vehemencia que le estalló una arteria (de eso mismo murió, ya en nuestros días, un famoso papable, el cardenal Daniélou). Cuando conocieron su muerte (la del huno, no la del arzobispo), los hunos le hicieron un duelo cumplido cortándose el pelo e hiriéndose con sus espadas según la bárbara costumbre funeral que testimonia Jordanes. Lo enterraron en tres sarcófagos sucesivos —de oro, plata y hierro— junto con un rico ajuar en algún lugar ignorado y mataron a los obreros para preservar el secreto de la tumba.

231. Los pueblos bárbaros más importantes que se establecieron en territorios del imperio fueron: visigodos, alanos y suevos en Hispania; visigodos, francos salios, francos ripuarios, burgundios y turingios en la Galia; anglos, jutos y sajones en Britania; francos, alamanes y gépidos en Germania y vándalos en el norte de África. En Italia e Iliria se establecieron ostrogodos y hérulos.

232. El vocablo «vándalo» se ha incorporado a los idiomas de Occi-

los bárbaros. En 476, el hérulo Odoacro destronó al último emperador, Rómulo Augústulo, y despreciando el título de emperador (tan desprestigiado estaba) envió las insignias de su dignidad a Constantinopla.[233]

Al Imperio de Oriente, también conocido por Bizancio, le cupo mejor suerte. Más ricos y mejor defendidos por la geografía, los bizantinos lograron resistir a los bárbaros (a veces desviándolos hacia occidente, contra los latinos, los muy ladinos) y se las arreglaron para sobrevivir durante mil años más antes de sucumbir ante otra clase de bárbaros, los turcos, en 1453.[234]

El Imperio Romano de Oriente, con el emporio comercial de Constantinopla, y sus ricas y pobladas provincias de Asia Menor, Egipto y Siria, había heredado lo mejor del imperio de los césares: el derecho y la administración romanos, el idioma y la civilización griegos y una tradición de intercambios culturales y bélicos con la otra gran civilización del momento, la Persia sasánida, e incluso con el Extremo Oriente, a través de la ruta de las caravanas.

Consciente heredera de Roma, Bizancio se regía por un emperador divinizado (aunque cristiano)[235] que elegía a un sucesor

---

dente como sinónimo de persona que actúa con brutalidad, violencia y espíritu destructor. Por algo será.

233. El caudillo hérulo Odoacro depuso al último emperador romano de Occidente, Rómulo Augústulo (476), y se proclamó rey de Italia. Unos años después los ostrogodos le arrebataron el reino (493). Estos hérulos procedentes de Escandinavia eran, por lo visto, gente muy liberada en lo sexual dado que «practican un sexo condenado por la ley divina, hasta con hombres y asnos» (en las palabras de Procopio de Cesarea: καὶ μίξεις οὐχ ὁσίας τελοῦσιν, ἄλλας τε καὶ ἀνδρῶν καὶ ὄνων, *Bello Gothico*, VI. 14, 36).

234. Continuó denominándose Imperio Romano de Oriente hasta el año 610, en que el emperador Heraclio cambió el título romano de Augusto (latín) por el de Basileo (rey o emperador en griego). Al propio tiempo dejaron de usar el latín en los documentos oficiales y empezaron a redactarlos en griego.

235. Era una monarquía cesaropapista (que unía los poderes político y religioso) justificada por el *Rex sacerdos* o rey sacerdote de la monarquía israelita. El emperador era *Isapóstolos* («igual a los apóstoles»).

de su familia (que recibía el título de César). Iglesia y Estado, emperador y patriarca, formaban una unidad indisoluble y la práctica de la fe, la «ortodoxia», era el sentimiento nacional predominante.

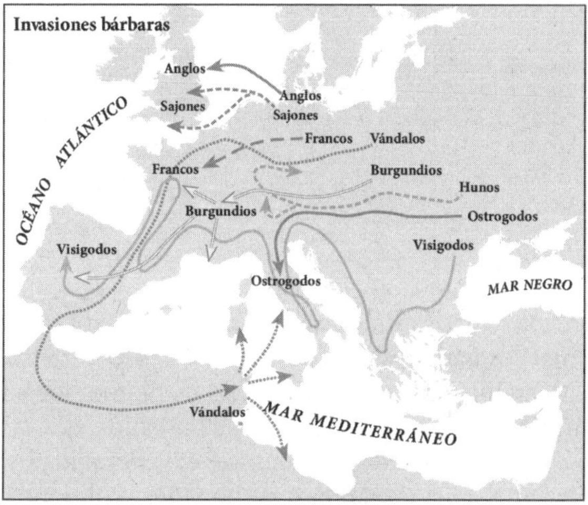

Guerreros visigodos.

CAPÍTULO 53

El acueducto de Hornos de Peal

En mi juventud arqueológica participé en la excavación de una *villa* romana en Hornos de Peal (Jaén). La *villa* había sido incendiada (¿por los bárbaros?) hacia el siglo IV, pero entre sus expoliadas ruinas aún aparecían las tuberías de plomo que en su día llevaban agua corriente a las fuentes y a los baños. Los excavadores, sin embargo, no disfrutábamos de esa comodidad y debíamos acarrear el agua en cántaros de una fuente, distante más de un kilómetro. Cerca de la villa, salvando un barranco, entre bancales de olivos, había un pequeño acueducto romano todavía en servicio, con dos hiladas de arcos. Por un defecto de construcción, los machones de los superiores no coincidían con los inferiores, indicio evidente de que el ingeniero que lo construyó no era tan hábil como los de antes... señales todas de decadencia.

Pasado el tiempo, y después de muchas lecturas y reflexiones, advierto que las invasiones bárbaras que incendiaron aquella *villa* no se hubieran producido si el maestro de obras que dirigió la construcción del acueducto hubiera sido capaz de interpretar debidamente los planos del ingeniero. No fue posible porque la antigua excelencia se había perdido, los controles de calidad fallaban, los productos no eran tan buenos como antes, ni las personas tan firmes y laboriosas. No se encontraban ya los artesanos diestros que echaba en falta, páginas atrás, Cipriano de Cartago. El mundo romano había decaído y boqueaba cansado y arrimado a las tablas, en espera de que el mundo bárbaro viniera a darle la puntilla.

Las invasiones bárbaras significaron una calamidad y un gran retroceso para la cultura grecorromana. Todos los avances aportados por Roma a su dilatado imperio, aquella Europa unida bajo la ley y la paz romana, se fueron por el desagüe de la historia. Se trastocaron las funciones del Estado. Dejaron de funcionar los tribunales, la policía y las escuelas. Las carreteras y los edificios se arruinaron por falta de mantenimiento, la industria retrocedió, las ciudades se despoblaron y los caminos se tornaron peligrosos.

A la radiante civilización urbana sucedió una sociedad rural, atrasada, que malvivía sin moneda ni comercio, otra vez en una economía de subsistencia basada en el trueque.

La propia Roma que, en sus buenos tiempos, había rebasado el millón de habitantes quedó reducida a una población de no más de veinte mil... Fue un retroceso de siglos (así funciona la historia, no siempre se avanza). Afortunadamente, aquellos bárbaros, aunque eran gente belicosa y primitiva, se amansaron y se civilizaron en contacto con la población sometida. Conquistaron el Imperio romano, pero también la cultura grecorromana los conquistó a ellos. El mausoleo del ostrogodo Teodorico (hacia 520) en Rávena testimonia ese aserto: a simple vista parece una tumba romana, circular, turriforme, de pulido mármol, de las que encontramos en la vía Apia de Roma o en las afueras de Pompeya, pero no la cubre una airosa bóveda de ladrillo o puzolana,[236] como podríamos esperar, sino un rotundo bloque monolítico de casi trescientas toneladas que nos recuerda los dólmenes.[237] El propio Teodorico confirma en su biografía la fusión de barbarie y romanidad: era un ostrogodo rubio como la cerveza, pero su

236. Los romanos usaban un cemento natural fortísimo sacado del material volcánico del Vesubio en las canteras de Pozzuoli. La impresionante bóveda del Panteón testimonia su fortaleza después de dos mil años.

237. La losa, de once metros de diámetro, procede de las canteras de Aurisina y debieron de transportarla por mar con el consiguiente esfuerzo de medios e ingeniería. Encima le labraron doce pedestales que sostuvieron imágenes en bronce de los doce apóstoles, hoy desaparecidas.

padre lo educó principescamente en Constantinopla, con preceptores que le inculcaron el amor por las artes y las letras.

Animado por el emperador de Bizancio, Teodorico arrebató Italia a los hérulos y fundó un reino ostrogodo cuya capital, Rávena, llenó de monumentos en un intento de emular la grandeza de Roma y Bizancio.

Como Teodorico, al contacto con la cultura grecorromana, los bárbaros atemperaron su barbarie y, aunque nunca se recuperaron los niveles del racionalismo griego, pragmatismo romano y cohesión social que el imperio había disfrutado en sus últimos tiempos, se realizaron notables avances culturales. Tras el mestizaje de los invasores con la población autóctona nacieron las lenguas romances derivadas del latín (francés, español, italiano, portugués, catalán, gallego, etc., hasta rumano).

La cristianización de los bárbaros se debió más a causas políticas que religiosas. Sus caudillos abrazaban el cristianismo por una cuestión de prestigio, por imitar a los refinados romanos. En aquellos tiempos recios era costumbre que cuando un jefe abrazaba una nueva religión sus súbditos lo imitaban automáticamente (no al contrario, como ahora).[238] A veces la conversión se efectuaba por vía vaginal: el rey franco Clodoveo se prendó de Clotilde, cristiana, y ella le dio la tabarra con sus escrúpulos de conciencia («Esta noche no, amor, Clovito mío, que estoy triste porque eres pagano») hasta que el hombre, resignado, abdicó de sus creencias y se inscribió en la secta de la cruz.[239]

238. Tiempos vendrán en que los monarcas, más discutidos, se adapten a la religión de los súbditos: París bien vale una misa, como dijo el primer Borbón. No es por incordiar, pero las dos últimas reinas de España, doña Victoria y doña Sofía, eran respectivamente anglicana y ortodoxa y se convirtieron de oficio antes de matrimoniar con sus Borbones. Ambas quedaron contentas porque resultaron ser unos maridos estupendos.

239. El casamentero fue el obispo de Reims, san Remigio. Se asegura que el rey se convirtió después de rezarle al dios de los cristianos durante la batalla de Tolbiac, contra los alamanes, cuando se encontraba en situación apurada y vio que sus dioses paganos no le echaban una mano. Clodoveo se convirtió y se hizo bautizar por el inevitable san Remigio (¿por quién, si no?) junto con tres mil de sus guerreros.

En los buenos tiempos de Roma, la creadora del derecho civil, el Estado amparaba al ciudadano dondequiera que estuviese. Cuando el poder central flaqueó, el ciudadano común quedó a merced de los abusos del fuerte. Como en los tiempos anteriores a Roma, los humildes tuvieron que buscar la protección de los poderosos (la mentada escena de *El Padrino*). Con ello la influencia de los nobles terratenientes aumentó y se marcaron más claramente, si cabe, las dos grandes clases sociales resultantes: *potentiores* y *humiliores*. En el fondo, las de siempre: los que tienen y los que no tienen. Los que necesitan protección y los que pueden ofrecerla. A cambio de algo, naturalmente.

Con el declive de la industria y el comercio, se terminó la cultura del ocio. El cristianismo había clausurado los teatros y los circos. Los gimnasios eran lugares sospechosos de cobijar ofensas a la moral. Las tabernas y los prostíbulos cerraban; las bibliotecas, también (cuando no las quemaban para destruir la cultura pagana como seguramente hizo el virtuoso obispo Teófilo con la de Alejandría).[240]

Las tristes e inseguras ciudades se despoblaron: la gente se mudaba al campo, donde era más fácil subsistir. Los ricos dejaron arruinarse sus palacios y se fueron a vivir al campo, a sus grandes fincas, a lujosas *villae* fortificadas, protegidos por sus propios

240. La fundó en el siglo - III Tolomeo I Sóter, y la amplió su hijo Tolomeo II Filadelfo. Con cerca de un millón de manuscritos era la depositaria de la cultura grecorromana y egipcia. Al parecer, los cristianos la expurgaron de todo lo que era contrario a su religión y el califa Omar, siglos después, destruyó el resto: «Si los libros contradicen al Corán, hay que quemarlos por mentirosos —razonó—, y si repiten sus doctrinas resultan innecesarios, puesto que ya tenemos el Corán.» En 1987 la Unesco incurrió en el gesto voluntarioso de fundar nuevamente una biblioteca de Alejandría (*Bibliotheca Alexandrina*) con la pretensión de que heredara los fulgores de la antigua. En un reciente viaje a Egipto (antes de la «primavera árabe», que conste), tuve ocasión de contemplarla por fuera, desde la cubierta superior de la motonave en la que viajaba. Es un híbrido entre nave industrial y Guggenheim de Bilbao rodeado de jardines algo polvorientos más frecuentados por vendedores de baratijas y acosadores de turistas que por sabios y científicos.

guardias. Los artesanos y los artistas, faltos de compradores, tuvieron que reciclarse en campesinos. El comercio decayó, la gente volvió a una economía de subsistencia basada en el trueque de productos básicos. Creció el analfabetismo. La sociedad se ruralizó. El retroceso general también afectó a la agricultura. Se labraba con arado romano, de palo, tirado por bueyes cansinos, con un yugo en los cuernos, y en cultivos de año y vez que apenas rendían cinco veces lo sembrado. Los más humildes debían complementar su escasa dieta con productos recogidos en los bosques.

La cultura, en manos de la Iglesia, se refugió en los monasterios, donde pacientes monjes copiaron y preservaron el legado clásico, ciertamente, pero también destruyeron todo lo que incomodaba a la Iglesia y falsificaron muchos textos para favorecerla o justificar sus abusos. Esa minoría de clérigos cultos (san Agustín, san Isidoro, san Jerónimo...) fue como una lamparita que apenas alcanzaba a iluminar el vasto océano de tinieblas de una mayoría analfabeta, en la que también se incluyen nobles e incluso reyes (el propio Carlomagno, que apadrinaría cierto renacimiento cultural, era analfabeto, y firmaba los documentos con gran trabajo, sacando aplicadamente la lengua mientras se concentraba en la faena).

Acueducto de Hornos de Peal.

CAPÍTULO 54

La reina de las ciudades

Constantinopla había heredado la grandeza de Roma y estaba mucho mejor emplazada que ella: en el estrecho del Bósforo, lo que le permitía controlar el mar Negro (que enlazaba con el norte de Europa y Rusia) y el paso de Europa a Asia. Los basileos controlaban desde su estratégica capital el comercio del mundo y muy especialmente la ruta de la seda, por la que llegaban a Occidente los productos de China y la India.[241]

Durante la Edad Media, Constantinopla sería la mayor y más rica ciudad de Europa, «la reina de las ciudades» (*Basileuousa Polis*), y su emperador, el soberano más prestigioso. Especialmente, Justiniano el Grande (527-565), que casi logró restaurar el antiguo Imperio romano.

El ceremonial de la corte bizantina, heredado del persa, ensalzaba el carácter divino del emperador. Todo el que comparecía ante el basileos debía observar la *proskynesis* (κροσκύνησις) o *adoratio*, consistente en tumbarse boca abajo en el suelo y aguardar a

241. El ramal principal de la ruta de la seda atravesaba Persia y Asia Central (donde su hito más importante era Samarcanda) y después discurría por las provincias bizantinas de Levante (actuales Turquía, Siria, Líbano e Israel). Hubo dos caminos alternativos, uno terrestre (de Asia Central al mar Negro, donde los productos embarcaban en los puertos de Crimea) y otro marítimo desde Sri Lanka, aprovechando los monzones del océano Índico, al mar Rojo y Egipto (véase p. 84).

que le permitiera levantarse. La ceremonia resultaba especialmente humillante para los embajadores occidentales que veían en ella la malévola intención de mostrar la superioridad del imperio oriental frente a los reinos bárbaros que habían sustituido al occidental.[242]

La divina majestad del basileos se reflejaba en la etiqueta de la familia imperial, minuciosamente regulada, incluido el paritorio de palacio, una sala revestida en suelo, techo y paredes de piedra púrpura o pórfido.[243]

Los bizantinos eran muy discutidores y podían enzarzarse durante días en especulaciones teológicas. ¿Tienen sexo los ángeles? —se preguntaban—. ¿Son lícitas las imágenes religiosas? ¿Emana el Espíritu Santo de la segunda persona de la Trinidad, el Hijo, o solamente de la primera, el Padre? Esas discusiones inútiles y nada prácticas, pero enconadas, que aún hoy denominamos bizantinas. Propias de gente que tiene la vida resuelta y no sabe qué hacer con su tiempo. (Eran ricos los bizantinos... hasta que dejaron de serlo.)

Recordará el lector que los césares romanos contentaban al pueblo con *panem et circenses*, pan y circo, o sea repartos de trigo y espectáculos gratuitos. El *circenses* de los bizantinos eran las carreras de caballos con cuadrigas como las que vimos en la película *Ben Hur*. El hipódromo era el edificio más concurrido de Constantinopla y el eje de su vida social. La afición se dividía entre dos equipos rivales, los «verdes» y los «azules» (los colores de los dos establos del hipódromo), cada uno con sus caballos y sus aurigas. Los hinchas lucían prendas del color del equipo y se reunían en

242. Cuando Alejandro Magno conquistó Persia intentó comportarse como el Gran Rey, pero los griegos que lo acompañaban rechazaron la *proskynesis* como propia de los pueblos bárbaros y le hicieron saber que ellos sólo se postraban ante los dioses.

243. Por eso el emperador era Porfirogéneta (nacido en el pórfido). «Los basileos de Constantinopla o emperadores de oriente —escribe Cunqueiro—, unos nacían en la púrpura y eran llamados Porfirogénetas, y otros en las cuadras y entonces los motejaban de Coprónimos y Caballinos. Mataron mucho búlgaro y los más de ellos estuvieron sometidos al imperio de sus mujeres. Lucían mucho en las procesiones, con cuatro mitras en la cabeza. Duraron hasta el turco.» Álvaro Cunqueiro, I, p. 487.

tabernas y lugares de diversión a corear himnos o a charlar sobre las incidencias de la última carrera, sobre los futuros fichajes de caballos o aurigas. Era frecuente que los más exaltados acabaran a estacazos con los del equipo contrario (como hoy los ultras del fútbol).

Esta rivalidad deportiva ocultaba discrepancias políticas y religiosas. Los azules eran aristocráticos y ortodoxos; los verdes, populares y monofisitas.[244]

El Imperio bizantino era rico, pero también tenía que atender a cuantiosos gastos para mantener la vida lujosa de la corte y las *limitanei* («guarniciones de frontera»), siempre amenazadas por los bárbaros y los no tan bárbaros (la Persia sasánida). En algunas ocasiones, la excesiva presión fiscal provocó motines.

La asonada más famosa, conocida como *Nika*, «Victoria» (por el grito de los sublevados), ocurrió en 532, bajo el reinado de Justiniano. Era día de carreras y una muchedumbre exaltada abarrotaba el hipódromo. Cuando el emperador compareció en el palco imperial algunos verdes lo increparon por la carestía de la vida (los «indignados», podríamos decir). Los guardias intentaron acallarlos, pero el resto del distinguido público se puso a corear improperios y hasta los azules se sumaron espontáneamente a la protesta. ¡Los irreconciliables adversarios unidos contra el emperador, lo nunca visto!

Asustado por el griterío, Justiniano abandonó su palco y se retiró al palacio (por un pasadizo que lo comunicaba con el hipódromo) mientras la revuelta popular se extendía por toda la ciudad. Siguieron seis días de saqueos e incendios de edificios gubernamentales. Superado por los acontecimientos, Justiniano pensó en huir por mar, pero su esposa, la bella emperatriz Teodora, conservó la calma y encomendó al general Belisario la represión de los insurrectos. «Trátalos como si fueran perros rabiosos», le dijo. Belisario los devolvió al hipódromo y pasó a cuchillo a los que pudo atrapar, unos treinta y cinco mil de ellos. Los otros se amansaron, claro.

244. Los ortodoxos creían en las dos naturalezas, divina y humana, de Jesús; los monofisitas sólo en la divina. Complicaciones, como si la vida no nos diera ya suficientes.

Esta emperatriz Teodora (501-548) es una de las mujeres más admirables de la historia. Las feministas me agradecerán que me demore en ella. Huerfanita y pobre, grandes ojos de mirada desamparada, pechitos pugnaces, cuerpecito flexible, longuilíneo y atractivo, desde su más tierna infancia tuvo que ganarse las habichuelas como artista de circo. Su número más celebrado consistía en tenderse en el suelo, desnuda, con medio celemín de cebada cubriéndole la entrepierna, para que una voraz manada de gansos picoteara entre sus muslos abiertos al tiempo que ella fingía un devastador orgasmo con tal realismo que hubiera encalabrinado al santo Job. Con esas habilidades no es extraño que antes de abandonar la pubertad fuera ya la prostituta más cotizada de Constantinopla. Justiniano, el sobrino del emperador, se encoñó de ella y consiguió de su tío que suspendiera temporalmente la estricta ley social que impedía a los nobles casarse con putas.

La antigua meretriz se convirtió en una esposa estupenda y en una prudentísima y sabia consejera. Esta especie de Evita Perón dictó sabias leyes de protección a la mujer.[245] A su muerte (porque también murió prematuramente de cáncer, como la argentina) fue elevada a los altares por la Iglesia ortodoxa.[246]

Justiniano se había propuesto recuperar las tierras del antiguo Imperio romano ocupadas por los bárbaros (*recuperatio imperii*) y reconstruir bajo su dominio el antiguo Imperio romano (*Renovatio imperii romanorum*). Él no era persona de armas ni sabía mandar tropas, como Alejandro o César, pero contaba con dos generales excepcionales, Belisario y Narsés,[247] que le con-

245. Especialmente a las putas, sus antiguas colegas. Instauró el régimen cooperativista en los burdeles, prohibió la trata de blancas, promulgó leyes favorecedoras del divorcio, castigó la violación con la pena de muerte y suavizó las penas contra los pecados del sexo (adulterio, bigamia y aborto).

246. Lo de elevar a Evita a los altares le falló a Perón. Lo intentó, pero no llegó a un acuerdo económico con el Vaticano (ya no mandaba en Argentina y no disponía de la cantidad necesaria para persuadir a los monseñores).

247. Por cierto, Narsés era eunuco (mengua que sufrió a causa de su primer oficio, guardián de harenes, en Persia), lo que demuestra que la testosterona no es imprescindible para cursar con éxito la carrera militar.

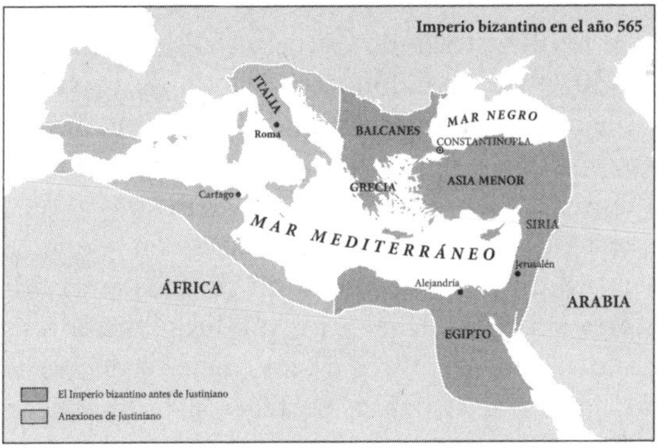

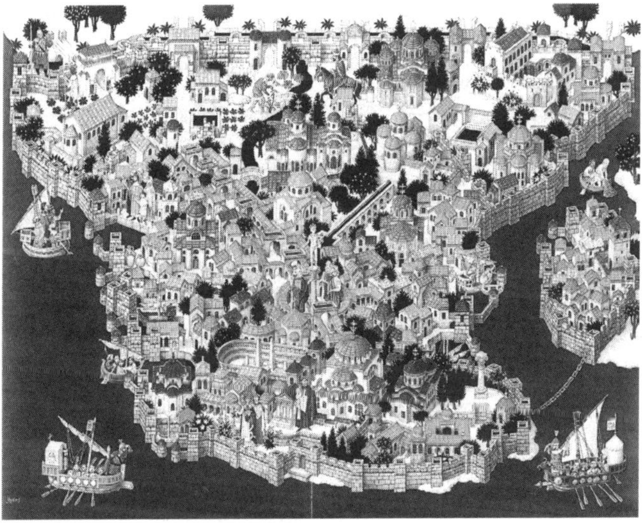

Bizancio.

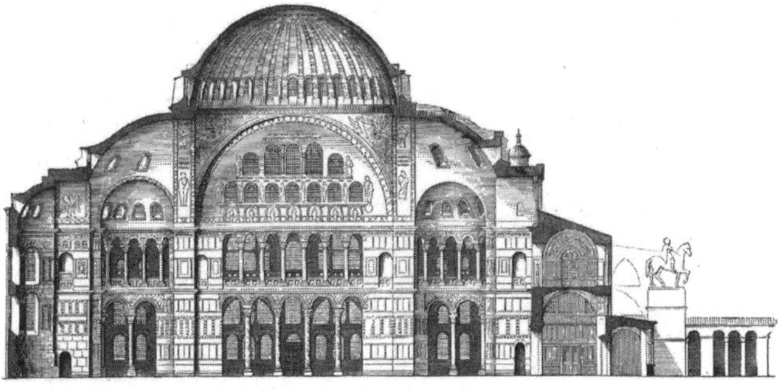

Santa Sofía.

quistaron el reino vándalo de Cartago (534), el reino ostrogodo de Italia (550) y una porción del visigodo de España (552).[248] Una notable hazaña si se piensa que, además, mantuvo a raya a los eslavos, búlgaros y persas que amenazaban sus fronteras.[249]

Justiniano heredó un funcionariado corrupto al que intentó reformar con sabias leyes. Algunas de sus declaraciones al respecto no han perdido vigencia (dicho sea sin señalar a nadie): «Los gobernadores deben proteger a los súbditos contra la opresión, rehusar todo regalo, ser justos en los juicios y decisiones administrativas, perseguir el delito, proteger al inocente, castigar al culpable, de acuerdo con la ley, y, en general, tratar a los súbditos como un padre trataría a sus hijos.»[250]

La obra más perdurable de este ilustre gobernante fue la basílica de Santa Sofía, un templo cubierto por una cúpula impresionante que parece «suspendida del cielo por una cadena de oro» (Procopio). Vale la pena turistear por la moderna y turca Estambul sólo por el placer de visitarlo y sentir con su grandeza la de Bizancio.[251] Santa Sofía es, junto con su recopilación de las leyes de Roma (el *Corpus iuris civilis Justiniani*), el más perdurable testimonio de la grandeza de la civilización grecorromana.

248. La provincia que llamaron Spania, que comprendía la costa entre Valencia y Cádiz.

249. Estas conquistas resultaron efímeras. Italia caería en manos de los longobardos (568) y África e Hispania sucumbirían a los musulmanes (siglos VII y VIII).

250. *Novelas*, 8 (16), 8 (ibíd., t. I. p. 102), edición Zacarías von Lingenthal, *Jus Gracco-romanum*, t. III, p. 3

251. De camino podemos admirar la enorme basílica cisterna (un palacio sumergido de 336 columnas de ocho metros de altura) y el solar del hipódromo, hoy una plaza popular, en la que perduran sólo dos obeliscos y el fuste de una columna de bronce que representa a tres serpientes enroscadas, realizada con las armas tomadas a los persas tras la batalla de Platea (-479). La columna estaba en Delfos, dedicada al dios Apolo, y la trajeron para adornar el hipódromo.

CAPÍTULO 55

Papas, obispos, monjes

Recapitulemos: el Imperio romano ha desaparecido engolfado por la marea de los bárbaros, pero ellos, a su vez, se han dejado conquistar por la religión del imperio, el cristianismo, que les ha inculcado una inquietante creencia: si no obedezco a la Iglesia padeceré eternamente en el fuego del infierno.[252] Nada menos.

El obispo de Roma, tras asistir, con paternal benevolencia, al reparto del imperio latino entre los bárbaros,[253] ocupó el vacío de poder que dejaba la desaparición de los césares y se puso al frente de la Ciudad Eterna. Fortalecido por el prestigio alcanzado entre aquellas gentes elementales se segregó de la iglesia oriental (de la que hasta entonces la occidental había sido un

252. Gregorio I el Magno (590-604) impulsó decisivamente el dominio de la Iglesia sobre las conciencias al señalar la importancia del purgatorio y el Juicio Final.

253. Los jefes bárbaros, que en el fondo admiraban la grandeza de Roma, se dejaron convertir al cristianismo, cuyos ritos y pompas resultaban muy superiores a los de sus primitivas religiones, todavía sumidas en la superstición y la idolatría. Para facilitar el proceso, la Iglesia no tuvo inconveniente en incorporar muchas supersticiones (como antes había incorporado algunos mitos y ritos paganos). Donde los bárbaros adoraban una piedra o una fuente, el obispo implantaba una cruz o una ermita y automáticamente sacralizaba el objeto o el lugar.

mero apéndice),[254] y empezó a actuar como monarca de la Iglesia.[255]

Jesús, el Jesús histórico, había creído, como muchos en su tiempo, la inminencia del fin del mundo. Por eso aconsejó a sus seguidores: «Vende cuanto tienes, dáselo a los pobres y sígueme» (Mt. 19, 21). Este ideal de vida, que Jesús enunció porque estaba erróneamente convencido de que quedaban cuatro días mal contados para el Juicio Final, se demostró francamente difícil de cumplir sin los apremios del inminente acabamiento del mundo.[256] Especialmente cuando el cristianismo dejó de ser una secta judía integrada por exaltados para convertirse en una religión de conveniencia designada (y diseñada) por Constantino como culto oficial del Imperio romano.

En vista de la dificultad que entrañaba la observancia del ideal cristiano (ni siquiera la propia Iglesia ha sido capaz de seguirlo), los nuevos adeptos lo consideraron una metáfora que no debía tomarse al pie de la letra. Sin embargo, los creyentes más fervorosos o fanáticos, los fundamentalistas diríamos ahora, decidieron acatar ese exigente principio y escogieron vivir en la pobreza y en la oración. Ése fue el origen del monacato cristiano en sus dos variantes: la anacorética de san Antonio Abad (251-356), y la monástica de san Pacomio (286-346).

254. La tan citada institución de Cristo: «Tú eres Pedro y sobre esa piedra edificaré mi Iglesia» (Mt. 16,18) no se incorpora a la propaganda institucional cristiana hasta el siglo IV. Le encantaba al obispo Dámaso (366-384).

255. Un proceso en el que, como es sabido, la institución degeneraría fatalmente en lo que ahora es, un cuerpo funcionarial al servicio de una estructura aristocrática, de un aparato de poder y finanzas que se arroga la representación de Cristo en la tierra e incluso predica las virtudes evangélicas aunque raramente las practique.

256. A Pedro Valdo, rico comerciante de Lyon que se lo tomó al pie de la letra y repartió lo que tenía entre los necesitados, lo declararon hereje en el concilio de Letrán (1179). También es cierto que andaba predicando que los sacramentos administrados por curas corruptos y libertinos no tenían valor, y eso terminó por molestar a la Iglesia.

CAPÍTULO 56

El monacato cristiano

La vía anacorética, abrazada por individuos aislados que renunciaban a las comodidades de la vida urbana para retirarse a un despoblado o desierto y consagrarse al ayuno y la mortificación, no alcanzó tanto éxito como la monástica, que abogaba por la experiencia colectiva de unos monjes agrupados en una comunidad regida por una regla común. Esta fórmula arraigó de tal manera que los monasterios florecieron por doquier.

El gran renovador del monacato medieval fue san Benito de Nursia (480-547), fundador de comunidades en las que se equilibraban el rezo y el trabajo (*ora et labora*). Los hijos de san Benito inspiraron la vida monástica posterior.

Los monasterios medievales eran unidades autogestionarias, como las grandes *fundus* o fincas a las que se había retirado la nobleza romana. ¿Recuerdan el monasterio de *El nombre de la rosa*, la estupenda novela de Umberto Eco magistralmente llevada al cine por Jean-Jacques Annaud en 1986? Aquel imaginario monasterio en los Apeninos, algo siniestro por necesidades de la narración, nos da buena idea de lo que eran estas instituciones medievales: una iglesia con un claustro adyacente en torno al cual se edifican diversas dependencias: sala capitular, refectorio, cocina, celdas o dormitorios comunales, biblioteca, escritorio, talleres, farmacia, lavandería y graneros, todo ello rodeado por un muro que defiende y asegura la clausura. La vida monástica se regía por una disciplina comunal. Había unos rezos y oficios religiosos comunes y, fuera de ellos, un horario de trabajo en el que cada monje cumplía la tarea asignada por sus superiores. Un abad auxiliado por un ecónomo o administrador dirigía la comunidad.

El monasterio producía los bienes necesarios para su mantenimiento y aún le sobraban excedentes con los que comerciar. Probablemente el abad pertenecía a la nobleza y vivía como un gran señor, pero los últimos legos de las cocinas o los monjes que labraban el campo procedían de la masa campesina y no vivían mejor que los siervos de una casa noble.

Tras la conversión de los bárbaros, la Iglesia acrecentó su poder político y económico, y fue invadiendo sectores de la vida civil hasta regular la vida de los individuos de la cuna a la sepultura con cierto abuso de ritos externos adecuados al imaginario mágico de aquellas gentes ignorantes y sencillas (genuflexiones, signaciones, santiguaciones, exorcismos, confesiones en privado, fiestas de guardar, misas con el celebrante vuelto de espaldas al creyente y bisbiseadas en ininteligible latín, etc.).

Para los ministros de esta religión, cada vez más numerosos, indoctos y exigentes, cualquier disidencia se consideraba herejía y el hereje se convertía en un delincuente social al que se castigaba con la muerte.

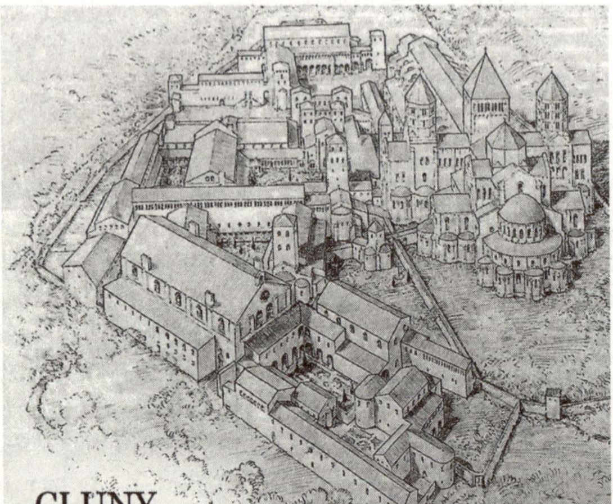

CAPÍTULO 57

La expansión del islam

La península Arábiga, un desierto tan grande como media Europa, estaba poblado por tribus y clanes que vivían del pastoreo y del comercio caravanero entre la India, la costa africana y el Levante.

En la Meca, el principal centro económico y político, existía un santuario de piedra, la *Kaaba*, en el que las tribus y clanes de las rutas caravaneras guardaban sus ídolos bajo la protección del «creador y maestro de los mundos». Una vez al año se celebraba allí una peregrinación que era, al propio tiempo, feria comercial.

El politeísmo y la división de los árabes disgustaban a un joven y apuesto mequí llamado Mahoma. Él era sólo un humilde camellero de caravana, pero había viajado a Siria e Iraq, donde existían prósperas comunidades cristianas y judías, y había comprobado la eficacia de la religión como elemento de cohesión social.

—Si los árabes tuviéramos algo parecido.

El sueño del humilde camellero pudo cumplirse años después cuando se casó con una rica viuda, Jadiya, quince años mayor que él, lo que le permitió consagrarse enteramente a la meditación. Mahoma culminó su crecimiento interior con la receptación de mensajes divinos inspirados por Alá (abreviatura de *Al-lah*, «el Dios»), quien le ordenó que predicara a sus paisanos el islam, una religión de sencillo diseño que, partiendo de la idea esencial de las religiones cristiana y judía, la existencia de un único Dios todopoderoso, simplificaba la práctica y permitía una relación rectilínea entre Dios y el creyente, sin interposición de ninguna casta sacerdotal, sin dogmas complicados ni misterios impenetrables para la inteligencia humana. Una religión adaptada a caravaneros y personas humildes que no quieren complicaciones teológicas ni acertijos sobre la Trinidad que es uno y al mismo tiempo tres, sino la simplicidad de un único Dios, Alá, y su profeta Mahoma, unido a unas normas de conducta sencillas.

La revelación que predicaba Mahoma era la mar de simple: bastaba con creer que Alá había creado el mundo y que cuando decidiera su fin resucitaría a las almas para juzgarlas en el Juicio Final y destinarlas al paraíso o al infierno.

Los ritos de la nueva religión eran igualmente escuetos: para convertirse bastaba con declarar «No hay más Dios que Alá y Mahoma es su profeta» delante de dos testigos, lo que constituye la *shahada* o profesión de fe, el primero de los cinco deberes (*ibada*) que el musulmán acataba, junto a orar cinco veces al día (*salat*), ayunar en el mes de Ramadán (*sawm*), socorrer a los pobres (*zakat*) y peregrinar a La Meca (*hichcha*) si le era posible.

En La Meca recibieron con hostilidad las predicaciones de Mahoma (nadie es profeta en su tierra), pero en la vecina y rival Medina lo acogieron con los brazos abiertos (622). Desde allí, respaldado por un ejército de devotos, Mahoma conquistó La Meca e impuso su religión a sus paisanos. ¿La impuso por la fuerza? Desde nuestra degenerada perspectiva occidental puede resultar chocante que una creencia se imponga por la fuerza, pero si usamos un poco de empatía advertiremos que el islam es una religión ecuménica, lo que significa que Alá no es sólo el Dios de los musulmanes, sino el de toda la humanidad. El islam aspira a propagar su verdad aunque esta noble meta entrañe imponerla con argumentos más fuertes que los de la mera persuasión.

Ahora entendemos que los habitantes de La Meca no podían mantenerse al margen del islam porque eso entrañaba negar implícitamente la divinidad de Alá. El mismo razonamiento era, y es, aplicable a los habitantes del resto del mundo.

La conquista de La Meca fue la primera *yihad* o «guerra santa» contra los que rechazan el islam.[257] Después vendría el sometimiento de grado o por fuerza del resto de las ciudades, tribus y clanes de Arabia.

Durante siglos, las tribus árabes habían guerreado entre ellas en estériles luchas internas por un pozo, por un palmeral o por una camella. La razzia o *gazawa*, para saquear y obtener prisioneros, formaba parte de la cultura y la tradición árabes. De pronto la creencia común en Alá unía a las tribus y encauzaba su energía hacia un objetivo común: llevar el islam al resto del mundo. Para el islam, el mundo se divide en islámico, o *dar al-Islam*, «la casa del islam»,[258] y *dar al-harb,* o «casa en guerra», el mundo que queda por conquistar.[259]

A la muerte de Mahoma, el islam se escindió en algunos grupos con sus correspondientes tendencias doctrinales.[260] A pesar de ello, fortalecidos por el credo común, los árabes que hasta entonces se habían desangrado en inútiles luchas tribales se unie-

257. *Yihad* es «una guerra religiosa contra aquellos que no creen en la misión de Mahoma. Es un deber religioso imperioso establecido como una institución divina en el Corán y en las tradiciones, impuesta especialmente con el propósito de promover el islamismo y proteger del mal a los musulmanes». *Diccionario del islam*, Yihad, pp. 243-244. Para otros musulmanes *yihad*, literalmente «esfuerzo», es la lucha personal que cada devoto debe emprender contra las tentaciones de Satanás (*Iblis*).

258. Actualmente los islamistas engloban en *dar al-Islam* cualquier territorio que alguna vez estuviera habitado por musulmanes, lo que incluye la península Ibérica (o sea todas las comunidades de España). Una exigencia innegociable del islam es recuperar estos territorios y volver a islamizarlos. Que tomen nota los afectados.

259. «Esta casa en guerra pertenece, por derecho, al islam, al que la comunidad musulmana está obligada a incorporarla en cuanto las circunstancias lo permitan», anota el arabista Martínez Díaz.

260. Los más importantes son el sunnita y el chiita. La secta sunnita (partidaria de la tradición o *sunna*) es mayoritaria y agrupa a un 80 por ciento de los musulmanes actuales. Los sunnitas reconocen cuatro escuelas jurídicas: hanafí, malikí, chafi'i y hanbalí. Los chiitas son mayoritarios solamente en Irán (96 por ciento) y en Iraq (60 por ciento). Creen que el *Mahdí*, el duodécimo imán, volverá al final de los tiempos para instaurar el orden y la justicia durante mil años.

ron bajo un mismo mando e invadieron los imperios bizantino y persa sasánida (los territorios actualmente ocupados por Jordania, Siria, Israel, Iraq e Irán). Después, el impulso conquistador los llevó hacia el este, por Asia Central, hasta cruzar el río Indo y alcanzar Pakistán, y hacia el oeste, por Egipto, Libia y todo el norte de África hasta el Atlántico. En menos de un siglo conquistaron y convirtieron a su fe buena parte del mundo conocido, desde el Atlántico hasta China y desde el mar Caspio y el Cáucaso hasta las costas de África.

En su dilatado imperio, el islam agrupaba a pueblos de diverso origen étnico y cultural bajo el denominador común de la religión y de la lengua árabe aprendida en el Corán (una recopilación de los sermones de Mahoma).

Los califas omeyas (661-750, con capital en Damasco) y sus sucesores los abasíes (750-945, con capital en Bagdad) dirigieron el islam durante un tiempo. A los abasíes los sucedieron los selyúcidas (turcos convertidos al islam).

Como Roma, el islam intentó gobernar su dilatado imperio desde un mismo centro de poder por medio de emires o gobernadores provinciales, pero al final le resultó imposible y tuvo que ceder porciones importantes a gobiernos locales en Al-Andalus (los omeyas de Córdoba) y en el norte de África (los fatimíes de El Cairo y los imperios almorávide, almohade y benimerín en el Magreb).

Los selyúcidas tuvieron que hacer frente a los cruzados europeos, que conquistaron el levante (ocho cruzadas entre 1095 y 1291) y a los mongoles, que les arrebataron Bagdad en 1258 (y también se convirtieron al islam).[261]

Cuando decayó el Imperio selyúcida tomó su relevo un nuevo pueblo igualmente musulmán, el otomano, escisión del selyúcida,

261. Estos mongoles eran un conglomerado de tribus nómadas del norte de Asia que, unidas por Gengis Kan (1162-1227) y sin más alimento que el yogurt, un puñado de mijo y leche de yegua fermentada, conquistaron un imperio que en su momento de mayor expansión abarcaba desde los Balcanes al Pacífico y desde Siberia a Iraq. No nos detendremos en ellos porque sólo afectaron indirectamente a Europa.

originario de Anatolia, que conquistó los restos del Imperio bizantino, incluida Constantinopla, y extendió sus dominios por tres continentes (desde Marruecos hasta Mesopotamia y desde el mar Caspio hasta Somalia). Durante los siglos XVI y XVII los otomanos amenazaron a la cristiandad europea por tierra y por mar. Sus galeras señoreaban el Mediterráneo oriental y sus poderosos ejércitos, con los famosos jenízaros al frente, llegaron a sitiar Viena.

Otros imperios musulmanes florecieron en los límites orientales del otomano durante el siglo XVIII: el salfávida en Irán y el mogul en la India. Ninguno de ellos supo evolucionar. En el siglo XIX se habían quedado tan atrasados que padecieron diversas formas de colonialismo por parte de los pujantes países cristianos de Europa.[262]

Cabe preguntarse: ¿por qué no evolucionaron los países islámicos como lo hicieron los cristianos? Los cristianos gozaron de un «Siglo de las Luces» (el XVIII) en el que lograron escapar de las dos tiranías que hasta entonces los privaban de libertades: la de las monarquías absolutas y la de la Iglesia. Para ello se dotaron de gobiernos constitucionales y deslindaron religión y Estado.[263]

En el islam no ocurrió esa revolución ilustrada. Aún hoy, la ley religiosa (la *sharia*) sigue inmiscuyéndose en la ley civil y mediatizando la vida del individuo. Los intentos de desarrollar un estado laico han fracasado estrepitosamente. Por eso, mientras Occidente progresaba a partir del siglo XVIII (el Siglo de las Luces), el islam jamás separó lo religioso de lo civil. Su ordenamiento jurídico se somete a la *sharia,* una ley religiosa basada en los

262. Cabe añadir el Imperio de Malí, al sur del Sáhara, con capital en Tombuctú, actualmente bastante revuelto por luchas internas.

263. Hasta qué punto puede ser perniciosa para la sociedad la religión lo ilustra el caso de Haití. En 1804, cuando se independizó, era mucho más próspera que la República Dominicana, el otro Estado con el que comparte la isla. Hoy es mucho más pobre y sus tasas de analfabetismo son espantosas. Según Harrison (citado por Weightman, 2008, p. 419), esto se debe a que la República Dominicana ha seguido la evolución normal de los Estados latinoamericanos mientras que Haití ha seguido la de los Estados africanos desde que su población abrazó el vudú, una religión africana que fomenta la desconfianza y la irracionalidad.

preceptos del Corán, incompatible con la Declaración de los Derechos del Hombre que, desde la Revolución francesa, inspira la legislación occidental. Esto explica que los musulmanes sean inasimilables por las sociedades occidentales que los acogen.[264] No hay posible concordancia entre el Occidente laico y el islam porque, como dice Ghannoushi: «Si en Occidente la centralidad del mundo la ocupa el hombre, en el islam ese puesto lo ocupa Dios».

La evolución del islam en los siglos XIX y XX la veremos más adelante.

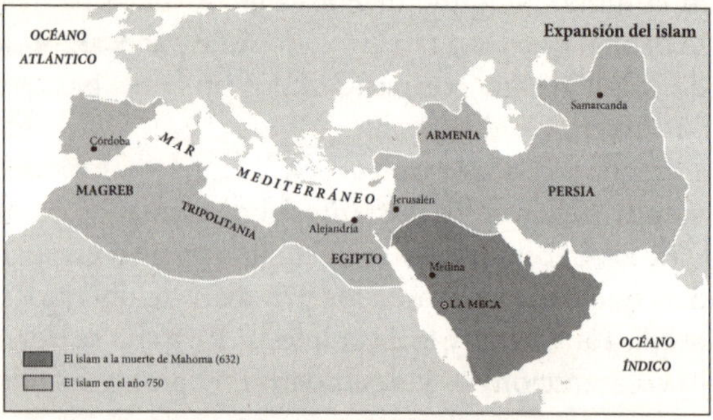

264. «El islam es nuestra Constitución», repetía frecuentemente Hassan al-Banna, fundador del movimiento integrista Hermanos Musulmanes (1927).

CAPÍTULO 58

Aceite santo en la cabeza del rey sagrado

Parecía que el antiguo Imperio romano había recobrado cierta estabilidad cuando la súbita irrupción del islam volvió a trastocarlo todo. La joven y pujante religión se extendía como una mancha de aceite por las antiguas y cristianas tierras que un día pertenecieron al Imperio romano e incluso más allá de ellas. Los nuevos bárbaros seguidores de Alá conquistaron medio Imperio bizantino, todo el norte de África, el reino visigodo de Hispania y extensos territorios de las Galias... Afortunadamente, el caudillo franco Carlos Martel (o sea «Martillo», como lo llamaban por su contundencia) logró frenarlos y los obligó a replegarse a este lado de los Pirineos.

El islam no era sólo una potencia militar. Era también una religión más simple y flexible que la cristiana que venía a competir con ella por el dominio de las almas. Esto alarmó sobremanera al Santo Padre y lo sumió en profundas meditaciones. La competencia nos arruinará el negocio, debió de pensar. ¿Qué hacer?

La cristiandad necesitaba una cabeza visible, un caudillo fuerte y decidido, con visión amplia de la jugada (la que se tenía en la universalista Roma), un árbitro que terminara con las continuas disputas entre reinos cristianos y los uniera contra el enemigo islámico. ¡Cómo se añoraban los buenos tiempos de Roma, cuando la voluntad del César se acataba en los confines del mundo!

La empresa de aunar a los germanos en un objetivo común

no era fácil. Se regían por monarquías electivas, no hereditarias, y no siempre vitalicias. Los golpes de Estado menudeaban en sus dos variantes: o le cortaban la cabeza al rey cesante o solamente le cortaban la cabellera, símbolo del poder, y lo encerraban en un monasterio.

La Iglesia necesitaba un campeón que defendiera su negocio (o sea, el de la cristiandad) frente al islam. ¿Dónde encontraría el papa un caudillo fuerte y decidido? El Santo Padre volvió su mirada hacia el reino franco, el más poderoso de Europa. La única contrariedad era que los últimos reyes francos (los llamados «reyes holgazanes») eran meros peleles en manos de sus mayordomos de palacio.

El papa encontró la solución: démosle el poder al mayordomo de palacio.

Al último mayordomo de palacio, Carlos Martel, el que derrotó a los musulmanes, lo había sucedido en el cargo su hijo Pipino, que parecía tan enérgico y capaz como el padre.

El papa se entendió con él. «¿Quién debe reinar sobre los francos, el que ejerce como rey o el que lleva la corona?», le preguntó Pipino intencionadamente. El papa, sutil como ellos suelen ser, respondió: «El que es rey de hecho debe serlo de derecho.»

O sea: destituye al tonto del rey, que la Iglesia te respalda.

Pipino depuso al rey, lo tonsuró y lo encerró en el monasterio de San Bertin.[265] Fin de la dinastía merovingia y comienzo de la carolingia.

265. El principal atributo de la realeza germánica era la cabellera. En el derecho visigodo quedaba excluido del trono el hombre de origen servil, tonsurado o decalvado. El rey destronado se tonsuraba y se enviaba a un monasterio. Y ya podía darse por satisfecho por haber escapado al veneno o al puñal. El historiador Jordanes (*Getica* XI, 72) señala, citando a Diucineo, que los godos se enorgullecían de ser «cabelludos» (*capillatos*; variante, *capillutos*). La mayor ofensa que se podía inferir a un godo era pelarlo al cero, pena que se aplicaba a los condenados por diversos delitos. La decalvación (*turpiter decalvare* o *tresquilar en cruces*) era un castigo severo que se aplicaba a diversos delincuentes y revestía pública humillación. No está muy claro si sólo se trataba de un afeitado del cráneo o de la más jodida y dolorosa escalpación, o sea arrancar también la piel (como

Ya tenía la Iglesia su campeón. Ahora necesitaba protegerlo de posibles competidores (esa proclividad a los golpes de Estado de los bárbaros). Sacralicémoslo, pensó el papa en su papel de gran brujo de la tribu. Y rescató del Antiguo Testamento una ceremonia sagrada por la que los profetas ungían a los reyes del antiguo Israel: la unción con óleo santo (*Saint-Chrême*).[266]

El papa pronunció unos convenientes latines al tiempo que derramaba sobre el real colodrillo una redomilla con aceite de oliva bendito (el óleo santo) en una solemne ceremonia realizada en 754 en la basílica de Saint-Denis (Reims). De este modo, el usurpador Pipino quedó convertido en rey sagrado «por la gracia de Dios», en un «Nuevo David». El rey ungido con aceite santo era inviolable en su persona puesto que el propio Dios lo legitimaba, a través de su vicario, para dirigir al pueblo que le había confiado. El que atentara contra él o intentara derrocarlo se aseguraba la excomunión y la condenación eterna.

A cambio del birlibirloque en el que la Iglesia sólo ponía gorigoris, solemnidad, inciensos y oraciones en latín, o sea, teatro y humo, Pipino quedaba obligado a proteger a la Iglesia y a secundar sus ambiciones terrenales pues, aunque su reino no es de este mundo, los papas aspiraban a recibir tierras y bienes.[267]

---

hacían algunos pieles rojas). El código legal castellano *Fuero Juzgo* lo describe como *desfollar toda la fronte muy laidamientre*. Boquiabiertos se quedarían los visigodos ante la moda de los cráneos mondos que se ha impuesto recientemente en Occidente y que tanto nos favorece a los calvos.

266. Del griego χρῖσμα (*khrīsma*, «ungüento»), era aceite de oliva aromatizado con bálsamo de Judea (la resina del árbol *Commiphora opobalsamum*). El aceite santo de la consagración de los reyes de Francia (la ceremonia se transmitió hasta la coronación de Luis XVI en 1774) se conservaba en la *sainte ampoule* de la basílica de Saint-Denis. Según la leyenda, el propio Espíritu Santo en forma de paloma la había traído en el pico. Durante la Revolución francesa, en 1793, la Convención Nacional decretó que se destruyera la Santa Ampolla y comisionó a Philippe Rühl, que la hizo añicos con un martillo en el pedestal de la estatua de Luis XV. La primera noticia histórica de la Santa Ampolla se remonta a la coronación de Luis VII, en 1131.

267. Ocurre siempre: la Iglesia vende humo y obtiene a cambio bue-

El Santo Padre no tardó en presentar factura por sus servicios: primero solicitó de Pipino que rompiera su alianza con los lombardos (otro pueblo bárbaro, aún pagano, que no admitía la autoridad papal), y después lo enfrentó a ellos. Pipino les arrebató diversos territorios, que engrosaron el patrimonio de la Iglesia y constituyen el germen de los Estados Pontificios.[268] Una jugada maestra, ¿no?

Con la consagración de Pipino, la Iglesia instituyó el derecho divino de los reyes (versión cristiana de la deificación de los césares pagana), esa pamema que unirá indisolublemente Altar y Trono, o sea clero y aristocracia, a lo largo de los siglos, en la tarea de pastorear (y ordeñar) a los pueblos.[269] Ésa es la remota razón de la sinrazón de la institución monárquica gracias a la cual progenies de vividores trincones parasitan el erario público de unos cuantos países de la avanzada Europa del siglo XXI con el pretexto de un supuesto carisma sagrado que se transmite de padres a hijos (la estirpe real). Una irracionalidad incrustada en sociedades racionales.[270]

---

nos dividendos, dinero o servicios contantes y sonantes. No es criticar, es referir.

268. Pipino le entregó al papa Rávena, Perusa y veintidós ciudades de la Italia central con las provincias de Emilia-Romagna y de la Pentacole. Ese conjunto constituye el germen de los estados papales (el *Patrimonium Petri* o Patrimonio de San Pedro).

269. Parece mentira pero es cierto que, después de transcurridos tantos siglos, con la consiguiente evolución del pensamiento racional, todavía queden personas dispuestas a admitir que una familia reine sobre un pueblo por «derecho divino» y no se cuestione la licitud de ese derecho que permite vivir del cuento a una panda de parásitos. La teoría del origen divino de los reyes se conoce también como cesaropapismo.

270. Me refiero, quede claro, a las clases reales europeas, no a la española, cuya acrisolada honradez, austeridad y espíritu de servicio son bien conocidas.

CAPÍTULO 59

Oratores, pugnatores y laboratores

Altar y Trono se conchabaron para dividir la sociedad medieval en tres estamentos: *oratores*, *pugnatores* y *laboratores*. Los *oratores* eran los clérigos, gente de sotana cuyo oficio consistía en embaucar a los humildes para que soportaran los abusos de los poderosos con la promesa de un premio (el cielo) o la amenaza de un castigo (el infierno).[271]

Los *pugnatores* eran los nobles y caballeros que supuestamente defendían a la sociedad de camorristas y abusones, o sea, de ellos mismos. Finalmente, los *laboratores* eran el sufrido pueblo, los aperreados currantes que doblaban el espinazo de sol a sol para mantener, con el fruto de su trabajo, a las otras dos clases improductivas.

Con el sudor de los humildes, las clases privilegiadas se construían sus castillos e iglesias y les dejaban lo justo para que no se ahilaran de hambre. Por lo menos les quedarían agradecidos, pensará el incauto lector. Ni siquiera eso. El infante don Juan Manuel (el aristócrata autor del *Libro del conde Lucanor*) señala: «Como son menguados de entendimiento por torpedat pueden caer en grandes yerros non lo entendiendo, por ende son sus estados peligrosos para el salvamento de las almas.»[272] Toma ya.

271. «Bienaventurados los mansos porque ellos verán a Dios», predicaban desde el púlpito.

272. *El conde Lucanor*, Blecua (ed.), Gredos, Madrid, 1981, pp. 409-410.

No ha quedado mucho testimonio material de estas pobres gentes que habitaban chozas miserables, poco más que zahúrdas. Por eso la falsa idea que tenemos de la Edad Media es la de sus palacios, catedrales y castillos, los monumentos construidos con el producto de la explotación de aquellos desgraciados.

La Iglesia había conseguido el respeto y el acatamiento de los bárbaros. Después remató su magistral jugada reinstaurando el Imperio romano bajo su tutela (o, al menos, una sombra del Imperio romano). El año 800, el papa León III coronó a Carlomagno, hijo y heredero de Pipino, con el antiguo título de los césares romanos, *Imperator Augustus* (caído en desuso tras las invasiones bárbaras).[273] Fue una vistosa ceremonia en la basílica de San Pedro iluminada con una constelación de lámparas y abarrotada de clérigos y cortesanos. Después de coronado, los concurrentes aclamaron por tres veces al flamante emperador: *Karolo, piisimo Augusto, a Deo coronato, magno et pacifico imperatore, vita et victoria!* («¡Vida y Victoria a Carlos, piadoso augusto, por Dios coronado, grande y pacífico emperador, vida y victoria!»).

El rey franco se convertía en el defensor oficial de la Iglesia y en su brazo armado.

273. Recordemos que los romanos inventaron este título cuando restablecieron la monarquía hereditaria en tiempos de Augusto. Era un modo de soslayar la palabra «rey» (*rex*) porque el título de rey estaba tan desprestigiado en Roma que más valía ni mentarlo. Tras la división del imperio en dos bloques, el romano y el bizantino, la dignidad imperial pasó a Bizancio. Carlomagno, tras su coronación por el papa, no podía admitir que hubiese dos emperadores, él y el bizantino, por lo tanto negoció con el debilitado Bizancio la renuncia al título imperial (*basileus*) a cambio de la devolución de Venecia y otros enclaves comerciales que le había arrebatado.

CAPÍTULO 60

El Sacro Imperio Romano Germánico

El título de emperador se transmitió de padres a hijos entre los sucesores de Carlomagno (Francia siempre rectora de Europa), pero la dinastía carolingia duró poco más de un siglo (751-924) y el imperio se fragmentó en principados feudales (Flandes, Borgoña, Aquitania...).

El título imperial cayó en desuso hasta el año 962, en que otro papa se lo concedió a Otón I, de la casa real de Sajonia, vencedor de los bárbaros (húngaros y eslavos, como Carlos Martel venció a los musulmanes).

Así fue como el imperio, que en un principio recaía en Francia, se desplazó hacia Alemania.

Bajo la nueva gerencia, el imperio se denominó Sacro Imperio Romano Germánico.[274] Esta vez duraría un milenio y abarcaría, en sus mejores tiempos, todo el centro de Europa (Alemania, Austria, Suiza, Liechtenstein, Bélgica, Países Bajos, Luxemburgo, República Checa y Eslovenia, este de Francia, norte de Italia y oeste de Polonia).

¿Y el resto de Europa? En el resto, fuera de la sombra del

274. «Sacro» porque lo consagraba el papa, vicario de Cristo en la tierra; «romano» porque prolongaba territorial y políticamente el antiguo Imperio Romano de Occidente, y «germánico» porque surgió del reino de Germania (la dinastía de la casa real de Sajonia).

imperio crecieron y se robustecieron las monarquías nacionales (España, Francia, Inglaterra...).

Queda dicho que la secreta intención del papado al resucitar el imperio difunto fue la de servirse del emperador como de un guardia de la porra para imponer su voluntad a la cristiandad. No obstante, algunos emperadores salieron respondones y se enfrentaron al papa.[275] Veamos la movida.

En el siglo XI, los emperadores se habían tomado tan a pecho la idea de que lo eran por designación divina (cesaropapismo) que dieron en consagrar obispos y dignatarios eclesiásticos como si el papa no pintara nada (no les importaba que los designados, a menudo hijos menores de nobles, estuvieran casados, que ignoraran la doctrina cristiana y que no supieran ni decir misa).

Gregorio VII, un monje cluniacense de fuerte carácter ascendido a pontífice, se propuso recuperar el terreno perdido y publicó un *Dictatus Papae* en el que advertía que «el papa es señor supremo del mundo, al que todos le deben sometimiento incluidos los príncipes, los reyes y el propio emperador», o sea la teocracia pontificia.

El emperador Enrique IV hizo caso omiso y continuó con sus nombramientos, lo que provocó el rifirrafe denominado «Querella de las Investiduras».[276] Al final, ante el temor de per-

275. Uno de ellos, nuestro Carlos I, llegó a asaltar y saquear Roma, no digo más. En realidad, desde los tiempos de Carlomagno, se enfrentan dos concepciones opuestas: el agustinismo de los papas, que sostienen (según la doctrina de san Agustín) que el poder temporal de los reyes debe supeditarse al espiritual de la Iglesia; y el cesaropapismo de los emperadores, que se consideran reyes sacerdotes ungidos y, por lo tanto, superiores al papa.

276. Como el emperador seguía nombrando obispos a pesar de las advertencias de Roma, el pontífice lo excomulgó (pena canónica que automáticamente lo desacralizaba y, por lo tanto, eximía a sus súbditos del deber de obedecerlo). Viendo peligrar su corona, Enrique se humilló pidiendo perdón al papa (vestido de harapos, de pie, en la nieve, frente a la puerta del castillo de Canosa). El papa sabía perfectamente que el taimado Enrique no se arrepentía de nada y que tarde o temprano volvería a las andadas, pero en su papel de pastor seráfico del rebaño cristiano se

der los respectivos pesebres, firmaron el Concordato de Worms (1122), que reservaba al papa la facultad de designar a los obispos y dejaba al emperador los asuntos temporales.

La competencia entre emperador y papa por el *Dominium Mundi* («dominio del mundo») se prolonga a lo largo de los siglos XII y XIII. En Alemania e Italia surgieron dos partidos: los güelfos, partidarios del papa, y los gibelinos, partidarios del emperador. En los castillos se construían almenas güelfas (rectas) o gibelinas (en cola de golondrina) según la obediencia del señor.

Con el tiempo, el emperador fue perdiendo autoridad, especialmente cuando sus decisiones se sometieron a la aprobación de un parlamento, la Dieta, integrada por príncipes de los Estados imperiales y por representantes de las ciudades libres. Los miembros de la Dieta eran, al propio tiempo, electores de cada nuevo emperador.[277]

A partir del siglo XV, el título imperial se transformó en hereditario de los duques de Austria, la dinastía de los Habsburgo, y se deterioró tanto que acabó siendo «ni sacro, ni romano, ni imperio» (Voltaire), pero, como la sangre azul es tan vanidosa, lo mantuvieron sobre el papel hasta que Napoleón lo disolvió en 1806.

---

vio obligado a perdonarlo. Demasiado tarde: ya habían elegido a otro emperador. El papa se negó a deponerlo. Enrique contraatacó e instó a los obispos que le debían el cargo a que se reunieran en concilio y eligieran otro papa. El papa depuesto volvió a excomulgar al emperador. El emperador envió a sus tropas contra el papa depuesto, que se vio obligado a huir de Roma... Una vergüenza, ¿no? En el siglo XIII se reproduciría el conflicto entre el papa y el emperador Federico Barbarroja (de la dinastía de los Hohenstaufen).

277. De los siete príncipes electores, cuatro eran laicos (el rey de Bohemia, el duque de Sajonia, el margrave de Brandeburgo y el conde del Palatinado) y tres religiosos (los obispos de Colonia, Maguncia y Tréveris). Prácticamente subastaban el título entre los pretendientes. A nuestro Carlos V le costó aflojar un millón de florines.

CAPÍTULO 61

De los vikingos líbranos, Señor

La dinastía carolingia fue flor de un día. Reyes más débiles sucedieron a Carlomagno que no supieron estar a la altura. Y, mientras tanto, una segunda invasión de bárbaros se abatía sobre Europa: por el norte atlántico, los piratas vikingos; por el sur mediterráneo, los piratas musulmanes, y por el este continental, procedentes de las estepas de Asia, los magiares.

Vayamos por partes.

Los vikingos o normandos, un conjunto de pueblos rubios y de ojos azules procedentes de Escandinavia, recorrían las costas de Inglaterra y Francia con sus veloces y estilizados navíos (los *drakares*, o «dragones», así llamados porque solían lucir en la proa la cabeza de un dragón), y saqueaban e incendiaban los pueblos costeros y, muy especialmente, los ricos monasterios. Nada los detenía. Incluso se atrevieron a remontar los ríos en busca de sus presas: el Sena para saquear París (845), el Guadalquivir para saquear Sevilla (844) y el Ebro para desvalijar Pamplona, donde hasta secuestraron al rey (858).[278] Del mismo modo, remontando el Volga y otros ríos rusos alcanzaron las riquezas del mar Negro e intentaron (infructuosamente) tomar Constantinopla, cuyo emperador contrató a algunos como guardia personal.[279]

278. Entiéndase que remontaron sucesivamente el Ebro, su afluente el Aragón y su afluente el Arga.

279. Es propio de tiranos y de reyes desconfiados, si es que hubiera

La presa favorita de los vikingos eran los monasterios, donde sabían que iban a encontrar oro, plata (el utillaje sagrado: cálices, relicarios, casullas...) y una despensa abundante y selecta en la que sacar el vientre de mal año. Los amedrentados monjes añadieron una nueva invocación en las letanías: *A furore Normannorum libera nos, Domine* («Señor, líbranos del furor de los normandos»). Con todo hay que decir que los vikingos no eran tan brutos como los pintan. Ni se adornaban con cuernos, ni bebían en los cráneos de sus enemigos como propagan los tebeos y las películas.[280] Antes bien parece que no eran mala gente y que actuaban impulsados por la necesidad, porque su población había crecido por encima de los recursos.

Cuando se les daba con qué, preferían ganarse la vida sin violencias. Algunos de los que saquearon Sevilla llegaron a un acuerdo con los moros y se establecieron en la Isla Menor (en el Guadalquivir), donde se dedicaron a la cría caballar y a la elaboración de quesos. Los varegos suecos comerciaron por tierras de Rusia (y refundaron Kiev). Incluso los hubo que, en busca de nuevas tierras, se aventuraron por aguas atlánticas afrontando la criminal inocencia del mar[281] con sus frágiles drakares, y llegaron a las costas americanas de Groenlandia, Terranova y Canadá, en torno al año 1000, pero, aunque fundaron alguna colonia, con su sede episcopal y todo, no perseveraron en ella.[282] Donde sí echaron raíces fue en la Normandía francesa (donde el rey franco

---

alguna diferencia, reclutar la guardia personal entre mercenarios extranjeros: mencionemos la guardia senegalesa del almorávide Yusuf ibn Tasufin, la guardia borgoñona de nuestros Austrias, la guardia valona de los Borbones, la guardia mora de Franco y así sucesivamente hasta la guardia marroquí de Obiang. Los tiranos no se fían de la fidelidad de su gente y prefieren guardias extranjeras.

280. Tampoco, todo sea dicho, sus mujeres eran tan rubias y delicadas como Sigrid, la novia del Capitán Trueno, sino más bien fortachonas y con pelos en las piernas, como las actuales suecas.

281. Esto pertenece a W. B. Yeats: *Out of the murderous innocence of the sea.*

282. Por eso seguimos atribuyendo a Colón el descubrimiento de América. Lo importante no es descubrir sino divulgarlo.

le concedió al caudillo Rollón un ducado en 912) y en Sicilia, que se gobernó más de un siglo con una dinastía normanda.

En cuanto a los piratas musulmanes que por la misma época actuaban en el Mediterráneo cabe precisar que partían de puertos norteafricanos (o andalusíes: Pechina, Denia...). Además de capturar barcos en alta mar, saqueaban localidades costeras. Con el tiempo se hicieron más osados y reunieron escuadras numerosas capaces de ocupar Sicilia o Creta y de alcanzar con sus saqueos incluso las costas inglesas.[283]

Los magiares cierran el ciclo de las segundas invasiones: devastaron regiones alemanas, italianas y francesas hasta que, derrotados por el germano Otón I, perdieron fuelle y se establecieron en la actual Hungría (que todavía se llama *Magyarország*, o «país de los magiares»).

Drakar vikingo en el Museo de Oslo.

283. Los ingleses mucho *Britannia rules the waves* y mucho enorgullecerse de sus piratas nacionales y de la derrota de la Armada Invencible, pero incluso en pleno siglo XVII recibían regularmente la visita de piratas berberiscos que les saqueaban las costas y les robaban la cerveza y las doncellas para los mercados de esclavos de la Berbería, donde los aficionados al género se daban de bofetadas por una rubia sin cuestionarse si las de pelo claro son o no más listas que las morenas.

CAPÍTULO 62

El feudalismo

Hemos atestiguado, desde el inicio de la historia, la relación clientelar, el padrinazgo del fuerte sobre el débil. El débil asiste y obedece al fuerte a cambio de su protección. Recuerden cómo Bonasera, el dueño de la funeraria, se pone a las órdenes de Don Vito Corleone, el padrino, en la famosa película de Coppola.

En tiempos de Roma, el Estado central protegía los derechos del ciudadano, pero en la Edad Media la autoridad se atomizó y el humilde, de nuevo expuesto a los abusos de los poderosos, tuvo que buscar la protección de algún padrino, un gran señor (magnate, obispo o abad de monasterio) que lo admitiera en calidad de vasallo.

Para entender cabalmente este sistema, el feudalismo, diremos unas palabras sobre la evolución del arte de la guerra. En la antigüedad los combatientes a caballo habían sido meros auxiliares de los que combatían a pie, pero en la Edad Media apareció un caballo más potente, el *destrier*, de origen asiático, lo que, unido a la invención del estribo, que permite al jinete afirmarse sobre sus pies para aumentar la potencia del golpe, revolucionó las tácticas de combate.

El guerrero a caballo, o caballero, resultaba muy costoso de entrenar y equipar (caballo, silla de combate o de arzón, cota de mallas, espada, escudo, lanza, escudero...). El feudalismo fue el sistema ideado para sostener esa costosa máquina de guerra. Se basaba en la concesión de lotes de tierra (ducados, marquesados, condados, baronías, señoríos...) como pago por servicios o como graciosa concesión real (*merced*). El que recibía uno de estos beneficios se declaraba vasallo del señor que lo otorgaba y se comprometía a servirlo como combatiente a caballo.[284]

El señor explotaba sus posesiones con notable autonomía. Incluso administraba justicia, a menudo con la potestad de condenar a muerte a sus vasallos díscolos (por eso lo llamaban «de horca y cuchillo»). También recaudaba impuestos por los más variados conceptos (peajes, portazgos, montazgos, etc.).[285]

El sistema feudal puede dibujarse como una pirámide en la que cada cual es vasallo del superior y señor del inferior. En la cúspide está el emperador, señor de reyes. En el nivel contiguo, el rey, señor natural de un reino. A continuación, los magnates del reino: duques, condes y marqueses (al frente de ducados, condados y marcas), que son, a su vez, señores de otros nobles de menor rango: barones, infanzones, caballeros, escuderos...

El vasallo jura obediencia al señor y se obliga a auxiliarlo militarmente y a favorecerlo políticamente (*auxilium et consilium*). La ceremonia de vasallaje se ritualiza de diversas maneras: en Francia el candidato se arrodilla y, colocando sus manos entre las del señor, le dice: «Yo me hago hombre tuyo» (*inmixtio manum*). En España el beneficiado se arrodilla y besa la mano de su señor mientras declara: «Señor don como se llame, bésovos la mano e so vuestro vasallo.»

Los usos feudales varían dependiendo del país. En Francia los feudos eran hereditarios, pero en España las tenencias solían ser

284. La denominación «sistema feudal» corresponde al Imperio carolingio; en España hablamos de «sistema señorial». No es exactamente lo mismo, pero se parece bastante.

285. Por cierto, ya que hablamos de impuestos, quizá sea un buen momento para deshacer un recalcitrante error. El tan cacareado «derecho de pernada» que ejercieron algunos señores medievales no era, como se cree, el derecho del señor a desvirgar a la esposa del siervo en su noche de bodas, sino simplemente el derecho a recibir una pernada, un pernil, es decir un jamón, de cada res sacrificada. Dicho sea salvando la humana inclinación a intimar con las subordinadas que se observa en muchas sociedades desde que el mundo es mundo.

temporales o vitalicias y no se heredaban (al menos, no todas). Además, en Castilla el compromiso vasallático podía romperse a petición de una de las partes. Bastaba con que el vasallo enviara al señor a alguien que se arrodillara ante él y declarara: «Señor, bésovos la mano por Fulano y de aquí en adelante ya no es vuestro vasallo.» De este modo, el vasallo quedaba desnaturado y libre para entrar al servicio de otro señor. El rey, por su parte, podía desterrar del reino al vasallo que incurriera en su *ira regis* («ira real»): lo que ocurrió al Cid Campeador.

En algún momento el beso vasallático u *osculum* se dio en la boca (que es un intercambio de espíritus, de ahí los besos de amor). Las abadesas delegaban *propter honestatem* («por decencia») en un secretario que recibía el ósculo por ellas.[286]

Los señores solían habitar en castillos enclavados en sus señoríos y acudían a la corte cuando los convocaba el rey. Esta corte no residía en un lugar fijo, sino que solía ser itinerante y seguía al rey en sus desplazamientos por las ciudades o lugares del reino.

En el clero observamos una estructura piramidal semejante a la civil: en la cúspide, el papa, y en sucesivos niveles cardenales, arzobispos, obispos, canónigos, arciprestes y sacerdotes, mejor o peor preparados (y remunerados) según la importancia de la parroquia. Algunos campesinos tomarían el sacerdocio de misa y olla como un atajo para escapar del arado.

Frente a este clero secular existía otro clero regular (es decir, sometido a regla de una orden religiosa). Las órdenes religiosas eran Iglesias en pequeño: bajo la autoridad máxima del general de la orden, en distintos niveles, existía una jerarquía de provinciales, abades y monjes.

A lo largo de la Edad Media la pirámide feudal evolucionó de manera distinta según los reinos. En principio el feudalismo fortaleció la autoridad de los señores en detrimento de la de los reyes. A menudo se dieron casos de que un vasallo fuera más poderoso en tierras o en caballeros que su señor.[287]

286. Gran contrariedad cuando la abadesa estaba de buen ver y el secretario era un administrador granujiento y halitoso.

287. Por ejemplo, los duques de Normandía, dueños de extensas

Después de una crisis del poder real, en que la alta nobleza manejaba al rey a su antojo y a veces deponía dinastías, las monarquías se fortalecieron frente a la nobleza y, apoyadas en la naciente clase burguesa y comercial que surgía en las ciudades, produjeron los Estados modernos (como veremos más adelante).

En España los magnates o Grandes de España acumularon grandes extensiones de tierra mientras la baja nobleza se empobrecía (como el hidalgo del *Lazarillo*).

La mera existencia de una aristocracia feudal cuyo oficio era la guerra alimentaba numerosos conflictos. Las guerras entre señores feudales fueron tan frecuentes que, en el siglo XI, el agro se volvió inseguro y muchas tierras de cultivo se abandonaron. La Iglesia intentó paliar esta barbarie (que también la perjudicaba a ella, una de las mayores propietarias de tierras) decretando una ley, la Tregua de Dios, que prohibía combatir de jueves a domingo, durante la cuaresma y en otras festividades religiosas.

La Iglesia castigaba a los reyes o a los nobles poniendo sus posesiones en entredicho o *interdicto.* En este caso los sacerdotes tenían prohibido administrar los sacramentos y dar cristiana sepultura a los difuntos, lo que acarreaba grandes conflictos en una sociedad tan religiosa o supersticiosa como aquélla.[288]

---

propiedades en Francia e Inglaterra, eran más poderosos que sus señores, los reyes de Francia. En España los Girones (Pedro Girón y su hermano Juan Pacheco) eran más poderosos que su señor, el rey Enrique IV el Impotente.

288. Citemos un par de casos: en 1193 el papa puso en entredicho los reinos de León y Portugal por el matrimonio de Alfonso IX de León con su prima Teresa de Portugal. ¿Por esa tontería?, se preguntará el lector. Pues sí. Conviene advertir que lo de la consanguineidad de los reyes era un instrumento político y recaudatorio de los papas. Cuando los contrayentes untaban convenientemente al pontífice, éste disipaba sus escrupulillos y les concedía su pastoral bendición. Aquel clero recaudador no era distinto del actual, el que clama contra el divorcio civil, mientras la propia Iglesia lo administra monetaria e hipócritamente bajo la denominación «anulación matrimonial». Volviendo al interdicto papal, digamos que a veces obedecía a nimiedades: en 1246, el suspicaz pontífice lo decretó contra el reino de Aragón simplemente porque el rey Jaime I le había

El pueblo, como vimos, formaba la clase social más extensa y humilde y debía mantener a las otras. «La clase de los siervos —escribe el clérigo Adalberón, siglo x— está integrada por desgraciados que no poseen nada, si no es a costa de muchos sacrificios. La Ciudad de Dios es, en realidad, triple: unos oran, otros combaten y otros trabajan.»

El campesino, sometido al aristócrata y al cura improductivo, se conformaba casi siempre con su aperreada vida, pero a veces se levantaba en armas contra los abusos de los señores. En esos casos la represión era brutal. Una sublevación en Normandía, en 997, se apagó, según el cronista, cuando el conde Raúl, enviado del duque, sin celebrar juicio previo «arrancó a unos los dientes, a otros los ojos, a otros los quemó vivos, a otros los mutiló y a todos dejó tristes y dolientes».

La pirámide feudal.

cortado la lengua al obispo de Gerona, un deslenguado (nunca mejor dicho) que revelaba las relaciones extramatrimoniales del monarca con Teresa Gil de Vidaure (esto viene en la *Historia* del padre Mariana, libro XIII, cap. VI). No sería tan pecadora doña Teresa cuando después de muerta se le atribuían milagros a su cadáver (que permanecía incorrupto).

CAPÍTULO 63

La cristiandad levanta cabeza

Pasó el año 1000, con sus terrores (sólo en algunas regiones de Europa donde los más pazguatos creyeron que se acababa el mundo), y el Occidente cristiano comenzó a despertar del largo letargo en el que lo habían sumido las invasiones bárbaras. La agricultura progresó grandemente con la divulgación de la collera, ese rosco de lona rellena de paja que protege el pescuezo de mulos o caballos y permite arar con ellos, a lo que se unió el perfeccionamiento del arado (con ruedas, reja de hierro y vertedera) y el nuevo sistema de rotación trienal de cultivos.

Empezaron a funcionar molinos hidráulicos que aprovechaban la fuerza del agua para mover los rodeznos que trituraban el grano...

Se divulgaron nuevas leguminosas. Había más alimentos, incluso excedentes, lo que favoreció el comercio, la circulación dineraria, el artesanado...

Europa se ponía de nuevo en marcha.

Antes de proseguir con los entusiasmos, echémosle una mirada a la Iglesia. Es una máxima infalible que el poder corrompe (no hay más que repasar un periódico o ver un telediario).[289] La

289. La máxima se conoce como *dictum de Acton* porque la formuló el historiador británico John Edward Dalberg Acton en 1887: *Power tends to corrupt, and absolute power corrupts absolutely* («El poder tiende a corromper y el poder absoluto corrompe absolutamente»).

acumulación de poder había corrompido a la Iglesia. Los clérigos abandonaron la vida ejemplar y austera de los primeros tiempos del cristianismo y se entregaron a los vicios del pecador corriente y a otros específicamente eclesiásticos: el nepotismo y la simonía (compraventa de cargos eclesiásticos) y el nicolaísmo (vida pecaminosa y amancebada con una o varias concubinas).[290]

Papas, cardenales, obispos y abades —la pluma me tiembla de cristiana indignación al escribirlo— abandonaban sus deberes pastorales para frecuentar cacerías, convites y francachelas. Esta vida licenciosa de los clérigos corrompió también al monacato casi desde sus orígenes. Muchos monasterios acumularon grandes posesiones y relajaron sus reglas hasta el punto de que la abundancia y la molicie sustituyeron a los rigores del antiguo ascetismo.

Afortunadamente surgió un movimiento reformista centrado en Cluny (910), una abadía francesa en la que los monjes benedictinos recuperaron el olvidado ideal de la pobreza evangélica. Los monjes de Cluny vestían de negro, elegían entre ellos al abad y dependían directamente del papa.

El ejemplo cundió y otros monasterios benedictinos se sometieron al abad de Cluny, que se convirtió en una autoridad moral dentro de la Iglesia, «el papa negro».

La regla de San Benito había dispuesto que los monjes repartieran el tiempo entre la oración y el trabajo (*ora et labora*). En la versión cluniacense se daba más importancia a lo espiritual, oficios divinos y gorigoris gregorianos, en detrimento del trabajo manual (que dejaban a legos y siervos). Ésta fue una de las causas de que, al cabo del tiempo, debido a la débil naturaleza humana, el espíritu inicial de Cluny se relajara y sus monjes se entregaran a la molicie y a los vicios que antes habían combatido.

Como reacción, otros monasterios benedictinos se agruparon en torno a la abadía de Císter, «los monjes blancos», que en

290. El problema de la degeneración del ideal monástico venía de antiguo. Ya san Jerónimo, en su Epístola 38, criticaba el género detestable de los monjes (*genus detestabile monachorum*) y los consideraba camorristas y orgullosos.

1098 retomaron la senda del sacrificio y la pobreza hasta que, fatalmente, perdido el impulso inicial, incurrieron en los mismos excesos que habían venido a combatir.

Entristece reconocerlo: el cristianismo nunca ha resuelto esa pugna interna entre la vida áspera y virtuosa que demanda la virtud y la vida regalada y placentera que demanda la humana naturaleza.[291]

Monjes en el baño con sus amigas (*Códice Jensky*).

291. Ya lo dijo el prudente Ibn Abdun en el siglo XII, en su censura contra el celibato eclesiástico, al que consideraba causante del acoso sexual de los religiosos sobre sus feligresas: «Los curas han tomado esta costumbre por haber declarado lícito lo ilícito y viceversa.»

CAPÍTULO 64

Bizancio a trancas y barrancas

¿Qué ocurrió con Bizancio?

El esplendor de Justiniano duró poco. La lucha contra la Persia sasánida (a la que prácticamente aniquiló) dejó el imperio tan exhausto que no pudo resistir la oleada islámica, los nuevos bárbaros que se abatían sobre el mundo civilizado. Bizancio perdió la mitad de sus posesiones: Egipto, el norte de África y Siria (y con ella la ruta de la seda, el gran negocio).

Como las desgracias raramente se presentan solas, al propio tiempo los búlgaros y los eslavos ocuparon los Balcanes y los lombardos, Italia. Bizancio quedó como el gallo de Morón: sin plumas y cacareando. *Sic transit gloria mundi.*[292]

A ello hay que sumar las luchas internas entre iconoclastas (partidarios de la prohibición de las imágenes religiosas) e iconodulos (partidarios de las imágenes). Desde nuestra perspectiva nos parece absurdo y ridículo que dos personas o dos partidos puedan basar sus diferencias en algo tan tangencial, pero ellos se lo tomaban muy en serio (otra discusión bizantina) y a menudo llegaban a las manos por ese motivo.

Con lo que se les venía encima...

¿Es que los bizantinos eran tontos o es que estaban faltos de palos?, se preguntará algún lector. En el fondo subyacían los desa-

292. *O quam cito transit gloria mundi* («Oh, qué rápido pasa la gloria del mundo»), como dice Tomás de Kempis en su *Imitación de Cristo* 1, 3, 6.

justes entre el poder temporal y el religioso (la Iglesia siempre alterando la paz y la armonía de los pueblos con tal de prevalecer). El mismo motivo fútil sirvió para escindir la cristiandad en dos iglesias, la romana y la oriental (u ortodoxa) en 1054. El pretexto fue un desacuerdo sobre el texto del Credo que, en su versión latina, introducía la palabra *filioque* («y el Hijo») porque el papa de Roma sostenía que el Espíritu Santo procede del Padre y del Hijo. Esta bobada le resultaba inaceptable al patriarca de Constantinopla: «Eso ¿cómo va a ser? —bramaba—, si el Espíritu Santo sólo procede del Padre.»

Mientras se paraban a discutir si son galgos o podencos (como los conejos de Iriarte), el moro les arrebataba la hacienda.

Al final no se pusieron de acuerdo y rompieron la baraja. Y hasta hoy: la Iglesia de Roma domina Occidente y la ortodoxa, u oriental, Oriente, con su mayor feligresía entre los pueblos eslavos que Bizancio evangelizó.[293] De vez en cuando hacen juntas de teólogos para ver si se reconcilian. Discuten de honduras teológicas que ya sólo les interesan a ellos, se hartan de mariscos del Trastévere o en el Cintemani de Estambul y regresan a sus palacios hasta la siguiente convocatoria conciliar.[294]

Bizancio conoció épocas de cierto esplendor, aunque al final, como ocurrió con Roma, era el ejército el que quitaba y ponía emperadores, a veces impulsado por complejas intrigas cortesanas que no excluían los magnicidios. Alguna vez cegaron o castraron al emperador depuesto o a su heredero y lo confinaron en un monasterio para el resto de sus días.[295]

¡Decadencia de Bizancio! El negocio fue a menos, la tierra menguó y con ella el comercio que le daba la fuerza. Inevitable-

293. Los misioneros Cirilo y Metodio desarrollaron un sistema de escritura que utilizan en muchos países del Este, el alfabeto cirílico.

294. «A pan y agua los ponía yo, y verías qué pronto concordaban», me escribe el padre Gelmírez, que ha intervenido como traductor en algunos encuentros ecuménicos.

295. Al derrocado Justiniano II le cortaron la nariz antes de desterrarlo. Cuando recuperó el trono, gracias a otra conjura, lo llamaron *Rhinotmetos* («Nariz cortada»).

mente algunos generales fronterizos (o στρατηγός, *strategos*) se independizaron de la metrópoli y fundaron sus propias dinastías.

Ya vemos que se repetía lo que unos siglos antes había ocurrido en la mitad latina del imperio. Como en la Roma decadente de los últimos césares, el imperio tuvo que recurrir a tropas mercenarias que constituían en sí una amenaza (algunas de estas tropas fueron los almogávares españoles, en el siglo XIV).

A los árabes que atacaban por mar los contuvieron gracias al esfuerzo de buenos marinos y a su arma secreta: el fuego griego.[296] A los búlgaros que atacaban por tierra los contuvieron con pagas y tributos,[297] pero a los turcos selyúcidas que acometieron por oriente, mediado el siglo XI, no hubo manera de frenarlos. El emperador y el patriarca tuvieron que tragarse su orgullo y solicitar ayuda militar a los primos de Europa. Fatalmente ocurrió lo que suele ocurrir en estos casos: los que te ayudan a recuperar el territorio se lo apropian (lo mismo que sucedería con los moros en Al-Andalus cuando solicitaron refuerzos de sus correligionarios de Marruecos).

Los cruzados europeos llegados en auxilio de Bizancio crearon sus propios Estados independientes en Antioquía, Edesa, Trípoli y Jerusalén, como veremos con mayor pormenor en el capítulo de las cruzadas.

Europa codiciaba las riquezas de Oriente. Las poderosas repúblicas italianas (Venecia y, en menor medida, Génova y Pisa, nidos de banqueros y mercaderes chupasangres) engordaban como garrapatas en los lomos de Bizancio, con derechos comerciales cada vez más abusivos.

La codicia de los occidentales se había manifestado abiertamente en la tercera cruzada. En la cuarta se consumó la conquista: los bizantinos entregaron doscientos mil marcos de plata para viá-

296. Este napalm de la antigüedad, que ardía incluso en contacto con el agua, era, al parecer, una mezcla de nafta, cal viva, azufre y nitrato que se lanzaba con ayuda de un sifón.

297. A la postre, el emperador Basilio II (976-1025) los derrotó y anexionó Bulgaria al imperio, lo que le valió el título de *Bulgaróctonos* («Matador de búlgaros»).

tico de los cruzados en su camino contra Egipto, su principal enemigo, pero los cruzados, alentados por Venecia, asaltaron Constantinopla (1204) y la saquearon concienzudamente durante tres días.

El imperio de Bizancio no se repuso ya de este descalabro. Fue perdiendo territorios hasta quedar reducido a poco más que Constantinopla y el territorio circundante. La capital decayó: todavía conservaba sus numerosas iglesias, sus barrios palaciegos, sus bien dotados monasterios y su hipódromo, vestigios de la pasada grandeza, pero su población, que en tiempos de Justiniano sobrepasaba el medio millón de habitantes, se redujo a unos cincuenta mil.

En 1453 los turcos sitiaron la ciudad con abundante artillería, entre la que se contaban algunos cañones monstruosos (la gran bombarda) para batir la muralla más potente jamás construida.[298] Después de una resistencia heroica, Constantinopla sucumbió y los turcos tomaron la ciudad.

La caída de Constantinopla causó verdadera consternación en Occidente, especialmente entre los banqueros y mercaderes italianos que perdían su gran negocio. Las consecuencias no se hicieron esperar: el comercio entre Europa y Asia se interrumpió. Dejaron de llegar productos tan esenciales (para las clases pudientes) como la seda china y las especias de la India, especialmente la pimienta, tan importante para condimentar y conservar los alimentos.

Las naciones cristianas tuvieron que buscar rutas alternativas hacia Oriente: los portugueses, bordeando África por mar (viaje de Vasco de Gama entre 1497 y 1498) y los españoles, atravesando el Atlántico, cuya orilla opuesta se pensaba que era China y Japón (lo que condujo al descubrimiento de América por Colón en 1492).

298. Las gigantescas bombardas que batieron las murallas de Constantinopla (las más impresionantes jamás construidas) eran obra de un fundidor búlgaro, Orbán. Es fama que primero ofreció sus servicios a Bizancio y cuando lo rechazaron se pasó al turco. Un nieto suyo, también ducho en el arte tormentaria, es el protagonista de mi novela *El mercenario de Granada* (Planeta, 2006). Me la lean.

Portugal y Castilla, hasta entonces dos paisitos de poca importancia, demasiado ocupados en expulsar a los moros de sus respectivos territorios, se convirtieron, de pronto, gracias a las nuevas tierras descubiertas y conquistadas, en dos grandes potencias coloniales.

Otra consecuencia de la caída de Constantinopla fue la llegada a Italia de muchos sabios bizantinos que aportaron conocimientos y libros ignorados en Occidente.

La oleada de ilustres refugiados del mundo griego que desembarcó en las cortes italianas contribuyó al Renacimiento, el movimiento cultural que, al recuperar la cultura clásica, atemperó el teocentrismo medieval e impulsó el humanismo.

¿En qué consistió el humanismo? Fue más que un movimiento una actitud ante la vida: le restaba importancia a la vida eterna (la que predicaba la Iglesia) y le concedió más importancia a la mundanal existencia procurando hacer más cómodo el tránsito por este valle de lágrimas. Esta nueva mentalidad repercutió muy positivamente en las artes, en la política y en las ciencias.

Los turcos que habían conquistado Constantinopla la rebautizaron como Estambul y se consideraron herederos legítimos de los emperadores bizantinos. En los siglos siguientes avanzaron hasta las afueras de Viena (1529), aunque no consiguieron tomar la ciudad.[299]

Los turcos mantuvieron su imperio, que ocupaba casi toda la extensión del bizantino en sus mejores días, hasta principios del siglo XX.[300]

299. Por cierto que, al abandonar precipitadamente el asedio, dejaron olvidados en el campamento unos sacos de café, producto hasta entonces desconocido por la cristiandad. Un antiguo prisionero enseñó a los vieneses a hacer café y muy pronto el brebaje había enviciado a toda Europa.

300. El papel de rey sacerdote cabeza de la Iglesia ortodoxa lo reclamaron los zares de Rusia, que reivindicaban para Moscú la herencia de Roma y Constantinopla como rectora del mundo (Moscú sería la Tercera Roma).

Uno de los caudillos que se opusieron a la penetración otomana por Europa, cuando ya Bizancio había caído, fue el conde Vlad III o Vlad Tepes (1431-1476), un aristócrata rumano que inspiró a Bram Stoker el personaje de Drácula, de tanta fortuna en el cine.[301] El Drácula histórico no chupaba la sangre pero se complacía en empalar a sus enemigos.[302]

Vlad Tepes, el empalador que inspiró el personaje de Drácula.

301. Vlad heredó de su padre el principado danubiano de Valaquia, que, unido a Moldavia, constituye la actual Rumanía. Es fama que el Día de San Bartolomé de 1459 empaló a más de mil prisioneros sajones, húngaros y rumanos y se hizo servir un banquete en medio de ellos sin otra música que los aullidos de los empalados. Entre plato y plato asistía al descuartizamiento de los jefes de la sublevación y de sus familias.

302. O sea, los ejecutaba sentándolos en un palo aguzado que por el propio peso del cuerpo los atravesaba hasta despuntar por el cuello. Peor que lo de morderte la yugular, dónde va a parar.

CAPÍTULO 65

Las cruzadas

En 326, santa Helena, madre del emperador Constantino, descubrió la cruz en la que murió Cristo y el sepulcro donde lo enterraron (la Vera Cruz y el Santo Sepulcro).

Estos hallazgos, y los de otros Santos Lugares relacionados con Cristo (todos tan falsos como una moneda de corcho), estimularon la peregrinación de cristianos europeos al antiguo Israel, desde entonces rebautizado como Tierra Santa.

Los primeros musulmanes que conquistaron Jerusalén se mostraron complacientes con los peregrinos cristianos dado que constituían una saneada fuente de ingresos, turismo religioso. Pero esta interesada tolerancia cesó en el siglo x cuando los turcos selyúcidas, menos indulgentes, se hicieron cargo de aquel territorio.

Alarmantes noticias de peregrinos asaltados y torturados por los malvados sarracenos comenzaron a circular por las cortes y plazas de Europa.

¿Quiénes eran estos selyúcidas maltratadores de peregrinos? En su origen, un conglomerado de clanes y tribus recientemente convertidos al islam que habían abandonado el centro de Anatolia y se habían lanzado a la conquista de un imperio que abarcó, en poco tiempo, desde Afganistán hasta el Mediterráneo.

El emperador de Bizancio aprovechó que sus relaciones con Urbano II, el papa de Roma, atravesaban un periodo de bonanza (tras el tormentoso Cisma de Oriente de 1054)[303] para solicitarle ayuda militar contra los turcos que amenazaban sus fronteras (una amenaza bastante patente ya que le habían arrebatado varias provincias).

En este tiempo, la Iglesia se había organizado en una estructura más centralizada que permitía que la voz del papa (y sus órdenes) llegaran hasta la más apartada parroquia de la cristiandad.

El papa aprobó el envío de un contingente militar en ayuda de Bizancio. No por caridad, líbrenos Dios de sospechar tal incongruencia, sino por interés, por puro cálculo. El taimado sabía que de este modo reforzaría su posición ante la Iglesia ortodoxa. Generoso con lo que nada cuesta, concedió indulgencia plenaria (o sea remisión total de los pecados) a los que auxiliaran a los cristianos que padecían bajo el dominio turco.

Las predicaciones cayeron en terreno abonado. Era un tiempo propicio al espíritu caballeresco, una nueva concepción del mundo en el que el guerrero consagraba sus armas a la defensa

303. Cisma significa «separación». En 1054 el papa León IX y el patriarca ecuménico de Constantinopla se excomulgaron mutuamente por mera competencia de poderes que aparentemente se fundaba en una razón teológica: recordemos que el credo de los orientales aseveraba que el Espíritu Santo procedía exclusivamente del Padre mientras que el credo de Roma añadía *filioque* («y del Hijo»), o sea, *et in Spiritum Sanctum, dominum et vivificantem, qui ex Patre Filioque procedit* («y en el Espíritu Santo, Señor y dador de vida, que procede del Padre y del Hijo»). Menuda tontería, pensará el lector más preocupado de los resultados de la Liga de fútbol que de las masturbaciones mentales de cuatro obispos consagrados a vivir del cuento. Bueno, en realidad la controversia teológica ocultaba una lucha por el poder. El obispo de Roma pretendía que los cuatro patriarcas de la Iglesia oriental reconocieran su autoridad sobre toda la cristiandad, a lo que ellos se negaban. ¿Y por qué ese empeño del papa de Roma por verse reconocido en Oriente como vicario de Cristo? Por pura codicia, amigo mío, por extender sus recaudaciones a aquellas prósperas provincias. Parece mentira que a estas alturas no reconozcáis que el anhelo de la Iglesia por salvar nuestras almas y hacernos más felices oculta una finalidad recaudatoria: «Vendemos humo», como dijo un famoso prelado mirando al incensario.

del débil o de la Iglesia. ¿Y quién más débil que aquellos cristianos de Oriente que padecían bajo la tiranía del islam?

Una ola de entusiasmo recorrió Europa. Al grito de *Deus Volt* («Dios lo quiere»), decenas de miles de personas tomaron las armas para la santa empresa. El papa hubiera querido que los voluntarios fueran solamente nobles y caballeros (los que estaban entrenados para la guerra), pero resultó que se ofrecían también decenas de miles de voluntarios del sencillo pueblo, sin experiencia guerrera alguna, que a la postre resultarían más un estorbo que una ayuda.[304]

El núcleo principal de la cruzada fue francés, con algunos contingentes de los Países Bajos y del reino normando de Sicilia. Los otros reinos europeos bastante tenían con resolver sus propios problemas para embarcarse en ayudar al basileo.

En España, los moros estaban importando beréberes africanos, gente fiera, y los cinco reinos cristianos bastante hacían con defenderse de ellos. En los Estados germánicos coleaban las guerras provocadas por la resistencia del emperador a la autoridad del papa. En Inglaterra, todavía no se había estructurado la sociedad tras el cataclismo de la invasión normanda de 1066.

Francia, por el contrario, era un Estado extenso, rico y típicamente feudal en el que se daban todas las condiciones favorecedoras de la cruzada: había crecido la población, había mejorado la economía; los hijos de los nobles estaban sedientos de

304. Al tiempo que los nobles organizaban la Primera Cruzada, surgieron espontáneamente algunas bandas populares, mal armadas y peor equipadas, en las que también se integraban caballeros disidentes del cuerpo principal: «la cruzada del pueblo» o «la cruzada de los niños». Una desordenada horda, liderada por un tal Pedro *el Ermitaño*, atravesó Hungría y Bulgaria saqueando los campos y cometiendo toda clase de desmanes. Llegada a Constantinopla, el emperador Alejo se apresuró a quitársela de encima facilitándole barcos para pasar al otro lado del estrecho, a tierra asiática. Los entusiastas cruzados populares penetraron en territorio turco y fueron aniquilados en Civetot. Otras bandas menos importantes, especialmente las que procedían del norte de Alemania, cruzaron Europa saqueando las juderías, asesinando judíos y causando toda clase de atropellos, hasta que los propios reinos cristianos las dispersaron.

aventuras y causaban problemas (especialmente en el norte, donde los mayorazgos dejaban a muchos sin más oficio ni beneficio que el de la guerra).

El entusiasmo de los cruzados fue contagioso. Antes de marchar a Oriente, muchos pequeños nobles y caballeros vendían o hipotecaban sus propiedades para comprar el equipo necesario y contar con un remanente para gastos personales. La súbita demanda encareció el precio de la moneda de plata y oro; la abundante oferta abarató el precio de la tierra.

El objetivo de la Primera Cruzada, el rescate de los Santos Lugares, se cumplió con aparente facilidad. Jerusalén fue parcialmente repoblada por europeos y se convirtió en capital de un reino cristiano de estructura feudal, similar al francés.

Con la conquista de Jerusalén quedaba libre el camino tradicional de los peregrinos y quedaba también abierta la rica ruta de la seda que codiciaban los emporios mercantiles italianos (Venecia, Génova, Pisa...). Se reanudó el flujo de productos de lujo que demandaban las clases pudientes de Europa: especias, seda, lino, pieles, camelotes, tapices y orfebrería.

Después de la conquista de Jerusalén, la mayoría de los cruzados regresaron a sus lugares de origen, donde los esperaban sus castillos y sus mujeres.[305] Sólo unos trescientos caballeros y algunos miles de peones optaron por establecerse en Tierra Santa para defender las conquistas cristianas o para medrar en la nueva tierra. Aquella estrecha franja de terreno rodeada por un océano de musulmanes hostiles se fragmentó en diminutos reinos o con-

305. Algunas mujeres acompañaron a sus esposos a las cruzadas y compartieron con ellos las penalidades de la guerra, pero la mayoría de ellas permaneció en Europa administrando sus posesiones durante la ausencia del marido, que a veces se prolongó durante muchos años. Otras mujeres de inferior condición acompañaban a la tropa en calidad de solderas o de auxiliares: cocinaban, lavaban, curaban heridas, limpiaban armas... incluso combatían. Fue famosa la hija del duque de Borgoña, Florina, que murió peleando al lado de su enamorado. El historiador árabe Imad al-Din elogia a la «mujer del manto verde» que se distinguió durante el sitio de Acre. Después de muerta llevaron a Saladino el arco con el que había causado tantas bajas a los sarracenos.

dados que lograron mantenerse durante casi dos siglos (entre 1095 y 1291) gracias a un precario equilibrio diplomático y militar. Por una parte, les favoreció la crónica desunión de los musulmanes y sus rencillas internas; por otra, el apoyo militar europeo. Cuando la situación era apurada, los papas predicaban nuevas cruzadas, hasta ocho en total, y enviaban refuerzos.

Los musulmanes contaban con voluntarios de la fe o mujaidines consagrados a la guerra santa que combatían junto a las tropas regulares. Los latinos idearon una versión cristiana de este voluntariado en las órdenes militares, los templarios y los hospitalarios, monjes guerreros que defendían las fronteras cristianas.

Las órdenes militares mantenían sus ciudades y castillos gracias a las finanzas y a los reclutas que recibían de sus encomiendas de Europa. Un capítulo importante de los gastos militares se destinaba a pagar a miles de mercenarios turcos al servicio de los cristianos (los turcopolos).

Los caballeros cristianos luchaban cubiertos de lorigas de mallas y atacaban en cargas cerradas. Ana Comneno, hija del emperador de Bizancio, escribe: «Si se lanza una manzana contra los francos no caerá al suelo sin golpear antes a un caballo o a un caballero.» Como armas ofensivas utilizaban la lanza, la espada, el hacha, la maza y el látigo de hierro (estas dos últimas diseñadas para romper huesos).

Los musulmanes basaban su táctica en la movilidad de sus jinetes ligeros, que acosaban al enemigo evitando el enfrentamiento directo. Su arma favorita era el arco, con el que flechaban incluso a galope.

En 1187, Saladino, sultán de Egipto y de Siria, aniquiló al ejército cruzado de Guido de Lusignan en los Cuernos de Hattin. Entre las docenas de prisioneros figuraba el famoso caballero bandido Reinaldo de Châtillon al que Saladino decapitó personalmente.[306] La misma suerte corrieron los caballeros templarios y hospitalarios capturados.

306. El cronista árabe Imad al-Din lo cuenta así: «Saladino invitó al rey a sentarse a su lado y, cuando entró Reinaldo, lo instaló cerca de su rey y le recordó sus fechorías: "¡Cuántas veces has jurado y luego has violado

Tras la batalla de Hattin, Jerusalén y todo el reino latino cayeron en manos musulmanas. Sólo resistieron algunas ciudades costeras que podían ser avitualladas por mar, desde Chipre.[307]

La caída de Jerusalén (con el sepulcro de Cristo) conmocionó a la cristiandad. El papa se apresuró a convocar una nueva cruzada, la tercera, en la que participaron Ricardo Corazón de León, rey de Inglaterra; Felipe II Augusto, rey de Francia, y Federico I Barbarroja, emperador del Sacro Imperio.

La cruzada comenzó con mal pie: los alemanes se volvieron a su tierra después de que Federico I se ahogara mientras se bañaba en el río Salef (ubicado en la actual Turquía). Los franceses también regresaron a sus hogares después de la toma de Acre (1191). Ricardo Corazón de León, escaso de tropas, pactó treguas con

---

tus juramentos, cuántas veces has firmado acuerdos que no has respetado!" Reinaldo le mandó contestar al intérprete: "Todos los reyes se han comportado siempre así. No he hecho nada más de lo que hacen ellos." Mientras tanto, Guido jadeaba de sed, cabeceaba como si estuviera borracho y su rostro traslucía un gran temor. Saladino le dirigió palabras tranquilizadoras y mandó que le trajeran agua fresca. El rey bebió y luego le tendió el resto a Reinaldo, que apagó la sed a su vez. El sultán le dijo entonces a Guido: "No me has pedido permiso antes de darle de beber. No estoy obligado, por tanto, a concederle la gracia." Tras haber pronunciado estas palabras, Saladino salió, montó a caballo y se alejó, dejando a los cautivos presos del terror. Después de supervisar a sus tropas regresó a su tienda, mandó traer a Reinaldo y le asestó un sablazo entre el cuello y el omóplato. Reinaldo se desplomó, le cortaron la cabeza y llevaron el cadáver al rey Guido, que se echó a temblar. Al verlo tan impresionado, el sultán lo tranquilizó: "Este hombre sólo ha muerto por su maldad y su perfidia."»

307. El lector habrá visto la película *El reino de los cielos* (2005). Mal hecho. Uno admira mucho a Ridley Scott, pero en esta ocasión tiene que admitir que le ha salido un bodrio. El delincuente Châtillon resulta ser caballero templario, hay que joderse, y, como la peli está rodada en España, aparecen estandartes cuartelados con el león de León y el castillo de Castilla, una unión que no ocurriría hasta Fernando III. Finalmente la anoréxica actriz Eva Green carece de la chicha necesaria para interpretar a la reina Sibila de Jerusalén, que debió de ser hermosa y densa como corresponde a una beldad de su tiempo.

Saladino, que estaba ya agotado y enfermo (murió a los pocos meses). Ricardo también emprendió el camino de regreso a su reino. Murió a consecuencia de una herida menor que se le gangrenó (el episodio se escenifica en la memorable película *Robin y Marian* de Richard Lester).[308]

En 1199, el papa Inocencio III convocó una nueva cruzada, la cuarta. La meta era esta vez el sultanato de Egipto, aquejado de turbulencias a la muerte de Saladino, pero el jefe de la cruzada, Bonifacio de Monferrato, se conchabó con Venecia y Alejo IV, pretendiente del trono de Bizancio, para atacar primero Constantinopla, destronar al emperador Alejo III Ángelo y entronizar en su lugar a Alejo IV. Un desastre. El papa excomulgó a los cruzados, Alejo IV no cumplió lo prometido, y fue a su vez depuesto por otro Alejo (el V, llamado Ducas). Los cruzados, sintiéndose burlados, asaltaron Constantinopla, como queda dicho, la saquearon y cometieron en ella toda clase de desmanes.[309]

308. El que lanzó la flecha resultó ser un niño. En su agonía, Ricardo hizo que lo condujeran a su presencia y le preguntó: «¿Cómo te llamas?» Y el niño, que estaba asaz compungido, le respondió: «Fourmil, señor.» Ricardo advirtió que Fourmil, en la lengua de Francia, es hormiga y recordó que una adivina le había pronosticado: «La hormiga matará al león.» Ricardo le dijo al niño: «Vive y sigue viendo amanecer cada día, ya que yo no podré.» Y encomendó a sus hombres que le entregaran cien monedas y lo soltaran, pero tan pronto como Ricardo murió, su capitán, Mercadier, despellejó al niño y colgó la piel rellena de paja en una almena. No le dio las cien monedas, claro, a ver para qué quiere un muerto cien monedas.

309. El cronista Nicetas Choniates lo cuenta en su *Historia*: «Destrozaron las santas imágenes y arrojaron las sagradas reliquias de los mártires a lugares que me avergüenza mencionar, esparciendo por el suelo el cuerpo y la sangre del Salvador [...]. Profanaron Santa Sofía, destruyeron su altar mayor y metieron caballos y mulas para arramblar con los cálices, el púlpito, las puertas y el mobiliario. Cuando una bestia resbalaba y caía, la acuchillaban con las espadas, ensuciando la iglesia con su sangre y excrementos. Entronizaron a una vulgar ramera en la cátedra del patriarca para que predicara insultos a Jesucristo y cantara canciones obscenas además de bailar de manera provocativa en el lugar sagrado [...] tampoco mostraron misericordia con las matronas virtuosas, las doncellas inocen-

La ferocidad y rapacidad de los cruzados en Constantinopla no es un hecho aislado sino que responde a los usos de la época. Durante el sitio de Antioquía, en la primera cruzada, el caudillo Bohemundo de Tarento ordenó a sus cocineros que asaran a unos cuantos prisioneros turcos para mejorar con su carne el rancho de la tropa. La noticia, transmitida por los espías, alcanzó prontamente el campo enemigo y logró el efecto que el astuto Bohemundo se había propuesto: aterrorizar al adversario.[310]

Las crónicas están repletas de matanzas. La de Beha al-Din describe el campo en torno a Acre sitiado por Saladino: «Los muertos cubrían los campos, cadáveres tumefactos o descarnados que exhalaban bajo el sol un olor pestilente, sobrevolados por buitres y visitados por chacales, invitados al festín.»

Un cronista cristiano cuenta que «sobre el río Belús corrieron ocho días de sangre bien cumplidos, carroña y grasa, en cantidades tales que el ejército no podía beber agua».

---

tes e incluso las vírgenes consagradas a Dios.» ¡Debió de ser un espectáculo como para no perdérselo! (Dicho sea con el debido disgusto y censura que tales desmanes merecen.)

310. Rodolfo de Caen, testigo de los sucesos de Ma'arra (1098), cuenta que «nuestras tropas hirvieron algunos paganos y empalaron niños en espetos y comieron niños asados en espetos». Maaluf, 1984, p. 39. Otros cronistas confirman la noticia, entre ellos Guilberto de Nogent en su *Historia Hierosolymitana*. Parece que el canibalismo se limitó a los llamados *trudentes*, grupos de facinerosos que acompañaban a los cruzados por el botín. En cualquier caso, debemos consignar que durante las hambrunas, tan frecuentes en la Europa medieval, menudearon los casos de canibalismo. Incluso el código legal español de las Siete Partidas admite que un padre pueda comerse a un hijo si de ello depende el mantenimiento del castillo que le ha sido confiado: «segund el fuero leal de España, seyendo el padre cercado en algun castillo que touiesse de señor, si fuesse tan coitado de hambre que non ouiesse al que comer, puede comer al fijo, asin mala estança, ante que diesse el Castillo sin mandado de su Señor.» Está en la quinta partida, título XVII, ley VIII.

Los cruzados asaltan Jerusalén (dibujo de Gustave Doré).

CAPÍTULO 66

Las cruzadillas

Después de las cuatro cruzadas mencionadas hubo otras cuatro de menor entidad: en la quinta, contra Egipto, entre 1218 y 1221, los cruzados conquistaron Damieta, en las bocas del Nilo, pero fracasaron frente a El Cairo, lo que los obligó a abandonar lo conseguido.

En la sexta, en 1228, el emperador Federico II Hohenstaufen logró que los sarracenos le entregaran Jerusalén, Belén y Nazaret. En 1244 los latinos perdieron nuevamente Jerusalén, lo que motivó que el cristianísimo Luis IX de Francia acaudillara la séptima cruzada contra Egipto, pero los sarracenos lo derrotaron y apresaron en Mansura.[311]

La octava y última cruzada, en 1269, fue un nuevo desastre: Luis de Francia la dirigió contra Túnez, engañado por su hermano Carlos, rey de Nápoles, que quería suprimir la competencia de los mercaderes tunecinos. Se conoce que la Providencia estaba ya un poco harta de cruzadas porque envió una oportuna peste que aniquiló a buena parte del ejército cristiano, el rey Luis incluido (hoy san Luis, por obvios motivos).

Ya no hubo más cruzadas. En 1291 los musulmanes tomaron la plaza fuerte de San Juan de Acre, hoy Akko, en Israel, y las últimas posesiones cristianas en Tierra Santa (Tiro, Sidón y Beirut) cayeron en cascada.

311. *Mansura* es el título de una deliciosa novela de Félix de Azúa que glosa la cruzada. Me la lean.

Contempladas con la perspectiva de la historia, las cruzadas fueron una consecuencia de la recuperación económica y demográfica de Occidente, que aprovechó la debilidad de Oriente para intentar su conquista, especialmente la de la región siriapalestina, que constituía el núcleo de mayor importancia estratégica militar y comercial, por su posición central en el arco mediterráneo y por ser también el área de confluencia de las rutas caravaneras de Asia.

Las causas de las cruzadas fueron tantas y tan complejas que casi puede decirse que hay tantas opiniones como historiadores. En el siglo XIX, el católico G. Michaud aseguró que se debieron a la religiosidad del hombre medieval. Esta ingenua explicación, tan conveniente para la Iglesia, fue rechazada a partir de la segunda mitad del siglo XIX por otros historiadores que señalaron otras causas más realistas. Según ellos incidieron factores económicos como la defensa de intereses comerciales de las ciudades del norte de Italia (Venecia, Génova, Pisa) por el control del comercio de Oriente. Otros apuntan a factores políticos: el deseo del papa de imponer su autoridad a la cristiandad y especialmente a los protestones emperadores germanos o por someter a la obediencia del papa de Roma a la Iglesia bizantina.

También se han señalado causas sociales, como el empobrecimiento de las clases populares europeas (en algunos países escaseaban las tierras libres y los campesinos estaban abocados a una existencia mísera).

A otro nivel cabe mencionar el problema de los mayorazgos que se iban imponiendo en Europa: al noble lo heredaba su hijo mayor y los restantes vástagos tenían que buscarse la vida haciendo lo único que sabían: guerrear, lo que provocaba continuos altercados y conflictos en unos reinos que necesitaban paz y progreso para consolidarse.

Las consecuencias de las cruzadas se harían sentir permanentemente: el auge de las ciudades mercantiles italianas (Venecia, Pisa, Génova) y del sur de Francia (Marsella) y, en general, la gran expansión económica de Europa impulsada por la nueva economía monetaria y el surgimiento de una burguesía rica, que paulatinamente sustituiría a la nobleza de sangre en la cúspide social.

En el plano cultural y científico, Europa se benefició del contacto con bizantinos y árabes, depositarios del legado cultural helenístico (griego) y persa. Antes de las cruzadas, el centro de la civilización estaba en Bizancio y en el califato (primero Bagdad, luego Damasco). Después de las cruzadas, la hegemonía cultural pasó a Europa, que la mantendría hasta hoy.

El papa se afirmó como máxima autoridad política, lo que resultaría decisivo en la historia posterior de Europa.

Quizá no sea demasiado descabellado establecer un cierto paralelismo entre la situación política que propició las cruzadas y la que ha favorecido la creación de Israel en nuestros días. En los dos casos resultaba vital para los intereses económicos de Occidente el dominio de una región geoestratégica. En la Edad Media, estos intereses se cifraban en las rutas de comercio, especialmente la ruta de la seda; hoy se trata de controlar el petróleo y sus dividendos (que los países productores, todos ellos subdesarrollados, invierten en el mercado de armas de Occidente). Y en los dos casos la solución ha consistido en implantar un país occidental (por su mentalidad, instituciones, costumbres y modo de vida) en el sensible flanco de un mundo musulmán potencialmente hostil a los intereses económicos o geoestratégicos de Occidente. Dicho sea haciendo la salvedad de los derechos históricos que el pueblo judío tenga sobre el territorio de Israel.

Esta situación tampoco se daba por vez primera en tiempos de los cruzados. En aquella disputada franja de tierra se han sucedido, desde el comienzo de la historia, por lo menos media docena de dominadores y cada uno de ellos se la ha arrebatado al precedente: judíos, romanos, bizantinos, árabes, turcos, cruzados y nuevamente turcos, hasta la conquista por los ingleses durante la primera guerra mundial. Aquel territorio jamás ha tenido entidad política propia, exceptuando los reinos y condados cruzados y el Israel bíblico.

CAPÍTULO 67

Burgueses *versus* caballeros

Hacia el año 1000 las ciudades europeas, que habían decaído después del colapso del Imperio romano, empezaron a crecer de nuevo y se constituyeron en burgos, o sea, poblaciones amuralladas.

En el campo se había producido una revolución agrícola: mejor cultivado gracias a innovaciones técnicas,[312] producía otra vez excedentes que permitían comerciar con productos manufacturados. El campesino podía vender sus productos sobrantes y adquirir con el producto vestidos, zapatos, herramientas que le proporcionaban una vida más cómoda. ¿Dónde hallaba su mercado para este intercambio? En la ciudad, naturalmente, donde el comercio impulsaba nuevamente la artesanía y la industria, como en los felices tiempos de Roma.

Al tiempo que adelantaba la agricultura, crecía la industria con las primeras máquinas movidas por el viento o el agua[313] o el

312. Recordemos las innovaciones técnicas más importante: la herradura y la collera, que permitió arar con mulos, más ágiles que los tradicionales bueyes, la grada y el arado con ruedas y reja vertedera (fundamental en las tierras pesadas y húmedas del norte de Europa), el cultivo trianual (que sustituyó al bianual anterior y podía asociarse al aprovechamiento del barbecho por el ganado que, al propio tiempo, estercolaba la parcela). Todo ello permitió habilitar nuevas tierras de cultivo donde antes había pastos o bosques.

313. Los molinos de viento en La Mancha y en Holanda más espectaculares como hitos del paisaje han menoscabado la importancia de los ingenios basados en la fuerza del agua cuando un caño comprimido incide sobre

telar de pedales, que simplificaba la labor de los tejedores. A ello se sumaban los avances de la cartografía y la construcción naval (la carabela y su hermano mayor el galeón, variante de la nao armada), la incorporación de instrumentos náuticos como la brújula, la divulgación del estribo y de la pólvora (que revolucionan la guerra) y la del reloj y los mapas de marear.

Mejor alimentación y vida más cómoda (e higiénica) significa aumento de la población: más brazos para el campo y para las industrias de la ciudad.

¡Europa que despierta de su letargo, se pone en marcha y funda lo que hoy conocemos como Occidente!

Una nueva clase social se abría camino en el viejo orden social. Los burgueses (habitantes de los burgos) no eran caballeros ni clérigos ni campesinos, sino hombres libres y solventes que vivían de la producción industrial y del comercio.

El cambio se produjo primero en la franja comprendida entre el norte de Italia y Flandes: Brujas, Gante, Colonia, París, Londres, Milán, Génova, Venecia, Florencia... En el resto de Europa tardó más, lo que acentuó unas diferencias de nivel de vida entre las distintas regiones, una asimetría que perdura hasta hoy.

En Germania y el norte de Italia surgieron poderosas ciudades-estado (¿recordamos las mesopotámicas, las griegas y las fenicias de la antigüedad?) que impusieron su dominio en el territorio del entorno y rivalizaron con los reinos, ducados y principados vecinos. Estas ciudades solían ser repúblicas de patricios (la nueva aristocracia urbana, basada en el dinero) y a menudo extendían su dominio sobre otras ciudades y hasta fundaban colonias comerciales en el extranjero. A veces una familia importante escalaba el poder y establecía una dinastía durante un tiempo (los Visconti en Milán, los Medici en Florencia...).

En el resto de Europa, el feudalismo declinaba. El orden antiguo (los señores vinculados a la tierra y a los privilegios de cuna) cedía paso al orden nuevo (los ciudadanos de los burgos, solamente vinculados al dinero).

---

el mecanismo del molino de grano, del batán de las pañerías, del mazo y los fuelles de las herrerías, y del impulsor de la sierra en los aserraderos.

Volvía a circular la moneda, como en tiempos de Roma. Mercaderes y particulares acudieron a banqueros conocedores del nuevo arte de endosar créditos, ordenar pagos, transmitir cartas de aviso y girar letras de cambio. (Primero fue el contrato de cambio y después su perfeccionamiento en la letra de cambio.)[314]

En las ciudades surgieron asociaciones empresariales, los gremios, que agrupaban a los practicantes de un oficio: caldereros, zapateros, albañiles, carpinteros, médicos, imagineros, tintoreros, escribanos, etc. El gremio tenía su propio tribunal para dirimir problemas internos; su cofradía, bajo la advocación de un santo, y su caja de ayudas para socorrer a viudas, huérfanos y enfermos. Cada oficio admitía tres grados: aprendiz, oficial y maestro. Para acceder a la maestría había que someter al juicio de los expertos una «obra maestra» que demostrara que el aspirante había alcanzado la pericia necesaria para ejercer su profesión de pleno derecho. A partir de entonces estaba facultado para independizarse, e instalar taller propio en el que transmitir las técnicas del oficio y sus secretos a otros aprendices y oficiales.

Una de las industrias más boyantes fue la pañera, radicada al principio en Flandes (Bélgica y aledaños) y más tarde extendida a otros lugares, especialmente a Inglaterra y Florencia.[315]

El comercio se desarrolló en forma de compañías societarias que nombraban cónsules en las principales ciudades consumido-

314. Sí, querido y presumiblemente hipotecado lector. Aquí surgieron los banqueros, esa benemérita casta de filántropos que tanto nos favorece, esos benefactores de la humanidad sin los cuales la economía monetaria no podría funcionar, el ingrediente imprescindible de las sociedades avanzadas que, en comandita con los gobiernos recaudadores, nos aligeran la cuenta corriente para evitarnos tentaciones consumistas. ¡Dios los bendiga! Al principio sólo parasitaban a reyes y mercaderes, después encontraron el modo de extender sus beneficios a la emergente burguesía y finalmente, ya en nuestro tiempo, a la clase humilde que aspira a ingresar en la clase media.

315. En España destacó la industria pañera castellana, con su principal centro productor en Segovia, aunque España fue más bien productora de lana (procedente de los enormes rebaños de oveja merina, la gran riqueza de Castilla), que se vendía a los pañeros ingleses y flamencos.

ras de sus productos. También se impulsaron las grandes ferias especializadas en determinados productos (Amberes, Lisboa, Ginebra, Frankfurt, Medina del Campo...).[316]

La Liga Hanseática (*Hansa* significa «gremio» en alemán) agrupó a agentes y comerciantes alemanes con almacenes y cónsules en el mar Báltico, los Países Bajos, Noruega, Suecia, Inglaterra, Polonia, Rusia, Finlandia y Dinamarca. La Liga comerciaba con madera, cera, ámbar, resinas, pieles, centeno y trigo, que transportaba en gabarras desde el interior del territorio a los puertos, en los que aguardaban panzudas naves (las cocas) que, fuertemente escoltadas para disuadir a los piratas, distribuían las mercaderías por toda Europa y el Mediterráneo. Los pujantes alemanes ampliaron su espacio vital hacia el este con la conquista de Prusia, Pomerania y las costas del Báltico.

Al principio los burgueses estaban bastante nivelados socialmente, pero con el tiempo algunos se enriquecieron y constituyeron el patriciado urbano mientras que los pobres formaban «el común». Es innecesario señalar que el gobierno de las ciudades quedó en manos del patriciado urbano.

Marchaba todo estupendamente cuando sobrevinieron dos desgracias: una guerra larga y una epidemia breve, las dos igualmente mortíferas.

316. A Medina del Campo acudían, además de mercaderes nacionales (burgaleses, sevillanos, valencianos y catalanes principalmente), representantes de las compañías europeas. Cada participante tenía su lugar asignado. «En la actual calle de Padilla —leemos en un informe—, los cambios y los que traían "paños mayores"; en la de Maldonado, los lenceros y sederos; en la de Bernal Díaz, los plateros; en la plaza Mayor (recorriendo su perímetro desde el Palacio Real), los silleros y freneros, joyeros, especieros, armeros, calceteros y jubeteros, y en su centro, los buhoneros y barberos; en la actual de Gamazo, los comerciantes de pez, cera, rubia, esparto, sebo y aceite; en la plaza del Pan y sus inmediaciones, los peleteros y tratantes de paños "menores" o de la tierra; en la otra margen del río estaban situados otros muchos oficios y mercaderías: en la hoy de Claudio Moyano, herreros y caldereros, en la de Valladolid, zapateros y mercaderes de cueros y cordobanes; más allá, junto a la Mota, los albarderos, etc.»

CAPÍTULO 68

Cien años de guerra y algunos más

En 1066 el duque de Normandía, Guillermo, más conocido como Guillermo el Conquistador, conquistó Inglaterra y fundó allí una monarquía. Esto planteó un interesante dilema: como rey de Inglaterra, Guillermo podía tratar de igual a igual al rey de Francia, pero como duque de Normandía le debía sumisión feudal. El asunto se complicó cuando, en sucesivas generaciones, los reyes de Inglaterra ampliaron sus posesiones en Francia (los ricos ducados de Aquitania, Poitou, Bretaña y otros) y, sin dejar de ser vasallos del rey francés, resultó que eran más poderosos que su señor.

En 1328 murió el rey Carlos IV de Francia sin descendencia masculina.[317] Dos herederos se disputaban el trono: Eduardo III de Inglaterra, sobrino del difunto, y Felipe de Valois, su primo (conocido por el Impotente, como lo muestra el hecho de que sólo engendrara ocho hijos).

Los franceses querían un rey francés y descartaron a Eduardo de Inglaterra pretextando que descendía por línea femenina,

317. Su hija María no podía heredar el trono debido a una rancia ley heredada de los antiguos francos salios (la ley sálica) que excluía del trono a las mujeres. Por esos entreveros que tiene la historia, la absurda (y machista) ley ha llegado hasta nosotros a través de los Borbones españoles: por ella no hereda la corona de España la infanta Elena, primogénita de los reyes, sino el príncipe Felipe.

pero él hizo valer sus derechos: si no me dais el trono por las buenas lo tomaré yo por las malas.

El resultado fue una larga guerra entre Francia e Inglaterra que duraría, con intermitencias, más de un siglo (1337-1453), aunque, por redondear, la conocemos como la guerra de los Cien Años.

El conflicto, que implicó a otras naciones, fue, en realidad, una guerra europea.

Las causas profundas del enfrentamiento fueron, como siempre, económicas: los mercaderes de Flandes (actual Bélgica) apoyaban a Inglaterra, que abastecía de lana su floreciente industria pañera, frente a la nobleza feudal flamenca, que estaba emparentada y apoyada por la francesa.

En el terreno militar, los nuevos tiempos acarrearon el ocaso de la caballería feudal frente a la infantería urbana: la aristocracia francesa se enfrentó en Crécy (1346), Poitiers (1356) y Agincourt (1415) con los arqueros ingleses armados con el temible arco largo galés. Un arquero entrenado (y todos lo eran porque se ejercitaban en sus pueblos los fines de semana en concursos estimulados por las autoridades) podía disparar diez flechas por minuto. En cuanto los caballeros franceses se pusieron a tiro, en apretadas filas, una nube de flechas acribilló a jinetes y monturas. La armadura de placas no bastaba para detener el proyectil. Se dio el caso de una flecha que cosió a un caballero a su caballo atravesando los muslos (enfundados en quijotes de chapa), la silla de montar y el cuerpo del animal.

La aniquilación de la caballería francesa por los arqueros ingleses fue el canto del cisne del feudalismo (que el perfeccionamiento de las armas de fuego terminaría por consumar).[318]

¿Por qué se prolongó tanto la guerra de los Cien Años? Los ingleses ganaban las batallas, pero carecían de recursos para decidir una guerra tan prolongada y costosa. A la postre la perdieron,

318. Uno de los episodios menores de la guerra (que implicó a otras potencias europeas) fue la batalla de Aljubarrota, en la que los portugueses, reforzados por arqueros ingleses, derrotaron a la caballería feudal castellana.

después de sostenerla penosamente a lo largo de tres generaciones.

Entre los episodios de aquella contienda cabe mencionar que la flota de Castilla, aliada de Francia, asoló las costas inglesas (¿quién lo iba a decir?) y que una muchacha francesa sin conocimientos militares, Juana de Arco, derrotó a los ingleses donde militares expertos habían fracasado.

La historia de Juana de Arco (1412-1431) merece párrafo aparte. Una muchacha campesina, una doncella del pueblo, la *pucelle*,[319] que desenterrando cebollas en el huerto familiar oyó de pronto voces «de Dios» que la animaban a intervenir en la guerra.[320] Eran tiempos crédulos y desesperados. Los desanimados franceses se aferraron al milagro como a un clavo ardiendo y permitieron que la mocita interviniera en las operaciones. Total, de perdidos, al río, debieron de pensar. Para sorpresa de todos, Juana cosechó señaladas victorias pues su sola presencia enardecía a las antes desmoralizadas tropas, que la consideraban enviada de Dios y la seguían ciegamente. Finalmente cayó prisionera de los borgoñones (aliados de Inglaterra), que la entregaron a los ingleses. Sus captores alegaron que las voces que oía procedían del diablo, la acusaron de brujería y la quemaron (en Ruán, en 1431). Hoy es patrona de Francia, tras su canonización en 1920.[321]

319. La muchacha anduvo mucho tiempo entre rudos militares, unos amigos y otros no tanto, y sin embargo conservó intacta su virginidad, como certificó una comisión de comadres que examinó sus intimidades. ¿Tan fea era?, se preguntará algún lector escéptico. Pues no, el duque de Alençon la vio desnuda y certifica que «era bella, pero nadie se hubiera atrevido a desearla». Aquí es forzoso ver la mano de la Providencia.

320. Al parecer las voces procedían primero de un ángel (probablemente el arcángel san Miguel) y después de santa Catalina de Alejandría y de santa Margarita de Antioquía, las santas de moda en aquel momento.

321. De bruja quemada en la hoguera a santa, ahí es nada la capacidad de adaptación de la Iglesia.

CAPÍTULO 69

La peste negra

Dijimos que la guerra no fue la única desgracia que afligió a Europa. Peor aún resultó una pandemia causada por una nueva bacteria desconocida en Europa, la de la peste bubónica o *Yersinia pestis*, que se contagia por las picaduras de las pulgas.

La bacteria se desarrolló entre las estepas de Asia y el norte de la India. En 1345 unos mongoles procedentes de las estepas de Asia atacaron la próspera ciudad comercial de Kaffa, una colonia genovesa en Crimea (costas del mar Negro). En vista de que la ciudad resistía, recurrieron a la guerra bacteriológica (ya vemos que todo está inventado): cargaron sus catapultas con cadáveres contagiados de peste y los lanzaron por encima de las murallas. Las naves genovesas surtas en el puerto, e infectadas de ratas negras (*Rattus rattus*, el vehículo favorito de la pulga), transportaron involuntariamente la enfermedad a Mesina, Génova y Venecia y a otros puertos europeos.

Entre 1440 y 1460 la peste despobló comarcas enteras de Italia, Francia, España, Inglaterra, Bretaña, Alemania, Hungría, Escandinavia y el noroeste de Rusia. Entre sus víctimas se cuenta el rey de Castilla, Alfonso XI, fallecido durante el sitio de Gibraltar, en 1350.

En menos de veinte años, la peste mató a un tercio de la población europea (unos veinticinco millones de personas; en algunas regiones hasta la mitad de la población). La enfermedad afectó especialmente a las ciudades desprovistas de alcantarillado (casi todas), en las que la población se hacinaba en condiciones insalubres y las pulgas y las ratas eran especialmente abundantes. De hecho, uno de los remedios contra la peste consistía en huir de la ciudad hasta que la epidemia hubiera pasado, un recurso que sólo podían permitirse los ricos propietarios de fincas y casas de recreo.[322]

Los conocimientos médicos de la época no acertaban a detectar el origen del terrible mal. Algunos, maliciosamente inducidos, creyeron que los judíos habían envenenado las fuentes y asaltaron las juderías (sin pararse a pensar que los propios judíos estaban muriendo de la misteriosa enfermedad); otros pensaron que era un castigo de Dios por los pecados de los hombres. Surgieron cofradías de flagelantes que iban de ciudad en ciudad entonando salmos al tiempo que se atizaban con látigos. Algunos serían sinceros, pero muchos otros sólo eran pícaros fingidores que vivían de las limosnas (o sea, de una novedosa combinación de masoquismo y holgazanería).[323]

Muchos dejaron de creer en Dios cuando vieron que la peste aniquilaba a tantos inocentes (niños, vírgenes novicias) y que la palmaban hasta obispos y abades de probada virtud. La guadaña no distinguía a virtuosos de pecadores.

En fin, la economía europea se retrajo, la agricultura menguó (por despoblación del campo) y el comercio se paralizó. Sólo los enterradores hicieron su agosto.

322. El *Decamerón* de Boccaccio engarza las narraciones que se cuenta un grupo de jóvenes patricios desocupados que se han refugiado en una lujosa villa de las afueras de Florencia huyendo de la peste negra que asoló la ciudad en 1348.

323. Que conste que de estas calificaciones negativas excluyo a las cofradías de disciplinantes o Cofradías de la Sangre de Jesucristo que proliferaron en España a partir del siglo XVI. Hoy, debido al retraimiento de la fe cristiana, fruto de la creciente increencia de nuestra sociedad, sólo perdura la de San Vicente de la Sonsierra, en La Rioja.

CAPÍTULO 70

Los monjes se hacen frailes

El desarrollo de las ciudades y de la nueva clase social que nace en ellas, los ruanos o burgueses (mercaderes, artesanos o profesionales libres), basculó la economía del campo a la ciudad.

La Iglesia, siempre atenta a la atención espiritual de su rebaño (el pío subterfugio que justificaba su rentable esquileo), no permaneció indiferente a estos cambios. Los tradicionales monasterios, asentados en extensas y ricas zonas rurales como unidades autosuficientes, correspondían a una estructura feudal y agraria periclitada, de cuando las ciudades carecían de importancia. Había que adaptarlos a los nuevos tiempos: los nuevos monasterios fundados dentro de las ciudades se llamaron conventos.

Para llevar el apostolado a los burgueses y ruanos de las ciudades se crearon dos grandes órdenes mendicantes, los dominicos y los franciscanos, fundadas, respectivamente, por santo Domingo de Guzmán (1172-1221) y san Francisco de Asís (1182-1226). Al principio delimitaron el campo de su acción misional para evitar fricciones y competencias: los dominicos predicaban el dogma y los franciscanos, la moral.

Como todos los reformistas anteriores (y los que seguirán), los frailes mendicantes aspiraban a restaurar la pobreza y las virtuosas costumbres del cristianismo original. El bla, bla, bla de siempre. En principio no poseían propiedad alguna, aparte de la casa-convento en la que habitaban. Sin rentas ni ingresos fijos, pretendían vivir austeramente de las limosnas de los fieles, pero pronto olvidaron tan cristianos propósitos, cedieron a la codicia y compitieron en acumular propiedades procedentes no del trabajo honrado sino de donaciones de devotos pudientes.[324]

¿Cómo estimulaban la generosidad de la parroquia? Fácil: desde los púlpitos y desde los confesonarios se inculcaba a los fieles que las almas de los difuntos debían sufrir un periodo de purgatorio, entre atroces tormentos semejantes a los del infierno. ¿Cómo puede un creyente rico asegurarse, antes de morir, de que su paso por el incomodísimo purgatorio va a ser meramente simbólico y lo más breve posible? El confesor le ofrecía la solución más fácil: sufragando abundantes oraciones y misas, fundando capellanías, donando a la Iglesia (o sea, al convento) fincas, casas, joyas, propiedades...[325]

Al reclamo de la fácil ganancia proliferaron nuevas órdenes mendicantes (agustinos, trinitarios, mercedarios, carmelitas, etc.). Eran tantos que faltó pesebre, el panorama se enturbió y sucedió entre ellos una competencia feroz y escasamente cristiana.

A pesar de todo, las órdenes subsistieron, unas mejor que otras, claro. Las más espabiladas acumularon ingentes patrimonios: inmuebles (que alquilaban), molinos, pósitos, industrias, escuelas...

324. Franciscanos y dominicos nunca se llevaron bien y siempre tuvieron tendencia a partir ramales, especialmente en el siglo XIV a raíz de la controversia entre las dos órdenes sobre la posesión de bienes y la pobreza de los apóstoles: los franciscanos, espirituales, por la pobreza, y los dominicos (y el papa), por el maldito parné. Ganó el parné, claro.

325. La rapacidad de la Iglesia llegó a tal extremo que llegó a ser el mayor propietario en casi todos los países de Europa, con grave quebranto de la Hacienda pública (a la que no pagaban impuestos). Tarde o temprano hubo que expropiar las inmensas fincas, mayormente desatendidas e improductivas, que la Iglesia había acumulado. El primero que tomó la decisión fue Enrique VIII de Inglaterra, que suprimió nada menos que ochocientas órdenes monásticas que habían proliferado en su isla y confiscó a la Iglesia un cuarto de las mejores tierras de labor de Inglaterra. En España la imprescindible medida se haría esperar hasta el siglo XIX con las sucesivas desamortizaciones.

La riqueza atesorada por los mendicantes relajó inevitablemente la primitiva disciplina y despertó una sorprendente cantidad de vocaciones entre sujetos que aspiraban a vivir al amparo del convento sin dar golpe.

Los conventos y monasterios se convirtieron, como escribe el historiador Gibbon, en «refugios de hombres pusilánimes, holgazanes, derrochadores o cobardes que preferían no enfrentarse con la vida».[326]

Las clases media y alta confiaban a los frailes y a las monjas la educación de sus hijos desde la infancia, la tierna edad en que se inculca en las juveniles mentes el sometimiento a la Iglesia.[327] No obstante, también surgió una enseñanza más abierta y laica al amparo de las ciudades, representada por escuelas urbanas (París, Bolonia, Toledo), que pronto se desarrolló en universidades (Sorbona, Oxford, Bolonia, Palencia, Salamanca...), en las que se impartían Leyes, Artes y Medicina, sin olvidar, naturalmente, la Teología, una rama de la literatura fantástica que, alimentada por la Iglesia, alcanzó gran complejidad.

En las universidades se valoraba sobremanera a Aristóteles (el filósofo griego del siglo -IV), cuyo pensamiento adaptó el dominico santo Tomás de Aquino a la ortodoxia cristiana en un supuesto equilibrio entre fe y razón.[328] Afortunadamente, al final,

326. En el siglo XVIII, un informe redactado por un visitador del convento del Carmen en Sevilla establece «que no se reciban más frailes legos por ahora, que está la providencia llena de ellos, y casi todos vienen huyendo del trabajo».

327. Algunas órdenes posteriores (jesuitas, escolapios, maristas, carmelitas...) han encauzado desde su fundación su labor social hacia la enseñanza (la dedicación a la enseñanza elitista se revela como un medio poderoso de influir en la sociedad). Prueba de ello es que hoy, abandonadas otras actividades no tan productivas, siguen monopolizando ésta, que sigue siendo tan provechosa.

328. El método de trabajo de santo Tomás y sus seguidores, la Escolástica, se basa en la convicción de que todo pensamiento debe someterse al principio de autoridad representado en primer lugar por la Biblia como fuente de inspiración divina. Naturalmente, sobre estos deficientes cimientos no se podía levantar edificio alguno y la escolástica dificultó el

se abrió camino el humanismo, que dio más importancia a la razón y propuso someter a examen a las autoridades y las verdades supuestamente reveladas que predicaba la Iglesia.

Franciscano. Dominico. Carmelita.

Frailes consagrados a la investigación enológica.

avance científico. Petrarca criticaba así la enseñanza de aquellas universidades: «una charlatanería interminable [...] que ejercita la inteligencia en sutilezas sin sentido y se ocupa de puerilidades.»

CAPÍTULO 71

Surgen las naciones

El crecimiento de la desigualdad dentro de las ciudades (ya dijimos: ricos patricios y pobres comunes) acarreó revueltas sociales. Los parias de la tierra se sublevaban en demanda de mejores salarios; en el campo, contra los abusos del feudalismo.[329]

La más famosa rebelión, que para eso es francesa, fue la *Grande Jacquerie* de 1358.[330] Oigamos al cronista Froissart: «Muchos aldeanos se reunieron y declararon que todos los nobles del reino eran traidores merecedores de la muerte. Con palos y cuchillos iban a la propiedad del caballero más cercano y lo asesinaban junto a su mujer y sus hijos y destruían la casa. Esta chusma miserable, unos seis mil serían, saqueaban e incendiaban, asesinaban a los nobles y violaban a las damas y a las doncellas...»

Iban teniendo los pueblos de Europa cierta conciencia nacional, reforzada a veces por el idioma y por las instituciones. Cada cual empezó a sentirse superior a los otros, el más guapo y el más listo. Cada cual valoró lo propio (lengua, sociedad, folclore, há-

329. En el campo gallego se levantaron los *irmandiños* y arrasaron unos cuantos castillos; en Cataluña, los payeses de remensa, que causaron diversos daños.

330. Jacques era el nombre despectivo con el que los propietarios denominaban a sus isidros.

bitos alimenticios, forma de vida) y despreció lo ajeno.[331] En eso estamos todavía, a pesar de tanta Unión Europea.

A finales de la Edad Media, esos pueblos con conciencia de sí mismos como nación, Francia, Inglaterra, Portugal, Castilla, Aragón y Nápoles, formaron poderosas monarquías hereditarias y absolutas. En ellas el rey era dueño de la nación y la administraba a su antojo. Si no quería patronearla personalmente se buscaba un valido que ejerciera la gerencia en su nombre. El valido designaba los altos cargos del gobierno entre la dócil nobleza cortesana, y el funcionariado de origen burgués resolvía los problemas del reino y le procuraba diversiones al rey (amantes, caza, corridas de toros, juegos...). Cuando el valido caía en desgracia, generalmente porque se excedía en el latrocinio de los recursos públicos, o, simplemente, porque se hacía antipático, el rey lo sustituía por otro.[332] El rey hacía lo que le diera la real gana. Sólo respondía de sus actos ante Dios.[333]

331. Acá empiezan los topicazos sobre las naciones vecinas: los franceses son avaros; los alemanes, glotones; los españoles, orgullosos; los italianos, falsos; los ingleses, ladrones, etc. Mientras España fue algo, éramos hidalgos aquejados de soberbia y crueldad; cuando dejamos de serlo, ya en el siglo XIX, la imagen se humanizó, el hidalgo soberbio y cruel dejó paso al bandolero orgulloso y valiente. Menos da una piedra.

332. Ejemplo de rey que dirige personalmente sus Estados es nuestro Felipe II, que trabajaba más de diez horas al día en su titánico anhelo de controlar personalmente el inabarcable Imperio español. Por el contrario, los Austrias menores, y los Borbones que los siguieron, confiaron el gobierno a los validos (Felipe III al duque de Lerma, Felipe IV al conde duque de Olivares, Felipe V a la princesa de los Ursinos y Carlos IV a don Manuel Godoy, que incluso lo sustituía en los deberes conyugales con su feísima esposa)..

333. Tomemos como ejemplo al inglés Enrique VIII, uno de los primeros reyes absolutos. Cuando empezó su reinado era un muchacho atlético, deportista, culto, ponderado, encantador; cuando lo terminó, tres decenios después, era un monstruo sanguinario que llevaba condenadas a muerte a unas setenta mil personas, pesaba 150 kilos, media 1,50 de cintura y no podía sostenerse sobre dos piernas rollizas plagadas de llagas purulentas y malolientes. El poder absoluto lo había pervertido. Incluso incurrió en violencia de género. Éste es el que se casó seis veces y repudia-

Aquí conviene introducir un concepto útil para explicar la historia: el Antiguo Régimen. Esta forma de gobierno común a casi toda Europa hasta la Revolución francesa (1789) divide a la población en una clase privilegiada (la nobleza y el clero) y otra no privilegiada (la burguesía y el pueblo).[334] Un ejemplo práctico: en la España de los Austrias, si uno era hidalgo o clérigo (o sea, perteneciente al estamento privilegiado) tenía prioridad para adquirir carne en las carnicerías reales, libre de impuestos, pero si pertenecía al pueblo (o sea, al estamento no privilegiado) compraba la carne sobrante, de peor calidad, y encima pagaba un impuesto por ella.[335]

La nobleza perdió muchos privilegios tras la Revolución francesa, pero la Iglesia sigue sin pagar impuestos (al menos en España), otra pervivencia del Antiguo Régimen.

Ya que hablamos de España añadamos que el privilegiado (o sea, el noble) consideraba que el trabajo manual deshonraba («trabajar no es trato de nobles»). Recordemos al hidalgo empobrecido del *Lazarillo de Tormes* (que refleja una realidad de su tiempo), al cual la negra honrilla lo condenaba al hambre y a aparentar que había comido.[336] Aceptaba cualquier sacrificio an-

---

ba a las sucesivas esposas con fútiles pretextos (a Ana de Cleves, la cuarta, porque tenía los pechos caídos), cuando no las enviaba al verdugo (a la famosa Ana Bolena, la segunda, por adulterio, del que era inocente, y a Catalina Howard, la quinta, también por adulterio, esta vez con razón).

334. Bien mirado, es la pervivencia de aquellos *laboratores* y *pugnatores* medievales, sólo que ahora los *laboratores* o burgueses enriquecidos acceden a la nobleza mediante casamiento con noble de familia arruinada o comprando el título al rey. Los privilegios no siempre son personales, a veces son estamentales o incluso territoriales. Pervivencia de estos últimos son los fueros, que todavía hoy disfrutan Vasconia y Navarra.

335. Los impuestos eran *pechos* y los currantes, *pecheros*. Hoy nos llamamos contribuyentes, que queda más fino.

336. El italiano Guicciardini, que visita España a finales del siglo xv, escribe: «... los españoles consideran vergonzoso el comercio. La gran pobreza del país se debe a la vagancia de sus habitantes, que importan sus materias primas en lugar de elaborarlas ellos mismos. Viven en casas miserables y lo que tienen que gastar se lo gastan en ellos mismos o en una mula llevando encima más de lo que queda en casa.» O sea, escasez y apariencia.

tes que perder su dignidad rebajándose a trabajar (como tantos liberados sindicalistas de nuestro tiempo).

Por el contrario, en los países del norte de Europa se desarrolló la típica moral calvinista: el trabajo dignifica al hombre y el comercio es una ocupación honrosa. Por eso esos países prosperaron y se enriquecieron mientras los nuestros se empobrecían y menguaban.

¿Y el emperador del Sacro Imperio Romano Germánico que supuestamente debía reinar sobre los reyes de la cristiandad? El cargo decayó al hacerse electivo entre los siete príncipes electores (tres eclesiásticos y cuatro laicos, como dijimos). El que aspiraba al trono imperial tenía que sobornar a los electores y, una vez en el puesto, ejercía un dominio más teórico que efectivo y limitado al ámbito de los países germánicos. El imperio languideció hasta que Napoleón lo suprimió en 1807.[337]

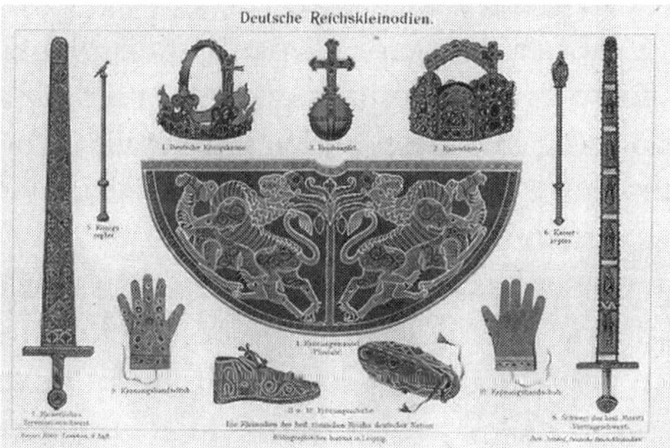

Las insignias imperiales.

337. Las insignias imperiales se exponen en el museo del palacio Hofburg de Viena: la supuesta corona de Otón I, la Cruz Imperial (*Reichskreuz*), la Espada Imperial (*Reichsschwert*) y la Lanza Sagrada (*Heilige Lanze*), el cetro (*Zepter*) y el Orbe Imperial (*Reichsapfel*). El joven Hitler, pintorcillo hambriento y fracasado, las contemplaba en sus años vieneses, la nariz pegada a la vitrina, y soñaba grandezas. Ya jefe del Estado alemán, incorporó Austria al nuevo imperio germánico (el Tercer Reich), se apoderó de la Santa Lanza y la envió a Núremberg, a la cripta de la iglesia de Santa Catalina. El sanctasanctórum de la orden SS, en el castillo-santuario de Wevelsburg, estaba consagrado al mito de la Santa Lanza.

CAPÍTULO 72

Las imprescindibles especias

En el siglo xv Europa conoció una época de bonanza y prosperidad que incrementó la demanda de productos de lujo: oro, plata, especias de la India, sedas, esclavos...

La seda se fabricaba ya en Europa. Bastaba plantar más moreras (el alimento del gusano productor de la seda) para intensificar la producción; el oro del Sudán y los esclavos negros llegaban puntualmente a los puertos del norte de África y mercaderes genoveses los distribuían por toda Europa.

Lo único que escaseaba eran las especias. La tradicional ruta de la seda padecía arterioesclerosis desde que los turcos habían ocupado el Imperio bizantino y los tártaros del norte se habían islamizado. Las especias se habían encarecido considerablemente y alcanzaban precios prohibitivos.

—¿Y no se pueden arreglar sin especias?

—¡Qué dice, hombre de Dios! Ninguna familia europea que haya alcanzado un mediano pasar puede prescindir de las especias.[338]

El signo exterior de riqueza, lo que demuestra que uno es

338. Las clases acomodadas se alimentaban casi exclusivamente de carne. La combinación de pimienta, clavo, cardamomo y nuez moscada en diversas proporciones permitía confeccionar cinco o seis platos diferentes a partir de la misma carne simplona. Por otra parte, como no existía refrigeración que retardara la descomposición de la carne, las especias

algo en la vida en el siglo xv, radica en los trajes lujosos, recamados de oros y perlas, y en el consumo de especias.

Sí. Las especias de la India eran insustituibles. Habían sido siempre productos caros, pero la drástica disminución de los suministros los puso por las nubes.[339] Los mercaderes genoveses, venecianos e incluso catalanes dedicados al comercio de Oriente estaban desesperados. ¿Qué hacer?

El nuevo interés por la geografía (propio del humanismo imperante) y los avances de la cartografía y de la navegación (la brújula, los nuevos aparejos de velas, las naves mejor diseñadas) ayudaron a encontrar soluciones. Europa, que llevaba un milenio ensimismada en su lago particular, el Mediterráneo, comenzó a contemplar la alternativa del Atlántico.

Mercaderes de especias.

---

disimulaban sus olores y sabores putrefactos. La dudosa cerveza se adobaba con jengibre; el vino avinagrado y picado, con canela y clavo.

339. La pimienta llegó a constituir un valor tan sólido que, a falta de oro y plata, se reconocía como medio de pago en los contratos. La pimienta, el clavo, el jengibre, la nuez moscada se guardaban en los arcones de la alcoba, entre las joyas de la familia.

CAPÍTULO 73

La era de las exploraciones

Entre los siglos XV y XVII los países de Europa se lanzaron a la tarea de explorar, cartografiar y explotar (o colonizar, que queda más fino) nuevas tierras, en busca de nuevos mercados. Movidos por esa fiebre mercantilista (o codicia) que tentó sucesivamente a Portugal, España, Inglaterra, Holanda, Francia, Dinamarca y Suecia entre los siglos XVI, XVII y XVIII, los europeos se lanzaron como buitres sobre las nuevas tierras de América, Australia, África Austral y Oceanía. Las armas modernas y los microbios les abrían el camino reblandeciendo cualquier resistencia indígena.[340] Esta explotación de población y recursos duraría hasta el siglo XIX, en que los propios descendientes de europeos asentados en las colonias impulsaron los movimientos de liberación.

Bajo el patronazgo del príncipe don Enrique el Navegante (1394-1460), los intrépidos marinos portugueses se lanzaron a explorar las costas de África con carabelas, unas embarcaciones ligeras, de poco calado, muy maniobreras, perfectas para indagar ensenadas y remontar ríos. Fundando sucesivas factorías y colonias comerciales a medida que progresaban, como los antiguos fenicios, los portugueses pretendían alcanzar primero el Río del

340. Los europeos habían desarrollado anticuerpos para defenderse de las enfermedades contagiosas de origen animal (viruela, tuberculosis, malaria, peste, sarampión y cólera) provocadas por la estrecha convivencia de ganaderos y rebaños que impuso en Europa la alta densidad de población.

Oro (de donde se pensaba que procedían el dorado metal africano y el marfil que desde tiempo inmemorial comercializaban los árabes), y, finalmente, las tierras de la pimienta, ya en la India. Ése era el plan.

Ningún europeo se había aventurado jamás por aquellas aguas. Se pensaba que al sur del cabo Bojador las aguas marinas eran tan cálidas que derretían el calafateado de los barcos y los echaban a pique. Esa creencia se disipó cuando el intrépido marino Gil Eanes se atrevió en 1434 y regresó para contar que no pasaba nada.

Se levantó la veda: en 1441, los portugueses alcanzaron el cabo Blanco; en 1448, construyeron un fuerte en la bahía de Arguin; en 1444, doblaron el cabo Verde; en 1460, habían llegado a Sierra Leona, colonizaban las islas de Cabo Verde y exploraban las costas de Angola.

En la desembocadura de cada río levantaban un *padrão*, una columna de piedra coronada con el escudo de Portugal y una cruz, por la que tomaban solemnemente posesión del río y cuantas tierras bañaran sus orillas (un poco pretencioso quizá, pero ajustado a derecho). Las carabelas regresaban a Portugal cargadas con estupendos *rescates*, como llamaban a los productos obtenidos: «oro o plata o cobre o plomo o estaño [...] joyas, piedras preciosas, así como carbunclos, diamantes, rubíes o esmeraldas [...] toda clase de esclavos negros o mulatos u otros [...] y cualquier clase de especiería o droga.»[341]

El negocio marchaba viento en popa. El infante murió en 1460 pero ya el impulso de las exploraciones portuguesas era imparable: Bartolomé Díaz dobló el cabo de Buena Esperanza en 1488, rodeando África por el sur, y enfiló el océano Índico con la intención de abrir el camino de la India.

En 1498, mientras los españoles se atascaban en aquel inabarcable Nuevo Mundo sin encontrar el camino de la «especie-

341. ¿Intuye el escéptico lector por dónde van los tiros de la colonización europea que aquí comienza? ¿Ve al europeo dispuesto a exprimir el limón del mundo, una actitud que, a pesar de las apariencias, todavía perdura después de la creación y liquidación de sucesivos imperios coloniales?

ría», las cuatro carabelas portuguesas de Vasco de Gama costeaban África, alcanzaban la ansiada India y atracaban en los muelles de Calicut-Calcuta, «la ciudad de las especias» (actual Kozhicode).[342]

La carabela de regreso, portadora de la buena nueva y de una carta del gobernador indio de Calicut al rey de Portugal, tardó un año en llegar a Lisboa (1499): «Vasco de Gama, gentilhombre de vuestra casa, llegó a mi país, lo cual me complació —decía la carta—. En estas tierras abundan canela, clavo, jengibre, pimienta y piedras preciosas. Lo que de vos pido a cambio es oro, plata, coral y telas purpúreas».

Hacía cinco años que los españoles se pavoneaban de haber alcanzado las Indias, aunque todavía no aparecían por ninguna parte las especias ni el oro, ni las espléndidas ciudades urbanizadas descritas por Marco Polo.[343]

En los muelles de Lisboa se amontonaban los fardos de canela. El luso había triunfado en su competición con el castellano. El rey de Portugal comunicó la noticia a sus primos, los Reyes Católicos: «Hemos sabido que nuestros enviados han llegado a la India y a otros reinos [...], con los cuales se hace el comercio de toda clase de especias y piedras preciosas», decía la carta.

Y tras otro poco de bla, bla, bla, se despedía con cierto recochineo: «Sabemos que Vuestras Altezas recibirán esta noticia con satisfacción».

¡Menudos los portugueses! No satisfechos con haber ganado la carrera por las Indias, prosiguieron sus exploraciones y jalona-

342. La historia de Calicut-Calcuta refleja bien quién partía el bacalao en Europa en cada momento: los portugueses se instalaron allí, con puestos de comercio y el fuerte Chaliyom, en 1511. Los ingleses tomaron el relevo en 1615, y tras ellos los franceses, en 1698, y los holandeses, en 1752.

343. Los indios que encontró Colón en las Antillas eran modestos taínos con taparrabos. Faltaban decenios para que Cortés y sus hombres se asombraran ante la visión de aquella magnífica ciudad, Tenochtitlán, construida sobre un lago de fértiles riberas, urbanizada con grandes plazas y pirámides, surcada de avenidas y canales por los que navegaban los indios en canoas, la capital de una civilización aparentemente más desarrollada que la europea.

ron su camino a la «especiería» con puestos comerciales y fuertes que los defendieran: Goa (donde permanecerían hasta 1962), Malaca, en los estrechos de Malasia, las islas Molucas, Macao, en la propia China, y Nagasaki, en Japón.

Cada año, los navíos portugueses cargados de productos aguardaban la temporada de los monzones del Índico y Pacífico oeste para hacerse a la mar. «El comienzo de cada monzón era como un semáforo que daba luz verde a los barcos que salían de las Indias y luz roja a los que llegaban de Europa».[344]

Durante un tiempo, los portugueses mantuvieron alejados a sus competidores europeos y monopolizaron el comercio asiático entre India, Ceilán, Indonesia, China y Japón. No contentos con eso, aún les quedaron arrestos para colonizar las costas de Brasil (1500).

El pequeño Portugal se hizo inmensamente rico suministrando las preciadas especias a toda Europa. Para redondear el negocio, procuró cerrar los otros accesos a la ruta de la seda: conquistó Adén en 1516 y construyó un castillo en Socotora, en el Yemen, desde el que controlaba la «especiería» que ascendía por el mar Rojo.

Podríamos establecer un paralelo entre los conquistadores españoles entrenados en la guerra de Granada y en las de Italia que por aquellos años conquistaban los imperios de México y Perú y los portugueses fogueados en la guerra de Marruecos y con la experiencia de los sesenta años de avance y explotación de la costa africana.

La expansión portuguesa constituye una de las más notables hazañas de la humanidad. Incluso planearon impulsar una cruzada para conquistar La Meca, profanar la tumba de Mahoma y recuperar Tierra Santa para la cristiandad.

344. Blainey, 2004, p. 257.

Salida de Vasco de Gama de Lisboa en 1497 y su llegada a Calcuta en 1498 (óleos de Alfredo Roque Gameiro).

CAPÍTULO 74

Colón en busca de China

«Costear África no está mal, pero existe otra solución todavía más práctica para alcanzar la especiería —sugirió Colón, un oscuro marino genovés, a la reina de Castilla, Isabel la Católica—. Dado que la Tierra es redonda, también se podrá llegar a Oriente si navegamos por occidente y atravesamos el océano Atlántico: las mismas aguas que bañan Portugal y Galicia bañan, en la orilla opuesta, Cipango (Japón) y Catay (China). Marco Polo (1254-1324), el mercader veneciano que las visitó por el lado de tierra, cuenta maravillas.»[345]

La idea de Colón no parecía mala, pero atravesar el Atlántico eran palabras mayores: aquel océano inexplorado había sido hasta entonces el pavor de los marinos.[346] Contando con que no

345. Después de una vida muy intensa y movida, Marco Polo cayó prisionero de los genoveses y aprovechó su estancia en prisión para dictar sus memorias de viaje a Rustichello de Pisa, que las publicó bajo el título *Divisament du monde* («Descripción del mundo»), hoy más conocido como *Los viajes de Marco Polo*. En él cuenta su viaje a Catay (China) y el regreso pasando por Malaca, Ceilán, la India y Persia. Algunos críticos creen que nunca visitó tales lugares, que hablaba de oídas, ya que no menciona la Gran Muralla, el té (bebida desconocida en Europa) y costumbres curiosas como el vendado de pies.

346. Los últimos que habían explorado aquellas aguas habían sido los taimados fenicios, quienes, para mantener el monopolio de sus rutas comerciales, habían inventado las supersticiones marineras que hicieron

existan monstruos pavorosos ni otros peligros, ¿podrá una frágil carabela atravesarlo y alcanzar la ribera opuesta antes de que se acabe el agua embarcada y la tripulación muera de sed?

Los cosmógrafos españoles (como antes los portugueses) rechazaron el proyecto de Colón. Es inviable, dijeron: el océano entre Europa y Asia es mucho más ancho de lo que sostiene Colón. Él asegura que son 1.125 leguas cuando en realidad son 2.495. Ninguna nave puede recorrer tanta distancia sin escalas intermedias: antes de tocar tierra se le agotaría el agua y sus tripulantes morirían de sed.[347]

Colón se mantuvo en sus trece. Tenía un secreto que sólo les confió a los Reyes en un último intento por convencerlos: a setecientas cincuenta leguas exactas de la isla canaria de Hierro, existen unas islas pequeñas desde las que fácilmente se llega a otra mayor, el Cipango de Marco Polo, o sea, Japón. Ahora sabemos que esas islitas eran las Antillas Menores y Haití y la que creía Japón era, en realidad, Cuba.

Colón se guardaba un segundo secreto: conocía con precisión la ruta idónea para cruzar el océano a vela así como la ruta de regreso. En el viaje de ida descendería hasta las Canarias para aprovechar la corriente del golfo y los vientos alisios; al regreso ascendería hasta la altura de Florida para aprovechar la corriente y los vientos contrarios.[348]

---

creer a la posteridad que aquellas aguas eran innavegables: horribles monstruos marinos, mares hirvientes, calmas chichas que inmovilizaban las naves, etc.

347. Colón pensaba que la Tierra era más pequeña de lo que en realidad es. Por eso cuando llegó a América creía estar en Asia: le sobraba el océano Pacífico.

348. O sea, la doble circulación de los vientos alisios y la corriente del golfo favorecidos por el anticiclón de las Azores, que será el régimen de navegación dominante para los barcos impulsados a vela. Es evidente que Colón comunicó a los Reyes Católicos este dato y sólo así los convenció de la viabilidad de un proyecto que los cosmógrafos de Salamanca daban por imposible. Tenemos la prueba en las capitulaciones acordadas entre los Reyes y el almirante, en las que se menciona lo que Colón «ha descubierto en las mares océanas», reconociendo al genovés un descubri-

Cómo supo eso Colón sigue siendo un misterio. Algunos creen que se lo reveló en el lecho de muerte un «marino desconocido» al que atendió en Porto Santo. Vaya usted a saber.

El caso es que Colón esperaba llegar a las tierras de la abundancia descritas por Marco Polo unos siglos antes: China y Japón. Pero Marco Polo, siguiendo la ruta de la seda, había visitado realmente China y el Oriente. Por el contrario, las carabelas colombinas se toparon con un continente nuevo, completamente desconocido, que se interponía en medio del océano, el que hoy conocemos como América (por el nombre del marino florentino Américo Vespucio (1451-1512).[349]

Colón arribó a las Antillas, a Cuba, creyendo que estaba en Cipango (Japón). Gran decepción: ni rastro de palacios de jade con tejados de oro, nada de las sedas y joyas de ensueño, nada de especias, nada de lo que Marco Polo había descrito. Lo que encontró el genovés fue a unos pocos indios pobres como ratas, ellos con taparrabos, ellas con las tetas al aire, todos sonriendo bobaliconamente. Había, sí, algunos productos que, con el tiempo, se mostrarían de mucho provecho (el maíz, el tomate, la patata, el tabaco), pero lo que Colón buscaba obsesivamente, el oro, las perlas, la pimienta, no aparecía por parte alguna. Durante tres meses, Colón recorrió el mar de las Antillas, de isla en isla, atropelladamente, vacilando sobre el rumbo a seguir, esperando siempre que la próxima escala fuera el fabuloso Japón.

En España se dio el oso por cazado. Parecía que Castilla le había ganado la partida a Portugal en la apertura de una ruta corta y fiable hacia las especias de Oriente. Crecieron los recelos y se ahondó la rivalidad entre las dos potencias atlánticas. No

---

miento que teóricamente todavía estaba por hacer, pero que ya se daba por hecho. Las capitulaciones concedían además a Colón el cargo de almirante vitalicio, virrey y gobernador de las tierras descubiertas, un tercio de los beneficios y un diezmo de las mercancías.

349. En 1507 un cartógrafo alemán, Martin Waldseemüller, publicó un mapa en el que lo denominaba América en memoria del marino y cartógrafo.

obstante, al final se impuso la razón: mejor pactar que pelearse, porque de un conflicto entre los Estados ibéricos sólo podían salir provechos para el resto de las naciones europeas.

Con la bendición del papa (que era el valenciano Alejandro VI, el tan calumniado papa Borgia), Castilla y Portugal se repartieron no sólo las tierras descubiertas sino las por descubrir en el globo terráqueo.[350]

Los otros países europeos, deseosos de participar también en el pastel, protestaron airadamente. El rey de Francia advirtió: «Antes de aceptar ese reparto quiero que se me muestre en qué cláusula del testamento de Adán se dispone que el mundo pertenezca a españoles y portugueses.»

La hazaña portuguesa tuvo su remate con la primera vuelta al mundo que organizó Magallanes, un marino portugués a sueldo de España, entre 1520 y 1522.

350. Fue muy fácil. Por el Tratado de Tordesillas (1494), se limitaron a trazar una línea que dividía la esfera en dos mitades pasando por el meridiano 46. Si alguien salió perdiendo fueron los españoles, que no podían sospechar que Brasil quedaba a este lado del meridiano 46 y, por lo tanto, les tocaba a los portugueses.

CAPÍTULO 75

La trata de carne negra

Los esclavos africanos se conocían en Europa desde los tiempos de Roma. En la Edad Media, se mantuvo el mercado, especialmente en los países musulmanes y en Bizancio. Los negreros árabes adquirían el ébano (o sea, los esclavos negros) en la isla de Zanzíbar y los transportaban, por tierra o por mar, a Egipto, a las costas del Índico, y a Oriente Medio (remontando el mar Rojo).

En el siglo XV, los portugueses se incorporaron a la trata de esclavos desde sus colonias de Guinea. El castillo de Elmina (*La mina,* en la costa de Río de Oro), construido en 1482, como depósito de oro, se reconvirtió en centro de recepción de esclavos. Los proveedores eran los propios caudillos tribales del interior de África que capturaban el género en las tribus limítrofes.

Al principio, los esclavos negros se repartían entre las plantaciones de caña de azúcar de la isla de Santo Tomé y las casas nobles de Europa, pero, a partir de 1501, las posesiones españolas de las Antillas reclamaron esclavos africanos en vista de que los nativos taínos no aguantaban el trabajo y morían por docenas.[351]

351. Los hacenderos españoles de Cuba y las Antillas tuvieron que importar mano de obra negra cuando la población indígena casi se extinguió en un par de decenios, no por causa de la brutal explotación a que la sometieron los encomenderos españoles sino, principalmente, debido a las epidemias. Jared Diamond, autor del brillante ensayo *Armas, gérmenes*

El tráfico de esclavos africanos con destino a América no se interrumpió en los cuatro siglos siguientes.[352] Los que hoy componen un estimable porcentaje de la población de Brasil, de las islas del Caribe y de Estados Unidos (donde los llaman afroamericanos) son descendientes de esclavos capturados en África y vendidos en América como mano de obra para las plantaciones de caña de azúcar o algodón.[353] Los lectores de cierta edad que vieron la serie televisiva *Raíces* recuerdan las circunstancias.

Hubo incluso un comercio triangular de lo más lucrativo que involucró a sociedades mercantiles de Portugal, España, Francia, Inglaterra y Holanda entre los siglos XVI y XIX. Los barcos cargaban quincalla en Europa (telas baratas, cascabeles, espejitos, cuentas de pasta de vidrio, gorros de colores y otras fruslerías semejantes) y la intercambiaban por esclavos en los mercados de Guinea (costa entre los ríos Senegal y Congo). Los barcos negreros, en cuyas bodegas se hacinaban aquellos desgraciados en condiciones espantosas (un alto porcentaje no sobrevivía a la travesía), cruzaban el Atlántico e iban recalando en puertos de las Antillas donde cambiaban su carga humana por productos americanos apreciados en Europa: azúcar, tabaco, cacao y metales preciosos, que transportaban de regreso a Europa.

En 1713, España le otorgó a Inglaterra el monopolio de suministro de esclavos africanos a sus colonias americanas (derecho de asiento) durante los siguientes treinta años. Los ingleses se

---

y acero (Debate, Madrid, 1998) explica cómo las enfermedades allanaron el camino de los europeos en su conquista del mundo. Como ya hemos apuntado, los indios se encontraban genéticamente inermes (por carecer de anticuerpos) frente a las enfermedades europeas (viruela, sarampión, tifus, gripe, neumonía y la rubéola).

352. Se calcula que en cuatro siglos (hasta 1850) cruzaron el Atlántico unos doce millones de negros de África occidental y central. Restall, 2004, p. 94.

353. Una de las que sacaron tajada del comercio de esclavos fue la reina doña María Cristina de Borbón. España, siempre adelantada en cuestiones sociales, fue el último país europeo en abolir la esclavitud, el 13 de febrero de 1880 (Ley de Abolición de la esclavitud en Cuba, firmada por Alfonso XII, que no se cumplió hasta 1888).

comprometían a entregar hasta 144.000 negros («piezas de Indias, de ambos sexos, de todas las edades, no siendo viejos ni con defectos»).

Barrios enteros de elegantes casas dieciochescas de Liverpool, Bristol y Londres se construyeron con los pingües beneficios que rendía este comercio triangular. Es una especie de compensación histórica que estos barrios habitados por gente adinerada y elegante hasta hace medio siglo se encuentren ahora mayoritariamente en manos de emigrantes de raza negra o mulata procedentes de Jamaica o de las antiguas colonias africanas, especialmente de Nigeria, que instalan tendederos en las elegantes fachadas paladianas y aparcan la destartalada furgoneta frente a la puerta.[354]

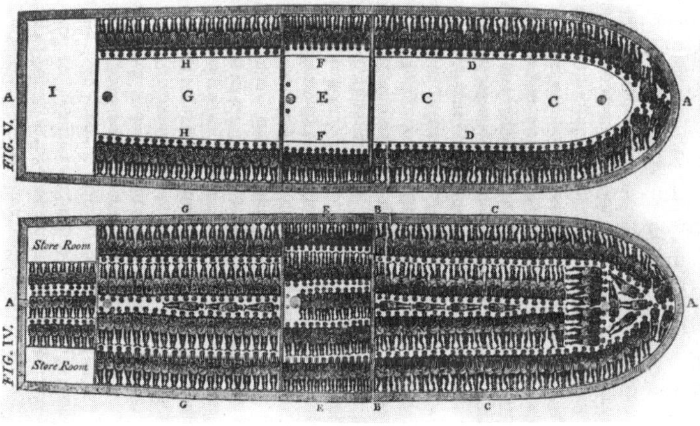

Almacenamiento de esclavos en un barco negrero.

354. La implantación masiva de población negra en el barrio londinense de Chelsea provocó una emigración masiva de blancos con el consiguiente desplome del precio de los inmuebles, circunstancia que aprovecharon nuevas familias negras para instalarse allí. Los racistas los acusan de haber degradado un barrio que pasaba por ser de los más elegantes de Europa.

CAPÍTULO 76

La viruela allana el camino

España, pujante tras la toma de Granada, con la que se completaba la reconquista tras ocho siglos de azaroso diálogo de civilizaciones, hubiera cruzado el estrecho de Gibraltar para proseguir sus conquistas en tierra africana (ganas no le faltaban), pero el hallazgo de América desvió su impulso hacia las nuevas tierras.

Los españoles ignoraban la forma y extensión de América. Empezaron por explorar lo que tenían más a mano, es decir, Centroamérica, y luego se extendieron hacia el sur y hacia el norte. Pronto se percataron de que aquello no era Asia sino un mundo nuevo poblado por extrañas gentes. De especias, nada; todo lo más, exóticos productos que hoy nos resultan familiares: tabaco, patata, tomate, pimiento, cacao... En fin, en vista de que no había especias, se concentraron en el oro y en la plata, de los que también andaba necesitada Europa.[355]

Un Nuevo Mundo se ofrecía. Un mundo habitado por numerosos pueblos en distinto grado de desarrollo. Los indios de Norteamérica (los pieles rojas de las películas del Oeste) eran, en su mayoría, cazadores nómadas que vagaban por las estepas en pos de rebaños de bisontes, pero en Centroamérica y más al sur se habían desarrollado civilizaciones de agricultores que vivían

355. Y en la conversión de los indios para ganar almas al cielo, por supuesto.

todavía en la Edad del Cobre, como los antiguos egipcios y mesopotámicos.

En la actual México, los aztecas o mexicas habían alcanzado altas cotas de civilización y destacaban en cosmología, astronomía, arquitectura e ingeniería de canales y puertos (pensemos en las airosas pirámides escalonadas y en el famoso calendario). En artes aplicadas, música, canto y danza eran igualmente admirables.

Todos estos aspectos positivos palidecen un poco ante el hecho de que los aztecas fueran imperialistas abusones que sojuzgaban a los pueblos vecinos y realizaban sacrificios humanos (a veces cientos de víctimas de una tacada) para calmar la sed de sangre de sus dioses. Los españoles se horrorizaron al conocer, a veces por experiencia directa, que los sacerdotes aztecas abrían el pecho del sacrificado con un cuchillo de obsidiana para arrancarle el corazón aún palpitante. Lo que vemos en la película *Apocalypto* (2006) de Mel Gibson.[356]

Un testigo excepcional, el cronista Bernardino de Sahagún, describe uno de estos sacrificios en la plataforma superior de un templo escalonado: «Después de haberles sacado el corazón, y después de haber echado la sangre en una jícara, la cual recibía el señor del mismo muerto, echaban el cuerpo a rodar por las gradas abajo del cu. Iba a parar a una placeta abajo; de allí lo tomaban unos viejos que llamaban *quaquauacuiltin* y lo llevaban a su calpul, donde lo despedazaban y lo repartían para comer.»[357]

356. Mel Gibson, aunque mayormente iletrado, se basó en lo que narra Diego de Landa (1524-1579), en su *Relación de las cosas de Yucatán* (1566).

357. Bernardino de Sahagún, *Historia general de las cosas de la Nueva España*. Los primeros indios antropófagos que encontró Colón fueron los de la tribu caníbal que habitaba algunas islas de las Antillas y solía organizar expediciones de caza contra sus vecinos, los pacíficos taínos. También apreciaban los guisos de carne humana los aztecas, los mayas, los tlaxcaltecas, los huastecas y los chichimecas. Marvin Harris (en *Caníbales y reyes*) y otros autores sostienen que la carne humana compensaba la escasez de proteínas de la dieta de estos pueblos; otros autores creen que los americanos comían carne humana en contadas ocasiones, como rito religioso.

O sea, que también practicaban la antropofagia: «Ansí había carnicerías públicas de carne humana, como si fueran de vaca y carnero como en día de hoy las hay.»[358]

Y, ya para colmo del horror, las cabezas de los sacrificados las ensartaban en varas que se disponían en un bastidor o *tzompantli*. De este modo honraban a los dioses.

Estas costumbres perturbaban a los europeos y no los inclinaban a la benevolencia con el indio. Codicia de ganancia sumada a repulsión dieron como resultado el atropello de aquellos indígenas anclados en el Neolítico que todavía desconocían la rueda[359] y se enfrentaban a las afiladas espadas europeas con hachas de cobre o macanas (garrotes guarnecidos con incrustaciones de obsidiana).

No obstante, lo que derrotó a los indígenas no fueron las espadas, ni las armas de fuego, ni los caballos, ni los petos de acero, ni los perros alanos entrenados para repartir dentelladas, sino, como queda dicho, la poderosa arma biológica que los conquistadores portaban consigo sin sospecharlo: la viruela.[360] Cuando Hernán Cortés llegó a México, la viruela se le había adelantado y la mitad de la población había perecido con el emperador Cuitláhuac al frente.[361]

Los aztecas se desmoralizaron frente a una enfermedad misteriosa que los mataba a ellos pero no afectaba a los españoles. Lo tomaron por castigo divino o como señal inequívoca de la superioridad de aquellos seres barbados que llegaban de no se sabía

358. Muñoz Camargo, *Historia de Tlaxcala*, 1591.

359. En realidad, la rueda se conocía en la América precolombina, pero absurdamente sólo la utilizaban en juguetes, no en carros (seguían transportando a sangre las mercancías, como mucho a lomos de llama).

360. En 1518 una gran epidemia de viruela causó gran mortandad en el Caribe. Al año siguiente se propagó a México y de allí pasó a Guatemala y Centroamérica, que la padecieron a partir de 1520. Unos años más tarde, otra epidemia de sarampión asoló Mesoamérica y los Andes y abarcó desde el bastante poblado bajo Misisipi hasta la Amazonia (Restall, 2004, p. 201).

361. En 1618, la población azteca de 18 millones había descendido a 1,6 millones (Diamond, 1998, p. 241).

dónde.[362] Los hombres de Cortés, después de algún percance (la Noche Triste, 1520), prácticamente exterminaron a los aztecas (los actuales indígenas son más bien descendientes de los tlaxcaltecas, aliados de los españoles).[363]

Los incas del Perú visitados por Pizarro y Almagro corrieron una suerte parecida a la de los aztecas.[364] Algún autor ha comparado el Imperio inca con el Egipto faraónico: disponían de calzadas, ciudadelas, grandes templos y pirámides escalonadas y el santuario y palacio de Machu Picchu (construido por el emperador Pachacútec, hacia 1450).

A la llegada de los españoles, el Imperio inca estaba debilitado por la mortandad de la viruela (incluso el emperador Huayna Capac había perecido del misterioso mal).[365] Pizarro apresó al

362. Añadamos que los caballos y las armas de fuego (desconocidos en aquellas tierras) espantaban a los indígenas. Así se explica que sucumbieran ante una fuerza que no sobrepasaría los quinientos hombres.

363. Parte del desencuentro pudo deberse a la incomunicación de las dos culturas: en su primer encuentro con Moctezuma, Cortés procura ser amable pero los indios se ofenden cuando intenta abrazar al emperador y lo mira a la cara, algo que el protocolo azteca prohibía. («Me apeé y fui a abrazarlo, pero aquellos señores que estaban con él me detuvieron con las manos para que no lo tocase.») El inca Atahualpa, por su parte, en su primer encuentro/desencuentro con Pizarro, confrontado con una biblia, la sagrada palabra de Dios, como no sabe lo que es, la tira al suelo con desprecio. Mal empezamos. Tanto en el caso del azteca como en el del inca, los barbudos europeos se miraron entre ellos como diciendo: «Estos tíos vestidos como maricas son peores que los moros.» Cualquier pretexto hubiera sido bueno para darles estopa. Al fin y al cabo iban a despojarlos. La codicia y el despojo, la explotación colonial, no la evangelización (versión antigua) ni la implantación de la democracia (versión moderna) es la clave de las conquistas.

364. El Imperio inca se extendía por los actuales Ecuador, Bolivia y Perú, hasta Chile.

365. En Norteamérica ocurrió un fenómeno semejante. Cuando el conquistador Hernando de Soto llegó en 1540 a las fértiles tierras del Misisipi encontró muchos poblados vacíos porque la viruela había aniquilado a su población. Los indios de la costa, visitados esporádicamente por españoles, habían transmitido el microbio a los del interior.

nuevo emperador, Atahualpa, y le exigió como rescate que llenara de oro la habitación donde se encontraban hasta la altura que alcanzaba su brazo. Los incas reunieron el tesoro, pero, a pesar de todo, Pizarro ejecutó al emperador (que a su vez, había hecho asesinar a su hermano y rival Huáscar).

Viruela y espadas de acero, pero especialmente viruela, ésos fueron los elementos que conquistaron América.[366] No resulta muy heroico, pero es cierto. Las enfermedades allanaron el camino del hombre blanco en América, Asia, África y Oceanía. El colonizador europeo llegaba a todas partes con sus enfermedades y sus armas de fuego, dos poderosos elementos civilizadores.

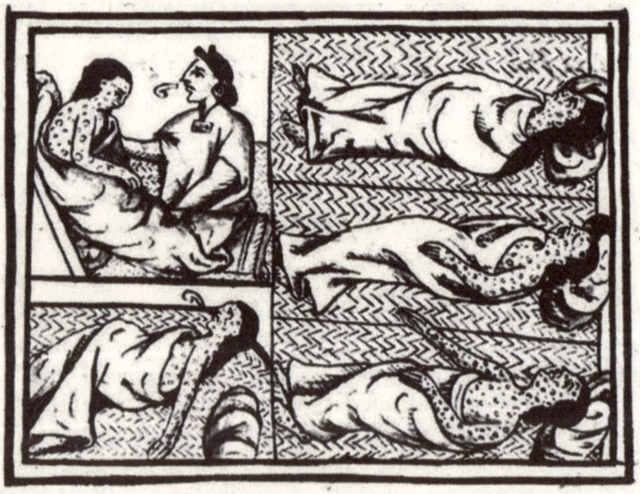

Aztecas enfermos de viruela (*Códice Florentino*).

366. También, quizá, el fatalismo y la falta de iniciativa individual de los indios, que se quedaban paralizados cuando perdían al jefe o a las aristocracias (especialmente expuestas a las enfermedades por tratar más estrechamente a los europeos).

CAPÍTULO 77

La venganza de Moctezuma: el sifilazo

Adivino la pregunta: ¿qué pasa, es que los americanos no disponían de agentes patógenos que recíprocamente exterminaran a los invasores, perdón, evangelizadores europeos? Pues no. En América no se habían desarrollado enfermedades porque los animales domésticos eran escasos y no convivían hacinados con las personas como en Europa (ya dijimos que estas plagas son la adaptación de parásitos animales al hombre). La única excepción, aunque notabilísima por su carácter, fue la sífilis.[367]

Ya vemos que el balance global cuando los dos pueblos intercambiaron sus respectivos virus resultó muy favorable a los europeos. ¿Por qué? Porque en Europa se había producido desde

367. A los cinco años de la conquista, el 30 por ciento de los colonos españoles padecían sífilis. En años sucesivos, una pandemia de sífilis se extendió por Europa, Asia y el norte de África y cada país culpó al adversario de su propagación. Por eso los franceses lo llamaron «morbo italiano»; los italianos y los alemanes, *morbus gallicus* (enfermedad francesa); los españoles, «mal francés» o «mal portugués»; los portugueses y los Países Bajos, «mal español»; los rusos lo llamaron «la enfermedad polaca»; los turcos, «la enfermedad cristiana»; los japoneses, «el morbo chino». Recientemente se han hallado cadáveres europeos anteriores al descubrimiento cuyos huesos presentan las deformaciones de la sífilis. Pudiera ser que la introdujeran los vikingos infestados por nativas canadienses hacia 1300, aunque debió de tratarse de una cepa débil que sólo infestó a unos pocos europeos.

fecha temprana una alta densidad de población humana que favorecía las enfermedades. Los europeos llevaban más tiempo de rodaje y, por lo tanto, sus enfermedades eran más virulentas y ellos estaban mejor provistos de anticuerpos para resistirlas.[368] El mismo hacinamiento, sin embargo, los hacía más vulnerables cuando una enfermedad contagiosa se trasladaba a Europa y adquiría caracteres de pandemia (recordemos la peste negra, o la «gripe española» de 1917).[369]

Lo único que frenó, por un tiempo, la conquista por los europeos de determinadas regiones del planeta fueron tres enfermedades tropicales: la malaria de los trópicos (las fiebres tercianas, como las llamaban), el cólera del sureste de Asia y la fiebre amarilla del África tropical. Por eso los europeos no conquistaron África al mismo tiempo que América.[370] A África le llegaría el turno en el siglo XIX, como se verá en su momento.

Se ha exaltado mucho, en textos patrióticos, el hecho de que los españoles conquistaran los imperios azteca e inca con un puñado de soldados que se enfrentaban a muchedumbres de gue-

368. Tomando como ejemplo la viruela: aparece en Egipto hacia -1600 (se han detectado momias que la padecieron); la primera epidemia se produce en Roma, «la peste de Antonino», la llamaron, en torno al año 170. La peste de Justiniano, en 542, fue una epidemia de peste bubónica.

369. Así llamada por los hijos de la Gran Bretaña que la aprovechan, junto con el hundimiento del *Titanic*, para suprimir a algún personaje molesto en sus novelas y series de TV ambientadas en la Inglaterra posvictoriana.

370. Irónicamente esas enfermedades no existían en el trópico americano, pero los barcos de esclavos procedentes de África llevaron a las hembras del *Aedes aegypti*, el mosquito transmisor de la fiebre amarilla, que encontró un hábitat estupendo en las plantaciones de caña. McNeill sugiere que los españoles, ya acostumbrados al mosquito, encontraron en él un valioso auxiliar para impedir que se establecieran colonias de franceses e ingleses que intentaban desalojarlos del Caribe. Los ingleses que en 1741 sitiaron Cartagena (Colombia) y Santiago (Cuba) perdieron en pocos meses 22.000 hombres de un total de 29.000, debido no sólo a Blas de Lezo sino a las fiebres tropicales, lo que los obligó a retirarse. Hasta 1900 no se relacionó al mosquito con la fiebre amarilla.

rreros. Pensemos que Pizarro conquistó Perú ¡con sólo 168 hombres y 37 caballos! El lector escéptico hará bien en creer que la explicación es más compleja: además de la oportuna viruela hay que tener en cuenta que los españoles llevaban consigo un número apreciable de esclavos negros y miles de auxiliares indios alistados en el Caribe o entre los pueblos limítrofes. Los jefecillos indios, divididos por sus odios ancestrales, se aliaban con el hombre blanco para exterminar a la tribu rival. Gustosamente perdían un ojo con tal de que el enemigo quedara tuerto de los dos. Conocedores de esta inclinación, los españoles la aprovechaban y fomentaban la enemistad entre tribus indígenas («divide y vencerás»). Aparte de esto, como ya venían aprendidos de la táctica con el moro, amansaban a los indios con alguna crueldad disuasoria como quemar o aperrear (arrojar a los perros alanos) a algún cacique rebelde.[371]

Los españoles no eran soldados profesionales sino paisanos codiciosos que voluntariamente se sumaban a los emprendedores que organizaban la expedición. Aunque no estuvieran especialmente entrenados para la guerra, sabían manejar la espada y el caballo (al fin y al cabo procedían de una tradición guerrera, la España medieval, lo que los hacía militarmente superiores al indio).

Los caudillos españoles, a menudo financiados por accionistas particulares, contaban con el permiso real y la promesa de algún cargo en las tierras nuevas puestas «bajo el señorío» de

371. Los alanos o perros de guerra solían ser dogos o lebreles. En el *Códice Florentino*, lib. XII, caps. III y IV se describen estos perros «enormes, de orejas ondulantes y aplastadas, de grandes lenguas colgantes; tienen ojos que derraman fuego, están echando chispas: sus ojos son amarillos, de color intensamente amarillo [...]. Son muy fuertes y robustos, no están quietos, andan jadeando, andan con la lengua colgando». Cristóbal Colón alaba su eficacia militar: «muy gran guerra haze acá un perro, tanto que se tiene a presçio su compañía como diez hombres, y tenemos d'ellos gran necesidad» («Relación del viaje a Cuba y Jamaica», en *Textos y documentos completos*, p. 296). Fue célebre el alano *Becerrillo* que acompañó a Juan Ponce de León en la conquista de Puerto Rico, un alano bermellón de gran talla tan inteligente que respetaba a los indios dóciles y sólo atacaba a los otros. Murió en campaña, por una flecha envenenada.

España. La corona raramente financiaba, pero se cobraba el preceptivo «quinto» del botín conseguido, así como la titularidad de las tierras ganadas. Además, se facultaba para nombrar funcionarios que administraran y cobraran impuestos (en producto o trabajo) a los nuevos «súbditos y vasallos» sujetos a la soberanía española.

Contemplada bajo este prisma, la empresa de la conquista de América resulta menos heroica. Los conquistadores no eran soldados enviados por la corona, sino aventureros que buscaban riqueza y medro en unas tierras donde «hay más oro y plata que hierro en Vizcaya y más ovejas que en Soria».[372] A menudo los reinos y provincias nominalmente agregados a la corona a veces sólo existían sobre el papel («los despoblados», los llamaban).[373] Tribus indias independientes y nada sujetas a los españoles perduraron hasta bien entrado el siglo XIX, cuando las nuevas naciones independientes terminaron por sojuzgar o exterminar a sus indios para, entonces sí, extender su soberanía a todo el territorio.[374]

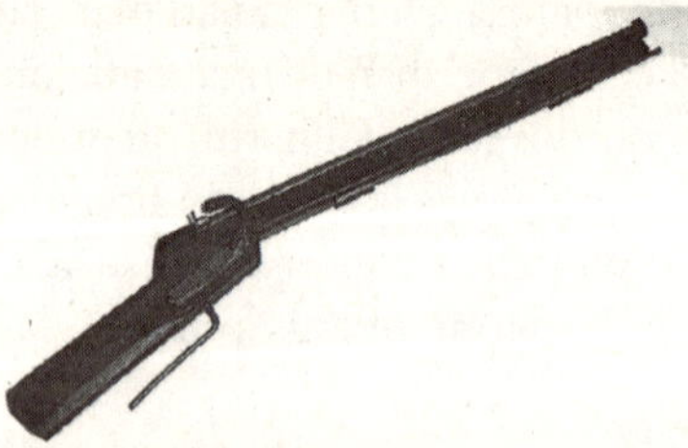

Arcabuz.

372. Lo leemos en la carta que envía a su padre un joven vasco, Gaspar de Marquina, en 1533. Acompañaba a la carta un lingote de oro. Cuando el padre lo recibió, ya Gaspar había muerto en una escaramuza con los indios. Lochhart, *Cajamarca*, 1972, p. 330.

373. Restall, 1994, p. 118.

374. «La caza de indios, ya sea en territorio chileno o argentino (se paga) a una libra esterlina por cada individuo macho y cinco chelines por cada muchacho o mujer» (Magrassi, 1989, p. 24). En moneda inglesa, como vemos, que era el dólar de la época.

CAPÍTULO 78

Mujeres de buen acatamiento

Las enfermedades europeas redujeron notablemente la población india en un primer momento pero, en compensación, el intenso mestizaje contribuyó a reforzar genéticamente a los que sobrevivieron.

Los españoles se entregaron de buena gana a la labor de fecundar a las indias, cuya inocente impudicia los excitaba: «Hay muy lindos cuerpos de mujeres —escribe el propio Colón— [...] van desnudos todos, hombres y mujeres, como sus madres los parieron. Verdad es que las mujeres traen una cosa de algodón solamente tan grande que les cobija su natura y no más y son ellas de muy buen acatamiento, ni muy negras, salvo menos que las canarias.»

Pedro Hernández añade: «Las indias de costumbre no son escasas de sus personas y tienen por gran afrenta negarlo a nadie que se lo pida y dicen que para qué se lo dieron sino para aquello.» Orellana: «Las indias son lujuriosísimas.» Gonzalo Fernández de Oviedo: «El español que no tenía ocho o diez es porque no podía [...]. Son tan estrechas mujeres que con pena de los varones consuman sus apetitos y las que no han parido están casi que parecen vírgenes», ingieren abortivos «para no preñarse para que no pariendo no se les aflojen las tetas, de las cuales mucho se precian y las tienen muy buenas». López de Gómara: «Si el novio es cacique, todos los caciques convidados prueban la novia antes que él; si mercader, los mercaderes, y si labrador, el señor o algún sacerdote. Cuando todos la han catado antes de la boda, la novia queda por muy esforzada [...] pero al regusto de las bodas disponen de sus personas como quieren o porque son los maridos sodomíticos.»

Menudo panorama, ¿no? La intensa actividad genésica de los españoles produjo millones de mulatos, lo que explica el mestizaje que hoy observamos en aquellas tierras. Paraguay fue conocido como «el paraíso de Mahoma» en alusión a los concurridos harenes que disfrutaban sus colonos. No hay que tomar al pie de la letra, por lo tanto, lo de que «los mexicanos descienden de los aztecas, los peruanos de los incas y los argentinos de los barcos».

Colón y las indias desnudas (litografía del siglo XIX).

CAPÍTULO 79

La fiebre del oro

En América no había especiería, pero había oro y plata. La mítica ciudad de El Dorado con la que soñaban los conquistadores, en la que el oro abundaba como los guijos en los pedregales de Castilla, no apareció por parte alguna, pero los dos extensos territorios incorporados al Imperio español, México y Perú, eran ya suficientemente ricos y además se descubrieron en ellos dos buenos filones de plata (Zacatecas, en México, y Potosí, en la actual Bolivia).[375]

Los Austrias españoles, endeudados hasta las cejas por el gasto militar de sostener continuas guerras en Europa, recurrían a préstamos de banqueros genoveses y alemanes que cobraban intereses usurarios. El oro y la plata que llegaban de las Indias se iba en gran parte a los bolsillos de los prestamistas y en pagar a mercaderes italianos y flamencos por objetos manufacturados que bien podían haberse fabricado en España de no sentir su clase dirigente ese desdén hidalgo por el comercio y el trabajo manual.[376]

375. Se calcula que durante el siglo y medio siguientes los españoles extrajeron de las minas americanas unas doscientas toneladas de oro y unas dieciocho mil toneladas de plata.

376. Estas ingentes riquezas se revelaron, a la postre, un desastroso negocio: la abundancia de metales preciosos provocó una monstruosa inflación con la consiguiente alza de precios y sucesivas bancarrotas de la

Franceses e ingleses no permanecieron con los brazos cruzados sino que organizaron sus propias exploraciones (Juan Caboto, Jacques Cartier) que recorrieron las costas de Norteamérica en busca del hipotético paso del Noroeste, un camino alternativo que les permitiría llegar a la especiería de la India. Sin resultado (el paso era tan imaginario como la mítica ciudad de El Dorado que buscaban los españoles más al sur). No obstante, los campos parecían feraces y muy capaces de dar mejores cosechas que los europeos. Comenzaron a fundar colonias, una tarea en la que se les unieron los emprendedores holandeses, siempre tan escasos de tierras.

Después del siglo XVI, las compañías comerciales inglesas, holandesas y francesas eclipsaron el comercio internacional español y portugués. La costa de América del Norte se pespunteó de establecimientos comerciales, a veces protegidos por fortines de troncos o piedra, en los que comerciantes holandeses, ingleses y franceses trapicheaban con los indios. Francia tomaba posiciones en la costa canadiense y en las Antillas (Martinica y Guadalupe); el Reino Unido establecía sus colonias en la costa (germen de Estados Unidos) desde Terranova hasta Nueva Inglaterra y Virginia. Los suecos fundaron su colonia en Delaware...

Los holandeses fundaron en 1614 una factoría comercial, Nueva Ámsterdam, dedicada al comercio de pieles (que cuando pasó a dominio inglés, en 1664, se llamó Nueva York). Es fama que los holandeses compraron la isla de Manhattan a los indios algonquinos por el equivalente a unos veinte euros actuales. También se instalaron en la isla de Curaçao, en el Caribe.

Los portugueses no pudieron evitar que los ingleses se establecieran en Hong Kong, frente a su colonia de Macao, ni que exploraran parajes desconocidos del Pacífico y de la costa oeste de Norteamérica.

Hacienda Real. Fue responsable, en última instancia, de la ruina del país. España dependió cada vez más del metal americano, hasta el punto de que cada año los funcionarios y proveedores de la corona esperaban ansiosamente la llegada de la flota de Indias para cobrarse los atrasos.

Los holandeses (Willem Jansz y Abel Tasman) cartografiaron las costas australianas (quizá visitadas antes por los españoles).[377]

El británico James Cook recorrió la Polinesia, la costa este de Australia, el archipiélago de Hawái, Nueva Zelanda y Terranova.

Bien puede decirse que, entre los siglos XVII y XIX, Europa exploró el mundo. Gracias a sus sólidas naves y a sus competentes marinos llevó la antorcha de la civilización a los más apartados rincones de la tierra. Sólo quedaron a salvo del europeo los inhóspitos polos. Mire uno el mapamundi por donde lo mire, siempre encuentra a un europeo compitiendo con otro en su anhelo por evangelizar y lo que surja.[378]

Lingote de plata del galeón *Nuestra Señora de Atocha*.

377. En 1606 la visitó el explorador portugués al servicio de España Pedro Fernández de Quirós, que buscaba el hipotético continente austral (*Terra Australis Incognita*) cuya existencia aseguraban los estudiosos sin más base que las especulaciones de los pitagóricos griegos, que imaginaban un universo simétrico con similar masa de tierra en los dos hemisferios. Esta idea, recogida por Tolomeo en su célebre mapa y transmitida por el geógrafo al-Idrisi, se daba por cierta en el siglo XV. Fernández de Quirós llegó a Nuevas Hébridas y la nombró Australia del Espíritu Santo (híbrido de las Austral y Austria, por la dinastía reinante en España). Algunos arqueólogos creen haber encontrado pruebas de anteriores exploraciones, y quizá restos de una colonia española cerca de la actual Sydney que se remontaría a 1597. Lo cuento en mi libro *Tartessos y otros enigmas de la historia* (Planeta, Barcelona, 1994). Es interesante la novela de Robert Graves *Las islas de la imprudencia* (Edhasa, Barcelona, 1984).

378. O sea, rapiñar los recursos y confraternizar con las nativas.

CAPÍTULO 80

El Renacimiento

En la Edad Media los europeos habían vivido demasiado pendientes de Dios, y desatinados con el pecado y el infierno. La Iglesia los había convencido de que la vida terrenal era sólo un trámite pasajero para acceder a la vida eterna, lo que determinó una excesiva preocupación por el más allá con el consiguiente descuido del más acá, o «valle de lágrimas», como los púlpitos aún lo llaman. De esa tontuna se liberaron los europeos a lo largo de los siglos XV y XVI, cuando una saludable reacción los llevó a recuperar el aprecio de la vida terrenal y del hombre (humanismo) en detrimento (hasta donde era posible) de la inverificable y sospechosa vida ultraterrena.[379]

Liberado de las ataduras de la superstición religiosa, el hombre cobraba confianza en sí mismo, en sus actos y en su capacidad de raciocinio, y se erguía como medida de todas las cosas. Un intelectual de aquella época, Fernández de Oviedo, escribe: «Nuestra voluntad no se contenta ni se satisface con entender y especular pocas cosas, ni con ver sólo las ordinarias, no se cesa de inquirir en la tierra y en la mar las maravillosas e innumerables obras que el mismo Dios y Señor de todos nos enseña.»[380] En el

379. Dicho de modo más elegante: el teocentrismo medieval cedió terreno al antropocentrismo renacentista.

380. Gonzalo Fernández de Oviedo, «Particular y sumaria relación de las materias que se han de tractar y escrebir en cada uno, ó á lo menos

coro de la iglesia de San Marcos de León leemos: *Omnia Nova Placet* («Todo lo nuevo agrada»).

Este nuevo talante se proyectó en todos los dominios de la vida: en el arte, en la ciencia, en la política, en la medicina, etc.[381] A eso llamamos Renacimiento, un movimiento que puentea la Edad Media, de signo cristiano, para enlazar conscientemente con la tradición cultural grecolatina.

La cosa empezó en Italia, posiblemente estimulada por la repatriación de los sabios bizantinos, con sus bibliotecas de códices clásicos, tras la caída de Constantinopla, y cundió rápidamente por toda Europa, donde el mundo feudal se había replegado ante el avance de la burguesía emprendedora y capitalista, ya plenamente moderna.

Las escuelas catedralicias regidas por clérigos cedieron la antorcha de la cultura a las universidades civiles, que la habían ostentado, junto con los monasterios, a lo largo de la Edad Media... El hombre nuevo daba menos importancia a lo mágico y trascendente y más a lo experimental y científico.

La gente despabiló y dejó de vivir tan pendiente de la vida eterna para prestar mayor atención a la vida presente. Más vale pájaro en mano que ciento volando. Se valoraron los goces terrenales sin conciencia de pecado. Se dedicó menos a las penitencias y a los golpes de pecho y más al gozo de vivir. Incluso se aparecía menos la Virgen.

La coronación del emperador Carlos V en Bolonia (1530) refleja el cambio de mentalidad que se está produciendo: de pronto llueven pájaros sobre la multitud asistente a las ceremonias, un extraño fenómeno que unos interpretan como señal del cielo o intervención divina (exponente de la típica mentalidad medieval que entromete en todo a Dios), mientras que otros le buscan una causa

---

de lo mas substancial» del primer y segundo proemio del libro *General y natural historia de las Indias, islas y tierra firme del mar Océano.*

381. Incluso tuvo consecuencias en el enfrentamiento con otros pueblos: «Los españoles eran hombres renacentistas —escribe Benjamin Keen—, con una visión del mundo esencialmente laica, mientras que los indios americanos tenían una cosmovisión mucho más arcaica, en la que el ritual y la magia desempeñaban una función importante.»

natural: ha sido la reverberación del aire por efecto de los disparos de salvas con los que se celebra el acontecimiento (ensayo de explicación científica, acorde con los nuevos tiempos).[382]

El cambio es especialmente visible en las artes, en las que Italia da la pauta (como en casi todo entonces). Mientras en el resto de Europa se sigue edificando en estilo gótico medieval hasta bien entrado el siglo XVI, Italia difunde el nuevo estilo renacentista inspirado en las ruinas clásicas de Roma.[383] Se construyen menos iglesias y más lonjas comerciales y palacios. Lo mismo ocurre con la escultura y la pintura: se pintan menos santos y más retratos de particulares.[384] Incluso muchos artistas aprovechan encargos religiosos para solazarse en la reproducción de torsos desnudos naturalistas (los san Sebastianes) o suculentas carnes femeninas (las Magdalenas, las Judiths bíblicas, las Evas y los Adanes...).

La Italia renacentista era un mosaico de Estados que competían por el poder y por la gloria. Príncipes ilustrados ejercían su mecenazgo sobre artistas como Miguel Ángel (autor de la Capilla Sixtina), Leonardo da Vinci (el autor de *La Gioconda*) o Rafael.

382. Para mayor abundamiento, la pasarela de madera que comunicaba Palazzo Pubblico con la iglesia de San Petronio se desplomó sobre la multitud que abarrotaba la plaza y mató a tres espectadores e hirió a otros muchos. Inmediatamente se produjo una división de opiniones: unos interpretaron el suceso como obra de Dios que deslucía el acto para castigar a Carlos V por su reciente saqueo de Roma; otros, por el contrario, culparon a los carpinteros que no habían calculado bien el peso que la pasarela tenía que soportar. Es decir, a la explicación teocentrista (típicamente medieval) se oponía la antropocentrista, científica, moderna.

383. Las etapas del Renacimiento en Italia se denominan Quattrocento (siglo XV); Cinquecento (siglo XVI) y Manierismo (barroquismo anticlásico de la segunda mitad del siglo XVI).

384. El Renacimiento no es un movimiento uniforme en toda Europa: mientras el burgalés Berruguete, formado en Italia, tiene que desarrollar su interés por la figura humana tallando santos, sus colegas holandeses retratan a burgueses ricos y satisfechos. Los nuevos artistas se esfuerzan en representar fielmente la naturaleza. Miguel Ángel, Leonardo da Vinci y Rafael investigan sobre la perspectiva, los claroscuros, los trampantojos y otras técnicas que rápidamente se divulgan por toda Europa.

En Florencia, gobernaba una familia de banqueros, los Medici, que llenaron la ciudad de bellos monumentos. Un diplomático florentino, Nicolás Maquiavelo, compuso un tratado político, *El Príncipe*, en el que demuestra, con ejemplos prácticos, que el fin justifica los medios.[385]

En Roma se suceden papas simoniacos y hedonistas, manirrotos y concupiscentes, que hacen mucho por el arte y poco por el Evangelio: Sixto IV (1471-1484), el devoto de la Inmaculada Concepción del que la Capilla Sixtina toma el nombre (aunque Miguel Ángel la decoró en tiempos de Julio II); Inocencio VIII (1484-1492), que casaba a sus hijos con gran boato en el propio Vaticano; Alejandro VI Borgia (1492-1502), del que no se sabe cuántos hijos tuvo (entre ellos Lucrecia Borgia y César Borgia); Julio II (1503-1513) y León X (1513-1521), «un playboy superficial», como lo llama el teólogo Küng.[386] Los cardenales no le van a la zaga formando, en nombre del carpintero galileo, una corte corrupta, con barraganas instaladas en lujosos palacios e hijos bastardos a los que nombraban cardenales y arzobispos.

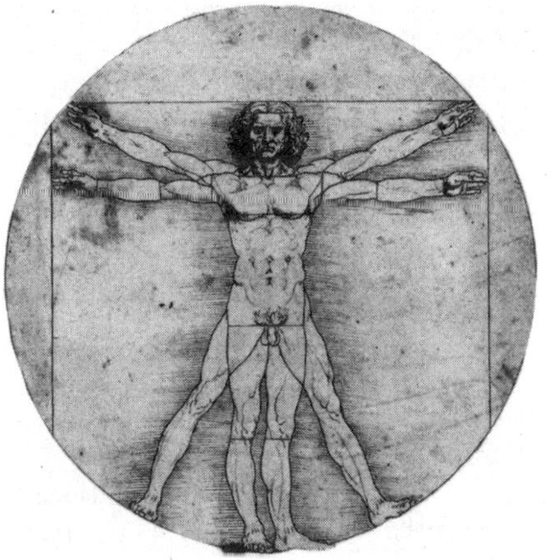

El hombre, medida de todas las cosas (dibujo de Leonardo da Vinci, hacia 1490).

385. Viene siendo desde entonces el libro de cabecera de los políticos, incluso de los iletrados (que constituyen multitud en el gremio) y en él se escudan como coartada para sus fechorías y desvergüenzas.

386. Küng, 2002, p. 167.

CAPÍTULO 81

Riñas vecinales

En la aldea europea dos poderosas familias se odiaban a muerte: los Borgoña-Austria y los Valois-Angulema. Sus vástagos respectivos, Carlos I de España (1500-1558) y Francisco I de Francia (1494-1547), parecían nacidos para llevar aquella rivalidad a sus últimas consecuencias. Ambos eran orgullosos y testarudos, ambos habían heredado viejos litigios de lindes[387] y cada uno de ellos deseaba humillar al otro. Además, Francisco no perdonaba a Carlos que se hubiese alzado con el título de emperador del Sacro Imperio al que también él aspiraba.

Dos colosos frente a frente. Francisco poseía la tierra más rica de Europa y pugnaba por ampliarla, pero Carlos, el poderoso y molesto vecino, se le asomaba amenazador por todas las lindes.[388]

387. En el Milanesado, en Nápoles, en Luxemburgo, en Navarra...

388. Carlos V había heredado media Europa, a saber: de su abuelo paterno, el emperador Maximiliano de Habsburgo, los estados de la casa de Austria, en el sudeste de Alemania; de su abuela paterna, María de Borgoña, los Países Bajos, el Franco-Condado, Artois, los condados de Nevers y Rethel y el ducado borgoñón (en poder de Francia); de su abuelo materno, Fernando el Católico, el reino de Aragón, Nápoles, Sicilia, Cerdeña y sus posesiones de ultramar; y de su abuela materna, Isabel la Católica, Castilla, algunas plazas en el norte de África y de «las Islas, Indias y Tierra Firme del mar Océano» descubiertas por Colón. También heredó un acusado prognatismo que le impedía cerrar debidamente la boca, degeneración causada por los repetidos matrimonios consanguíneos de sus antepasados.

Carlos, el de la mandíbula prognática, y Francisco, el de la luenga narizota, gastaron sumas ingentes en financiar sus guerras particulares, que, al final, quedaron en tablas.[389]

Los ejércitos de la época estaban compuestos de soldados profesionales que combatían por la paga y eran, en una alta proporción, extranjeros. En el ejército de Carlos, además de españoles, militaba una gran cantidad de alemanes, italianos y suizos; en el de Francisco, además de franceses, abundaban igualmente los mercenarios europeos.

El ejército francés se caracterizaba por un elemento moderno, su artillería, y un elemento evidentemente desfasado, su caballería feudal, hombres de armas cubiertos de brillantes armaduras sobre robustos caballos igualmente acorazados. Frente a ellos, las tropas de Carlos I se componían principalmente de infantería, los famosos tercios, una tropa sufrida, valiente y experimentada que pronto sería considerada invencible en terreno llano. Sus largas picas debidamente concentradas en formación cerrada avanzaban disciplinadamente a golpe de tambor y a la vista de la caballería enemiga formaban una especie de erizo, una barrera infranqueable. Cada cuadro de picas se festoneaba con pelotones de expertos arcabuceros capaces de traspasar la coraza de un caballero a cien pasos de distancia. Comenzaba a dictar su dura ley la tan denostada pólvora que dio al traste con la guerra medieval, noble y lúdica, casi deportiva. Otra vez, como en Crécy y en Aljubarrota, el arma que mata a distancia y casi anónimamente, sea arco largo inglés o arcabuz de mecha español, venciendo a la lanza y a la coraza del caballero.

Francisco I en persona pasó los Alpes en 1524, al frente de toda la nobleza de Francia y se enfrentó a los tercios españoles en Pavía. Fue un desastre para la caballería francesa, que se estrelló contra las barreras de picas y resultó fácil presa de la arcabucería. En medio de la melé, un caballero francés ricamente vestido se vio rodeado por un vasco, Juan de Urbieta; un gallego, Alfonso Pita, y un granadino, Diego Dávila. ¡Habían capturado al rey, al

389. La primera batalla fue la de Bicoca, que ganaron los españoles tan fácilmente que *bicoca* se incorporó al castellano como sinónimo de «cosa fácil, ganga o prebenda que se consigue con poco coste».

mismísimo Francisco I! Acudió un oficial que al reconocerlo le besó la mano caballerosamente. Francisco entregó su espada y una manopla, en señal de rendición.[390]

Otro episodio sonado de estas guerras fue el saqueo de Roma (el famoso Saco de Roma) por los tercios españoles y los lansquenetes alemanes, que robaron palacios, iglesias y conventos. «Aquellos demonios furiosos —cuenta un testigo— profanaron con ensangrentadas manos los sagrarios y los santuarios y cebaron sus más bajos instintos en las virginales novicias.»[391] Ítem más, los lansquenetes, muchos de ellos protestantes, grabaron el nombre de Lutero a punta de alabarda sobre las pinturas de Miguel Ángel en la Capilla Sixtina. Al protonotario pontificio, que era natural de Jaén, lo colgaron de sus partes más nobles para que declarara dónde había ocultado los tesoros del pontífice, pero murió sin soltar prenda. El propio papa salvó la vida acogiéndose al castillo de Sant'Angelo.

Lo que son las cosas, ese mismo papa coronaría a Carlos I emperador del Sacro Imperio Romano Germánico (el nuevo Carlomagno), un honor que Carlos había alcanzado sobornando generosamente a los príncipes electores.[392]

390. Con la perspectiva del tiempo no deja de ser curiosa la supervivencia de este concepto medieval de la guerra en la que los propios reyes se juegan la vida al frente de sus tropas. También Carlos I estuvo a punto de caer prisionero del enemigo en Innsbruck, en 1552. Los monarcas actuales, sin embargo, aunque gusten de vestir uniforme y de lucir medallas y condecoraciones, hace tiempo que dejaron de ir a la guerra y se contentan con presidir desfiles y disparar contra la fauna mayor.

391. Sin que ello entrañe, necesariamente, que respetaran a las talludas abadesas.

392. Carlos sobornó a los príncipes electores con 850.000 florines. Francisco sólo les ofrecía 300.000. Buena parte de la suma se la adelantó el banquero alemán Jacobo Fugger *el Rico*, con el que Carlos quedó entrampado de por vida. Para que se fuera cobrando la deuda le cedió la explotación y el monopolio de las minas españolas de oro, cobre y sal, además del cinabrio de Almadén, que los Fugger explotaron durante más de un siglo (hasta 1645). En la cercana localidad de Almagro se conserva el almacén (hoy llamado palacio de los Fúcares) en el que guardaban el cinabrio, de cuya destilación se obtenía mercurio, un elemento esencial en la obtención de oro.

CAPÍTULO 82

Tres coronas en una sola cabeza

Coronaciones imperiales hubo dos. La primera se celebró el 23 de octubre de 1520, cuando Carlos se consagró ante la tumba de Carlomagno, en Aquisgrán.[393] Imaginemos a un jovenzuelo de veinte años excesivamente ataviado de medias, zapatos, guantes, anillo, tunicela, estola y capa pluvial, para recibir las insignias imperiales: la espada de Carlomagno, la legendaria *Joyeuse*, el cetro, el globo que representa el orbe y la corona (que le encasquetó el arzobispo de Colonia al tiempo que lo proclamaba Rey de Romanos).

Rey de Romanos era el título previo a la coronación propiamente dicha, que debía recibirse de manos del papa. Lo malo es que el pontífice no estaba por la labor: se había coaligado con Francisco I y fue menester invadirle los Estados Pontificios y saquearle Roma, como queda dicho en páginas anteriores, para que diera su brazo a torcer y consintiera en coronar a Carlos, aunque con diez años de retraso, en Bolonia. Esta segunda coronación fue doble: primero la corona de hierro de los longobardos y, dos días después, la áurea corona imperial.

La ceremonia de Bolonia resultó más solemne que la de Aquisgrán: en la ciudad engalanada con trampantojos y arcos triunfales (para que pareciera Roma) desfilaron, en solemne procesión, el papa y su colegio cardenalicio, seguidos del emperador

393. De este modo, con la bendición papal sería a un tiempo emperador de los germanos y emperador de los romanos.

Carlos con su nutrido séquito en el que cuatro nobles portaban sendos atributos imperiales (cetro, espada, orbe y corona). Arrodillado ante el altar mayor, Carlos se inclinó para que el papa lo ungiera, como a los antiguos reyes de Israel, derramándole una redomilla de aceite santo sobre el colodrillo.

¡Quién hubiera vivido aquel momento emocionante! El papa reconciliado con el emperador (a la fuerza ahorcan) le impone los atributos imperiales. En la atestada plaza resuenan las trompetas, la muchedumbre prorrumpe en vítores («¡Imperio, imperio!», aunque los españoles prefieren gritar «¡España, España!»).

El emperador, fiel al protocolo, sostiene los estribos del caballo papal para representar la subordinación del poder temporal al espiritual. A continuación, pontífice y emperador cabalgan juntos (aunque cada uno en su caballo, claro) bajo un enorme palio bordado de oro y marchan a almorzar mientras en la plaza se convida al pueblo a un relleno imperial aovado.[394]

La reconciliación del papa y el emperador había sido muy oportuna, aunque algo tardía. En los años precedentes, mientras los cristianos andaban entretenidos en sus rencillas, las galeras turcas se adueñaban del Mediterráneo oriental y los jenízaros del sultán habían conquistado los Balcanes y amenazaban Viena.

Antes de morir, Carlos V dispuso que sus posesiones se dividieran entre su hijo Felipe II (España con sus dominios) y su hermano Fernando I (Austria y el título imperial). Como el Imperio romano, el de Carlos había resultado demasiada carga para una sola persona, y eso que el rubio fue muy viajero y procuró

394. Este plato, según el pícaro Estebanillo González, se denomina aovado porque se comienza por un huevo. «Este huevo ha de estar dentro de un pichón, el pichón ha de estar dentro de una perdiz, la perdiz dentro de una polla, la polla dentro de un capón, el capón dentro de un faisán, el faisán dentro de un pavo, el pavo dentro de un cabrito, el cabrito dentro de un carnero, el carnero dentro de una ternera, la ternera dentro de una vaca. Todo esto ha de ir lavado, pelado, desollado y lardeado (untado con manteca) fuera de la vaca, que ha de quedar con su pellejo. Y cuando se hayan metido unos en otros, como cajas de Inglaterra (hoy diríamos como muñecas rusas), para que ninguno se salga de su asiento, los ha de ir el zapatero cosiendo a dos cabos.» Todo eso se asa y el resultado es «un manjar tan sabroso y regalado».

estar en todas partes, que es lo que más se parece a no estar en ninguna. El título imperial ya no se separaría de la familia Habsburgo-Austria hasta 1918.

Europa se debate entre opuestos: perdura la vieja idea medieval del imperio universal y cristiano, el carolingio (representada por Carlos V), pero se le opone la idea plenamente moderna de la nación independiente (la Francia de Francisco I). Como tantas veces a lo largo de la historia europea, Francia iluminará el camino del futuro y se llevará el gato al agua.[395]

Durante dos siglos (XVI-XVII) las fuerzas de España se pusieron al servicio de la familia Habsburgo para derrotar a cuantos se opusieron a su hegemonía (ingleses, holandeses, franceses y protestantes alemanes). Debido a ese concepto patrimonial de la monarquía, España fue la empresa saneada de los Austrias, cuyos beneficios sirven para enjugar las pérdidas de otras empresas ruinosas del mismo *holding*. Con la diferencia de que España, y en especial Castilla (que incluía Extremadura y Andalucía), no sólo aportó financiación, sino también la sangre de sus hijos, derramada en guerras absurdas de las que no obtuvo ganancia alguna.

RELLENO IMPERIAL

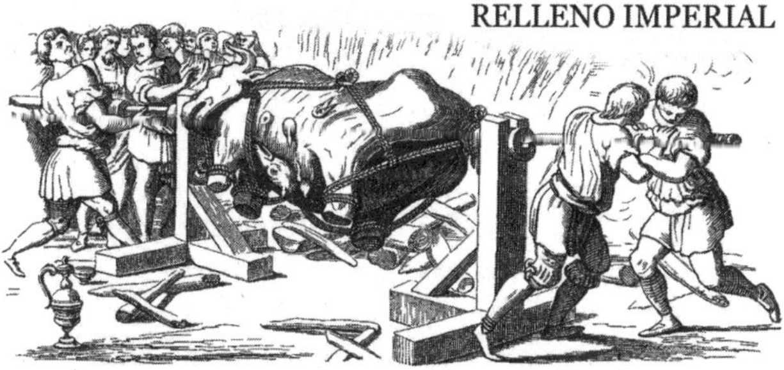

395. Hoy vuelve a renacer la vieja idea carolingia en la Comunidad Europea, aunque ahora no bajo el signo de la religión común (ya periclitado, como la propia religión) sino del mercado y el capitalismo. Los partidos envían a Bruselas a sus políticos amortizados con la pretensión de que, además de darse la vidorra padre en tan suculento retiro, construyan una supranación que desacelere la decadencia de Europa. ¡En buenas manos hemos puesto el pandero!

CAPÍTULO 83

La Reforma

«Somos vendedores de humo», confesó hace unas páginas cierto prelado en un insólito rapto de sinceridad. Nada más cierto: en el tiempo en que los banqueros genoveses vendían cédulas aseguradoras sobre mercancías terrenales, la Iglesia comercializaba cédulas celestiales que aseguraban la salvación de las almas.

Imaginemos la escena: predicadores especialmente preparados para el menester, que dejarían en mantillas a Stephen King, aterrorizaban a la feligresía con truculentas descripciones de los tormentos que le aguardaban en el purgatorio. Mientras, al lado del púlpito, un acólito vendía indulgencias antes de que la clientela se enfriara.

Las indulgencias eran unas cedulillas escritas en latín y selladas con aparatosos sellos pontificios que indultaban al pecador y le permitían hurtarse del doloroso trámite del purgatorio.[396] Incluso se podía rescatar de las llamas a los parientes ya muertos, porque las había con efecto retroactivo y endosables a familiares o amigos.

Nunca la Iglesia trincona había estado tan boyante: había conseguido colocar en el mercado un producto totalmente imaginario, sin coste alguno de producción, que los ávidos consumidores

396. Esta fantasía del purgatorio está hoy bastante desacreditada, hasta el punto de que Juan Pablo II lo ha clausurado, pero en aquel tiempo la gente sencilla era más crédula y no dormía por las noches pensando en el castigo.

le pagaban con plata contante y sonante. ¡Mejor negocio que las especias portuguesas, que el oro español, que los paños flamencos!

Nada bueno dura para siempre, como saben las personas de cierta experiencia. En 1516, el monje agustino alemán Martín Lutero, el aguafiestas de esta historia, visitó Roma y se quedó estupefacto al constatar el boato y la desvergüenza reinantes en la corte pontificia. Riadas de peregrinos llegados de toda Europa hacían cola para ascender penosamente, de rodillas, la Scala Santa a fin de postrarse ante el paño de la Verónica.[397] Así como muchos jubilados americanos ahorran toda la vida para cepillárselo en una semana de juerga en los casinos de Las Vegas, los creyentes más crédulos (valga la redundancia, que no lo es tanto) gastaban sus ahorrillos de toda una vida de sacrificio en indulgencias que les aseguraran un buen tránsito a la vida eterna (otros cedían sus propiedades a la Iglesia con el mismo fin). Un negociazo de aquellos filántropos de la sotana.

Era Lutero feo y corpulento, sanguíneo de carácter, despejado de frente y de ideas, con una quijada voluntariosa y una mirada que, en el retrato que le hizo Lucas Cranach, expresa firmeza y determinación.

Cuando regresó a Wittenberg, nuestro fraile redactó un documento contra la codicia y los errores de la Iglesia y lo clavó en la puerta del convento. Las hojas impresas del documento (la imprenta, inventada por Gutenberg hacia 1450 estaba entonces en pleno auge) circularon profusamente por las universidades y estudios de Europa. Fue un aldabonazo para la conciencia de mucha gente.[398]

397. Esta escena la hemos visto al principio de la película de Eric Till *Lutero* (2003). La Scala Santa que aparece en la película no es la verdadera (se ve que la productora no ofreció la pasta necesaria al Vaticano). La falsa reliquia original está en la basílica de San Juan de Letrán: 28 peldaños que nunca fueron parte del palacio de Poncio Pilato en Jerusalén y, por tanto, jamás fueron hollados por Jesús cuando compareció ante el romano el Viernes Santo. Todavía vemos a crédulas viejecitas que la ascienden penosamente de rodillas para cumplir una promesa.

398. «La imprenta es el caballo que tira del Evangelio», escribió Lutero.

Lutero abogaba por una reforma de la teología y de las costumbres. Había que regresar al Evangelio, a la pureza del primer cristianismo. Desprendámonos de todos los añadidos que entorpecen la relación del hombre con Dios, esos pretendidos sacramentos que sólo son pretexto para cobrar buenos dineros (o estipendios, como ellos lo llaman): la confirmación, el matrimonio, la ordenación sacerdotal, la extremaunción, las peregrinaciones, el culto a las reliquias, la veneración de los santos, las misas de ánimas... Nada de eso es necesario: el pecador se salva a través de la fe y no a través de sus obras.[399]

El fraile no dejaba títere con cabeza.

El papa León X manejó torpemente el asunto: primero le restó importancia («Esto es la obra de un borracho, cuando esté sobrio se le pasará», dijo). Después, cuando supo que Lutero arremetía contra las indulgencias (su saneada fuente de ingresos), encontró en sus escritos algo más que indicios de herejía: «¿Ese patán se atreve a interpretar las Escrituras, una facultad reservada a los pontífices?»

Y excomulgó a Lutero. Consecuentemente, el emperador (Carlos V), defensor de la fe, prohibió sus obras y lo declaró prófugo.

En un principio, Lutero no quería apartarse de la Iglesia, pero se tomó muy a mal que el papa lo declarara hereje y apóstata: «¿Apóstata yo? —replicó—. ¡Tú eres el Anticristo!» Ya embalado, produjo nuevos escritos contra la Iglesia, siempre apoyados en sólidos argumentos teológicos. La imprenta los difundía por toda Europa. Más combustible a la hoguera.

Lutero se atrevía a expresar en voz alta lo que mucha gente ilustrada pensaba en conciencia, pero no se atrevía a manifestar por miedo a la represión (el humanista Erasmo de Rotterdam, entre otros): que la Iglesia debería purificarse y retornar al Evangelio vivo de las Sagradas Escrituras.

Lutero sabía que los que se enfrentaban a la Iglesia o le exi-

399. O sea, que el arrepentimiento borra la pena sin necesidad de pagar por la indulgencia y que las almas que creen en Dios se salvan. «Sólo la gracia de Dios y sólo la fe» bastan al cristiano.

gían reformas acababan en la hoguera (había precedentes recientes: Jan Hus, o el dominico Savonarola), así que se curó en salud, abandonó la escena y se refugió en el castillo de Wartburg, donde, suelta ya la brida, arreció en sus ataques a la institución. También tradujo la Biblia al alemán.[400]

Para rematar, el fraile rebelde se casó con una monja exclaustrada, Catalina von Bora, de veintiséis años, hermosota aunque no muy agraciada. Tuvieron tres hijos y tres hijas.[401]

La semilla de Lutero germinó. Otras voces contestatarias se sumaron a la suya, con los mismos o parecidos argumentos. Un legista francés, Calvino, se instaló en Ginebra y la convirtió en una ciudad-iglesia sometida a rígidas normas morales. Los calvinistas valoraban mucho el trabajo y aceptaban la ganancia y el interés. («El oro y la plata son buenas criaturas a las que puede darse buen uso.») Estas novedosas ideas encantaron a la burguesía comercial y facilitaron muchas conversiones. Desde entonces se habla, quizá exageradamente, de la Europa calvinista, la del norte, afecta al trabajo, y la Europa católica, la del sur, afecta a la

400. Hasta entonces la Biblia había sido un libro misterioso reservado a los clérigos, que la conocían a través de la defectuosa versión latina de san Jerónimo, la Vulgata. A la Iglesia no le convenía que la feligresía tuviera acceso a aquel libro complejo formado de muchos libros de distinta índole, un batiburrillo en el que se dice una cosa y la contraria de manera que manipulándolo un poco (como ellos hacen) justifican cuanto quieren justificar, bueno o malo, lo que incluye quemar en la hoguera al disidente (¡coño con la caridad cristiana!). A partir de Lutero, la Biblia se tradujo a los idiomas vernáculos, aunque su lectura y estudio siguió siendo cosa de protestantes. Los católicos, menos inquietos, preferimos que los curas nos la expliquen a su manera en el sermón de la misa dominical. Total, tampoco atendemos a lo que predican: ponemos cara de atender pero cada cual está pensando en sus cosas. No es criticar, es referir.

401. El ilustre reformador era tan metódico que llevaba la cuenta de sus efusiones amorosas, con su suma y sigue caligrafiado en gótica escritura alemana. Al cierre del primer capítulo anotó ciento cuatro en un año. Teniendo en cuenta que había cumplido ya los cuarenta y dos, y que se trataba de un hombre entregado a lo divino más que a lo humano, parece una media razonable.

vida más contemplativa. Como en toda generalización, hay un fondo de verdad.[402]

A las sectas mencionadas se sumó otra: los anabaptistas, fundada por Zuinglio en Zúrich, de amplia base campesina y popular, en la que las creencias se confundían con reivindicaciones sociales (prueba de ello es que los persiguieron los dos bandos, el papista y el luterano).

Disipada la polvareda teológica, en Europa quedaron cuatro bandos protestantes: luterano, reformado, anglicano e iglesia libre. El anglicano no era muy distinto del católico, excepto en que no obedecía al papa.[403]

Los católicos se salvaban practicando buenas obras o comprando indulgencias; Lutero predicaba que uno se salva sintiendo intensamente la fe en la misericordia divina; los calvinistas creían que Dios decide quién se salva y quién se condena desde su nacimiento (predestinación).[404]

Las doctrinas de Lutero se extendieron por el norte de Europa (Alemania, Dinamarca, Suecia, Noruega, Islandia y Finlandia). El calvinismo cundió por Francia, Holanda, Inglaterra, Suiza, Polonia y Hungría.

De pronto, el estupendo negocio de la Iglesia romana se iba por el fregadero reformista. En Roma, los cardenales evaluaron los daños: el rebaño se había reducido a la intransigente España (con Portugal), a Irlanda y a algunas regiones de Francia, Alemania y Suiza.

402. Max Weber lo llama «el espíritu del capitalismo moderno» en *La ética protestante y el espíritu del capitalismo* (1905).

403. El Parlamento inglés, tan suyo, quería sustraerse de las manipulaciones de Roma (lo del divorcio del rey, al que el papa se negaba, fue lo de menos).

404. Naturalmente, todo buen calvinista pensaba que pertenecía al círculo de los elegidos. Así cualquiera.

CAPÍTULO 84

La Contrarreforma

La Iglesia tardó casi treinta años en comprender que si no aceptaba ciertos cambios se le acababa el negocio. Incluso sus propias ovejas criticaban sus abusos. Entre 1545 y 1563 se celebró en Trento (norte de Italia) una reunión de teólogos y juristas que se propuso un plan para la recatolización de Europa. Demasiado tarde: una parte importante del rebaño se había acostumbrado a otros pastores y ya no regresaría al redil romano, pero al menos se salvaron los muebles: la cristianísima Francia, la catoliquísima España, la papal Italia, la tozuda Irlanda...

Trento rehabilitó el maltrecho edificio de la Iglesia: se prohibieron las obras de los protestantes, se impulsó un catolicismo italiano y español, se renovó la vida pastoral, se catequizó, se emprendieron misiones a cargo de sacerdotes mejor preparados, especialmente jesuitas que, en adelante, serían la gran defensa de la Iglesia.

En Trento se idearon formas de propaganda todavía vigentes (y que rinden excelentes resultados): piedad popular, procesiones, veneración mariana, y culto a las reliquias y a los santuarios.

La Iglesia militante y triunfante impulsó un arte nuevo: el barroco, conceptualmente retorcido, estéticamente recargado, dramático, extremado, un arte capaz de representar plásticamente dogmas tan intrincados como la virginidad de María o el misterio de la Trinidad. La Iglesia se ganaba a los fieles a través de la emoción (esas arquitecturas imposibles, esos Cristos torturados y sangrantes, esas Dolorosas rotas, esa santa Teresa berniniana, en éxtasis sugerente...).

El arte barroco se reveló un excelente vehículo de propaganda y control ideológico. Triunfó en toda la Europa católica y sigue triunfando (el barroco cofradiero sevillano es su última y más elaborada expresión).

La Reforma protestante, por su parte, inspiró una música religiosa (Haendel, Bach...) que no tiene nada que envidiar al gregoriano o canto llano surgido de los monasterios.

El Concilio de Trento. Óleo de Pasquale Cati. En primer término la Iglesia triunfante; una matrona rolliza, tocada con tiara papal, pisa a la herejía y le desarregla el peinado.

CAPÍTULO 85

Las guerras de religión

Hoy tenemos el fútbol, pero en aquellos tiempos, a falta de deporte rey, se discutía de religión. Las disputas teológicas entre católicos y protestantes derivaron en batallas de pica, mosquete y cañón que ensangrentaron Europa (todo eso en nombre del dulce Jesús, con más de una motivación económica soterrada).

Como emperador del Sacro Imperio Romano Germánico, Carlos V debía defender a la Iglesia y a la cristiandad, esa vaga sombra de unidad europea alentada por los papas sobre el lejano recuerdo del Imperio romano. Alemania era un mosaico de principados sobre los cuales Carlos ejercía una cierta tutela en su calidad de emperador. Cuando se extendió el luteranismo por sus posesiones, Carlos se creyó en la obligación de reprimirlo y de mantener el imperio dentro de la obediencia a Roma. Por lo tanto, tomó sobre sus hombros la tarea de combatir a los príncipes protestantes. Además, en su calidad de paladín de la cristiandad, debía contener la expansión turca por el Mediterráneo. Todo ello con dinero español, especialmente castellano, naturalmente.

Carlos V, después de gastar tesoros en costear tropas para someter a los príncipes protestantes rebelados, tuvo que envainársela (la espada), pactar con ellos y consentirles libertad de cultos. En su retiro de Yuste confesaba amargamente a los frailes: «Mucho erré en no matar a Lutero.»

En Francia se persiguió crudamente a los calvinistas (allí llamados hugonotes) y se asesinó a tres mil, en nombre del dulce Jesús, en París, en una sola noche: la matanza de San Bartolomé, por el santo del día.

En los Países Bajos, los calvinistas holandeses resistieron bravamente con las armas al gobierno de España. Finalmente aquellas provincias se dividieron en un norte protestante (Holanda) y un sur católico (Bélgica).

En Alemania, la guerra de los Treinta Años (1618-1648) asoló el país e implicó a España, Francia y los reinos escandinavos.

La próspera Europa, devastada por una orgía de sangre y destrucción. De la manera más tonta. Por motivos religiosos. Finalmente, desangradas y arruinadas las naciones, se suscribió el Tratado de Westfalia (1648), de índole pragmática: «Habrá una paz cristiana y universal y una amistad sincera, auténtica y perpetua entre los Estados.» Cada Estado sería soberano e igual a los demás en derechos sin importar que fuera más o menos fuerte, y el principio de no injerencia en asuntos internos y el trato de igualdad implantaron una actitud que ha durado hasta hoy. (Aunque ya empieza a durar menos con la Unión Europea.)

«El fanatismo es una enfermedad tan contagiosa como la viruela», sentenció Voltaire, hijo de aquellos turbulentos tiempos.[405] El patriarca de Ferney dedicó su vida a combatir la intolerancia y el fanatismo de los que se creían en posesión de la verdad.

Después del vapuleo, las dos partes, protestante y católica, comprendieron que era mejor avenirse. En adelante no se combatiría en Europa por motivos religiosos. Se acordó que cada príncipe o señor decidiera si sus súbditos serían católicos o protestantes (dicho en latín: *Cuius regio, eius religio*; «A tal rey, tal religión»). [406] En la práctica, cada Estado se atuvo a su religión

405. *Diccionario filosófico*, 1764, artículo «Fanatismo».

406. No era nada nuevo. Desde la antigüedad los súbditos han acatado la religión del monarca. Recordemos el Imperio romano, donde pueblos de muy distintos orígenes, lenguas, costumbres y creencias rendían culto al emperador y eso los mantenía unidos. En la Edad Media toda Europa fue cristiana (la occidental romana y la oriental ortodoxa).

dominante cuando se firmó la paz.[407] Las más ganânciosas fueron las protestantes Suiza y Holanda, que se independizaron del Imperio germánico.

El papa perdió la partida y dejó de pastorear (y de esquilar) a media cristiandad europea, precisamente la más rica. Se repetía su desgracia: unos siglos antes, cuando el Cisma de Occidente, había perdido el dominio evangélico de la mitad más rica del Imperio romano (la ortodoxa). Ahora perdía el norte de Europa (la mitad de la mitad restante). Tuvo que resignarse a pontificar solamente sobre un cuarto de Europa.[408] Suerte que dos países católicos, España y Portugal, estaban llevando su religión papista a los indiecitos de sus respectivos imperios y a las nuevas tierras que descubrían y evangelizaban.[409]

En el siglo XVIII, la Ilustración decretó la libertad de conciencia. Desde entonces, los Estados verdaderamente modernos se han proclamado aconfesionales, o sea, laicos.[410]

407. A veces el monarca se plegaba a la religión de la mayoría con tal de alcanzar el trono: «París bien vale una misa», como dijo el primer Borbón para asegurarse el trono de Francia. En Alemania, que era un mosaico, se delimitaron los Estados que serían católicos o protestantes atendiendo al statu quo en el momento de la paz (lo que implicó ciertos movimientos migratorios).

408. Se sigue llamando católica (del griego καθολικός, *katholikós*, «universal»), pero al mismo tiempo avisa de que es romana, o sea de Roma y sus entornos (y de los países evangelizados por esos entornos, mayormente España y Portugal).

409. De no ser por ellos adónde viajarían ahora estos papas inquietos y volanderos que se dan baños de masas en los países de acendrado catolicismo (y no menos acendrado subdesarrollo).

410. Empezando por Estados Unidos. Hoy la avanzada Europa es aconfesional, al menos teóricamente. España lo proclama en su Constitución y ya ven a Rouco y sus conferentes obispos ocupando parcelas de soberanía nacional que, además, intentan ensanchar con santa intransigencia.

CAPÍTULO 86

El Siglo de las Luces

Llamamos al siglo XVIII el Siglo de las Luces o de la Ilustración porque una minoría de bienintencionados intelectuales se empeñó en construir un mundo mejor sobre la base de que todos los hombres son libres e iguales (pensamiento que hoy puede parecernos obvio, pero que entonces resultó de lo más revolucionario: de hecho, provocó una revolución).

Estos ilustrados de peluca empolvada y casaca de seda aspiraban a liberar a la humanidad de la ignorancia, de la superstición y de la tiranía. Anhelaban construir un mundo mejor en el que todos los hombres fueran iguales y se remuneraran de acuerdo con los méritos y esfuerzo de cada cual.

Las ideas ilustradas lesionaban los intereses de dos clases privilegiadas, aristocracia y clero, justificados hasta entonces por la existencia de un Dios que delegaba sus paternales funciones en los monarcas y en la Iglesia (Altar y Trono). La razón esgrimida por los ilustrados ponía en duda incluso la propia existencia de ese Dios tan arbitrario.

Por vez primera se discutían la religión y el gobierno tiránico, las dos principales lacras de la humanidad.

Las ideas de los ilustrados se impusieron lentamente entre la burguesía acomodada de Europa (especialmente en Francia e Inglaterra) y después llegaron al pueblo. A esa irradiación social siguió otra geográfica: desde Europa la Ilustración alcanzó a sus colonias, que ya ocupaban buena parte del mundo.

Comenzaba una nueva era de la humanidad. La principal consecuencia del triunfo de las ideas ilustradas fue la Revolución francesa con sus tres avanzados ideales de libertad, igualdad y fraternidad que hoy ya nadie discute (en el mundo libre, al menos).

Recapitulemos: desde que el mundo es mundo, la minoría dirigente ha vivido a costa de la mayoría currante. Notémoslo sin acritud. No es marxismo; es ley de vida: el que ordena la tierra (el gobernante) y el que ordena el cielo (el religioso) viven a costa del trabajador.[411]

El gobernante y el religioso: dos figuras incombustibles que se pueden encontrar en cualquier época y cultura. Mudan de nombre como el camaleón muda de color, pero el concepto permanece: brujos de la tribu y guerreros, magistrados y sacerdotes, *oratores* y *pugnatores*, clero y aristocracia, Altar y Trono.[412]

Contemplemos la sociedad en su complejidad: una minoría privilegiada le chupa la sangre vía impuestos, tasas, multas y otros trucos recaudatorios a una mayoría de currantes por cuenta propia o ajena, burgueses, comerciantes y artesanos.

Vale la pena detenerse en ver cómo la antigua aristocracia de cuna (duques, marqueses, condes, etc.) se vio suplantada por la de cucaña (o sea por los actuales rectores de la sociedad, los políticos, los banqueros, los líderes sindicales, etc., que constituyen la nueva clase privilegiada).[413]

Hemos visto que, entre los siglos XVI y XVII, imperaban en Europa monarquías absolutas. El rey explotaba a la nación, que

411. El marxismo es otra religión, con los mismos abusos: doctrina que exige obediencia absoluta (totalitarismo), sacerdocio que la administra (los ideólogos del partido) y casta dirigente que vive del trabajo de las bases. Por tener tiene, y ha tenido, inquisiciones, herejías, herejes y autos de fe, en su propio estilo, claro, pero no menos sangriento.

412. El gobernante y el religioso, digo. Los seguimos viendo hoy mismo, en esta España de nuestros pecados: el religioso en la Iglesia episcopal que vive de los impuestos que el Estado supuestamente laico extirpa a sus contribuyentes.

413. Exceptúo, como es obvio, a los políticos y obispos honrados, si Diógenes, con su linterna, encontrara alguno.

era su finca privada, con ayuda de una clase privilegiada formada, casi a partes iguales, por la aristocracia y la Iglesia, a la que se iban incorporando servidores del Estado promocionados por el monarca.

«Y el no privilegiado y explotado ¿cómo es que no se rebelaba?», se preguntará el lector.

Bueno. A lo largo de la historia se han producido diversas rebeliones de estos trabajadores contra la minoría explotadora: los esclavos en tiempos de Espartaco (-73), la *Nika* en Constantinopla (534), la *Jacquerie* en Francia (1358), la de los payeses de remensa (1462), los *irmandiños* (1467), los *segadors* (1640)... Todas estas rebeliones acabaron fracasando, aplastadas por el poderoso.

Hasta que una sublevación triunfó y cambió el curso de la historia: la Revolución francesa.

En 1789, los franceses se levantaron en armas y guillotinaron al rey y a los nobles y a los curas que se dejaron coger.[414] Con esta revolución se termina (más o menos) el régimen de los privilegiados o Antiguo Régimen y sucede el Nuevo Régimen o Régimen Liberal que nos hace a todos iguales ante la ley (recuerden: *Liberté, égalité, fraternité*).[415]

Cuando los monarcas de Europa vieron lo ocurrido a su colega francés temieron que cundiera el ejemplo en sus propios países y se movilizaron para apagar aquel incendio social que ponía en peligro sus tronos y sus privilegios.

414. Las naciones más civilizadas de Europa (y las más democráticas) tienen en su haber la decapitación de algún rey: Inglaterra (Carlos I, ejecutado en 1649) y Francia (Luis XVI, *le Dernier*, en 1793).

415. Más o menos, quiero decir, porque no todos los países de Europa consiguieron sus libertades y sus democracias al unísono ni con la misma intensidad. Los franceses, siempre tan adelantados, han conseguido vivir en un régimen republicano desde 1870 y separaron la Iglesia del Estado en 1904, mientras los españoles ni una cosa ni otra. Así nos va. Y esto no tiene pinta de cambiar, lo digo sin acritud.

CAPÍTULO 87

La Revolución francesa

Veamos, con un poco más de detalle (y regodeo), lo que ocurrió en Francia. Allá existía una especie de parlamento, los Estados Generales, integrado por la nobleza (Primer Estado), el clero (Segundo Estado) y la burguesía (Tercer Estado). Llevaba sin reunirse desde 1614, pero el rey lo convocó en 1789 para que le votaran unos subsidios (los reyes siempre trincando). Ahí metió la pata porque el Tercer Estado, que estaba un poco cabreado con la carestía de la vida y porque lo breaban a impuestos, caldeó la reunión con exigencias de un número de votos proporcional a su importancia numérica y económica.

El rey y la nobleza se negaron, claro. (¿Qué se han creído esos insolentes?) Fatal error de cálculo, porque los burgueses, en lugar de achantarse ante el poderoso como tenían por costumbre, se pusieron farrucos: «Estamos aquí reunidos por voluntad popular y sólo nos sacarán a bayonetazos», advirtió Mirabeau, uno de sus representantes. «*Niente de niente*», dijo el rey. ¿Ah, sí? El Tercer Estado se autoproclamó Asamblea Nacional Constituyente y comenzó a redactar una Constitución, o sea, una ley fundamental del Estado, común para todos sus individuos.

O sea, aquello terminó en asonada.

¿Qué estaba pasando? La burguesía quería limitar los privilegios del rey y de la aristocracia, quería transformar la monarquía absoluta (en la que el rey hace lo que quiere, sin cortapisa alguna) en monarquía constitucional (en la que el rey está sometido a una ley). En el fondo lo que la burguesía y el pueblo buscaban era disminuir la carga impositiva, que solamente gravitaba sobre sus lomos.

Todas eran exigencias razonables vistas desde nuestra perspectiva actual (porque todos somos hijos de la Revolución francesa y de las múltiples hijuelas que la siguieron), pero entonces no resultó tan fácil conseguir que los privilegiados cedieran, muy a regañadientes, parte de sus privilegios: hubo que arrebatárselos por la fuerza.

Hoy, como todos sabemos, ya no queda más aristocracia privilegiada que el último reducto de las casas reales que siguen viviendo sin dar golpe y pasan la corona de padres a hijos «por privilegio divino basado en el derecho de la sangre», esa sublime y medieval genialidad absurdamente tolerada por algunos países modernos en los que se consiente un rey holgazán, vividor, trincón, vicioso y papanatas.[416]

Regresemos a los franceses prerrevolucionarios de 1782. Los burgueses del Tercer Estado soliviantaron al pueblo y éste, que no tenía nada que perder, asaltó la prisión de la Bastilla, el viejo símbolo de la tiranía real.

La vieja fortaleza, que levantaba sus decrépitos muros en el corazón de París, estaba casi vacía, pero era un símbolo de la opresión monárquica. Los exaltados revolucionarios la demolieron piedra a piedra y hoy su solar es una plaza. Esto ocurrió un 14 de julio, que desde entonces es fiesta nacional en Francia.

La Asamblea Constituyente comenzó a emitir leyes y mandamientos inspirados en las bondades de la Ilustración, entre ellas la Declaración de los Derechos del Hombre y del Ciudadano: los hombres nacen y permanecen libres e iguales en derecho.

Era el final del Antiguo Régimen y el principio del Nuevo Régimen, o Régimen Liberal, en el que aún vivimos los países del mundo libre (o creemos vivir). Bien mirado, ese Régimen Liberal es la esencia de lo que debemos seguir llamando civilización occidental o civilización cristiana occidental.

416. Me refiero a Brunei, Bután, Camboya, Lesoto, Suazilandia, Samoa y Tonga, por supuesto.

Lo que nos diferencia a los europeos y a sus antiguas colonias que componen el Primer Mundo o el mundo desarrollado de otras culturas (por ejemplo, la islámica) es el régimen de libertades del individuo. «La libertad, Sancho —dice don Quijote—, es uno de los más preciosos dones que a los hombres dieron los cielos; con ella no pueden igualarse los tesoros que encierran la tierra y el mar. Por la libertad, así como por la honra, se puede y debe aventurar la vida.»

El rey franchute hizo las maletas (una caravana de carrozas cargadas de baúles) e intentó huir a Alemania. Pensaba regresar con un ejército para aplastar la rebelión y reinstaurar su monarquía absoluta. Ya cerca de la frontera, en un cambio de postas, un cochero lo reconoció (aunque no lo había visto en su vida, su perfil borbónico aparecía en todas las monedas). Fin del trayecto: los revolucionarios lo devolvieron a París, ahora en calidad de prisionero.

Una monarquía constitucional impuesta por la fuerza, mediante el apresamiento del rey, era más de lo que los monarcas europeos podían soportar. Los reyes de Austria y Prusia acudieron en auxilio de su primo francés (los reyes, entre ellos, se suelen llamar primos). Iban convencidos de que sería coser y cantar lo de atacar a una masa de desharrapados sin formación militar. Para gran sorpresa de todos, el ejército popular los contuvo.

Hasta entonces los ejércitos estaban formados por mercenarios, soldados de paga (la soldada). La Francia republicana impuso como obligación ciudadana el servicio militar obligatorio, el ejército patriótico, que mostró su valía frente a las tropas mercenarias, menos motivadas, de sus oponentes.

Cuando se sintieron atacados por las potencias extranjeras, los revolucionarios franceses radicalizaron su postura: declararon traidores al rey y a la reina y los guillotinaron. La guillotina, el utilísimo invento del doctor Guillotin, comenzó a funcionar en la plaza pública para los enemigos de la república (o sea, clero y aristocracia).

El poder pasó a manos de la Convención integrada por la baja burguesía o partido jacobino, aliada con el pueblo bajo (los *sans culottes* o «sin bragas», la gente más humilde, los que no tenían nada que perder). Nuevos líderes populares, Danton, Robespierre, Marat y Saint Just..., se auparon al pescante del Estado y tomaron en sus manos las riendas de Francia. Los todavía partidarios de pactar con la aristocracia (el partido girondino) vieron rodar sus cabezas bajo el invento del doctor Guillotin. Es la etapa que se conoce como «el terror», en la que los revolucionarios, sintiéndose amenazados, sin duda se excedieron en la aplicación de la pena de muerte.

Los jacobinos podían decapitar a media Francia, pero el pueblo seguía tan hambriento como cuando gobernaba la aristocracia. Aprovechando el descontento, la alta burguesía recuperó el gobierno mediante un golpe de Estado (julio de 1794) y creó un Directorio militar que guillotinó a los líderes de la Convención.

La Ilustración, bendita sea, deslindó religión y Estado y terminó con la confabulación secular del Altar y el Trono. A partir de entonces, libre de las trabas de la religión, creció la sociedad laica, libre, que hoy caracteriza a los países occidentales y les ha permitido evolucionar. Por el contrario, el islam involuciona porque le falta deslindar religión de Estado. Esa permanente intromisión de las leyes religiosas (*sharia*) en las civiles impide el desarrollo de la sociedad y coarta al individuo.[417]

417. El apóstata pakistaní (educado en el Reino Unido) que firma con el seudónimo Ibn Warraq lo explica en su libro *¿Por qué no soy musulmán?* (Ediciones del Bronce, Barcelona, 2003): «Todas las innovaciones se desalientan en el islam, cada problema se considera como un problema religioso más que como uno social o económico [...]. El islam, el islam político en particular, ha fracasado totalmente para hacer frente al mundo moderno y a toda la problemática social, económica y filosófica que lo acompaña.» En cuanto a la protección de los individuos por parte del Estado: «El obstáculo principal del islam para moverse de cualquier manera hacia los derechos humanos internacionales es Dios, o por ponerlo más claro... la reverencia hacia las fuentes, el Corán y la Sunna.»

CAPÍTULO 88

Napoleón se empeña en hacernos felices

Si son aficionados al fútbol y han asistido a algún partido de la selección inglesa, aunque sólo sea por televisión (lo que suele ser menos peligroso), les sonará el patriótico himno que vocean los *hooligans: Rule, Britannia! Britannia, rule the waves*; o sea, «Britania rige las olas, domina el mar». Eso venía siendo cierto desde el siglo XVIII y se revalidó cuando los ingleses ganaron por goleada a la selección mixta hispanogala en la batalla de Trafalgar (1805).[418]

En los albores del siglo XIX, la marina inglesa se había adueñado de los mares. Una flota formidable, tripulaciones bien entrenadas y expertos capitanes la habían convertido en la primera potencia mundial.[419]

Tarde o temprano, los británicos tenían que chocar con Francia, su rival europea. ¿Qué mejor ocasión que el enfrentamiento entre la Francia republicana y las monarquías europeas?

418. Un estupendo estudio novelado de la batalla lo encontrarán en la novela de Arturo Pérez-Reverte *Cabo Trafalgar* (2004). Uno de los episodios nacionales de Pérez Galdós está consagrado también a la batalla.

419. Grandes películas que retratan con bastante exactitud la vida a bordo de los barcos británicos son *Rebelión a bordo*, de Lewis Milestone (1963), inspirada en el motín de la fragata *Bounty*, y *Master and Commander* (2003), de Peter Weir. Como lectura son recomendables las populares novelas de Patrick O'Brian.

Fuera del mar, no era Inglaterra una gran potencia militar, pero tenía un arma secreta que compensaba sobradamente a cualquier ejército: el vil metal, el dinero. Inglaterra nadaba en la abundancia, gracias a un próspero comercio marítimo con sus colonias repartidas por América, África, la India y Australia. El oro inglés, sus generosos sobornos hábilmente invertidos en Europa («la caballería de san Jorge», como cínicamente lo llamaban los propios ingleses), engrasó las sucesivas coaliciones contra Napoleón.[420]

Los franceses que hicieron la Revolución vencieron en los campos de batalla europeos gracias a sus ejércitos de ciudadanos orgullosos de serlo, mandados por generales más competentes que los del adversario.

Napoleón (1769-1821), una de las grandes figuras de la humanidad, nació de una familia pobre en una isla pobre y montañosa, Córcega (que Génova había vendido recientemente a Francia). Tenía diez años cuando su padre lo envió a una escuela militar francesa donde aquel chico retraído, bajito, que hablaba un extraño dialecto ininteligible, se relacionó apenas con sus compañeros. Nadie hubiera predicho entonces su brillante carrera. Simpatizante de los jacobinos (los republicanos defensores de la soberanía popular en un Estado centralizado), el joven teniente destacó como artillero durante el sitio de la sublevada Toulon. Ascendido a general, afrancesó su apellido italiano original (Buonaparte) y marchó a Italia al frente de un ejército mal equipado:

—¡Soldados! —arengó a sus tropas—. Sé que estáis andrajosos y hambrientos y que el ejército os debe pagas atrasadas. Ahí delante nos esperan tierras fértiles y ciudades prósperas donde encontraremos abundancia de todo lo que nos falta, y además alcanzaremos honor.

Con sinceridad y humildad, Napoleón se ganó el corazón de

420. La caballería de san Jorge fue también el nombre en clave que los servicios secretos británicos dieron a la operación de soborno de generales españoles para que aconsejaran a Franco abstenerse de participar en la segunda guerra mundial del lado de Hitler.

sus hombres: sin calzado recorrían grandes distancias; sin puentes, atravesaban ríos; sin artillería, ganaban batallas... Para asombro de Europa, Napoleón se apoderó (y esquilmó) el rico norte de Italia. Después, sin perder impulso, dirigió a sus hombres contra Austria, la poderosa enemiga del norte, y la obligó a devolver a Francia la disputada orilla occidental del Rin.

Napoleón se había impuesto en Europa, pero Inglaterra seguía dominando los mares. El francés no disponía de una escuadra para trasladar sus tropas hasta Inglaterra así que optó por atacar las colonias de Su Graciosa Majestad.[421] Fue contra Egipto, sometido entonces a los ingleses, y venció fácilmente en la llanura frente a las pirámides.[422]

Napoleón regresó a Francia aureolado por la conquista de Egipto como César regresó a Roma tras la conquista de las Galias. Y como César también, se proclamó cónsul después de dar un golpe de Estado y disolver la Asamblea.

Napoleón, gran admirador de Roma, concibió la idea de edificar un imperio tan poderoso y duradero como el romano. No es casual que las enseñas de sus invencibles regimientos fueran precisamente las águilas de las antiguas legiones romanas.

El corso se mostró tan buen estadista como general: atajó el desorden de la Francia republicana, regeneró la economía (lo que terminó con el hambre) y prescribió un código legal moderno que garantizaba los derechos y libertades conquistados durante el periodo revolucionario, la igualdad ante la ley y la libertad de culto (el código napoleónico que todavía inspira las legislaciones de los países avanzados).

Los franceses idolatraban al pequeño corso que les había devuelto la *grandeur* y el orgullo nacional, además de cierto bienes-

421. Se habrán fijado en que su insularidad salva siempre a los hijos de la Gran Bretaña de los grandes peligros, como atestiguan Felipe II, que envió la Armada Invencible; Napoleón, que no pudo enviar armada alguna, y Hitler, que se quedó con las ganas de desembarcar en tierra británica.

422. Por cierto, acompañando a la tropa iba un nutrido grupo de científicos, entre ellos Champollion, el descifrador de la escritura jeroglífica egipcia.

tar económico. En 1804, aprovechando esta popularidad, Napoleón se coronó emperador en la catedral de París en presencia del papa, de cuyas manos recibió la corona. Mensaje: el papa me ha reconocido como a los antiguos emperadores pero yo mismo me he coronado. O sea, era emperador sin dejar de ser revolucionario, el Nuevo Régimen que trasciende al Antiguo.

Los monarcas de Europa se acongojaron ante la nueva Francia imperial que renacía más poderosa que nunca bajo la égida del pequeño y peligroso corso. Inglaterra, Alemania, Austria, Rusia y Suecia se coaligaron contra él, pero Napoleón los derrotó brillantemente en Austerlitz (1805).

Dueño de Europa, el pequeño corso repartió reinos entre los miembros de su familia. A su hermano mayor, Nápoles; al pequeño, Holanda; al cuñado, una porción de Alemania. A las hermanas las dejó colocadas en diversos ducados de Italia...

Con Napoleón dominando Europa, pintaban bastos para los beneficiados del Antiguo Régimen. Los príncipes alemanes le enviaron embajadas y regalos. Francisco de Habsburgo, el desairado emperador del Sacro Imperio Romano Germánico, renunció a su título y se conformó con el más modesto de emperador de Austria.[423]

Sometidos los príncipes alemanes, la única potencia que se resistía a acatar las órdenes del corso era la belicosa Prusia. Napoleón la derrotó y ocupó Berlín, su capital. Ya sólo quedaba en el ring Inglaterra, la pérfida Albión, la vieja enemiga. Napoleón carecía de barcos con los que enfrentársele (Inglaterra había hundido la flota francesa años antes en Trafalgar y en Aboukir). Ataquemos entonces a esa nación de tenderos donde más le duele, pensó Napoleón, en el bolsillo. Y decretó el bloqueo continental: en adelante ningún país europeo comerciaría con la malvada Inglaterra.

Napoleón se había casado con la hija del emperador Francisco de Habsburgo (imaginemos la humillación del orgulloso emperador al verse obligado a entregar a su hija a un *parvenu,* al hijo de un modesto picapleitos corso).

423. Los integrantes del extinto Sacro Imperio Romano Germánico formaron la Confederación Germánica.

CAPÍTULO 89

Napoleón la fastidia, con lo bien que iba

En el cenit de su poder, Napoleón cometió los dos errores que le iban a costar su carrera: atacó a Rusia (que seguía comerciando con los ingleses) y atacó a España.

Varios ejércitos franceses ocuparon y saquearon España y Portugal, lo que desencadenó una intensa guerra de guerrillas que ocasionó grandes trastornos a los ocupantes. Lo de Rusia fue aún peor: Napoleón la invadió con un ejército de seiscientos mil hombres bien pertrechados y, aunque consiguió tomar Moscú (que los rusos incendiaron antes de evacuar), la llegada del invierno y las enormes distancias quebrantaron tanto a la tropa que Napoleón tuvo que desistir y regresó a Francia con sólo veinticinco mil soldados.[424] Francia no se repuso ya de tamaña sangría.

La noticia de las derrotas de Napoleón corrió por Europa y animó a los pueblos sometidos a levantarse en armas contra el tirano. Incluso los príncipes alemanes que habían claudicado ante él comenzaron a incordiar. Aquel mosaico de pequeños Estados de habla alemana empezaba a sentirse nación frente a los abusones franceses que ocupaban el territorio.

El corso comprendió que había perdido la partida. Tiró la

424. Los invasores de Rusia (Carlos XII de Suecia, Napoleón, Hitler) siempre tropiezan con la misma piedra: las enormes distancias y el «general invierno».

toalla antes de que se la arrebataran y dio muestras de estar desengañado del mundo.

El que había sido dueño de Europa desde Huelva hasta Moscú se vio reducido a reinar en Elba, una islita de apenas doscientos veinticinco kilómetros cuadrados frente a la costa italiana.

Anulado Napoleón, el último coletazo de la Revolución francesa, los reyes europeos respiraron tranquilos y restauraron el Antiguo Régimen con sus privilegios. Calcularon mal: los pueblos se habían engolosinado con las libertades y ya no se iban a conformar con deslomarse para que sus señores vivieran en el lujo y la abundancia.

De pronto, una noticia, que estalló como un trueno, sobrecogió a las cortes europeas: Napoleón había escapado de su isla y estaba de nuevo en Francia al frente de unos cuantos regimientos. El ejército del nuevo rey francés, Luis XVIII (hermano del guillotinado), le salió al encuentro. Napoleón se adelantó en solitario hasta ponerse a tiro de los fusiles y desde allí gritó a los soldados del rey: «¿Vais a disparar contra vuestro emperador?»

Fue arenga suficiente. Los soldados, muchos de ellos veteranos de las guerras napoleónicas, prorrumpieron en aclamaciones: *Vive l'empereur, vive l'empereur!*, y se sumaron a las tropas de Napoleón. Con ese refuerzo, Bonaparte marchó triunfalmente sobre París, recibiendo aclamaciones y nuevas tropas a lo largo del camino. Luis XVIII huyó de la ciudad y del país, rabo entre piernas.

Francia volvía a ser de Napoleón.

Los reyes y príncipes europeos estaban paralizados de terror. Nuevamente Inglaterra tuvo que despabilarlos y movilizar tropas y voluntades (con ayuda de la «caballería de san Jorge», qué remedio). Un ejército aliado se concentró en Bélgica al mando del prestigioso general Wellington.[425] Napoleón le salió al encuentro. Los dos ejércitos se enfrentaron junto al pueblecito de Waterloo. Los ingleses, bien parapetados, resistieron las embestidas del francés hasta que, cuando estaban en situación apurada,

425. El que había combatido y expulsado a los franceses de España durante la guerra de la Independencia.

recibieron el refuerzo de un ejército prusiano que Napoleón no se esperaba. Eso decidió la batalla. Las tropas francesas, disciplinadas, formaron sus cuadros para resistir la embestida de la caballería.[426] Deshechos por la artillería y las cargas de la caballería, la tropa de elite de Napoleón, su guardia imperial, fue conminada a rendirse. El general Cambronne rechazó el ofrecimiento con su famosa palabra, que los franceses conocen como «*le mot de Cambronne*»: *Merde!*[427]

Napoleón, perdido nuevamente el trono, se entregó a la magnanimidad de los ingleses, que lo confinaron en la remota y deshabitada isla de Santa Elena, al sur del Atlántico, suficientemente lejos de Europa para que no volviera a las andadas.

Aquel genio de la guerra (y gran estadista, a pesar de todo) todavía vivió seis años, rumiando rencores, estrechamente vigilado por el gobernador inglés de la isla, un funcionario mezquino que se sentía tan prisionero como él, en el culo del mundo, y procuraba hacerle la vida lo menos agradable posible.

La nueva república francesa rescataría los restos de Napoleón para sepultarlos, con honores nacionales, en los Inválidos de París, a donde acuden en peregrinación los admiradores del gran hombre, Hitler entre ellos.

Francia había perdido la guerra en los campos de batalla, pero las ideas de la Ilustración se impusieron en Occidente: democracia, abolición de privilegios y libertad de los pueblos. El código legal napoleónico, que abolía el Antiguo Régimen y aseguraba la libertad de conciencia y el laicismo del Estado, se abrió camino como uno de los grandes logros de la civilización occidental.

Las ideas de la Ilustración triunfaban. Con ellas se imponía en Europa no sólo la libertad del individuo sino también la de

426. Como vemos en la estupenda película de Sergei Bondarchuk *Waterloo* (1970).

427. Bueno, en realidad parece que lo que dijo fue algo más formal: *La garde meurt mais ne se rend pas* («La guardia muere, pero no se rinde»). Eso, suponiendo que lo dijera. La realidad suele ser más prosaica que la leyenda.

los pueblos. Las comunidades lingüísticas o culturales que hasta entonces habían carecido de voz reclamaron su independencia en el marco de nuevos Estados.

La derrota de Napoleón no acabó con las ideas de la revolución, pero a Gran Bretaña, la gran vencedora de aquella guerra, la convirtió en la primera potencia mundial y el árbitro del comercio marítimo.

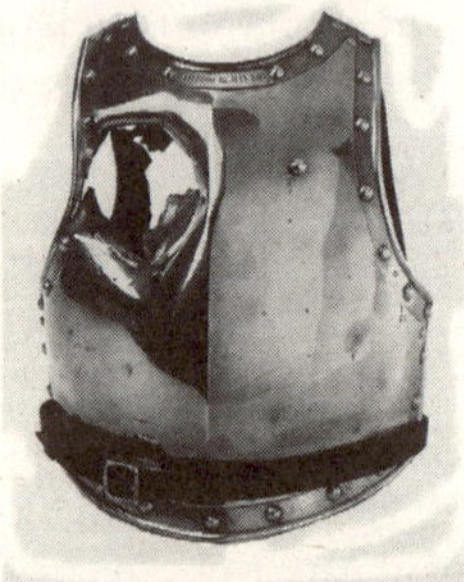

Coraza del capitán Antoine Fauvea, muerto en Waterloo.

CAPÍTULO 90

Europa en el siglo XIX

Los reyes de Europa pensaron que al liquidar a Napoleón habían terminado también con las ideas reformistas de la Revolución francesa. Pero las semillas de la Revolución habían germinado en las clases populares de Europa. Ansiaban libertad e igualdad. El Antiguo Régimen tenía los días contados.

Al socaire de los nuevos tiempos, se proclamaba el derecho de los pueblos a su autodeterminación. En 1775, las trece colonias británicas establecidas en la costa de América del Norte se habían sublevado contra los hijos de la Gran Bretaña, la metrópoli explotadora que los breaba a impuestos. Tras ocho años de guerra, en la que contaron con la decisiva ayuda de Francia y de España, los rebeldes lograron su independencia y constituyeron los Estados Unidos de América, un nuevo país al que dotaron de una modélica constitución y de dos cámaras legislativas (Cámara de Representantes y Senado). Su primer presidente fue George Washington, el rico hacendado virginiano que los había acaudillado en la guerra.[428] En las provincias españolas de América, la

428. El joven país daría a lo largo del siglo XIX cumplidas pruebas de su enorme dinamismo económico y social, lo que le atrajo sucesivas oleadas de emigración europea (centroeuropeos, irlandeses, polacos, judíos, italianos, etc.) que huían de la estamental y carca Europa para iniciar una nueva vida en aquella sociedad democrática y liberal en la que, con trabajo y tesón, cualquiera podía hacer fortuna.

clase dirigente (Bolívar, San Martín y otros) se rebeló igualmente contra la metrópoli.

España, debilitada por la guerra contra Napoleón, reaccionó tarde y mal, y acabó perdiéndolo todo excepto Cuba, Puerto Rico y Filipinas.

Las colonias independizadas formaron un mosaico de países: México, Perú, Ecuador, Colombia, Chile, Argentina, Venezuela, Bolivia. Añadamos Brasil, que se declaró independiente de Portugal.

En Europa menudearon las revoluciones y florecieron los nacionalismos aglutinados por comunidades lingüísticas o religiosas. Los alemanes y los italianos (dos comunidades lingüísticas divididas en pequeños Estados y principados) aspiraban a constituirse en Estados; los polacos querían independizarse de Rusia; checos y magiares se rebelaban contra el Imperio austriaco. En los Balcanes, los griegos ortodoxos se sacudían el yugo de la islámica Turquía; Bélgica (católica y francófona) se independizaba de Holanda (protestante y neerlandesa).[429]

George Washington retratado en los billetes.

429. Bélgica, hasta entonces denominada Países Bajos del Sur, cumplió a partir de entonces su papel de colchón aislante que evita los roces entre Francia e Inglaterra, pero dentro de ella misma no tiene colchón que evite los roces entre los flamencos al norte y los francófonos al sur. En el último siglo, el sur ha perdido potencia económica y el norte la ha ganado, pero la barrera del idioma, acrecentada con un poquito de mala fe, impide el trasvase de la población trabajadora. En fin, muchas cosas los separan, pero todavía los une el gusto por el plato nacional, las patatas fritas.

CAPÍTULO 91

La revolución industrial

El progreso político se acompañó con el progreso técnico, que experimentó un gran avance gracias a dos inventos: la máquina de vapor y el telégrafo.

El telégrafo permitió la rápida comunicación gracias a la abolición de distancias a partir de los años 1830. La máquina de vapor revolucionó los transportes por tierra. El ferrocarril comenzó a funcionar en 1821. En el mar, vapores de gran capacidad sustituyeron paulatinamente a los veleros.

La revolución industrial, que cambiaría la faz del mundo moderno, había comenzado en Inglaterra, en el siglo XVIII. La minería del carbón y las fundiciones de hierro favorecieron concentraciones industriales en Inglaterra. En la década de 1760, Liverpool, Manchester y Londres crecieron vertiginosamente. Los campesinos abandonaban el campo para trabajar en las fábricas y talleres de las ciudades. Los productos industriales abarataban los costes y competían ventajosamente con los artesanos.

Los prácticos ingleses habían inventado máquinas que aliviaban el trabajo de los artesanos e incluso, en algunos casos, los suplantaban. En 1771 los ingleses produjeron un armatoste de madera capaz de hilar el algodón hasta convertirlo en un hilo fuerte y uniforme. Las apacibles riberas fluviales del río Derwent, en Derbyshire, se llenaron de amplias naves industriales que albergaban cientos de máquinas hilanderas movidas por energía hidráulica, cada una de ellas servida por una mujer o un niño en agotadores turnos de doce horas, día y noche. La hiladora hidráulica accionaba simultáneamente cien husos que realizaban en tiempo récord el trabajo de cien artesanos. ¡Un milagro!

Los textiles ingleses, de calidad y precio imbatibles, invadieron los mercados del mundo.

No fue todo. Los ingleses habían ideado también la manera de fundir hierro con coque en lugar del prohibitivo carbón industrial que se usaba en las acerías de todo el mundo.

Pronto las otras naciones occidentales, particularmente Francia, Estados Unidos y Alemania, importaron obreros, técnicos e ingenieros ingleses para que los enseñaran a fabricar máquinas o les instalaran fábricas como las inglesas. El gobierno inglés se alarmó e intentó atajar el espionaje industrial, pero ya era tarde: la revolución industrial se había extendido a los países de Occidente.

Al principio eran pesadas máquinas de madera movidas por palancas que accionaban obreros o caballos; después, consiguieron moverlas por energía hidráulica. Finalmente, por la fuerza del vapor.

Las industrias se extendieron por Europa y favorecieron la producción en gran escala, la llamada revolución industrial.[430]

La producción en serie con máquinas cada vez más complejas sustituyó a la artesanía. Una máquina atendida por un obrero hacía el trabajo de una muchedumbre de artesanos. Sobraba mano de obra. Hacinado en los insalubres entornos de las industrias, el antiguo artesano se degradó al convertirse en obrero.

El obrero que no quería morirse de hambre tuvo que aceptar salarios miserables y extenuantes jornadas de trabajo para amortizar las máquinas, que eran carísimas. Hubo protestas, naturalmente, e incluso motines en los que los obreros destruyeron las máquinas, pero el ejército y la policía impusieron el orden. Los

430. En puridad hubo dos revoluciones industriales, la primera entre 1750 y 1840, y la segunda entre 1880 y 1914, que afectaron con distinta intensidad diferentes regiones de Europa. Algunas ni se enteraron.

legisladores decretaron pena de muerte al que saboteara una máquina.

Mucha producción con poco gasto permitió acumular grandes fortunas. Los pobres, sin embargo, faltos de trabajo, eran cada vez más pobres.

En el momento en que en Europa se abrían paso las ideas liberales de la Ilustración, la situación de la clase trabajadora se deterioraba hasta alcanzar cotas de miseria olvidadas desde la Edad Media.

Crecía Europa. Las ciencias adelantaban una barbaridad: se tendían líneas de ferrocarril, los postes del telégrafo pespunteaban el paisaje, se construían nuevas fábricas. Arreciaba la emigración del campo a la ciudad. Crecían los cinturones industriales en torno a las ciudades, donde los obreros embrutecidos por el alcohol se hacinaban en condiciones insalubres a pie de fábrica. En las minas de carbón se utilizaba a los niños para acceder a galerías demasiado angostas para un adulto.[431]

El socialismo, una idea casi religiosa que propugnaba la redención del obrero, germinó entre las clases trabajadoras desde 1830. Sus principios eran simples. El empresario necesita del obrero para que haga funcionar la máquina. Unámonos los obreros e impongamos las condiciones de trabajo. Los trabajadores unidos podemos obligar al propietario a contratar por un salario justo y en jornadas de trabajo razonables.

Karl Marx perfeccionó el socialismo con el marxismo. No existen más que dos clases sociales: capitalistas y proletarios. Entre ellos lo natural es la lucha de clases hasta que triunfen los proletarios y abolan la propiedad. Entonces todos seremos obreros del Estado, que repartirá equitativamente los beneficios entre sus ciudadanos trabajadores, a cada cual según su necesidad.

El comunismo, la religión moderna, lograría imponerse en algunos países: Rusia, China, Corea, Cuba, con los penosos resultados de todos conocidos: la explotación del obrero por un

431. Estos ambientes los retratan muy bien Charles Dickens en su novela *Tiempos difíciles* (1854) y el dibujante Gustave Doré en los grabados de su libro *London: A Pilgrimage* (1872).

Estado autoritario cuyos resortes de poder (policía y ejército) están en manos del partido único erigido como clase dirigente o nueva aristocracia que se da la vidorra padre a costa del trabajo de los demás.

Fábrica de hilados en la Inglaterra de la revolución industrial.

Niños mineros.

CAPÍTULO 92

La forja de Alemania

En tiempo de las cruzadas, los caballeros de la Orden Teutónica habían conquistado extensos territorios en las costas del mar Báltico. Fue el germen del Estado prusiano que se transformó en reino bajo Federico I de Prusia (1701-1713).[432]

Prusia, con capital en Berlín, medró bajo Federico II el Grande (1740-1786), un rey fascinado por los cuarteles (y por los cadetes) que, en sucesivas guerras, se impuso a sus poderosos vecinos (Austria, Rusia, Francia y Suecia). El remate de la gloria prusiana fue apuntillar a Napoleón en Waterloo, victoria que acabó de forjar el Estado militarista.

En Prusia, lo que comenzó siendo un ejército para una nación acabó siendo una nación para un ejército. Por esa desmedida afición a los uniformes, a las condecoraciones y a los tiroteos, hoy Prusia ha desaparecido virtualmente del mapa después de dos guerras perdidas (la primera y la segunda guerras mundiales) que han repartido su territorio entre rusos y polacos. A ver si sirve de escarmiento.

No deja de ser aleccionador que fuera precisamente la militarista Prusia la que inició el llamado «estado del bienestar». La

432. El símbolo de los caballeros teutónicos era una cruz paté negra con los filos de plata, de la que desciende directamente la Cruz de Hierro, emblema primero del reino de Prusia y posteriormente del resto de Alemania.

escolarización obligatoria y las pensiones para la vejez inculcaban al ciudadano la idea de que se debía obediencia y disciplina al Estado paternal que en su mejor edad lo alistaba en el ejército para defender esas conquistas sociales amenazadas por las potencias allende las fronteras.

A mediados del siglo XIX, Alemania e Italia no existían todavía. Eran un confuso mosaico de ducados, condados, reinos y repúblicas, cada una con su servicio de correos, con su moneda, su policía, su ejército y sus pequeñas y mezquinas enemistades.

El centro de Europa lo ocupaba el Imperio austrohúngaro, cuyo emperador, Francisco José (el de las edulcoradas películas de Sissi emperatriz), mantenía una brillante corte en Viena.[433] El Imperio austrohúngaro agrupaba a muy distintos pueblos: austriacos, húngaros, polacos, checos, eslovenos, serbios, croatas..., incluso italianos.[434]

Una confederación alemana (*Deutscher Bund*) que agrupaba a los distintos principados, condados, reinecillos y repúblicas de habla alemana había sucedido al Sacro Imperio Romano Germánico suprimido por Napoleón en 1806. Los hermanos mayores de ese intrincado mosaico eran Austria, Prusia, Hannover, Sajonia, Frankfurt y Brunswick.

Si en los tiempos de la galera acelerada y el coche de postas ya había resultado molesto viajar por el antiguo imperio (plagado de aduanas estatales que aplicaban distintas ordenanzas), en los tiempos del ferrocarril aquella ordenación política se veía inviable y un obstáculo para el progreso.

Los alemanes empezaron a mirarse en el espejo de la vecina

433. Vale la pena una visita del palacio de Hofburg, hoy museo. Como todos los palacios reales, es más una exhibición de lujo insensato que un lugar habitable. Allí en la tesorería imperial (*Schatzkammer*) se exhiben las insignias del Sacro Imperio Germánico, la corona, el manto imperial y la Lanza Sagrada que presuntamente atravesó el costado de Cristo, una reliquia que, al parecer, fascinaba a Hitler.

434. Tengo a la vista un billete austrohúngaro emitido en 1872. Está, todo él, escrito en alemán, pero la cantidad, mil coronas, aparece expresada en los ocho idiomas que se hablaban en el imperio. Demasiadas lenguas para una sola administración.

Francia: un país moderno, con grandes ciudades, centralizado, en el que las instituciones del Estado funcionaban maravillosamente. Y guisaban de miedo.

Si ellos lo tienen, ¿por qué no nosotros, que somos superiores?, se dijeron.

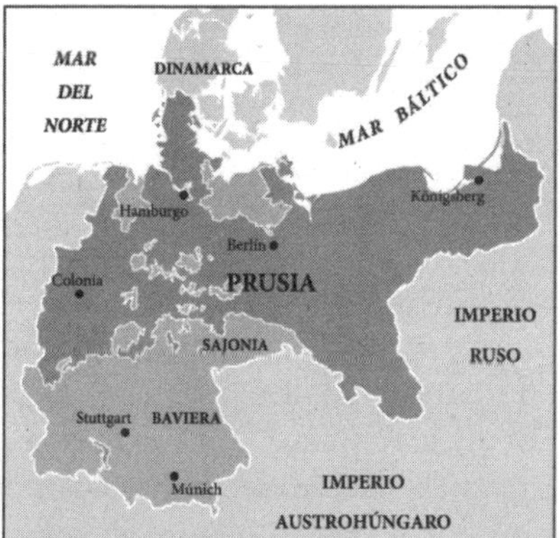

Unificación alemana

Billete austrohúngaro en ocho idiomas.

CAPÍTULO 93

Italia renace

Como Alemania, la península Itálica era, a principios del siglo XIX, un mosaico de ducados, ciudades y reinecillos bajo el alero, no siempre cobijador, de los Estados Pontificios. Con el auge de los nacionalismos, muchos italianos se preguntaban: ¿por qué si hablamos el mismo idioma (más o menos) no somos italianos en lugar de florentinos, genoveses, milaneses o napolitanos?

Sólo faltaba algún padre de la patria que construyera una nación de aquella amalgama de Estados. En el caso de Italia fueron dos los padres de la patria, más o menos concordados: Garibaldi, el hombre de acción, y Camilo Benso, conde de Cavour (1810-1861), el hombre de gabinete.

Cavour, ministro del rey de Piamonte-Cerdeña, Víctor Manuel II, y discípulo aventajado de Maquiavelo, logró lo que aún hoy sigue pareciendo casi un milagro: unificar Italia a pesar de la oposición tanto del Imperio austrohúngaro como del papa (al que desposeyó de sus extensos Estados Pontificios y dejó recluido en el Vaticano).

La jugada maestra de Cavour consistió en persuadir a Napoleón III de que si ayudaba a Italia a constituirse como nación la tendría a su lado incondicionalmente, lo que perjudicaría los intereses de su enemigo, el Imperio austrohúngaro (dueño a la sazón de Milán y Venecia).

Más peliagudo fue despojar a la Iglesia de sus Estados. Aunque su reino no es de este mundo, y dad al César lo que es del

César y a Dios lo que es de Dios, la Iglesia se había ido adueñando, tacita a tacita, del centro de Italia (el «Patrimonio de San Pedro», lo llamaba). Apoyado en su carisma divino, el papa, impermeable a las constituciones y a las libertades que se abrían camino en Europa, reinaba tiránicamente sobre sus Estados. En 1848 los romanos se le amotinaron y proclamaron la república. Pío IX tuvo que huir, pero regresó al poco apoyado por un ejército que había reclutado en los países católicos de Europa (España entre ellos). Sus súbditos se rebelaron nuevamente y proclamaron rey a Víctor Manuel II (el de Cavour), que se hizo cargo de los Estados Pontificios tras derrotar a las tropas papales en 1871.[435]

El papa Pío IX y sus colaboradores más cercanos.

435. El papa se autoproclamó «prisionero del Vaticano» en plan victimista, después de que el nuevo Estado italiano le concediera lo que hoy tiene: el Vaticano (44 hectáreas), unas cuantas iglesias desperdigadas por Roma y su villa veraniega de Castelgandolfo. Los papas no reconocieron al Estado italiano hasta que, en 1929, Pío XI, al borde de la bancarrota, se vio obligado a firmar con Mussolini los Pactos de Letrán, por los que recibió una millonada en compensaciones económicas. Agradecido, Pío XI apoyó a los fascistas y declaró que Benito Mussolini era «un hombre enviado por la Providencia».

CAPÍTULO 94

El enfermo de Europa

Los turcos habían levantado un imperio que abarcaba desde Marruecos hasta Iraq y desde el mar Caspio hasta el Sudán, demasiados pueblos y excesivas distancias (véase el mapa de la p. 218). A partir del siglo XVI, el Imperio otomano inició una lenta decadencia: sultanes viciosos entregados a la molicie y al harén abandonaban el gobierno en manos de visires y funcionarios corruptos. Anquilosado e incapaz de incorporar los avances técnicos que impulsaban a Europa, el Imperio otomano llegó tan debilitado al siglo XIX que el zar de Rusia lo llamó «el enfermo de Europa». Turquía no pudo evitar que buena parte de los pueblos europeos sometidos se independizaran, con ayuda de Rusia y Austria, para constituirse en nuevas naciones[436] ni ser víctima de los enredos políticos de las emergentes potencias colonialistas. Aun así subsistió gracias al apoyo de Gran Bretaña y Francia.

¿Por qué apoyaban al turco el Reino Unido y Francia? Más que por pura filantropía, por atajar los avances de Rusia. Desde Pedro el Grande y Catalina la Grande, los zares rusos ansiaban una salida de su flota a mares calientes, o sea, al Mediterráneo, lo que sólo podía hacerse, desde los puertos del mar Negro, a través de los estrechos del Bósforo y los Dardanelos, propiedad de los turcos. Pero el Reino Unido y Francia querían a toda costa atajar

436. Grecia (1823), Serbia (1867), Bulgaria (1878), Rumanía (1878) y Albania (1912).

el peligro de que una flota rusa con libre acceso a ese mar pudiera amenazar el tráfico marítimo de los ingleses o el de los franceses con sus respectivas colonias.[437]

Francia se había proclamado defensora de los derechos de los súbditos católicos del Imperio otomano. Rusia, por no ser menos, se postulaba como defensora de los derechos de los ortodoxos. Cualquier mezquina rencilla entre frailes católicos y ortodoxos en la basílica del Santo Sepulcro de Jerusalén (en la provincia turca de Siria) podía provocar un conflicto diplomático de alcances insospechados entre Francia y Rusia.[438] A los rifirrafes religiosos entre católicos y ortodoxos sucedían las consiguientes presiones sobre el sultán, que se veía obligado a conceder nuevos privilegios para atemperar los ánimos.[439]

Derrotada por Rusia (1878), y con la economía casi intervenida por el capital extranjero, Turquía tuvo que conceder gran-

437. El apoyo interesado del Reino Unido no fue obstáculo para que los ingleses se quedaran con Egipto en 1882 como pago por la deuda que su gobernador había contraído con el Gobierno de Su Graciosa Majestad.

438. Era un caso frecuente de conflicto. La basílica del Santo Sepulcro era propiedad, desde tiempo inmemorial, de las dos sectas cristianas. Los frailes católicos y los ortodoxos, en su vehemente deseo de servir a Dios, se disputaban los altares, columnas, tejas y baldosas pertenecientes a cada facción.

439. Así se desencadenó la guerra de Crimea: el zar envió tropas para proteger las iglesias ortodoxas de Valaquia y Moldavia. Los ingleses y los franceses enviaron su flota a los Dardanelos (como aliados que eran del Imperio otomano) para frenar el avance ruso. Mientras las cancillerías europeas discutían, el sultán atacó a los rusos y éstos respondieron hundiéndole la flota (batalla de Sinope, 1853). El Reino Unido y Francia, alarmados, declararon la guerra a Rusia y tomaron a los rusos Sebastopol obligándolos a retirarse. En esta guerra ocurrió la célebre carga de la brigada ligera, en Balaclava; por una confusión al interpretar las órdenes, cinco regimientos de Dragones Ligeros, Lanceros y Húsares, todos ataviados con vistosos uniformes, cargaron con lanzas y sables contra posiciones artilleras rusas. Esta empresa suicida, en la que pereció casi toda la caballería, inspiró un poema de Tennyson que, a su vez, ha inspirado varias películas: *La carga de la brigada ligera*, dirigida por Michael Curtiz (1936); *La última carga*, de Tony Richardson (1968), más crítica.

des privilegios al comercio ruso, británico, francés y alemán (lo que nos recuerda los abusos que estas potencias cometían en el otro gigante débil, China). Hasta los italianos, que no tenían fuerza alguna, se atrevieron en 1911 a cruzar el charco para arrebatarle sus últimas colonias africanas: Tripolitania y Cirenaica (Libia). El colmo fue que se dejara involucrar en la primera guerra mundial de la mano de los perdedores, lo que le supuso la liquidación de gran parte del imperio, que se repartieron Inglaterra y Francia.

El sultanato cayó en 1922, por un golpe de Estado, y el general Mustafá Kemal «Ataturk» (1881-1938) proclamó la república y se propuso desislamizar la nación, o lo que quedaba de ella, y occidentalizarla (como había hecho Japón en la era Meiji) antes de que los europeos se la comieran por sopas.[440]

El disputado estrecho del Bósforo, en un cromo (siglo XIX).

440. Pero tamaña empresa resultó demasiado ambiciosa incluso para un gigante como Kemal Ataturk y Turquía se quedó en un país a mitad de camino entre el Occidente laico y el Oriente islámico. Aún se debate en ese dilema, aunque últimamente la parte islámica tira más. No es exactamente lo que necesitaban para incorporarse a Europa, pero, por otra parte, quizá tampoco sean ellos lo que Europa necesita para encontrarse el pulso perdido.

CAPÍTULO 95

Europa civiliza al mundo (sin coña)

En la segunda mitad del siglo XIX, la Europa verde, rica e industrial (Inglaterra, Bélgica, Holanda, Francia, Alemania) se llenó de fábricas, altas y humeantes chimeneas, trenes, intenso tráfico portuario y fluvial...

Las emergentes potencias tecnológicas y financieras (Alemania y Estados Unidos) disputaban el cetro del comercio mundial al Reino Unido. En cada uno de estos países, la plutocracia financiera se había enriquecido hasta extremos impensables en tiempos de sus abuelos. Con la salud reventándoles las costuras, los mercados interiores comenzaron a dar señales de saturación y sus cuencas mineras no daban más de sí. ¿Cómo mantener en marcha la máquina del dinero?

Los tiburones industriales escudriñaron el planeta en busca de nuevos mercados y renovados yacimientos de materias primas. Ingenieros y técnicos enviados a explorar la tierra regresaron con la buena nueva: los resultados colmaban sus esperanzas. Pingües yacimientos, filones de metal, canteras de piedra, árboles de caucho, pesquerías, bosques de ricas maderas... Inmensas riquezas que, como el arpa de Bécquer, aguardaban la mano de nieve que supiera arrancarlas.

El mundo era ancho, rico y subdesarrollado. Asia, África y América del Sur aguardaban a las potencias industriales mansamente, ajenas a cuanto se les venía encima. Un potencial mercado virgen donde adquirir materias primas a precios irrisorios y devolverlas a las minorías acaudaladas (y corruptas) de esos mismos países en forma de caros productos manufacturados.

Se desató una carrera, como aquella que disputaron portugueses y españoles por las Indias y la especiería.

En poco más de un cuarto de siglo, los países industriales se adueñaron del mundo. El nuevo imperialismo era más sutil que el antiguo (bueno, no siempre). En algunos lugares, es cierto, se abrieron camino a cañonazos (no existía país alguno que pudiera resistirse a sus flotas blindadas o a sus bien equipados y entrenados ejércitos), pero en otros se limitaron a sobornar a las elites gobernantes, que se pusieron a sus órdenes, fascinadas por el progreso.[441]

El hombre blanco colonizaba la tierra. Un negocio redondo para todos: los europeos colocaban su exceso de producción en mercados cautivos (y de paso colocaban como funcionariado de las colonias a sus excedentes de población, con lo que se evitaban problemas laborales). Las oligarquías de los países colonizados estaban encantadas de imitar las costumbres del civilizado hombre blanco al tiempo que se enriquecían y vivían en lujosas residencias equipadas con los bibelots y novedades llegadas de Europa.[442]

441. Maticemos lo de los ejércitos invencibles del colonizador. Alguna vez se llevaron la desagradable sorpresa de verse derrotados por los indígenas. ¿Recuerdan las películas *Amanecer zulú* (1979), de Douglas Hickox, y *Zulú* (1964), de Cy Endfield? Cuentan la batalla de Isandhlwana, reñida en 1879 en Sudáfrica: un ejército de zulúes armados con lanzas *ikwla* y escudos de piel vacuna derrotó a un cuerpo expedicionario inglés armado con fusiles modernos y le infligió unas mil trescientas bajas. Cuando le comunicaron la noticia, la reina Victoria se quedó un momento callada y luego dijo, con plural mayestático: *We are not amused*, o sea «No nos divierte». Otro desastre colonial, éste de proporciones mucho mayores, fue el del ejército español en Annual (Marruecos), en 1921, cuando los moros de las cabilas rifeñas nos hicieron unos ocho mil muertos. Tantos que en los días sucesivos los buitres que acudieron al festín sólo comían carne de comandante para arriba.

442. Entre 1876 y 1914 media docena de Estados blancos (Reino Unido, Francia, Estados Unidos, Alemania, Bélgica e Italia) se repartieron

El expolio de los pueblos sometidos se maquillaba bajo la apariencia de filantropía: con la calderilla de las grandes compañías se financiaban las ONG de entonces, fundaciones católicas o protestantes, hospitales y escuelas en las que los misioneros protestantes practicaban el proselitismo, y los católicos el apostolado, con los nativos.[443]

La carga del hombre blanco (caricatura de finales del siglo XIX).

---

la cuarta parte del mundo. Los británicos consiguieron diez millones de kilómetros cuadrados; los franceses, nueve millones; los alemanes, dos millones y medio, y los belgas e italianos, dos millones. Estados Unidos arrebató cerca de doscientos cincuenta mil kilómetros cuadrados a México.

443. El gran profeta defensor del imperialismo fue el escritor británico (aunque nacido en Bombay) Rudyard Kipling (1865-1936). «Urgido por una patriótica perversión», como dice Borges, Kipling exaltó el imperialismo británico como tarea civilizadora y evangelizadora impuesta por el destino a las razas superiores, la pesada tarea del blanco («*Take up the White Man's burden*»).

CAPÍTULO 96

La perla del imperio (la India)

China y la India, por razones de su respectiva inmensidad, sólo habían padecido una explotación epidérmica, venial, de los portugueses, holandeses e ingleses, que establecieron puestos comerciales en su litoral desde el siglo XVI.

En 1859 los ingleses decidieron que era el momento de racionalizar el ordeño de la vaca india para aumentar su producción de leche y reducir los gastos de mantenimiento.[444] Para ello la Compañía Inglesa de las Indias Orientales, titular de aquel mercado desde dos siglos atrás, transfirió sus títulos a la Corona británica, que firmó alianzas con unos mil maharajás y regentes locales de las actuales India, Pakistán y Bangladesh.

444. Recientemente habían tenido que sofocar la rebelión de los cipayos, tropas coloniales mayoritariamente musulmanas que servían en el ejército inglés. Los nativos andaban bastante descontentos debido a la rapacidad de los ingleses, pero la chispa que encendió la rebelión se produjo de la manera más tonta: el nuevo fusil reglamentario del ejército británico, el Enfield, usaba un cartucho de papel cuyo extremo había que desgarrar con los dientes antes de introducirlo en la recámara. Se divulgó que el cartucho se engrasaba con manteca de vaca o de cerdo, lo que quebrantaba el tabú alimentario de las religiones hindú e islámica (como es sabido, los hindúes consideran la vaca animal sagrado y los musulmanes consideran el cerdo animal impuro). Unos cuantos cipayos se negaron en redondo a morder aquellos cartuchos, sus sargentos les dieron de palos y se armó la marimorena. Para que se vea adónde conducen las profundas devociones religiosas.

Un trato razonable: ustedes siguen viviendo como Dios en sus palacios de malaquita y sus quioscos de marfil, y siguen disfrutando de sus cazas del tigre desde el elefante, de sus cohortes de concubinas cebadas de firmes panderos y generosas mamellas, y de sus cofres de piedras preciosas y nosotros, los atareados súbditos de Su Graciosa Majestad, nos ocupamos de los ferrocarriles y las carreteras por las que evacuaremos las materias primas del subcontinente, especialmente los metales, el té de las cinco y el algodón.[445]

Este modelo de explotación indirecta se probó magistral: poco gasto (tan sólo los sobornos a la plutocracia nativa) y saneados ingresos. El trabajo de explotar y reprimir al nativo ya te lo hacen los propios maharajás. Tú sólo tienes que armarlos y organizarlos un poco, en plan consejero militar. Lo que vimos hacer a Marlon Brando en *Queimada*, la estupenda película de Gillo Pontecorvo (1969).

El británico civilizando a los indios.

445. Los hijos de la Gran Bretaña sustituyeron los cultivos tradicionales de subsistencia de muchas regiones por extensas plantaciones de té y algodón, más productivos para la Corona británica, lo que acarreó devastadoras hambrunas de las que perecieron a finales del siglo XIX entre treinta y cuarenta millones de indios. Sin complejos. Sin leyenda negra. Con un par.

CAPÍTULO 97

Las tribulaciones de China

En el siglo XVIII China seguía siendo un perfecto misterio para los europeos. Apenas habían rozado su epidermis al establecer unas cuantas factorías comerciales en sus costas.

Los ingleses se habían convertido en devotos consumidores de tres productos chinos: té, seda y porcelana, pero el mercado chino seguía impermeable a los productos ingleses (como, en general, a cualquier producto extranjero). Comprarle a los chinos y no venderles generaba un enfadoso déficit comercial. Esto no puede seguir así, se dijeron los hijos de la Gran Bretaña, esa nación de tenderos, como la apostrofaba Napoleón.

La china, como toda civilización milenaria, había desarrollado cierto gusto por los placeres refinados, entre ellos el opio, la droga narcótica extraída de la adormidera (o *Papaver somniferum*). Vendámosle opio, entonces, se dijeron los ingleses. Y estimularon el cultivo del opio en la vecina India con destino al mercado chino. Negocio redondo: el opio rendía unos beneficios de hasta el 400 por ciento.

El número de chinos enganchados al consumo de opio aumentó de manera tan alarmante que, en 1829, el gobierno chino prohibió su consumo, cerró los fumaderos e intervino sus canales de distribución.

Los británicos, cuando vieron peligrar el negocio, enviaron su invencible flota con el pretexto de que los chinos les habían destruido algunos almacenes. Perdieron los chinos, claro, y se vieron obligados a abrir cinco puertos al comercio británico y a ceder Hong Kong por ciento cincuenta años (lo recuperaron en 1997 y sin consulta a la población civil, que aquello no es Gibraltar).

Al socaire de los ingleses, otras potencias colonialistas (franceses, rusos, japoneses y americanos) obtuvieron ventajas comerciales en China. Todo Occidente acudía al reclamo de las jugosas ubres del inmenso, indefenso y desamparado país.

Mientras los débiles y corruptos emperadores de la Ciudad Prohibida cedían a los imperialistas suculentas concesiones comerciales, ferroviarias y mineras, el pueblo chino se dolía de esta verdadera invasión de los bárbaros (así consideraban a los extranjeros, por mucho que fueran tecnológicamente superiores) y acabó por sublevarse. Fue la rebelión de los bóxers (o boxeadores, así llamados porque su gesto característico consistía en adelantar el puño).[446]

446. La cosa fue que en junio de 1900, los bóxers sitiaron el barrio de las embajadas europeas en Pekín (Reino Unido, Francia, Bélgica, Estados Unidos, Italia, Rusia, España y Japón) después de asaltar la alemana y asesinar al embajador. Los países afectados declararon la guerra a la emperatriz, pero antes de que recibieran refuerzos del exterior (que derrotaron a los bóxers y al ejército chino) tuvieron que defender el recinto con unos cientos de fusiles y un viejo cañón, al que apodaron «el internacional», porque el tubo era británico, la cureña italiana, los proyectiles rusos y sus artilleros americanos). Esta gesta inspiró la película de Nicholas Ray *55 días en Pekín* (1963). Me la vean y contemplen a Ava Gardner en la última, otoñal llamarada de su belleza, así como al galán Charlton Heston en su característico gesto de mostrar la dentadura para expresar risa, abatimiento, suspicacia, desprecio o cualquier otra emoción humana. Por cierto, al final de la película vemos una compañía de infantes españoles entre las tropas que liberan a los sitiados. En realidad no hubo españoles (ya éramos una potencia menor y después del reciente desastre del 98 pintábamos poco) entre las tropas enviadas por la coyuntural Alianza de las ocho naciones (Alemania, Austria-Hungría, Estados Unidos, Francia, Reino de Italia, Japón, Reino Unido y Rusia). Lo de los españoles es una concesión que los cineastas hicieron a nuestro orgullo nacional porque la película se rodó en las afueras de Madrid, con miles de guripas españoles como figurantes.

CAPÍTULO 98

El milagro nipón

Habrá notado el lector que Japón figuraba como uno más entre los países occidentales que expoliaban China. Sobre esto les debo una explicación, como diría el alcalde de *Bienvenido, Mr. Marshall.*

Los japoneses, gente impaciente que no se espera ni a que se haga el pescado, evolucionaron, en sólo una generación, del feudalismo de los samuráis a la revolución industrial, un proceso que a Europa le había costado varios siglos. Los japoneses lograron ese milagro con un par y en pocos años se incorporaron, como uno más, al frenesí comercial e industrial de los países occidentales.[447]

Todo empezó cuando, en 1863, unas lanchas cañoneras británicas bombardearon un puerto japonés que se negaba a admitir a los balleneros occidentales que operaban en aquellas aguas.[448]

447. La era Meiji comienza en 1868. La doctrina se sistematiza en el influyente ensayo de Yukichi Fukuzawa *Datsu-A Ron* (1885), cuya tesis es que Japón debe superar el subdesarrollo de sus vecinos (China y Corea) e incorporarse a los países civilizados.

448. Antes de la electricidad, la iluminación de los hogares europeos dependía casi exclusivamente del aceite de ballena, que alumbra y no humea ni atufa. Entonces había muchas ballenas en los mares, incluso en el Cantábrico abundaban. Ahora casi hemos acabado con la especie y las pocas que quedan pronto serán exterminadas por los voluntariosos balleneros japoneses.

Los japoneses respondieron a la agresión con sus cañones, unas antiguallas de museo cuyos disparos se quedaban cortos. Les dieron bien, pero ellos, en lugar de autocompadecerse, aprendieron la lección. La técnica del extranjero los superaba. Evidente. Si no despabilaban, pronto serían una colonia inerme en las fauces de aquellos occidentales que cada vez merodeaban sus costas en mayor número. Aprendamos lo que ellos saben y seamos como ellos, pensaron.

En 1868, el gobierno anunció en su *Carta de Juramento* que Japón buscaría «el conocimiento por todo el mundo para consolidar los cimientos del progreso imperial». Con este propósito, el Estado, en el más puro ejercicio de despotismo ilustrado (recuerden: Todo por el pueblo, pero sin el pueblo), acometió un curso intensivo de industrialización: contrató a miles de técnicos extranjeros para que enseñaran en sus escuelas las distintas ramas de la ingeniería y convirtieran a sus artesanos en obreros. Al mismo tiempo envió al extranjero a decenas de miles de alumnos para que aprendieran inglés y el funcionamiento de los Estados modernos.

El resultado fue milagroso: en pocos años, los japoneses estuvieron en condiciones de diseñar y producir sus propias máquinas y occidentalizaron su economía y su producción sin por ello renunciar a lo bueno de la tradición, ceremonias del té, *geishas* con kimono de seda peritas en el arte de agradar al hombre, con la carita empolvada de arroz y los labios carmín, y todo eso. También contrataron militares que les enseñaran la guerra moderna, entre ellos aquel capitán Nathan Algren que interpretó Tom Cruise en *El último samurái* (2003).

La puesta de largo de Japón como potencia tecnológica e industrial fue la guerra con Rusia en 1904: la moderna escuadra japonesa vapuleó a la flota del zar.[449]

449. Les hundieron veintiún barcos, entre ellos ocho acorazados, y sólo perdieron tres botes torpederos. El desastre se veía venir, las cosas como son: anteriormente la escuadra rusa había confundido a cuatro pacíficos pesqueros británicos con torpederos japoneses: abrieron fuego sobre ellos y afortunadamente no acertaron ningún tiro. Los únicos daños que hubo que lamentar se los infligieron algunos buques rusos que cho-

Caricatura rusa que alardea su previsible fácil victoria sobre Japón. Al final ganaron los japoneses por goleada.

caron entre ellos en el frenesí del combate. El pitorreo de la prensa mundial por este incidente del banco de Dogger fue leve comparado con el que se organizó cuando, poco después, al pasar frente a las costas de Marruecos, uno de los barcos rusos se enredó con un cable que el capitán ordenó cortar sin percatarse de que era el conducto telegráfico submarino que comunicaba Tánger con Europa, lo que fue muy celebrado por la prensa humorística de todo el mundo. Lo mejor, sin embargo, estaba por venir: en las prácticas previas al combate, los artilleros rusos descargaron toda su potencia de fuego sobre unos blancos colocados a media distancia sin acertar a ninguno, aunque sí alcanzaron a varios de los buques que los arrastraban. El ejercicio con torpedos no fue menos memorable: «De los siete torpedos lanzados —cuenta el historiador naval Richard Hough—, uno se atascó, dos viraron noventa grados en dirección al puerto, uno noventa grados hacia estribor, dos mantuvieron un rumbo estable pero fallaron el blanco, y el último describió erráticos círculos aterrorizando a toda la flota.» El almirante Rozhdéstvenski, abochornado, se encerró en su camarote. (El que quiera más sangre que lea el libro de Geoffrey Regan, *Historia de la incompetencia militar*, 1987.)

CAPÍTULO 99

El reparto de África

Repartidas las riquezas de Asia, los occidentales prestaron atención al suculento bocado de África. Páginas atrás vimos que el hombre blanco apenas la penetró antes del siglo XIX por respeto a las enfermedades endémicas para las que no estaba preparado (malaria, dengue, enfermedad del sueño, etc.). Pero en el siglo XIX la medicina occidental empezó a encontrar remedios y no hubo ya barreras que preservaran aquella tierra de la codicia del blanco.

No se sabía mucho de este continente rico y prácticamente virgen, pero lo que se conocía era más que suficiente. Que estaba preñada de oro, diamantes, marfil, maderas exóticas, minerales, cacao...[450] Lo único que quedaba por inventariar, la cuenca del río Congo, recibió la visita del explorador Henry Morton Stanley en la década de 1870.

Ya estaba África cartografiada. Era el momento de destazarla.

La Conferencia de Berlín reunió en 1885 a compromisarios de Francia, Reino Unido y Alemania. En un salón presidido por un enorme mapa del continente negro trazaron las porciones, como era previsible sin tener en cuenta factores étnicos, culturales, sociales o económicos. Sólo respetaron la autonomía de

450. Podemos añadir petróleo, fosfatos, uranio, coltán... Todo lo que la tecnología moderna necesita se encuentra en generosas cantidades en África.

Etiopía, donde reinaba una dinastía de reyes cristianos, y la de Liberia, fundada por la Sociedad Americana de Colonización de Estados Unidos en 1821. Lo demás, como si no tuviera dueño.[451]

El reparto del pastel generó ciertas tensiones. El Reino Unido pretendía adjudicarse un rosario de colonias que atravesara África de norte a sur, lo que le permitiría trazar un ferrocarril desde El Cairo hasta el cabo de Buena Esperanza (esto reforzaría la ruta entre Inglaterra y la India). Francia, por su parte, aspiraba a otra sarta de colonias que cruzara África de oeste a este desde el Atlántico marroquí hasta el Sudán.

Era imposible satisfacer a las dos partes. Los dos trazos se cortaban en la zona del Congo.

Conociendo, tanto el gobierno británico como el francés, que no hay mejor argumento que el hecho consumado, cada uno de ellos se apresuró a enviar a toda prisa tropas con la intención de ocupar el Congo antes que el competidor.

451. Pensará el lector: ¿y los negros, y los nativos, es que la tierra no era suya? Buena pregunta. Para que se vea la mentalidad del hombre blanco al respecto, hoy no totalmente superada, permítanseme un par de citas: J. Junt, miembro de la Anthropological Society de Londres, escribe en 1863: «Las analogías entre los negros y los monos son más grandes que entre los monos y los europeos. El negro es inferior, intelectualmente, al hombre europeo. El negro sólo puede ser humanizado y civilizado por los europeos.» Por su parte, Farmochi, en su *Curso de geografía universal* (1850), escribe: «Sin negar que los negros se puedan civilizar, es cierto, empero, que su civilización siempre será inferior a la nuestra, porque la fuerza de la mente de aquella gente es realmente inferior. Creemos que la raza superior a cualquier otra, aquella de la que dependerá siempre el destino del mundo, es la raza blanca.» Para rematar, una anécdota. Hace años asistí a una charla sobre los descubrimientos de miembros de la National Geographic en África. Por los labios del erudito conferenciante desfilaban lagos, ríos, montañas, cordilleras desiertos descubiertos por este o aquel explorador en tal año y en tales circunstancias. No le quedó un rincón del continente negro por descubrir. En el turno del público, un estudiante negro levantó la mano para decir: «Quisiera añadir, en el mismo orden de cosas, que mi bisabuelo Mnomgo descubrió el puente de Londres en 1896.»

África hacia 1800

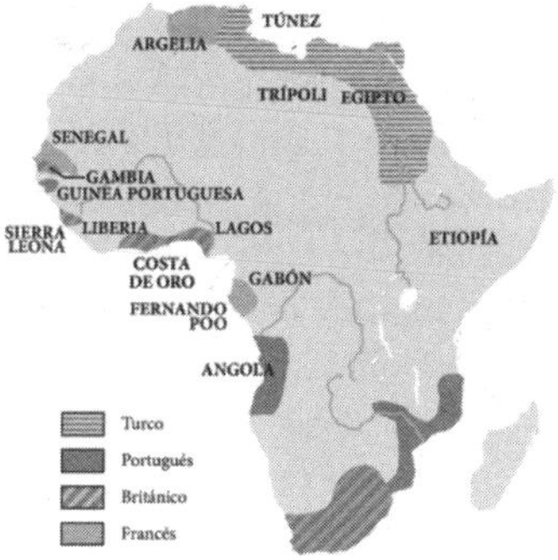

África en 1914

África hoy
Muy provisional, ¿eh?

Africa según Henri L. Wesseling.

Las dos milicias se encontraron, al sur del Sudán, cerca del villorrio de Fachoda (hoy Kodok), y a punto estuvieron de llegar a las manos (lo que registra la historia como «incidente de Fachoda»), pero afortunadamente no llegó la sangre al río (Congo, en este caso). Como les convenía aliarse frente a la creciente Alemania, acordaron fijar sus fronteras coloniales en el nacimiento de los ríos Nilo y Congo y pelillos a la mar.[452]

El Congo como tal (actual R. D. del Congo) le correspondió al rey Leopoldo II de Bélgica a título de finca personal (no a Bélgica).[453]

El rey belga se empeñó en la filantrópica tarea de civilizar y evangelizar a los nativos y de paso aligerarlos del caucho, el marfil y el cobre que sus tierras almacenaban. Los capataces nativos que no cubrían el cupo mensual asignado demostraban su celo amputando las manos a los trabajadores o a familiares de éstos y presentándolas a los oficiales de la compañía. Hay documentos fotográficos que muestran cestos enteros de manos amputadas a los negros por los civilizadores belgas.[454]

452. Finalmente el reparto quedó como sigue: El Reino Unido se quedó con Egipto, Sudán, Zimbabue, Zambia, Botsuana, Unión Sudafricana, Gambia, Sierra Leona, Nigeria, Ghana y Malaui. Francia recibió Argelia, Túnez, Marruecos, Mauritania, Senegal, Malí, Guinea, Camerún, Costa de Marfil, Burkina Faso, Benín, Gabón, Congo Medio, Centroáfrica, Chad, Yibuti, Madagascar y Comoras. Alemania, que llegaba tarde al reparto, tuvo que conformarse con las zurrapas, pero aun así recibió el Camerún, Burundi, Ruanda, Tanzania, Namibia, Togo y parte de Ghana. A Portugal, le correspondieron Angola, Mozambique, Guinea Bissau y las islas de Cabo Verde y Santo Tomé y Príncipe. A Italia le tocó Libia, Eritrea y Somalia. España, ya enana, tuvo que conformarse con el Sáhara español, Río de Oro, Saguia el Hamra, el Marruecos español, la Franja de Tarfaya Ifni y Gran Ifni, Tetuán, Fez, Guinea Ecuatorial, Río Muni y Fernando Poo, o sea, meras migajas caídas de la mesa de los poderosos. «Le ha correspondido el hueso de la chuletilla marroquí», señaló agudamente el rey de Italia.

453. En 1877, Stanley se puso al servicio del rey Leopoldo II de Bélgica.

454. Pueden encontrarse referencias literarias de estas amputaciones en el libro de Joseph Conrad *El corazón de las tinieblas*, en *Leopold's Ghost*, de Adam Hochshild (ilustrado con fotografías) y en *In the footsteps of Mr.*

No es éste lugar para discutir las causas profundas del atraso secular de África, que permitió (y permite) el despojo de sus recursos por las naciones civilizadas con perfecto desprecio de la población nativa. Sánchez Dragó, buen conocedor del paño, apunta ciertas paradojas africanas: «¿Dónde se convierte el simio en ser humano? En África. ¿Cuál es el continente más rico en materias primas, en minerales, en bosques, en agua, en viento...? África. ¿Dónde, en vista de ello, tendría que estar Manhattan? En África, ¿no? ¿Y por qué no está en África?... África estaba en el Neolítico. Y ahí, en gran medida, sigue. [Hasta la llegada de los colonizadores] los africanos no habían inventado ni siquiera la rueda y no disponían de ningún idioma escrito, alfabetizado, con gramática y literatura. No hay un solo alfabeto en toda el África negra [...]. La historia allí empieza cuando llegan los árabes y los blancos.»[455]

La serpiente con cabeza de rey Leopoldo devora a un congoleño.

Niños mutilados en el Congo de Leopoldo.

Kurtz, de Michela Wrong. Para la responsabilidad de la Iglesia católica en el genocidio de Ruanda y en las matanzas y mutilaciones que ocurren en la actualidad véase Jean-Paul Gouteux, *Apología de la blasfemia. El peligro de creer*, Ed. Montesinos, 2009. La novela de Conrad, en la que relata un viaje remontando el río Congo, ha inspirado a Francis Ford Coppola la película *Apocalypse Now*, aunque está ambientada en la guerra de Vietnam.

455. Dragó-Boadella, 2010, p. 319.

CAPÍTULO 100

Naciones vivas y naciones moribundas

Después del reparto de África, los depredadores coloniales escrutaron el globo terráqueo en busca de nuevas presas. ¿Por dónde seguimos?, se dijeron. ¿A quién despojamos ahora?

Mal asunto. No encontraron dónde meter la cuchara. Todo lo demás tenía dueño. El globo entero estaba ya parcelado. Lo que no era metrópoli era colonia. Hasta el más recóndito rinconcito estaba escriturado. Sólo quedaba libre el desierto helado y estéril del Polo Norte.[456]

Una porción considerable del mundo estaba en poder de España y de Portugal. Las dos naciones ibéricas que en otro tiempo fueron poderosas estaban prácticamente arruinadas y sólo podían oponer unos ejércitos de mierda al poderío económico y militar de Inglaterra, Alemania y Estados Unidos.

Robemos las colonias a estos desgraciados, que además ni siquiera son blancos sino, más bien, café con leche, pensaron los poderosos.

La agresión dispuso de una sutil coartada ideológica, una especie de darwinismo social, en virtud del cual los pueblos del mundo se dividen en dos grandes especies: los fuertes o coloni-

456. Que hoy se disputan Rusia, Canadá, Dinamarca, Noruega y Estados Unidos, que han venteado el negocio de explotar nuevas rutas comerciales, mucho más cortas, entre Asia, Europa y América del Norte. Contando con que prosiga el calentamiento global.

zadores y los débiles o colonizados. El primer ministro británico, lord Salisbury, acuñó la exacta expresión que designaría a los dos bloques: de un lado, las «naciones vivas» (Inglaterra, Alemania, Estados Unidos, Francia); del otro, las «naciones moribundas», o sea, el resto (Portugal, España y Turquía entre ellas). De un lado, los que contaban con potentes marinas de guerra y con ejércitos equipados y entrenados; del otro, los que vivían de sus exiguas rentas propias de países no industrializados y eran incapaces de afrontar las ingentes inversiones que la guerra moderna requiere.

El reparto fue simple: Inglaterra y Alemania se adjudicaron las colonias portuguesas; Estados Unidos, las españolas; Francia e Inglaterra, las turcas.[457]

A España le habría resultado más barato, y hasta menos humillante, ceder sus últimas colonias sin resistencia (Estados Unidos insistía en comprarle Cuba), pero mediaron turbios intereses de una oligarquía que, vestida de patriotismo, arrastró al país a la guerra de 1898, en la que los modernos acorazados americanos hundieron a los valetudinarios navíos españoles.

Cuba y Filipinas, las últimas posesiones del Imperio español, pasaron a la tutela de los yanquis.[458]

457. Las posesiones europeas del Imperio otomano («el enfermo de Europa») se las disputaban sus dos enemigos seculares: Austria-Hungría, deseosa de avanzar por la cuenca del Danubio hasta encontrar una salida al mar Negro, y el Imperio ruso, que también ambicionaba una salida al Mediterráneo y algún «puerto de aguas calientes» para su comercio marítimo.

458. Por cierto que, en la misma tacada, Alemania se apoderó de nuestras islas Carolinas, que necesitaba para instalar las estaciones de telégrafo y almacenes de carbón imprescindibles para el comercio con Extremo Oriente y China. Las enormes distancias oceánicas limitaban la autonomía de los cargueros de la época, un problema que los ingleses tenían resuelto dueños como eran de multitud de islas en torno a Australia y Nueva Zelanda y los americanos con la posesión de Hawái y sus archipiélagos. España solicitó la paternal mediación del papa en el contencioso de las Carolinas. El sumo pontífice propuso una solución salomónica: que Alemania reconozca la soberanía de España sobre las islas (lo que

Los estadounidenses habían enseñado al mundo cómo se construye un imperio cuando conquistaron el Oeste. Primero se permite a los comerciantes, a los colonos y a los mineros que invadan tierras indias (los sioux, los apaches y todo el catálogo que vemos en el cine). Después, cuando estallan reyertas entre colonos y nativos (guerras indias) o con gobiernos legítimos (caso de México en el contencioso por Texas), se envía al Séptimo de Caballería a proteger a los colonos y exterminar a los indios o, si se trata de una nación, a derrotarla y obligarla a ceder el territorio en disputa como reparación de guerra. Finalmente, la nación civilizadora incorpora ese territorio con el pretexto de proteger a los oriundos que la pueblan y de beneficiarlos con la civilización y el progreso.

Los yanquis liberan Cuba.

---

salvará su honor) a cambio de que España, en compensación, le permita instalar en las islas las bases de carboneo que precise. O sea, una clara cesión de soberanía. Alemania, generosa, admitió que también los ingleses instalaran allí bases de carboneo (donde se demostró que existía un acuerdo previo entre ellos).

CAPÍTULO 101

El musculoso Tío Sam

Finando el siglo XIX, el músculo de una nación se medía por su producción de carbón y acero. Estados Unidos de América estaba a la cabeza del mundo, incluso por delante de la ya declinante Inglaterra.[459]

El joven país americano vivía un despegue económico sin precedentes, la edad dorada, o *guilded age*, como la llamó Mark Twain. Esta prosperidad era producto de la asociación de los grandes bancos con las grandes empresas industriales y la exaltación de la iniciativa privada.

Incluso en su demografía, Estados Unidos había dado un paso gigantesco: de cincuenta a setenta y cinco millones de habitantes en tan sólo un decenio. No todos nacidos allí, por cierto: muchos eran europeos que llegaban ya criados y con un oficio, jóvenes deseosos de labrarse un porvenir y en la mejor edad para arrimar el hombro en la gran empresa nacional.

Estados Unidos se había convertido en la tierra de promisión para emigrantes y exiliados europeos. Allí no había clases sociales impermeables como en la vieja Europa. En la joven nación se podía partir de cero y escalar la cucaña social por méritos pro-

459. Prueba de que los americanos meaban más lejos es que en 1896 se impusieron a los británicos cuando, en aplicación de la doctrina Monroe («América para los americanos»), los obligaron a ceder en un conflicto fronterizo entre la Guayana británica y Venezuela.

pios. Un obrero industrioso y trabajador podía fácilmente ascender peldaños hasta convertirse en capitán de empresa y millonario. En la dinámica democracia americana todos los hombres eran iguales. Gozaban de la Constitución más equilibrada del mundo, y de una declaración de la Independencia que, deudora del espíritu de la Ilustración, declaraba que el fin de la nueva nación era *Life, Liberty, and the Pursuit of Happiness*, o sea «vida, libertad y la procura de la felicidad». Hermoso, ¿no?

Visto más de cerca, el panorama no era tan encantador. Ciertamente, los norteamericanos habían soportado una sangrienta guerra civil (la guerra de Secesión) para abolir la esclavitud, lo que les otorgó gran prestigio en Europa, pero, al propio tiempo, habían exterminado a los indios para instalar en sus tierras a los colonos. Ésa fue la conquista del Oeste.[460]

Por otra parte, su sistema político no era tan liberal como aparentaba. Había, ciertamente, dos cámaras, y cada cierto tiempo se convocaban elecciones a la presidencia, pero la mayoría de senadores y ministros progresaban en la administración gracias al apoyo de tiburones de las finanzas a los que debían clientelismo de por vida.

La brillante fachada de la joven democracia americana ocultaba una sórdida trastienda: los capitanes de empresa eran *robber barons*, ladrones de cuello duro, financieros sin escrúpulos que amasaban sus fortunas explotando a inmigrantes, especialmente

460. Este genocidio se justificó como «destino manifiesto» o plan divino previsto para Norteamérica. Las jóvenes repúblicas sudamericanas (Argentina, Chile, Uruguay y Paraguay) no se quedaron atrás y también practicaron su particular genocidio (si bien algo chapucero) con los indios de sus territorios (guaraníes, tobas, guaycurúes, mocovíes y matacos). Charles Darwin, en su libro *Viaje de un naturalista alrededor del mundo*, reflexiona sobre lo que vio cuando investigaba en la Patagonia: «Siéntese profunda melancolía al pensar en la rapidez con que los indios han desaparecido ante los invasores. Aquí todos están convencidos de que ésta es la más justa de las guerras. ¿Quién podría creer que se cometan tantas atrocidades en un país cristiano y civilizado? Creo que dentro de medio siglo no habrá ni un solo indio salvaje al norte del río Negro.»

a los chinos, de los que llegaban verdaderas muchedumbres para emplearse en el ferrocarril, en lavanderías y en cocinas.

Hacia 1850, Estados Unidos había alcanzado ya sus fronteras naturales del océano Pacífico y del sur (tras la agresión a México, al que arrebataron extensos territorios en su frontera septentrional: «pobre México, tan lejos de Dios y tan cerca de Estados Unidos», dijo Porfirio Díaz). Después, habían resuelto sus problemas internos tras la guerra de Secesión y habían protagonizado un despegue industrial sin precedentes que los igualaba a las grandes potencias europeas. Al final del siglo, la sociedad y la economía estadounidenses seguían creciendo y no cabían ya dentro de sus costuras. La doctrina del presidente Monroe, «América para los americanos», que parecía formulada contra el colonialismo europeo, comenzó, a la luz de los acontecimientos, a revelar una segunda lectura menos filantrópica: «América para los americanos del Norte.» La guerra contra España por Cuba, en 1898, pudo presentarse todavía como un acto desinteresado cuyo objetivo era liberar a un pueblo americano de la opresión colonial, pero muy pronto la injerencia de Estados Unidos en los asuntos internos de muchos países del cono sur, provocando revoluciones (Colombia) y creando nuevos Estados obedientes a sus intereses (Panamá), reveló las intenciones colonialistas del nuevo coloso y la supeditación de su política exterior a los intereses de sus compañías, especialmente a la United Fruit, la todopoderosa frutera, que quitaba y ponía gobiernos a su antojo.[461]

En el último decenio del siglo XIX, la joven nación americana

461. También es cierto que la inestabilidad política de estos pueblos hermanos es notable y no siempre imputable a los yanquis: apenas tienen historia que justifique agravios y ya acumulan rencores africanos: a Uruguay la erigieron los ingleses como Estado tapón para evitar el expansionismo argentino y brasileño. Los bolivianos no tragan a los paraguayos por la guerra del Chaco. A Chile, república expansionista que respira y se ensancha (como Francia), no la pueden ver argentinos ni peruanos, ni mucho menos bolivianos, a los que cortó la salida al Pacífico; Paraguay se la tiene jurada a los de la Triple Alianza que la fastidiaron bien (Argentina, Brasil y Uruguay)... Podría seguir, pero para una nota ya está bien, que luego dicen que me enrollo.

necesitaba su remanente de energía. Alfred Thayer Mahan, un estratega naval al servicio de la nueva religión económica, acertó a formular, de manera simple e inteligible, las necesidades inmediatas del joven país: buscar nuevos mercados allende de las fronteras nacionales y, para ello, es imprescindible una marina mercante moderna apoyada por una marina de guerra potente.

El Tío Sam se engrandece.

Los *robber barons*.

CAPÍTULO 102

La primera guerra mundial (1914-1918)

Recordará el lector que, después de la derrota de Napoleón, las monarquías europeas se aliaron en defensa del Antiguo Régimen (los carcas) para defenderse de las revoluciones liberales (los progres). La paz duró hasta que, en 1870, dos de los socios, Francia y Prusia, se enfrentaron.[462]

Para asombro de Europa, el modernísimo ejército prusiano infligió una humillante derrota al anquilosado ejército francés. Para colmo, los alemanes, engreídos como son en la victoria, ofendieron innecesariamente a los franceses escogiendo la galería de los espejos del palacio de Versalles para proclamar al rey de Prusia, Guillermo I, emperador de todos los alemanes.[463] A la humillación gratuita se unió el despojo: Francia tuvo que ceder a Alemania las regiones de Alsacia y Lorena, sus principales reservas de carbón y acero, siempre en litigio.

462. Prusia porque aspiraba a encabezar un futuro Estado alemán formado por todos los pequeños Estados del antiguo Sacro Imperio, Francia porque el fantasmón de Napoleón III quería anexionarse Luxemburgo y de paso aumentar su gloria con una guerra victoriosa.

463. La nueva nación alemana sería el Segundo Reich. *Reich* significa «imperio»; el Primer Reich fue el Sacro Imperio Romano, que abarca desde el siglo x a su disolución en 1806; el segundo abarca desde 1871 hasta 1918, con la abdicación del káiser; y el tercero, el nacionalsocialista, abarca desde 1933 a 1945.

De la noche a la mañana, Alemania, regida por la agresiva y militarista Prusia, se incorporó al club de las grandes naciones. Como el alumno tardío pero muy motivado que es capaz de aprobar dos cursos en uno, el alemán, orgulloso de su nación recién estrenada, se aplicó al trabajo, imparable, y pronto se puso a la cabeza de los países industriales. Alemania fabricaba más y mejor que nadie. No tardó en superar a Francia y en competir con Inglaterra y Estados Unidos.

Crecieron las suspicacias. Estos teutones ¿pretenden acaparar todo el mercado?, se preguntaron los anglosajones. Quizá lo hubieran conseguido en buena lid, pero Alemania carecía de un imperio colonial en el que vender sus manufacturas y abastecerse de materias primas baratas.

Alemania había llegado tarde al reparto del mundo. Se tuvo que conformar con lo poco que le dejaron, las zurrapas de África.

Francia e Inglaterra habían tenido sus roces en la rebatiña por el reparto del continente negro (el incidente de Fachoda, ¿recuerdan?), pero cuando el gigante alemán empezó a hacerles sombra aparcaron sus viejas trifulcas y se unieron contra el adversario común (la *Entente cordiale* o «entendimiento cordial», 1904, que, tras la adición de Rusia, se llamaría *Triple Entente*).

Rodeada de potenciales enemigos, Alemania se buscó sus propios aliados y formó la Triple Alianza (Imperio alemán, Imperio austrohúngaro e Italia).

Sucedió la llamada «paz armada»: las potencias industriales dedicaron sus fábricas y sus finanzas a la producción masiva de armas y pertrechos de guerra, en espera de la contienda que fatalmente había de llegar.

La chispa fue el asesinato del heredero del trono austrohúngaro a manos de independentistas de Bosnia y Herzegovina, anexionadas por el Imperio austrohúngaro en 1908 (anteriormente habían pertenecido al Imperio otomano).

Austria sospechó que los terroristas habían recibido entrenamiento en la vecina Serbia y le exigió a este país que permitiera la actuación de su policía en territorio serbio. Serbia, respaldada por Rusia, se negó en redondo. Entonces, Austria le declaró la guerra, lo que, debido a las alianzas militares, arrastró a la guerra a los dos bloques europeos y, por extensión, a sus colonias.[464] En total se vieron implicados medio centenar de países y sesenta millones de combatientes, de los que nueve millones murieron.

De pronto medio mundo estaba en guerra con el otro medio. El uso de nuevas y mortíferas armas (ametralladora, aviación, submarino, gases mortíferos, carro de combate, alambradas...), sumado al equilibrio de fuerzas entre los dos bloques, impuso una guerra larga y costosa.

La guerra acarreó otros inesperados efectos colaterales: el día de Navidad de 1914, en las trincheras belgas de Ypres, soldados alemanes y británicos confraternizaron e intercambiaron chocolate, salchichas y otras chucherías, lo que ocasionó graves trastornos a sus respetivos generales; en Portugal, la Virgen María se apareció a los pastorcillos Lucía, Francisco y Jacinta, a los que transmitió un mensaje de calamidades y catástrofes si la humanidad no se enmendaba, enderezaba sus pasos e ingresaba nuevamente en el redil la Iglesia.[465] En Rusia, donde la servidumbre del campesinado era todavía medieval, estalló la revolución proletaria que permitió al partido bolchevique de Lenin hacerse con

464. La declaración de guerra de Austria-Hungría a Serbia produjo en pocos días la reacción en cadena. Alemania le declaró la guerra a Rusia y a Francia; el Reino Unido se la declaró a Alemania, Austria-Hungría a Rusia, Japón a Alemania y así sucesivamente a lo largo de la guerra: el Imperio otomano a los aliados, Italia al Imperio austrohúngaro (ya en 1915), Bulgaria se une al bando de los imperios centrales, Portugal se une a los aliados, Rumanía declara la guerra a Austria-Hungría, Italia se la declara a Alemania (en 1916). En 1917 Estados Unidos se une a los aliados y China le declara la guerra a Alemania.

465. Además les reveló tres secretos: el primero sobre el fin de la primera guerra mundial (1914-1918), el segundo sobre la muerte prematura de Francisco y Jacinta, y el tercero quedó consignado por escrito y depositado en el Vaticano hasta que, ya en nuestros días, y con cierto desencanto, todo hay que decirlo, debido a las expectativas que habían generado, el papa Juan Pablo II reveló que se refería al atentado sufrido por él mismo cuando el terrorista turco Alí Agca lo tiroteó en la plaza de San Pedro. (Suena a enredo, lo sé.)

el poder y proclamar la Unión de Repúblicas Socialistas Soviéticas (URSS), un imperio comunista que duraría setenta años. El zar Nicolás II y su familia fueron asesinados.

Para colmo de males, en Francia detuvieron a Mata Hari, una bailarina de *striptease* hija de holandés y javanesa, más bien feílla, y escurrida de pecho y trasero, las cosas como son, menoscabos que, al parecer, compensaba holgadamente con su pericia en la «presa de Cleopatra» y otras técnicas amatorias orientales. La chica era, por lo demás, aficionada al lujo y a los uniformes, por lo que acogía en sus hospitalarios brazos a muchos militares pudientes y de alta graduación, lo que le acarreó una acusación de espionaje a favor de Alemania que la condujo, a sus cuarenta y un años, ante un pelotón de fusilamiento. Su muerte fue muy sentida por la afición y constituye una gran pérdida para el patrimonio comunal europeo, que la continúa admirando a través de postales coloreadas en las que aparece ataviada de princesa javaloya en sugestivo *déshabillé*.

Los frentes se estabilizaron. La guerra se atascó en el inmundo lodazal de las trincheras, tierra removida por la artillería sembrada de casquería humana y equina y de chatarra bélica.[466]

La degollina se prolongaba sine díe sobre la espalda de la clase obrera, que aportaba sangre a los frentes y esfuerzo agotador en la industria de la guerra. Finalmente, la intervención de Estados Unidos, con su enorme potencia industrial y demográfica, inclinó la balanza del lado de los aliados.[467]

466. Todavía hoy, transcurrido un siglo, la tierra de Verdún y el Somme, lugares de las principales batallas, sigue tan contaminada de chatarra bélica y tan trufada de inestables proyectiles sin estallar que se ha dejado baldía.

467. El pretexto de los americanos para declarar la guerra a la alianza fueron los 234 ciudadanos estadounidenses que perecieron en el hundimiento del transatlántico inglés *Lusitania*, torpedeado en 1915 por el submarino alemán *U-20*. Otras víctimas civiles de la inmisericorde guerra submarina fueron el compositor español Enrique Granados y su esposa Amparo. Atravesaban el canal de la Mancha en el ferry *Sussex* (después de que el músico triunfara en Nueva York con sus *Goyescas*) cuando un torpedo del submarino alemán *U-29* partió la nave por la mitad. Grana-

En noviembre de 1918, cuando Alemania estaba al borde del colapso militar y económico, estalló una revolución entre sus depauperadas clases bajas (que suministraban la carne de cañón de un ejército mandado por aristócratas prusianos). El káiser y los príncipes gobernantes de los Estados alemanes abdicaron. El gobierno provisional solicitó un armisticio y proclamó la República desde el Reichstag.[468]

Franceses después de la batalla.

---

dos y su esposa se encontraban en la proa, que se fue a pique, y se ahogaron con otras ochenta personas. La popa del ferry se mantuvo a flote, y, remolcada hasta el puerto de Boulogne, volvió a navegar.

468. Karl Liebknecht (líder con Rosa Luxemburgo de la Liga Espartaquista) anunció la República Libre y Socialista Alemana en el palacio imperial (*Stadtschloss*).

CAPÍTULO 103

El Tratado de Versalles o la venganza en caliente

Terminó la Gran Guerra, como la llamaron entonces (ignorantes de que veinte años después iban a padecer otra aún mayor). Los aliados se reunieron en el salón de los espejos del palacio de Versalles, en París, a deliberar sobre el futuro de Alemania y del mundo. El anfitrión francés cuidó los detalles. En presencia de cinco veteranos horriblemente mutilados que recordaran a los compromisarios los horrores de la guerra, acordaron la creación de una Sociedad de Naciones que velaría en el futuro por la resolución pacífica de los conflictos internacionales. «En adelante ya no habrá más guerras», declararon solemnemente los muy ilusos.

Como era de esperar, Alemania salió muy perjudicada. Los aliados la culparon de haber iniciado la guerra y la condenaron a pagar los platos rotos. *Vae victis.*[469] La desarmaron y además de

469. *Vae victis* («¡Ay, de los vencidos!») se usa para denotar que el vencido queda a merced del vencedor. Es lo que dijo el caudillo galo Breno, que derrotó a los romanos en el año –390. Estaban pesando el rescate acordado para que se fuera de Roma (unos trescientos kilos de oro) cuando los romanos protestaron que la balanza estaba amañada. Entonces Breno añadió al peso su espada al tiempo que decía «*Vae Victis*». Pues eso les ocurrió a los alemanes, que los esquilmaron y los dejaron indefensos. Se les prohibió disponer de aviación militar, tuvieron que entregar la flota (antes la hundieron) y se limitó a cien mil el número de miembros de las fuerzas armadas.

despojarla de las colonias y de parte del territorio nacional,[470] le impusieron el pago de una enorme indemnización.[471] De este modo se aseguraban de que no volvería a disputarles los mercados internacionales.

El abusivo y humillante Tratado de Versalles dejaba el camino abierto para la segunda guerra mundial.

La primera guerra mundial descompuso el mapa político mundial: los cuatro imperios vencidos (alemán, ruso, austrohúngaro y otomano) se fueron al garete: el austrohúngaro y el otomano se volatilizaron y en su lugar surgieron distintos Estados;[472] el alemán y el ruso, perdieron extensos territorios (en los que también surgieron nuevos Estados)[473] y lo que quedó se

470. Tuvo que ceder a Francia las provincias de Alsacia y Lorena (que en 1905 sumaban 14.522 km² y 1.815.000 habitantes), así como otros territorios a Bélgica, a Dinamarca y a Polonia (que obtuvo 53.800 km²: la mayor parte de la provincia de Posen y Prusia Occidental, parte de Silesia, con 4.224.000 habitantes en 1931, así como la tutela de las ciudades bálticas de Danzig y Memel). Además, los aliados se repartieron el imperio colonial alemán: Togolandia, Camerún, Namibia, Tanganika, Nueva Guinea Alemana, y algunas islas de la Polinesia.

471. Cedió a Francia la explotación de la cuenca minera del Sarre, pulmón de su industria, y se comprometió al pago de 132.000 millones de marcos-oro alemanes en acuciantes plazos anuales, lo que provocó tal inflación que en 1923 una libra de pan costaba 3.000 millones de marcos, una libra de carne 36.000 millones, una cerveza 4.000 millones. Resultado: los especuladores se pusieron las botas y la arruinada clase media se desengañó del Estado liberal y democrático y se arrojó en brazos de Hitler. Luego pasó lo que pasó, como se verá cuando le toque. Alemania liquidó por fin la deuda, intereses de demora incluidos, en 2010.

472. El Imperio austrohúngaro quedó definitivamente dividido en varios países independientes: Austria, Hungría y Checoslovaquia, y cedió parte de sus posesiones a Rumanía, Italia, Polonia y Yugoslavia. El otrora orondo Imperio otomano quedó reducido a Turquía y poco más. Perdió Siria, Líbano, Iraq y la península Arábiga, que se desmembró en Estados independientes regidos por jeques y señores de la guerra.

473. De las cenizas del viejo y multiétnico Imperio austrohúngaro surgieron nuevas naciones: Hungría, Austria, Polonia, Checoslovaquia, y el Reino de los Serbios, Croatas y Eslovenos (en 1929 bautizado como

transformó en la URSS (Rusia) y la República de Weimar (Alemania).

Los beneficiados de la guerra fueron Estados Unidos y Japón, que irrumpieron poderosamente en la escena internacional. También salieron beneficiadas las mujeres, que durante la conflagración habían sustituido a los hombres en fábricas, oficinas, escuelas y servicios. Cuando los hombres se licenciaron e intentaron devolverlas al hogar, ellas le habían tomado el gusto a la libertad y se negaron. El movimiento feminista consiguió para la mujer el derecho a votar en Gran Bretaña, Alemania, Estados Unidos, Turquía y Rusia.[474]

Yugoslavia) y Finlandia, Estonia, Letonia y Lituania, independizadas del antiguo Imperio ruso.

474. Ha pasado un siglo y la igualdad salarial y de oportunidades están todavía por lograr, pero parece que la mujer occidental va camino de conseguirlo.

1892
2
ESPAÑA
DEL SELLO
AEF
LIBERTY
1492 1992
CHRISTOPHER COLUMBUS
IN GOD WE TRUST
CHRISTOPHER COLUMBUS
CHICAGO 1893
CIEN
D9.335.423
Seeking Queen Isabella's Support
USA29
First Voyage of Christopher Columbus
Crossing The Atlantic
29USA
First Voyage of Christopher Columbus
Approaching Land
USA29
First Voyage of Christopher Columbus
Coming Ashore
29USA
ESPAÑA
2006
ESPAÑA
2'50
CORREOS

Indios aperreados.

Morrión españ

Tenochtitlán.

El primer fumador europeo.

Enfermo de sífilis (Alberto Durero).

Grilletes (siglo XVIII).

Esclavos negros para América.

India taína.

Las minas de plata de Potosí.

Las exploraciones del capitán Cook.

El águila imperial con sus principados.

Lansquenetes.

Carlos V en Bolonia.

Lutero.

La Scala Santa, Roma.

Reliquia de san Juan Bautista (catedral de Amiens).

La matanza de San Bartolomé.

La toma de la Bastill

Los tres estados.

Caricatura de la Revolución

Batalla de Trafalgar, 1805.

Cosme Damián Churruca.

Sombrero de Napoleón
(Museo de Berlín).

Napoleón emperador.

El reparto de África (el tipo sin barba ni bigote es nuestro Alfonso XIII joven).

El rey zulú Cetshwayo pisa la bandera británica.

El expolio de Turquía.

El expolio de China.

La reina Victoria hilando

Mata Hari, 1916.

Casco de tanquista.

Le Petit Journal

ADMINISTRATION | 15 CENT. | SUPPLÉMENT ILLUSTRÉ | 15 CENT. | ABONNEMENTS

DIMANCHE 13 JUILLET 1919

A TON TOUR GERMANIA !

Los mutilados que asistieron a la firma del Tratado de Versalles.

Lenin predicando.

El comunismo barrerá la injusticia del mundo

Cuidado con Alemania (cartel de los sindicatos ingleses, 1932).

Niños alemanes juegan con tacos de billetes devaluados.

El auge de los fascismos.

Recuerdo de mi campaña de Rusia, 1942.

Stukas bombardeando, 1941.

Dresde bombardeado, 1945.

Cadáveres judíos, 1945.

Kruschev y Kennedy, 1961.

Pájaros varios.

Bibi Aisha, afgana, dieciocho años, amputada de nariz y orejas por abandonar a un marido talibán maltratador (fotografía de Jodi Bieber).

Vertedero en Río de Janeiro.

Niño soldado en África.

CAPÍTULO 104

El auge de los fascismos

La guerra del 14 dejó a buena parte de Europa para el arrastre, especialmente a las clases bajas. Los gobiernos desmovilizaban a los obreros que durante cuatro años se habían embrutecido en las trincheras y muchos de ellos, en paro forzoso, no se adaptaban a la vida civil. Crecían como espuma los partidos izquierdistas, con la eficaz promoción de la Rusia soviética, que intentaba exportar su revolución y embaucaba a las masas con la idílica y embustera imagen de un Estado regido por obreros felices.[475]

Desengañadas de la democracia, las frustradas clases medias se echaron en brazos de partidos autoritarios que suprimían las libertades individuales, sometían al individuo al Estado y perseguían al disidente. Cualquier cosa con tal de sentirse a salvo de las veleidades revolucionarias del obrero.

La rápida ascensión de los partidos fascistas no hubiera sido posible sin las subvenciones de financieros e industriales que temían el crecimiento del comunismo con su secuela de huelgas y violencias.

El primer partido fascista que triunfó en Europa, y sirvió de ejemplo a los demás, fue el de Mussolini, un antiguo socialista

475. Moscú apadrinaba con entusiasmo el Komintern o Tercera Internacional, una ONG comunista cuyo objetivo era «conseguir por cualquier medio, incluido el uso de la fuerza, la caída de la burguesía internacional y la creación de una república soviética internacional, como transición a la completa abolición del Estado».

que se apoderó del gobierno de Italia en 1922, tras una marcha sobre Roma al frente de sus milicias, los «camisas negras». Desde entonces el adjetivo «fascista» o «facha» (muy desprestigiado tras la segunda guerra mundial) se ha hecho extensivo a cualquier partido derechista o conservador.

¿Qué es el fascismo? Quizá la mejor definición de fascismo la diera el presidente americano Roosevelt: «la propiedad del Estado por parte de un individuo, de un grupo, o de cualquier otro que controle el poder privado.»[476]

Los partidos fascistas se caracterizaban por su disciplina militar, su singular apego a los símbolos y uniformes,[477] su retórica patriotera y antiliberal y por la extremada devoción a un líder carismático al que singularizaban con algún apelativo heroico (*duce*, *Führer*, jefe, caudillo, *conducator*, *rais*, etc.).

Partido fascista francés.

Partido fascista inglés.

476. Por su parte, el falangista José Antonio Primo de Rivera justificaba de este modo la ideología fascista: «Frente al marxismo, que afirma, como dogma, la lucha de clases, y frente al liberalismo, que preconiza la lucha de partidos, el fascismo sostiene que hay algo sobre los partidos y sobre las clases, algo de naturaleza permanente, trascendente, suprema: la unidad histórica llamada Patria. La Patria, que no es meramente el territorio donde se despedazan, aunque sólo sea con las armas de la injuria, varios partidos rivales ganosos todos del Poder. Ni el campo indiferente en que se desarrolla la eterna pugna entre la burguesía, que trata de explotar a un proletariado, y un proletariado, que trata de tiranizar a una burguesía, sino la unidad entrañable de todos al servicio de una misión histórica, de un supremo destino común, que asigna a cada cual su tarea, sus derechos y sus sacrificios.» (*Diario ABC*, 22 de marzo de 1933.)

477. Recordemos los camisas negras de Mussolini (trasunto de los camisas rojas de Garibaldi), prontamente imitados por los camisas pardas de Hitler y los camisas azules de la Falange Española.

CAPÍTULO 105

El paraíso soviético

Curioso lo de Rusia: tuvo su renacimiento, su ilustración y su revolución industrial como el resto de Europa (a la que, a pesar de todo, pertenece, dicho sea con las debidas reservas), pero la masa campesina seguía anclada en la Edad Media, lo que, unido a las penosas condiciones en que vivía el proletariado y al descontento por la participación en la primera guerra mundial, desencadenó una revolución tan sonada como la francesa. En marzo de 1917, el zar Nicolás II abdicó y cedió el poder a un gobierno provisional que, a su vez, fue derrocado por una segunda revolución, la de octubre de 1917. Aquí empezó a correr la sangre con una cruenta guerra civil entre los rojos (bolcheviques acaudillados por Lenin, un abogado que reclamaba una revolución socialista) y los blancos, la nobleza y parte del ejército que propugnaban el regreso del zar. Ganaron los rojos, fusilaron al zar y a su familia, la aristocracia huyó a París y a Londres, unos con sus joyas y otros con lo puesto (éstos tuvieron que emplearse como chóferes y mayordomos de familias adineradas), y un nuevo y prometedor amanecer alboreó el futuro del pueblo ruso.[478] He-

478. Al zar lo llamaban Nicolás *el Sanguinario*, en memoria del «Domingo Sangriento» de 1905, en que la guardia imperial disparó contra una pacífica manifestación de obreros y mató a más de mil, entre ellos mujeres y niños; pero se ha demostrado que fue su tío el que ordenó abrir fuego. Nicolás era, en realidad, tímido y apocado, aunque aficionado a la

mos roto las cadenas de la opresión capitalista, se dijeron, ahora seremos libres y felices: construiremos un paraíso comunista que sea el faro que ilumine la libertad de los pueblos del mundo.

Cuando el benéfico Lenin le tomó el gusto al poder absoluto comprendió que eso de la democracia a la occidental era una bobada, e impuso el unipartidismo bolchevique, único garante de que Rusia no recaería en la explotación capitalista.

El autócrata rojo, hombre de ideas avanzadas, abordó un ambicioso plan de modernización de Rusia: economía centralizada, industrialización del país, centrales eléctricas por doquier y redención del campesinado.

El negocio marchaba tan viento en popa que muy pronto pudo admitir franquicias. En 1922 se creó la URSS (Unión de Repúblicas Socialistas Soviéticas), que integró a una serie de países satélites o aliados de Rusia (Transcaucasia, Ucrania, Bielorrusia, etc.).

Lenin falleció en 1924 (y lo momificaron como santo y fundador de la nueva religión comunista). Tras algunos forcejeos, lo sucedió Iósif Stalin (apodo que significa *acero*), un antiguo seminarista georgiano que, tras anular a sus rivales,[479] gobernó tiráni-

---

música militar y a la vida cuartelera, aficiones que quizá merecieran un par de hostias bien dadas, pero que en ningún caso justifican su ejecución. La Iglesia ortodoxa lo ha elevado a los altares: san Nicolás II de Rusia, y ahora los monárquicos lo visten de icono y le ponen velitas. Así se escribe la historia: muy bueno para unos y muy malo para otros. Lenin ordenó el fusilamiento de la familia real (zar, zarina, zarévich y cuatro hijas), quizá en venganza porque el zar abuelo había fusilado a su hermano. De paso también ejecutaron a sus más estrechos colaboradores, cocinero incluido, y al perro. A las princesas tuvieron que rematarlas a bayonetazos porque sus corsés embutidos de joyas habían actuado como chalecos antibalas. En 1991 se exhumaron los cuerpos, que reposaban en una fosa común en el bosque de Koptiaki. Ahora descansan en el panteón real de San Petersburgo. El análisis de ADN demostró que Anna Anderson, la mujer que durante mucho tiempo se hizo pasar por la princesa Anastasia, era una impostora.

479. Trotski tuvo que exiliarse en México, lo que no lo libró de morir asesinado. En la Gran Purga, entre 1937 y 1938, perecieron casi

camente durante veinte años, en los que los planes quinquenales (desde 1928) contribuyeron al desarrollo de una poderosa economía industrial que no tuvo su contrapartida en el desarrollo social. Para realizar todas esas reformas fue necesario crear un funcionariado fiel, la aristocracia del partido, políticos profesionales pendientes de ascenso en el aparato soviético.[480]

Las hambrunas (consecuencia en parte de la deficiente planificación económica) y los excesivos sacrificios exigidos a los trabajadores por el Estado mataron a unos cuantos millones de personas, y las ejecuciones y los *gulags* (campos de trabajos forzados para disidentes o supuestos disidentes) mataron a otros pocos millones.[481] Seguramente nunca se sabrá la cifra de *kulaks* (pequeños propietarios campesinos) deportados a Siberia, donde perecerían de agotamiento, por resistirse a las colectivizaciones o directamente ejecutados con el clásico tiro en la nuca. Existen opiniones encontradas sobre si Stalin desabasteció deliberada-

---

todos los viejos bolcheviques que habían participado en la Revolución de Octubre. En ese único año la policía política NKVD (siglas que corresponden a Naródniy Komissariat Vnútrennij Del, «comisariado del pueblo para asuntos internos») interrogó a más de un millón y medio de personas, y eliminó a más de medio millón.

480. El poder corrompe, incluso el comunista. Pronto se preocuparon más de la despensa llena, de la vida cómoda y regalada y de la dacha en las afueras que del bienestar de la clase obrera.

481. El historiador Robert Conquest, autor del documentado (y controvertido, qué remedio) ensayo *The Great Terror: Stalin's Purge of the Thirties* (El Gran Terror: la purga de Stalin en los años treinta), Oxford University Press, 1968, declara: «Los números exactos nunca se sabrán con absoluta certeza, pero el total de muertes causadas por el terror del régimen soviético en ningún caso será inferior a quince millones.» Por su parte, Stéphane Courtois, editor del también controvertido (de nuevo, qué remedio) *Libro negro del comunismo: crímenes, terror y represión*, Ediciones B, Barcelona, 2010, opina que «el comunismo real [...] puso en funcionamiento una represión sistemática, hasta llegar a erigir, en momentos de paroxismo, el terror como forma de gobierno» y achaca a los distintos regímenes comunistas que en el mundo han sido una cifra global de unos cien millones de muertos. Al final acabaremos pensando que Hitler era un bendito. Conste que no es criticar, es referir.

mente a la rebelde Ucrania, entre 1932 y 1933, cuando una hambruna provocó la muerte por inanición de unos cinco millones de personas. Se produjeron tantos casos de canibalismo que hubo que editar carteles desaconsejando el consumo de carne humana.

Lo curioso del caso es que, mientras las purgas de Stalin eliminaban a millones de personas en la URSS, los intelectuales occidentales (Sartre, Neruda, Alberti, Semprún y una larga lista) cerraban los ojos a la evidencia y continuaban cantando las maravillas del paraíso comunista.[482]

Los apóstoles comunistas Marx, Engels, Lenin y Stalin.

482. Sobre este tema me lean la estupenda novela de Martin Amis *Koba el Temible*, Anagrama, 2004, que aborda con humor corrosivo el papanatismo y la voluntariosa ceguera de los intelectuales occidentales comprometidos con la izquierda frente a los crímenes de Stalin. Es sorprendente que personas de probada inteligencia y dotadas de apreciable discernimiento hayan alabado en sus escritos a la URSS de Stalin, a la China de Mao y a la Cuba de Castro, encontrándolas superiores a las podridas democracias de las que ellos procedían. Lo más grave es que han persistido en el error incluso después de visitarlas (en viajes subvencionados, lo admito) y constatar el abismo existente entre la propaganda política y la insobornable realidad. Tampoco deja de sorprender que hayan elevado al santoral laico a tipos como el mítico Che Guevara, mártir de la redención de la humanidad, cuya catadura queda de manifiesto con sólo leer sus diarios.

CAPÍTULO 106

El crac del 29

Zapatos de charol inician un claqué en el escenario del Cotton Club. Fundido en negro...

Decenio de 1920, los llamados «felices años veinte». La economía occidental está experimentando una gran expansión. Modernidad art decó para una sociedad optimista envanecida por el desarrollo industrial, las ágiles comunicaciones, las carreteras asfaltadas, los automóviles, el petróleo, la electricidad, la telefonía, la radio, los novedosos productos químicos y farmacéuticos.

La abundancia y la publicidad estimulan una cultura de masas basada en el consumo masivo de productos culturales: el cine, el jazz, el charlestón, la ruleta, el gramófono, el boxeo, el béisbol...

Al final del día, la ciudad se ilumina con luces de neón. Autocomplacencia. El plutócrata de Wall Street (centro de las finanzas mundiales) saborea su daiquiri repantigado en el sillón chéster del club. El obrero de la fábrica hocica sobre la tercera jarra de cerveza en una taberna clandestina antes de regresar a casa, donde lo espera una buena cena.[483]

Olvidadas las guerras, la humanidad comenzaba una nueva era de bienestar y progreso. Las fábricas, modernizadas con cade-

483. Son los tiempos de la «ley seca» que prohíbe el consumo de alcohol en Estados Unidos (1919-1933), y la transgresión sólo acentúa esa intensa sensación de felicidad.

nas de montaje, producían más de lo que el mercado podía absorber. La agricultura, más racional y mejorada con abonos químicos, producía más alimentos de los necesarios.

Como en la ciudad alegre y confiada de Benavente, los ciudadanos dormían felices y despreocupados fiando en que sus gobernantes velaban por su felicidad y bienestar.

En ese ambiente de optimismo y prosperidad, la clase media americana vivía un idilio consigo misma y con los adelantos de la modernidad comprados a crédito en grandes almacenes.

Había miles de bancos que rivalizaban por conceder créditos baratos. El dinero en circulación se duplicó. Todo el mundo se sentía rico y se atrevía a invertir en bolsa. El que no tenía ahorros se entrampaba con el banco.

Esa felicidad duró pocos años.

El primer nubarrón en el horizonte apareció el día en que Joe Kennedy, el patriarca de la dinastía de los Kennedy, un irlandés listo que veía crecer la hierba, se acomodó en uno de los altos sillones de un salón de limpiabotas de Wall Street con su ejemplar del *New York Times* desplegado. El limpia, un locuaz negro llamado Sammy, mientras le lustra los botines, aconseja al colega de al lado, tan negro como él, que adquiera acciones de ferrocarril y petroleras.[484] «Son las que más *money* producen, *brother*», le dice.

Kennedy aparta el periódico y mira al par de indigentes negros desde su altura. Ese mismo día, reunido con otros tiburones financieros, indica: «Hasta los limpiabotas están invirtiendo en bolsa. El mercado está sobrevalorado. El día menos pensado estallará la burbuja.»

¡Gran verdad! Un enorme tinglado especulador inundaba el mercado de títulos, casi nueve mil millones de dólares de dinero irreal, mero papel sin base económica alguna. Las acciones de bolsa crecían sin cesar, no porque las empresas estuvieran acumulando beneficios sino por la falsa expectativa de beneficio que el propio crecimiento bursátil creaba.

484. Escribo «negros» porque estamos en los años veinte; hoy pondría «afroamericanos», que es lo políticamente correcto, que conste.

Los bancos prestaban un dinero que no se invertía en producir riqueza sino meramente en especular. Las acciones seguían subiendo e hinchando la burbuja económica sin precedentes.

Al propio tiempo, los mercados interior y exterior se saturaban de productos industriales. La previsible recensión industrial (ya no podía venderse tanto como se producía) repercutió directamente en las empresas que cotizaban en bolsa.

Brusca frenada de burro en los especuladores. Después de años de crecimiento y beneficios, los títulos bursátiles se depreciaron un poco, lo suficiente para que los pequeños inversores se asustaran y se precipitaran a vender sus acciones (ocho millones se pusieron a la venta el fatídico 18 de octubre de 1929), lo que desequilibró la oferta-demanda y provocó un brusco descenso de las cotizaciones. ¡El pánico! La gente retiraba su dinero de los bancos por temor a perderlo. Los bancos, al verse descapitalizados, intentaron vanamente recuperar los préstamos concedidos a los especuladores en bolsa, y a la declinante industria. Esto provocó la quiebra de cientos de pequeños bancos que, a su vez, arrastraron a decenas de grandes bancos que les prestaban a ellos. Fue el Martes Negro. Dos financieros, incapaces de afrontar la ruina, se lanzaron al vacío desde las ventanas de sus oficinas en las cumbres de los rascacielos. La prensa londinense se hizo eco del asunto exagerándolo: «En Wall Street los viandantes circulan esquivando los cuerpos de los financieros caídos.» El humorista Will Rogers puso la guinda: «Hay que hacer cola para conseguir una ventana de hotel por donde arrojarse.»[485]

Miembros de consejos de administración con sueldos astronómicos se vieron en la calle de la noche a la mañana. En pocos días se pasó de la prosperidad a la mendicidad: *Brother, could you spare a dime?* («Hermano, ¿puedes darme una moneda?»).[486]

485. Otros se suicidaron en casa, con métodos tradicionales. El presidente de County Trust Co. se descerrajó un tiro; el de Rochester Gas and Electric metió la cabeza en el horno y abrió la espita del gas.

486. ¿Recuerdan la gran película de Sydney Pollack *Danzad, danzad, malditos* (1969)? Personas que disfrutaron de cierta prosperidad se ven obligados a inscribirse en el inhumano maratón de baile sólo por la comi-

La quiebra de los bancos paralizó la inversión. Cerca de cien mil empresas despidieron a los trabajadores y cerraron (también muchas de ellas habían invertido en bolsa). En 1932 el paro en Estados Unidos ascendía al 25 por ciento de la población activa.

El crac de la bolsa americana repercutió en todo Occidente. Después de la primera guerra mundial, los bancos americanos habían prestado ingentes cantidades de dinero a bancos de los países derrotados para que pagaran las indemnizaciones impuestas por los vencedores. Esta práctica estableció una especie de carrusel circular en el que el dinero que salía de Estados Unidos por un concepto regresaba por otro. Nadie había reparado en la catástrofe que podía ocasionarse si el flujo del crédito se detenía.

Cuando los bancos americanos, faltos de liquidez, reclamaron el capital invertido en el extranjero, el efecto dominó colapsó a otros grandes bancos de todo el mundo.[487] Privados de créditos, los países derrotados interrumpieron el pago de sus indemnizaciones a las potencias vencedoras.[488]

¿Cómo se salió de la crisis? El presidente Roosevelt impulsó un plan de recuperación, el *New Deal* («Nuevo Acuerdo»), que aplicó las medidas sugeridas por el economista británico Keynes: intervención del Estado en la economía, inversiones estatales en obras públicas (aunque fuera a costa del déficit presupuestario)

---

da. La otra gran película que refleja el ambiente de la Gran Depresión es *Las uvas de la ira*, de John Ford (1940), basada en la novela de John Steinbeck sobre el éxodo de los agricultores arruinados que han de abandonar sus campos y cruzar el país para mendigar un trabajo asalariado como temporeros.

487. Cuando redacto estas líneas el mundo y en especial España están sumidos en una crisis semejante, también debida a movimientos especulativos, esta vez relacionados con las hipotecas basura. ¿Es que no escarmentamos? En efecto: no escarmentamos. Ya lo dijo Galbraith: «La memoria financiera dura un máximo de diez años. Éste es aproximadamente el intervalo entre un episodio de sofisticada estupidez y el siguiente.»

488. En España la economía estaba todavía mal coordinada con la mundial, pero aun así el reflujo del tsunami financiero la afectó gravemente y favoreció la caída del dictador Primo de Rivera, que precipitaría la proclamación de la Segunda República.

que generaran empleo y al elevar el poder adquisitivo del trabajador redundarían en aumento del consumo.[489]

Las medidas permitieron a Estados Unidos recuperar su economía hacia 1938.[490] El mundo comenzaba a salir del bache, pero ya en el horizonte se percibían remotos los tambores de la segunda guerra mundial.

Cola de desempleados en la puerta de un comedor de caridad.

489. Para Keynes es necesario abandonar el *laissez-faire* del capitalismo del siglo XIX. El motor de la economía se sustenta en la adecuada relación entre la oferta y el consumo, pues de ella dependen los beneficios empresariales y la inversión. Cuando la demanda se retrae, el propio Estado debe invertir en obras públicas para aumentar el número de empleados y por tanto de consumidores, lo que restablecerá el equilibrio entre oferta y demanda.

490. Un factor importante del nuevo desarrollo industrial fue la producción de armamentos en previsión de la guerra que se avecinaba.

CAPÍTULO 107

Tambores de guerra

La crisis financiera de 1929, con sus repercusiones internacionales, desprestigió a las democracias liberales y favoreció el auge del fascismo, especialmente en Japón y Alemania, dos Estados faltos de recursos naturales que lamentaban amargamente haber llegado tarde al reparto del poder mundial (o sea de las colonias y de las materias primas acaparadas, como se ha visto, por Francia, Inglaterra y Estados Unidos).

Los nacionalistas alemanes y japoneses (también los italianos) reclamaban «espacio vital», o sea, colonias a las que explotar.[491]

En 1935 Mussolini amplió su colonia de Eritrea con la conquista de Etiopía (o Abisinia, como él la llamaba, el único país africano que había escapado a la colonización europea debido a su condición de cristiano). Así empezaba su anunciada reconstrucción del nuevo imperio romano.

En 1937, los japoneses, dirigidos por una agresiva elite militar ante la que el emperador se plegaba, obediente, invadieron

491. Fue una de las razones por las que los alemanes votaron a Hitler, que en su libro *Mein Kampf* («Mi lucha») había manifestado su intención de conquistar un imperio colonial en el este de Europa, el «espacio vital» o *lebensraum* que Alemania necesitaba: «Los alemanes tienen el derecho moral de adquirir territorios ajenos gracias a los cuales se espera atender al crecimiento de la población», pero las democracias lo tomaron por una baladronada.

China y perpetraron atrocidades execrables contra la población civil de Nankín, la capital.[492] Era el primer paso para la construcción de un Imperio del Sol Naciente que abarcaría el océano Pacífico y el sureste asiático, desde China hasta las islas Midway.

Alemania, por su parte, no se quedó atrás. Tras la ascensión al poder (democráticamente, por cierto) en 1933 del partido nazi liderado por Hitler, repudió el Tratado de Versalles, dejó de pagar las reparaciones a los aliados y emprendió un ambicioso programa de rearme.[493] Los alemanes, disciplinados como son, se pusieron a tender autopistas y construir tanques y aviones.[494]

Mussolini, el león de Abisinia.

492. En poco más de un mes asesinaron entre cien mil y trescientos mil civiles chinos y violaron masivamente a las mujeres, sin respetar a niñas ni ancianas. (Parece mentira que se comportaran como salvajes con toda esa sofisticada y milenaria cultura que exhiben: reverencias, *geishas* atentísimas, códigos de honor samuráis, ceremonias de té, cerezos en flor, ikebana y demás pamplinas orientales.) El incidente de Nankín, como lo llaman los nipones, quitando hierro al asunto, o la masacre de Nankín, como la llaman los chinos que aún respiran por la herida, ha inspirado la película de Lu Chuan *Ciudad de vida y muerte* (2009). Es un episodio que sigue vivo y lacerante en la memoria china y me malicio que algún día se lo querrán cobrar. Si no, al tiempo.

493. El partido nazi se denominaba, en realidad, Partido Nacionalista Obrero Alemán (NSDAP).

494. «Con un pueblo tan obediente y laborioso, cualquiera levanta un país», comentaba Pepe, el barbero de mi infancia, que había trabajado en una fábrica de gafas en Potsdam, en los tiempos del Führer.

CAPÍTULO 108

Un pintor llamado Adolf

Uno se pregunta cómo un perturbado llegó a ser guía (*Führer*) de la nación que ha dado a la humanidad a Kant y Beethoven, a Goethe y Einstein. ¿Cómo el pueblo alemán, admirable en tantos aspectos, pudo ser cómplice de los extravíos de un loco homicida?

Quizá se dejó convencer porque ya estaba convencido, quizá Hitler se limitó a despertar algo «que yacía dormido en lo más profundo del alma del pueblo alemán».[495]

495. Ian Kershaw, «Hitler y la singularidad del nazismo», en *Hitler, los alemanes y la Solución Final*, p. 562. Quizá Hitler removió ciertos posos recónditos y deplorables del alma alemana (o *Volksgeist*). Frente a la idea universalista de la fraternidad universal bajo el dominio de la razón impulsada por la Ilustración francesa (que en Alemania corresponde al *Aufklärung*), surge en Alemania una valoración de lo irracional formulada como *Sturm und Drang* («tormenta y fuerza»), un movimiento romántico que exalta la individualidad y el sentimiento. Este movimiento, típicamente alemán como decimos, inspira otros nacionalismos románticos europeos que, como él, buscan la identidad de cada pueblo e indagan en su folclore en busca de diferencias que demuestren su pureza y superioridad racial. En los nacionalismos españoles, el vasco y el catalán, también se observa esta afirmación de la superioridad racial como testimonian los delirantes escritos de Sabino Arana y Valentí Almirall (véanse al respecto Jon Juaristi, *El bucle melancólico*, Ed. España, Madrid, 1997; y Francisco Caja, *La raza catalana. El núcleo doctrinal del catalanismo*, Encuentro, Madrid, 2009).

Hitler había nacido en el seno de una familia católica de clase media-baja. Sus padres eran primos hermanos. En la edad en que un adolescente normal aprende para hacerse una persona de provecho, el futuro Führer del pueblo alemán abandonó el bachillerato y holgazaneó seis años en la rutilante Viena malviviendo de la herencia materna en pensiones baratas, haciendo cola a veces, con las solapas del abrigo subidas, en las colas de los comedores de caridad, pernoctando en casas de acogida y observando con envidia las mansiones de los potentados, muchos de ellos judíos pertenecientes a dinastías financieras, ante las que se detenían coches de lujo para que descendieran damas y caballeros de la alta sociedad que acudían a saraos y banquetes de los que él estaba excluido.[496]

Este fracaso vital y la humillante pobreza padecida precisamente en la ciudad que apreciaba a los artistas, en la mejor tradición cultural europea, lo convirtieron en un inadaptado y un resentido social.

El estallido de la primera guerra mundial, en la que se enroló voluntario, le brindó el único empleo estable que consiguió en su vida: soldado. En los frentes de Francia fue herido y gaseado (aunque no lo suficiente), por lo que mereció los galones de cabo y si no llegó a sargento fue porque un superior lo declaró «incompetente para el mando» y un médico lo diagnosticó como «peligrosamente psicótico» (la psiquiatría, esa ciencia judía, empezaba a estar de moda).

En lo tocante a si Hitler estaba loco existe división de opiniones: los que lo trataron íntimamente (alemanes todos) lo describen como una personalidad fascinante («genio», lo llama Keitel) y es evidente que sus discursos (y la parafernalia militar que los rodeaba) electrizaban a las masas, pero también es cierto que cuando los comunes mortales ajenos al *Volksgeist* lo observamos

496. La cultura vienesa brillaba con su máximo esplendor en el salón de las Wertheimstein, madre e hija, Josephine y Franciska, una familia rica de banqueros judíos ilustrados, cosmopolitas y liberales, que recibían una vez por semana a la flor y nata de la ciudad: escritores, científicos, médicos, pintores, músicos, industriales, gentes del teatro...

en las imágenes vivas que de él han quedado (los noticieros de la UFA), lo encontramos unas veces histérico y otras histriónico; pocas veces una persona normal.[497] Es como cuando nos confrontan con la grabación de una charla de san Josemaría Escrivá de Balaguer: le quitan a uno las ganas de ingresar en el Opus. Hay personajes que, vistos en su salsa, pierden mucho.

Al término de la Gran Guerra, Alemania no ofrecía muchas oportunidades a nuestro hombre, que había cumplido ya treinta años y seguía sin oficio ni beneficio. La República de Weimar, el experimento democrático que sucedió al káiser, no remediaba la galopante miseria de un pueblo castigado por la hiperinflación y el desempleo.[498]

Como tantos otros excombatientes, Hitler se reenganchó en el ejército que le ofrecía tres raciones de rancho al día y cobijo contra las inclemencias de la vida, aunque fuera en un pabellón cuartelero de trescientos catres. Entre sus conmilitones escasamente instruidos encontró el cabo Hitler un rendido auditorio en el que perfeccionar sus innatas dotes oratorias al servicio de un mensaje simple que compartía la mayoría de sus compatriotas: Alemania había perdido la guerra por culpa del pacifismo, del socialismo y del judaísmo. ¿Cómo, si no, se explica que capitulara cuando todavía ocupaba buena parte del territorio enemi-

497. En los tiempos victoriosos de la campaña de Francia «vivió medio mes feliz, bailando, riendo y dándose palmadas en los muslos cada vez que recibía la noticia de un nuevo éxito» (Solar, 2006, p. 23). El general Jodl, su ayudante, anota en su diario que cuando Francia capituló «se puso tan contento que dio un saltito. En mi vida lo había visto ceder de tal manera a sus impulsos». Cuando comenzaron los reveses, su locura se acentuó y menudearon las crisis de furor en las que perdía los papeles, gritaba, insultaba y rompía lápices. No es menos revelador que mantuviera un astrólogo de cabecera, Erik Hanussen, al que consultaba antes de emprender importantes acciones militares, y un médico-mago, Theodor Morell, que le administraba fármacos holísticos de su medicina alternativa, entre ellos un colirio de cocaína.

498. El desempleo llegó a afectar a un 40 por ciento de la población activa en 1932.

go? Ahondando en estas razones, Hitler encontró un fácil chivo expiatorio: los judíos.

Los superiores de Hitler lo recomendaron como informador de la policía (*Verbindungsmann*), o sea, soplón. En ese cometido, el cabo Adolf recibió el encargo de espiar a uno de los muchos grupúsculos izquierdistas que pululaban por Alemania, el Partido Obrero Alemán (DAP). En la primera reunión tomó la palabra y dejó a todos con la boca abierta: era un orador persuasivo, casi hipnótico.[499] Expuestas con la pasión de su desbordada oratoria, sus ideas sobre la raza y el futuro de Alemania, adquiridas de libros y revistas antisemitas de su época de estudiante sopista, sonaban a música celestial en los oídos de los camaradas.[500] En pocas sesiones se hizo con el control del partido, lo que le aseguró un mediano pasar que le permitió consagrarse por entero a la política. Cambió el nombre del grupo a Partido Nacionalsocialista Obrero Alemán, e imitando a Mussolini adoptó un emblema vistoso (la esvástica) y la camisa parda como uniforme. Con ese ajuar ideológico y muchos brazaletes, banderas y correajes, llevó su evangelio nazi a auditorios cada vez más amplios y atentos. Nombres que muy pronto se harían famosos se fueron uniendo al partido: Hess, Göring, Rosenberg, Himmler...

499. «En reposo parecía fofo, anodino, torpe en el trato social, incapaz de hablar de nada que no fuese trivial, nervioso; pero cuando se ponía en marcha, los ojos llameantes, teatral, desplegando una elocuencia incontenible, un egocentrismo desaforado, creía ser un moderno Sigfrido» (Overy, 2011, p. 31).

500. Las revistas y panfletos que Hitler leyó en su juventud divulgaban corrientes irracionales y autoritarias cuyo origen puede rastrearse en Joseph Arthur de Gobineau (*Ensayo sobre la desigualdad de las razas humanas*, 1853-1855); H. S. Chamberlain (1855-1927), británico, nacionalizado alemán, autor de *Los fundamentos del siglo* XIX (1899); Oswald Spengler (1880-1936), que anima a terminar con la democracia del Weimar en *La regeneración del Imperio alemán* (1924); Alfred Rosenberg, el «filósofo» del racismo nazi, autor de *El mito del siglo* XX (1930), y Gottfried Feder, autor de *Die Juden*, «Los judíos» (1933), y posible inspirador del bigotito de Hitler.

Adolf ensaya poses de orador en el estudio de su amigo Hoffmann.

CAPÍTULO 109

El gabinete del doctor Caligari

Corrían tiempos turbios. A la burguesía empobrecida, de rígida moral prusiana, le asqueaba la degeneración a la que parecía abocada la sociedad alemana narcotizada por una industria del ocio (*unterhaltungsindustrie*) que facilitaba el escapismo del cine y el cabaret.[501] El novelista Stefan Zweig (1881-1942) describe un Berlín «convertido en la Babel del mundo. Bares, lugares de placer y tabernas se multiplicaban como hongos después de la lluvia [...]. Muchachos maquillados, con cinturas artificiales [...] se paseaban a lo largo de la Kurfürstendamm: cada estudiante de liceo quería ganarse algún dinero y, bajo la luz difusa de los bares, se podía ver a altos funcionarios o importantes financieros haciéndoles la corte abiertamente a marineros borrachos. Hasta la Roma de Suetonio no había conocido orgías semejantes a los bailes de disfraces de Berlín, donde centenares de hombres vestidos de mujer y mujeres vestidas de hombre bailaban bajo la mirada benévola de la policía. En medio del desplome general de los valores, una especie de locura se apoderó precisamente de esa

501. No parece casual que la ficción cinematográfica se recree en monstruos o historias monstruosas: doctor Caligari (1920), el Golem (1920), Nosferatu (1922), el opresivo mundo de *Metrópolis* (1926), el doctor Mabuse (1929), el vampiro de Dusseldorf (1931)... El ambiente de aquella Alemania también se refleja en la película *Cabaret* (1971) de Bob Fosse, especialmente en el desgarrado personaje de Joel Grey.

clase media que, hasta entonces, había sido la defensora inquebrantable del orden. Las jovencitas se jactaban con orgullo de su perversión; ser sospechosa de virginidad a los dieciséis años era considerado como una vergüenza en cualquier escuela de Berlín».[502] Es el momento del pesimismo que retrata magistralmente el cine expresionista alemán. En ese caldo de cultivo aparecen Hitler y sus colegas nazis para predicar al pueblo alemán que la solución de todos sus males radica en el radicalismo militarista, racista, pangermanista y revanchista. Las razones de Hitler convencen tanto a los industriales y financieros alemanes, temerosos del ascenso de los comunistas y revolucionarios,[503] como a la depauperada clase obrera (engrosada por una clase media arruinada). Los alemanes abominan del parlamentarismo y de su desacreditada clase política y reclaman un gobierno de orden y autoridad que arregle las cosas: el nazi, mismamente.[504]

502. Zweig tuvo que huir de Alemania, dada su condición de judío y acabó suicidándose en Brasil junto con su mujer, abrumado por los infortunios del mundo. Son reveladoras estas palabras de su autobiografía *El mundo de ayer*: «Nací en 1881, en un imperio grande y poderoso —la monarquía de los Habsburgo—, pero no se molesten en buscarlo en el mapa: lo han borrado sin dejar rastro. Me crié en Viena, metrópoli dos veces milenaria y supranacional, de donde tuve que huir como un criminal antes de que la degradaran a la condición de ciudad de provincia alemana. En la lengua en que la había escrito y en la tierra en que mis libros se habían granjeado la amistad de millones de lectores, mi obra literaria fue reducida a cenizas. De manera que ahora soy un ser de ninguna parte, forastero en todas; huésped, en el mejor de los casos. También he perdido a mi patria propiamente dicha, la que había elegido mi corazón, Europa, a partir del momento en que ésta se ha suicidado desgarrándose en dos guerras fratricidas.»

503. Desde el final de la guerra menudearon en Alemania los movimientos obreros copiados de la Rusia soviética y sonaba mucho *La Internacional*. Los industriales alemanes financiaron el partido de Hitler para contrarrestar a los revolucionarios.

504. Un frustrado golpe de Estado (el *Putsch* de Múnich, 1923) condujo a Hitler a la cárcel durante unos meses que aprovechó para escribir, auxiliado por Hess, *Mein Kampf*, «Mi lucha», un libro revelador sobre su personalidad e intenciones. Hitler cree que el Estado alemán nacionalso-

La íntima fibra patriótica que Hitler toca en sus incendiarios discursos ofrece la anulación del humillante Tratado de Versalles y el crecimiento de Alemania *über alles*, es decir, sobre el resto de las naciones.[505] La propaganda estatal abastece al pueblo de sencillas y efectivas consignas: anulación del Tratado de Versalles, orgullo de pertenecer a la raza aria (fuera los judíos, por tanto), odio al comunismo, exaltación de nacionalismo alemán, militarismo (fuera los pacifistas) y pangermanismo. Esta última consigna entraña la incorporación a Alemania de todo territorio ocupado por personas de lengua o raza germana.[506]

Cegados por el esplendor de ese futuro, los alemanes venden su alma como Fausto (un mito muy goethiano y germánico) y se convierten en cómplices de la barbarie que predica este nuevo mesías al que proclaman *Führer* o guía.[507]

Hitler gana en las urnas (casi catorce millones de votos, un 44 por ciento del electorado) y, una vez en el poder, anula las leyes democráticas con la aquiescencia de la mayoría de sus compatriotas que, embarcados por la eficaz propaganda de Goebbels, le tributan un culto al líder rayano en la adoración.

Con la meta común de devolver a Alemania la pasada grandeza, los alemanes regresan al tajo con renovados ímpetus y en

---

cialista está destinado a convertirse en el «amo del mundo» después de someter a los países eslavos y de arrebatarles el espacio vital que Alemania necesita.

505. Empezaba a agitarse el ambiente social que el cineasta Bergman retrató magistralmente en su film *El huevo de la serpiente* (*Ormens ägg*, 1977), ambientado en el Berlín de los años 1920.

506. ¿Raza? Sí, la raza superior, la aria: tipos altos y rubios como los alemanes y los nórdicos en general o tirando a rojizos como los ingleses. La existencia de esa raza superior destinada al dominio del mundo entraña, lógicamente, la de razas inferiores: los eslavos, los mediterráneos (aquí entramos los españoles), los árabes, los negros y el resto. Hitler, mire usted por dónde, era moreno y no demasiado alto.

507. Acá se observa que, a pesar del pulimiento de la cultura, la carencia del poso romano hace aflorar, en determinadas circunstancias, la fundamental barbarie que subyace en el carácter de ciertos pueblos (dicho sea sin señalar concretamente a ninguno).

pocos años producen el primer milagro alemán: la asombrosa recuperación de la economía, el pleno empleo, incluso la prosperidad (dentro de un orden). Una economía basada en grandes obras públicas (las primeras autopistas de Europa) y la industria de la guerra (el acelerado rearme alemán o *Aufrüstung*).[508] El ejército se prepara para la nueva aventura militar. Los niños aprenden milicia en los campamentos del partido (nuestro Frente de Juventudes los imitará años después); los futuros tanquistas aprenden novedosas tácticas maniobrando con tanques de cartón piedra que transportan sobre asas; los futuros pilotos de caza se entrenan en planeadores deportivos.

En el plazo de unos pocos años, el entusiasmo de los alemanes (que espolea su capacidad de superación y de trabajo) rinde sus frutos. La economía alemana ocupa otra vez la cabeza de las europeas.[509] La puesta de largo del renaciente Tercer Reich se escenifica cuidadosamente en los Juegos Olímpicos de Berlín (1936), un prodigio de organización y eficacia.[510]

508. Hitler consagró casi la mitad del producto nacional bruto al rearme del ejército alemán (pasándose por el forro las limitaciones impuestas por el Tratado de Versalles).

509. Todo tiene su truco: aparte de que los alemanes son capaces de trabajar como mulo alquilado cuando se les toca el amor propio, el economista Hjalmar Schacht realizó cierta ingeniería financiera consistente en emitir créditos a través de *pagarés Mefo* emitidos por el Estado (deuda flotante), lo que, a medio plazo, habría provocado una inflación indeseable, pero que en realidad se compensó sobradamente con el saqueo de las naciones invadidas durante la guerra (reservas de oro incluidas). La construcción de obras civiles (Organización Todt), la industria de guerra y el desempleo de la mujer (que tuvo que dejar su puesto al hombre para dedicarse al hogar y a dar hijos a la patria, según la nueva concepción nazi) absorbieron el desempleo, aunque el salario real decreciera un 25 por ciento entre 1933 y 1938.

510. Aunque también hubo que lamentar algún incidente desagradable: el negro americano Jesse Owens, de veintidós años, cometió la insolencia de superar fácilmente a los atletas del Reich concienzudamente entrenados con abundancia de medios para demostrar la superioridad de la raza aria. El desaprensivo negro acaparó el medallero y ganó el oro en 100 y 200 metros lisos, salto de longitud y carrera de relevos. Hitler, mal-

¿Y los judíos? Hay en Alemania unos seiscientos mil judíos que se consideran tan alemanes como el que más. Hay que erradicarlos del Reich. Escuadras de camisas pardas nazis recorren las ciudades pintando a brocha gorda consignas como «no compren a los judíos» y «los judíos son el cáncer de Alemania» en fachadas y escaparates de comercios propiedad de judíos.[511] Es sólo el comienzo: poco después se aprueba una ley que impide a los judíos el acceso a puestos de la administración. Los funcionarios judíos pierden el trabajo (un gran quebranto, por cierto, para la enseñanza y las universidades).

En política exterior, Hitler no se muestra más delicado a la hora de impulsar sus objetivos pangermanistas:[512] primero militariza la Renania (1936), cuya población se sentía alemana;[513] después se anexiona Austria (el *Anschluss* o unificación, 1938), como vimos en la película *Sonrisas y lágrimas*, y funda con ello el Tercer Reich (o sea, el tercer imperio alemán).[514]

---

humorado, abandonó el estadio para evitarse el mal trago de entregarle tantas medallas a un miembro de las razas inferiores.

511. El caso es que resultaba un poco excesivo motejar de cáncer a una minoría que estaba orgullosa de ser alemana, que en la Gran Guerra había dado su sangre en defensa de Alemania y que producía renombrados poetas, escritores, músicos, artistas y científicos (incluso por encima de la media de la población alemana: los judíos no llegaban al uno por ciento, pero una tercera parte de los premios Nobel alemanes eran judíos, 14 premios de un total de 38).

512. El pangermanismo es una idea política del siglo XIX que aspira a reunir en una misma nación a los pueblos de lengua alemana.

513. La Renania (*Rheinland* en alemán) es la región por la que discurre el Rin, una rica región industrial con mucha minería e industria, además de vides aterrazadas sobre el río que dan un vino blanco delicioso. El Tratado de Versalles la había declarado desmilitarizada, pero el astuto Hitler metió sus tropas, un par de batallones ciclistas, aprovechando que los franceses estaban de elecciones y los ingleses de *weekend*.

514. Hitler celebró un plebiscito, tal como había prometido, y consiguió que el 99,73 por ciento del electorado austriaco refrendara su fusión con Alemania. Se puede objetar que la votación fue algo atípica: el elector rellenaba la papeleta vigilado por un oficial de las SS y se la entregaba para que la introdujera en la urna. Uno de los pocos que se negaron

El incauto primer ministro británico, Neville Chamberlain, pensó que esas concesiones aplacarían al *Führer* y brindó por la «paz en nuestro tiempo». No anduvo fino el inglés, todo un *gentleman*, pues su política de *appeasement* («apaciguamiento») consiguió justo lo contrario: Hitler, que no tenía nada de *gentleman*, envalentonado por la pusilanimidad de las democracias, no sólo ocupó la región de los Sudetes (perteneciente a la República Checa pero poblada por germanohablantes, 1938) sino el resto del territorio checo, al año siguiente.

En vista de que la jugada le había salido bien y de que Inglaterra y Francia no reaccionaban, Hitler decidió tensar la cuerda un poco más e invadió Polonia (con el pretexto de recuperar la ciudad de Danzig y el corredor polaco, otro abuso del Tratado de Versalles).[515]

Esta vez le falló el cálculo. La cuerda se rompió: Inglaterra y Francia, recientemente vinculadas a Polonia por un tratado de mutua defensa (y asustadas por el rearme alemán, que iba camino de superarlas en la carrera de armamentos), se decidieron a declarar la guerra a Alemania.

Demasiado tarde. Alemania había crecido más de lo previsto. Derrotarla de nuevo costaría mucho más de lo que costó en la Gran Guerra. Esta vez va a costar una Grandísima Guerra, o sea, la segunda guerra mundial, «sangre, esfuerzo, lágrimas y sudor», como vaticinó Churchill.

---

a someterse, el idolatrado futbolista Matthias Sindelar, alias *el Mozart del balón*, apareció muerto, «suicidado por inhalación de monóxido de carbono» después de negarse a jugar en la selección alemana del Tercer Reich. Después de la guerra, al nuevo gobierno austriaco le faltó tiempo para declarar el Anschluss *null und nichtig* («nulo e inválido»).

515. La URSS, por su parte, invadió la Polonia oriental, según había acordado con Alemania en una cláusula secreta de su «pacto de no agresión» (el Pacto Molotov-Ribbentrop) firmado tan sólo una semana antes.

CAPÍTULO 110

La guerra civil española

En 1931 los republicanos ganaron las elecciones municipales en las principales ciudades de España. Faltaba el recuento de los pueblos (que le habría entregado la victoria a la monarquía), pero el rey Alfonso XIII se desanimó (era bastante malcriado y orgulloso), tiró la toalla y abandonó el país. Los republicanos se echaron a la calle, alborozados, y proclamaron la Segunda República.

El nuevo gobierno se impuso la tarea de modernizar España e incorporarla a Europa. Para conseguirlo urgía abolir privilegios de clase de la aristocracia y de los grandes terratenientes, limitar el poder del ejército y de la Iglesia y negociar con las regiones que reclamaban autonomía (Cataluña y el País Vasco).

Estas medidas toparon con la oposición de los colectivos afectados: monárquicos, terratenientes, oligarquía financiera e industrial, caciques, golpistas y la Iglesia, o sea, la derecha ultraconservadora. Además, la República afrontaba la crítica de los anarquistas y los comunistas, que la tildaban de burguesa y exigían una revolución social más radical.[516]

En enero de 1936 los partidos de izquierda (excepto la anar-

516. Los comunistas eran pocos, pero los anarquistas eran muy numerosos (especialmente los del sindicato CNT y los de la combativa FAI). Unos y otros promovieron huelgas y desórdenes que debilitaron a la República.

quista CNT) se unieron en una coalición electoral, el Frente Popular. La derecha, por su parte, se agrupó en torno a la CEDA (excepto el minúsculo partido Falange Española).[517]

El Frente Popular ganó las elecciones y las posturas se radicalizaron: la derecha conspiraba abiertamente contra el gobierno y los sindicatos de izquierdas persistían en su actitud revoltosa. Finalmente, la derecha se decidió a conquistar el poder por otros medios.[518]

El golpe de Estado, que fracasó en Madrid y las capitales más importantes, no consiguió derribar al gobierno pero encendió la mecha de la revolución. De la noche a la mañana, los que antes del 18 de julio eran simplemente adversarios políticos se convirtieron en enemigos irreconciliables que dirimieron sus diferencias en una guerra civil. De un lado, «el odio destilado lentamente durante años en el corazón de los desposeídos»; del otro, «el odio de los soberbios, poco dispuestos a soportar la insolencia de los humildes» (Azaña).

El ejército se dividió, como el resto de España, pero sus unidades más valiosas, las africanas, quedaron del lado de los golpistas. El gobierno, aturullado, repartió armas entre las milicias izquierdistas. Fue la sentencia de muerte de la República. De pronto existía un poder nominal, el del gobierno, y un poder paralelo, efectivo, el de las milicias armadas. La autoridad del gobierno legítimo se diluyó en manos de comités y consejos dependientes de sindicatos, partidos y grupúsculos. En cualquier

517. En 1936 las derechas españolas se dividían en cuatro partidos: la CEDA, los carlistas, los monárquicos alfonsinos y Falange Española. La CEDA se eclipsó en los primeros meses de guerra para cederle todo el protagonismo al ejército. Los carlistas empuñaron las armas con gran entusiasmo el 18 de julio para proseguir con su tradición antiliberal, integrista y guerrera. Se sometieron disciplinadamente con la esperanza de que, al final de la guerra, Franco los recompensara con la entronización de su candidato.

518. Por escaso margen (4.654.116 votos frente a los 4.503.524 de las derechas). Sin embargo, una ley electoral que favorece a las mayorías otorga al Frente Popular 278 escaños del Parlamento y a las derechas, sólo 130.

caso, el bando rebelde llevaba ventaja porque estaba mejor situado[519] y pronto contó con la ayuda directa de los estados fascistas (Alemania e Italia) y con la ayuda encubierta, por salvar la cara ante su electorado, de las democracias occidentales que no deseaban un gobierno de izquierdas en la punta de Europa.[520]

Las derechas combatieron unidas (especialmente tras el nombramiento de Franco como jefe máximo y el Decreto de Unificación);[521] las izquierdas, por el contrario, prolongaron sus banderías y desencuentros.[522]

519. Sobre el papel, rebeldes y republicanos parecían casi equilibrados: los golpistas dominaban doscientos treinta mil kilómetros cuadrados de territorio con diez millones y medio de habitantes; el gobierno los superaba en cuarenta mil kilómetros y en tres millones y medio de habitantes. En términos económicos, el gobierno controlaba las regiones industriales y mineras, pero los sublevados tenían las zonas cerealistas y ganaderas. En principio parecía que la situación era favorable para el gobierno, pero en términos de abastecimiento el resultado era preocupante: la República debía alimentar a más del 50 por ciento de la población con menos de un tercio del trigo nacional, con una quinta parte de las vacas y con una décima parte de las ovejas.

520. Es revelador que, el mismo día de la sublevación militar, cinco petroleros de la Texaco norteamericana que navegaban por alta mar con gasolina para la CAMPSA recibieran la orden de alterar el rumbo y dirigirse a puertos dominados por los sublevados. La orden había partido del dirigente de la compañía Torkid Rieber, noruego nacionalizado estadounidense que mantenía contactos con el millonario Juan March. Algunos directivos de la compañía objetaron sobre la solvencia de los rebeldes, pero Rieber los tranquilizó: *Don't worry about payment* («No se preocupen del pago»). En total, la Texaco enviaría a Franco, a lo largo de la guerra, dos millones de toneladas de gasolina, valorada en seis millones de dólares.

521. Los partidos de la derecha comprendieron que la dirección de la guerra requería el mando único e indiscutido de los militares. Este convencimiento, unido a la circunstancia de que tanto los carlistas como los falangistas sufrían una crisis de liderazgo, les llevó a ceder al ejército todo su poder político. Los nacionales aceptaron la consigna unificadora «Una Patria, un Caudillo, un Estado», directamente copiada de la Italia de Mussolini y de la Alemania de Hitler, los dos modelos totalitarios que inspiraban al nuevo Estado.

522. Había partidos enemistados y había facciones irreconciliables

Después de la guerra, el general Vicente Rojo analizará las causas de la derrota republicana: «Un ejército sin cohesión ni organización ni instrucción, sin unidad moral, con múltiples discordias intestinas, sin medios materiales adecuados, siempre inferiores a los del adversario [...] el ejército era un conjunto de fuerzas faltas de solidez y predispuestas a la pugna, a la revuelta o a la indisciplina. [...] Franco ha triunfado porque ha logrado la superioridad moral; por nuestros errores diplomáticos y porque se ha sabido asegurar cooperación internacional.»

Franco redactó su famoso último parte de guerra el primero de abril de 1939: «En el día de hoy, cautivo y desarmado el ejército rojo, han alcanzado las tropas nacionales sus últimos objetivos militares. La guerra ha terminado.»[523]

Al día siguiente, Domingo de Ramos, en una misa solemne, entre palmas y obispos, Franco depositó en el altar la Espada de la Victoria. El inmenso prestigio del Duce y del Führer sirvió para cimentar el prestigio del naciente Caudillo y, ampliando el paralelismo, para justificar sus prerrogativas absolutas, la exaltación de su figura y el culto a su personalidad.

Franco, agradecido a la Iglesia por su apoyo incondicional (y necesitado del apoyo diplomático del Vaticano), le restituyó, con aumentos, sus antiguos privilegios, abolió el divorcio y el matrimonio civil y confió a los obispos la vigilancia de la moral de los españoles, especialmente la sexual, que era la que más les preocupaba (los banqueros siguieron robando al amparo del Régimen).[524]

---

dentro del mismo partido. Unos socialistas estaban con Prieto, moderado, y otros con Largo Caballero, revolucionario. Entre los comunistas, los había estalinistas (de Stalin) y los había trotskistas del POUM (que en su momento serían convenientemente purgados). Sumemos a ello que los anarquistas se llevaban mal con los comunistas. A ese guirigay hay que añadir las voces discordantes de los separatistas catalanes y vascos.

523. Al redactarlo, al Caudillo se le han deslizado algunas incorrecciones, quizá debidas a la emoción del momento, o al resfriado que padece. Antonio Tovar las raspa con una cuchilla de afeitar y corrige: *cativo* por cautivo y *ojetivos* por objetivos. (Rojas, 2000, p. 63.)

524. Además le confió la educación de la juventud (una meta que la Iglesia se ha propuesto desde el Concilio Vaticano I para frenar los avan-

¿Y Alfonso XIII? Al rey perjuro le fue peor. En las doradas horas del exilio, intensamente venatorias y venéreas, el monarca que había abandonado el trono se declaró incondicional de Franco[525] en un patético intento de congraciarse con el Caudillo por ver si le devolvía el trono. Franco, por su parte, le comunicaba por telegrama la conquista de cada capital de provincia, pero nunca le avisó de la caída de Madrid. Alfonso XIII, después de aguardar en vano el telegrama, comentó amargamente: «El gallego me la ha jugado.»

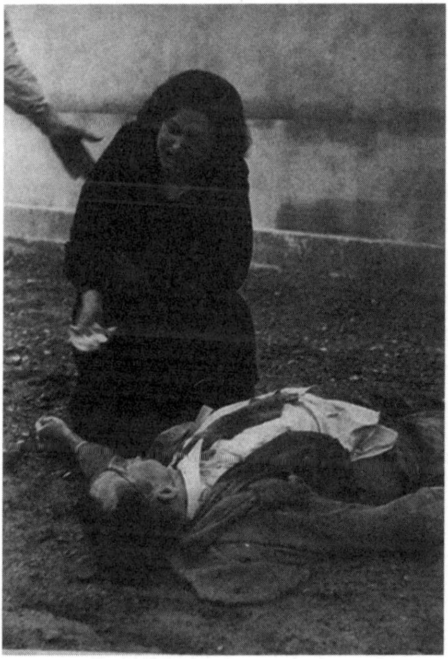

ces del pensamiento moderno, que tanto quebranto causa a las verdades reveladas aunque inverificables sobre las que la iglesia sustenta su autoridad).

525. Cardona, 2010, p. 334.

CAPÍTULO 111

La segunda guerra mundial (1939-1945)

En un principio pareció que el asunto no iba en serio. Los franceses, parapetados detrás de su aparentemente invulnerable Línea Maginot, bromean sobre la *drôle de guerre*, la guerra de mentirijillas. Hitler, crecido por la magnífica actuación de sus ejércitos en Polonia, invade Dinamarca, Noruega, Holanda (que se rinde después del bombardeo de Rotterdam, 814 muertos) y Francia.

Las superiores tácticas alemanas (*Blitzkrieg* o guerra relámpago, consistente en atacar con blindados y aviación varios puntos débiles de la línea enemiga, romperlos y profundizar en su retaguardia con fuerzas motorizadas que se abren en tenaza) derrotan en un pispás al ejército francés y a la Fuerza Expedicionaria Británica que lo reforzaba.[526] «Seis meses jugando a la brisca y tres semanas corriendo», describe Céline, con su característica crueldad, la humillación francesa.[527]

526. Franceses y alemanes estaban igualados en fuerzas, pero los carros de combate franceses estaban dispersos por toda la frontera mientras que los alemanes concentraron los suyos en un punto, la nueva táctica de la «guerra relámpago» (*Blitzkrieg*). El caso es que el especialista en carros Charles de Gaulle había expuesto esa novedosa táctica años atrás en el libro *Vers l'Armée de Métier* (1934), pero sus superiores no la tuvieron en cuenta.

527. O sea, *Six mois de belote, trois semaines de course à pied.*

En ese río revuelto, Mussolini se apropia de Albania y le declara la guerra a Gran Bretaña y a Francia: no quiere perderse su parte del botín en aquella guerra aparentemente tan fácil.

Europa parece pacificada: media Francia está en poder de Hitler; la otra, convertida en un Estado satélite (la Francia de Vichy) presidido por Pétain, el héroe de la Gran Guerra. Sólo se resisten los británicos. Su nuevo premier Winston Churchill ha rechazado la oferta de paz del Führer.

Probablemente Hitler sea sincero por una vez: no quiere destruir al Reino Unido. No le importa que los ingleses sigan dominando los mares y ordeñando su imperio colonial en ultramar siempre que le dejen las manos libres para apoderarse del espacio vital que necesita Alemania, el comprendido entre Berlín, Moscú y el Cáucaso.

Pero Winston Churchill es perro viejo y sabe que Hitler puede cambiar de opinión pasado mañana. Solventemos el asunto aquí y ahora antes de que se fortalezca todavía más. Está en juego el honor de Britania. El premier británico no se anda con paños calientes: advierte al pueblo de que se avecina un periodo de «sangre, sudor y lágrimas».

En vista de la tozudez británica, Hitler decide conquistar Gran Bretaña. Para ello precisa quebrantar su ejército del aire.

Entre julio y octubre de 1940, Alemania lanza una serie de ataques aéreos, «la batalla de Inglaterra», con su hasta ahora invencible Luftwaffe. Contra lo previsto, Inglaterra resiste y le causa cuantiosas pérdidas.

Hitler aplaza la invasión.

Los pilotos británicos han salvado la isla: «En la historia de los conflictos humanos —dirá Churchill—, nunca tantos debieron tanto a tan pocos.»

Durante un año, Inglaterra soporta la guerra en solitario. Los submarinos alemanes torpedean a los mercantes que abastecen la isla. En tan apurada situación, el servicio secreto británico consigue hacer creer a Hitler que en el gobierno inglés existe una poderosa corriente de opinión en favor de la paz con Alemania.[528]

528. Esto explicaría la extraña aventura de Rudolf Hess, secretario

En 1941, Alemania tiene la guerra ganada: domina Checoslovaquia, Polonia, Noruega, Holanda, Bélgica, Dinamarca, Francia, Yugoslavia y Grecia; mantiene relaciones ventajosas con Italia, la Francia de Vichy, Rumanía, Bulgaria, Hungría, Finlandia, Suecia, la URSS y España. Suiza se presta a sus trapicheos internacionales con oro y dólares. ¿Qué le falta? Le falta más espacio vital, el principal, su viejo plan de ampliar Alemania a costa de los vastos territorios de la URSS.

Hitler, en su desvarío, creyendo inminente la paz con Inglaterra, encara la ruleta del destino y lo apuesta todo al negro: invade la URSS.

Las primeras semanas son una sucesión de resonantes victorias. Hitler ha cogido a Stalin en bragas: ni siquiera el viejo zorro podía sospechar que los alemanes propinaran tamaño zarpazo a un aliado que llevaba meses suministrándoles cientos de trenes de hierro, trigo y petróleo.

Los alemanes arrollan las defensas soviéticas, destruyen o capturan miles de tanques y aviones y hacen prisioneros a millones de soldados. La bandera de la esvástica ondea sobre un extenso territorio que incluye los Estados bálticos, Bielorrusia, y Ucrania. El poder alemán se extiende como la mancha de un tintero derramado sobre el mapa de Eurasia. En pocos meses los ejércitos de Hitler han conquistado buena parte del espacio vital y las materias primas del proyectado imperio euroasiático de Hitler: fértiles estepas cereales en Ucrania, petróleo en el Cáucaso, hierro en el sur de Rusia...

Hasta entonces todo ha salido a pedir de boca. Tanto Hitler

---

político de Hitler, que voló a Escocia en su calidad de emisario de Hitler para ofrecer la paz a altos personajes pro nazis británicos. El plan de Hess era aterrizar en Dungavel Hall, el palacio campestre del duque de Hamilton, donde había una pista de aterrizaje privada. El plan fracasó porque el avión que pilotaba agotó la gasolina y Hess hubo de saltar en paracaídas y fue capturado. El duque de Hamilton declaró que apenas lo conocía. En Alemania se dijo que se había vuelto loco y se olvidó el asunto. Después de la guerra, Hess permanecería preso en Spandau hasta su muerte (toda una prisión y una guarnición en la que se alternaban rusos, americanos, ingleses y franceses para un solo prisionero).

como el pueblo alemán se muestran exultantes. El mundo no ha conocido una cadena semejante de conquistas desde los tiempos de Alejandro Magno y Gengis Kan.

Ahí termina la racha. Hitler ha calculado que cinco meses de campaña bastarán para tomar Moscú y rendir a Stalin (antes de que el crudo invierno ruso dificulte las operaciones). Demasiado optimista. De pronto, una serie de circunstancias adversas se conjuran para que todo salga mal: hay que sacarles las castañas del fuego a los italianos (que imprudentemente han extendido la guerra a Grecia, Yugoslavia y el norte de África), lo que retrasa la campaña rusa y permite que el invierno sorprenda a las tropas alemanas sin ropa de abrigo y sin haber tomado Moscú.[529]

Stalin está muy lejos de rendirse: desmonta sus industrias, las traslada al otro lado de los montes Urales, lejos del previsible avance alemán, y las pone a fabricar cañones, carros de combate y aviones. Quince millones de *Untermensch* rusos desplazados a aquellas heladas regiones se afanan en turnos de doce horas, con el entusiasta empuje de su mítico Stajanov, para suministrar armas al Ejército Rojo.[530]

Éramos pocos y parió la abuela. En diciembre de 1941, Japón, aliado de Alemania y tan militarista como ella (llevaba diez años ampliando su imperio a costa de China y sus aledaños), ataca por sorpresa —si es que fue sorpresa—[531] la base norteamericana

529. Por cierto que fue el invierno más crudo en el último medio siglo, con temperaturas de hasta 50 grados bajo cero.

530. Alekséi Stajanov, joven minero en un pozo de carbón en Donetsk, alcanzó a picar 102 toneladas de carbón en un solo día (el 31 de agosto de 1935), un notable récord que lo elevó a los altares laicos del sóviet como Héroe del Trabajo y ejemplo de laboriosidad y tesón. Stalin creó incluso una medalla para los trabajadores «estajanovistas».

531. Anteriormente, Estados Unidos había hecho todo lo humanamente posible (embargo económico, exigencias territoriales) para poner al gobierno japonés en el disparadero. Se puede decir que provocó la guerra aunque de cara a la opinión pública norteamericana (o sea, a los votantes) era conveniente que Japón atacara primero. Todo salió a pedir de boca: los aislacionistas americanos se transformaron en intervencionistas de la noche a la mañana. Incluso existe una teoría, nunca probada, de que

de Pearl Harbour, en las islas Hawái. La aparentemente devastadora acción japonesa oculta a los ojos del mundo la triple torpeza que entrañaba: primero, sólo hunden unos cuantos navíos valetudinarios (las mejores unidades de la escuadra del Pacífico no se encontraban en la base en aquel momento); segundo, sólo destruyen una parte de la base, dejando indemne y operativa buena parte de ella, y tercero, a Japón le faltan recursos para derrotar la potencia económica e industrial de Estados Unidos. Uno de los almirantes japoneses comentó en medio de la euforia que siguió al ataque de Pearl Harbour: «Hemos despertado al dragón que dormía y no sabemos cuándo volverá a dormirse.»

Como es natural, Hitler se muestra encantado con la iniciativa japonesa y declara la guerra a Estados Unidos. Con esto rubrica la definitiva sentencia de muerte de Alemania, ahora condenada a enfrentarse simultáneamente a la correosa Inglaterra (ya suficiente enemigo por sí sola);[532] a la URSS, que ha puesto en pie al mayor ejército del mundo, y al inmenso poderío industrial y financiero de Estados Unidos. Que Alemania pierda la guerra es sólo cuestión de tiempo, pero gracias al aliado italiano, que más que ayudar estorba, el desastre sobreviene antes de lo pensado.

Las derrotas alemanas en África casi coinciden con las de la URSS, donde batallas adversas (Stalingrado, 1942-1943, con la destrucción y cautiverio del Sexto Ejército alemán) o ruinosas (Kursk, verano de 1943) obligan a ceder terreno, una constante que sólo terminará con la conquista de Berlín por los rusos que marca el fin de la guerra.[533]

Antes de ese final nibelungo, Alemania padecerá el calvario

Estados Unidos conoció de antemano el plan de ataque a Pearl Harbour. Eso explicaría que las unidades más modernas de la flota del Pacífico, entre ellas sus tres portaviones, no se encontraran allí en ese momento.

532. Al lado de Inglaterra están también las considerables fuerzas de su imperio: la India, Canadá, Australia, Nueva Zelanda y Sudáfrica.

533. Aunque Kursk quedó en tablas, la victoria estratégica fue rusa porque Alemania no pudo reponer sus pérdidas (1.300 carros y 400 aviones) con la misma facilidad con que la URSS reponía las suyas.

de los bombardeos de la aviación angloamericana que destruye sistemáticamente su industria, sus comunicaciones y sus ciudades. Lo inteligente hubiera sido tirar la toalla y buscar un armisticio, pero Hitler, ya definitivamente enajenado, se cree sus propias mentiras y se obstina en resistir con la esperanza de que la inminente intervención de hipotéticas armas maravillosas (*Wunderwaffen*),[534] jaleadas por la propaganda de Goebbels, produzca un vuelco en la suerte de la guerra.

En lo que respecta a los italianos, en cuanto advierten que la guerra está perdida se apresuran a repetir su pirueta de la primera guerra mundial: destituyen a Mussolini y pactan con el enemigo. Si no puedes con tu enemigo, únete a él.[535]

Último acto del majestuoso crepúsculo de los dioses entreverado de opereta:[536] Hitler, confinado en el húmedo y maloliente búnker de la cancillería, avejentado, tembloroso y completamente desquiciado, se suicida ingiriendo una cápsula de cianuro al tiempo que se dispara un tiro en la boca. Pequeño burgués hasta el fin, a pesar de sus ínfulas de superhombre, la víspera se ha casado con Eva Braun, su amante de los últimos años, una

534. No deben confundirse con las *Vergeltungswaffen* («armas de venganza»), las bombas teledirigidas V-1 y V-2 diseñadas para sembrar el terror en las ciudades enemigas, que sí existieron, aunque incidieron apenas en el curso de la guerra. En total arrojaron sobre Inglaterra 2.500 toneladas de explosivos, un 0,23 por ciento de lo que la aviación aliada arrojó sobre Alemania en el mismo periodo. Con los recursos empleados en su producción se hubieran podido fabricar 24.000 aviones (Overy, 2011, pp. 316-317).

535. «Qué sería de la humanidad si todo el mundo aprendiera esa vieja ciencia italiana de ganar las guerras que se pierden», escribió agudamente José María Pemán.

536. Como a Franco la zarzuela, a Hitler le gustaba la opereta. No se sabe cuántas veces vio *La viuda alegre* de Lehar en sus versiones teatral y cinematográfica. En cuanto a sus gustos literarios baste decir que le encantaban las novelas del Oeste de Karl May, el equivalente alemán de nuestro Marcial Lafuente Estefanía. *He was so middle class!* (para los libros de Hitler, véase Timothy W. Ryback, *Hitler's private library. The Books That Shaped His Life*, Random House, 2010).

chica sencilla y un poco boba que declara después de la ceremonia: «Ahora ya podéis llamarme señora Hitler.»

Con la boda y con las orgías de fornicio y borracheras que se repiten en el búnker (y agotan la excelente bodega de la cancillería, bien provista de champán y caldos exquisitos requisados en Francia) se despide el loco que ha conducido a la ruina a medio mundo, con la entusiasta colaboración de millones de alemanes. Su testamento político se resume en pocas palabras: «La nación alemana ha demostrado ser indigna de mí.» Llevaba razón cuando escribió en *Mein Kampf*: «Toda la naturaleza es una formidable pugna entre la fuerza y la debilidad, una eterna victoria del fuerte sobre el débil.» Ha resultado que el débil era, una vez más, Alemania.

Termina la segunda guerra mundial con buena parte de Europa devastada y entre cincuenta y sesenta millones de muertos. Después de veinte siglos de dominación mundial, Europa cede su cetro a las nuevas potencias emergentes: Estados Unidos y la Unión Soviética.

CAPÍTULO 112

Examen de conciencia y contrición

Los alemanes han perdido una guerra que al principio parecía ganada porque han incurrido en una serie de errores garrafales. El primero y principal, permitir que dirigiera las operaciones un cabo que no estaba en sus cabales y todo lo fiaba a su «intuición infalible».[537] El segundo, los continuados fallos de apreciación de su propia valía y de la del adversario. Atacaron a la Unión Soviética creyéndola poblada por infrahombres (*Untermensch*) que se someterían fácilmente,[538] sin advertir que estaban abocados a un

537. Los militares profesionales tenían que plegarse a las intuiciones geniales del cabo y cuando le salían respondones los enviaba a casa con permiso indefinido.

538. Por el contrario, los alemanes, con esa arrogancia que los caracteriza, se creían superhombres (*Übermensch*). Persuadidos como estaban (y están) de la superioridad de la raza nórdica, aceptaron la proclamación por Hitler del pueblo alemán como *Herrenvolk* («pueblo de señores») con derecho a dominar el mundo, de ampliar su espacio vital (*Lebensraum*) a costa de los infrahombres vecinos y a constituir un imperio semejante al romano cuando no superior (el Reich de los mil años) a costa de los países de raza eslava del este de Europa y de Asia. Los alemanes practicaron en el este una guerra de exterminio conducente a reducir drásticamente la población nativa a fin de despejar el espacio que ocuparían los colonos alemanes llamados a repoblar aquellas tierras. En su desvarío por mejorar la raza alemana, asesinaron a los subnormales y promocionaron granjas humanas donde parejas de jóvenes guapos y apuestos se cruzaban para

descalabro como el de Napoleón (y por idénticos motivos).[539] El tercer error garrafal fue declarar la guerra a Estados Unidos, a cuyos ciudadanos Hitler consideraba, como a los rusos, *Untermensch* (aunque por distintos motivos: creía que estaban debilitados por los vicios y las mezclas raciales, lo que, a su parecer, los inhabilitaba para afrontar los esfuerzos de una guerra).[540]

El cuarto error fue la incapacidad alemana de defender su territorio de los bombardeos anglonorteamericanos que afectaron gravemente a su producción industrial, a sus comunicaciones y a la población civil.

Aparte de estos errores principales, ya de por sí suficientes para asegurar al pueblo alemán el vistoso crepúsculo de los dioses que, en lo más profundo de su subconsciente, parecía anhelar,[541] hay que consignar otros errores de bulto:

1.º Asociarse con Mussolini, que resultó ser un aliado más dañoso que provechoso (su ejército estaba anquilosado y a los italianos no les motivaba la guerra del compadre Hitler).

2.º El abuso de la superioridad alemana en ingeniería: crearon demasiados modelos distintos de armas, con mecanismos

---

producir especímenes intachables de la raza aria (el proyecto Lebensborn).

539. Resultó que los rusos no eran tan torpes como esperaban. Después de la sorpresa inicial, se mostraron admirablemente versátiles y asimilaron, con sorprendente rapidez, las tácticas de la guerra moderna. Por otra parte, su industria, supuestamente anquilosada e incapaz, se adaptó admirablemente a las necesidades de la guerra y abasteció sobradamente de excelentes armas al Ejército Rojo. En 1944 fabricaba más tanques, aviones y cañones que Alemania.

540. Los recursos económicos y demográficos de Estados Unidos bastaban para derrotar a Alemania: eran doscientos cincuenta millones de habitantes contra cincuenta, y una ágil y potente industria capaz de construir un barco Liberty de catorce mil toneladas al día.

541. En 1934 Mircea Eliade se extrañaba de que un partido pretendidamente revolucionario como el nazi se identificara con una mitología tan pesimista como la germano-nórdica, que exalta la muerte de los héroes en lucha contra los monstruos y el fin del mundo (*Götterdämmerung* o «crepúsculo de los dioses»).

demasiado complejos fabricados precipitadamente (que se averiaban con facilidad en las adversas condiciones del campo de batalla).[542] Además, derrocharon inútilmente sus menguantes recursos en el desarrollo de armas efectistas (la ingeniería al servicio de la fantasía) que, atendiendo a la marcha de la guerra, jamás podrían usar antes de que el enemigo los aplastara.[543] Bien puede decirse que hicieron la guerra con armas de los años treinta mientras diseñaban las de los cincuenta y sesenta, ¡pero les faltaron modelos de los años cuarenta![544] Por el contrario, los

542. Obsesionados con la estadística de producción (que no dejó de aumentar hasta 1944), descuidaban aspectos tan elementales como la producción de piezas de recambio y de talleres. Llegaron al extremo de enviar carros de combate averiados en Rusia a talleres de reparación en Alemania, ¡a 3.200 kilómetros de distancia! (Overy, 2011, p. 289).

543. El absurdo llega a su colmo con armas tan quiméricas como el Rammtiger, un carísimo vehículo-ariete penetrador de fortificaciones que desarrollan en 1943. ¿Qué fortificación enemiga esperaban demoler si ya estaban retrocediendo en todos los frentes? Al parecer sólo hicieron tres prototipos. Igualmente delirante es el carro de combate Landkreuzer P-1000 Ratte, del tamaño de un chalet unifamiliar y más de mil toneladas de peso, que se quedó en proyecto (costosísimo). Mientras los alemanes dispersaban su ingeniería y su dinero en no menos de quinientos prototipos de armas «maravillosas», los americanos se aplicaron a fabricar la bomba atómica. El único proyecto de arma futura que los alemanes consiguieron plenamente, el caza a reacción ME-262, quedó a la postre desaprovechado porque Hitler se empeñó en utilizarlo como bombardero, una función para la que no había sido diseñado. En menor medida cabe decir lo mismo de los japoneses: sus científicos trabajaron afanosamente en la creación de un «rayo de la muerte», un tubo electromagnético de alta frecuencia, que al final de la guerra, después de tanto gasto, sólo conseguía matar a un conejo a tres metros de distancia (Overy, 2011, p. 310).

544. En realidad, Hitler no hubiese deseado comenzar la guerra en 1939 sino más bien en 1944 o 1945, cuando hubiera desarrollado por completo su programa armamentístico, pero el hecho de que Francia e Inglaterra, preocupadas por su agresividad, comenzaran a rearmarse a marchas forzadas lo decidió a adelantar los plazos.

aliados, especialmente los rusos, se atuvieron a pocos modelos de armas fiables, fáciles de fabricar y baratas.[545]

3.º El deficiente espionaje alemán: desde el principio de la guerra los espías rusos (en especial la *Rote Kapelle* u Orquesta Roja, que operó en toda Europa, pero especialmente en Suiza) conocieron de antemano los planes alemanes.

Los ingleses, por su parte, descifraron los códigos cifrados alemanes (la aparentemente inescrutable máquina Enigma), lo que les permitió anticiparse a los movimientos del enemigo. Sumemos a ello el hecho de que los alemanes se mostraran singularmente torpes al caer en casi todas las trampas de desinformación que les tendían los astutos ingleses (gracias a las cuales debieron parte de su éxito los desembarcos de Sicilia y Normandía).

4.º Una guerra moderna se hace con acero y con gasolina. Las potencias del Eje no podían competir en ese terreno. «Los aliados controlaban más del 90 por ciento de la producción de petróleo natural. Los estados del Eje, sólo el 3 por ciento [...]. El bloqueo marítimo de Japón y el aéreo de Alemania se concibieron deliberadamente para explotar esa debilidad del Eje.»[546]

5.º Los alemanes concedieron prioridad al exterminio de los judíos, lo que supuso un derroche de importantes recursos necesarios en las operaciones militares.[547]

En cuanto a los japoneses, cabe señalar que después de su arrolladora expansión por las costas e islas del Pacífico, su débil economía no produjo las armas imprescindibles para mantener aquellas conquistas. Japón invirtió sus recursos en barcos ultra-

545. Por ejemplo, toda la guerra la hicieron con dos modelos básicos de tanques que se mostraron superiores a los alemanes. El T-34 y el KV-1 (después sustituido por el IS-2).

546. Overy, 2011, pp. 301 y 308.

547. Un ejemplo: en marzo de 1944, cuando ya están perdiendo la guerra, dedican muchos miles de soldados, funcionarios y material de transporte a la tarea de reunir a unos ochocientos mil judíos húngaros y rumanos y expedirlos a los campos de exterminio. «Se calcula que más de trescientos mil alemanes estuvieron implicados en 1944 en el exterminio de más de un millón de judíos» (Solar, 2005, p. 267).

modernos que terminaron en el fondo del mar. El heroísmo fanático de sus soldados, que resistían hasta la muerte como genuinos samuráis, no resultó suficiente frente a la superioridad técnica y material de los aliados, que remataron al Imperio del Sol Naciente con dos bombas atómicas.

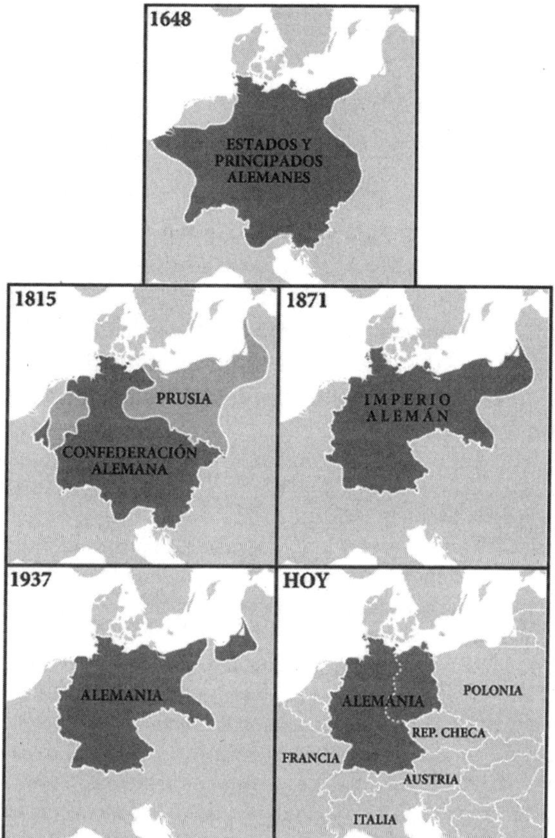

La fallida expansión alemana.

CAPÍTULO 113

La guerra fría

Al término de la segunda guerra mundial, Alemania pagó los platos rotos (otra vez *Vae Victis*): los vencedores se repartieron su territorio, y el propio Berlín, en cuatro zonas de ocupación: americana, rusa, inglesa y francesa. Además, le expoliaron algunos territorios,[548] desmantelaron las pocas industrias estratégicas que habían escapado indemnes de los bombardeos y consumaron algunas salvajadas.[549]

548. Prusia Oriental, repartida entre Rusia (el Óblast de Kaliningrado), Polonia (Varmia y Masuria) y Lituania (Lituania); los Sudetes reintegrados, con aumentos, a Checoslovaquia; Pomerania y Silesia entregados a Polonia (hasta la línea Oder-Neisse) y Alsacia y Lorena restituidos a Francia. En total, Alemania perdió 116.762 kilómetros cuadrados y se quedó en 356.272 (tras la primera guerra mundial había perdido 68.487 de los originales 540.521). Visto con cierta perspectiva histórica se puede decir que, en poco más de un siglo de existencia como nación, los alemanes han provocado dos guerras expansivas en busca de espacio vital que les han acarreado justo el efecto contrario: perder el 25 por ciento de su territorio original. O sea, fueron por lana y volvieron trasquilados. Además, para que en el futuro ningún gobierno alemán pudiera reclamar territorios alegando su población alemana, expulsaron de los territorios requisados y de los Balcanes a unos doce millones de germanoparlantes que Alemania y Austria tuvieron que acomodar en sus ya superpobladas provincias.

549. Sin alcanzar la intensidad de las atrocidades cometidas previa-

Después se plantearon qué hacer con Alemania. «Henos aquí —se dijeron— ante una nación que, a poco que se lo proponga, nos supera a todos en industria, en investigación y desarrollo, y en esfuerzo, una nación que ha demostrado una capacidad de recuperación alarmante. Cortémosle las alas para que no vuelva a levantar cabeza porque de lo contrario ya mismo volverá a ser una amenaza para la paz mundial.» En consecuencia decidieron desmantelar el 50 por ciento de la industria alemana referida al nivel que alcanzó en 1930.[550] De este modo se aseguraban una Alemania débil y manejable que no provocaría una nueva guerra mundial.[551]

Estos planes de los aliados se vieron alterados casi inmediatamente, cuando la vieja querella entre capitalismo y comunismo enfrentó a Estados Unidos y a la URSS en la llamada «guerra fría».[552] Dos proyectos políticos contendían por el mundo que renacía de las cenizas bélicas: el capitalismo liberal, al estilo americano, y el comunismo estatalista (y estalinista), al estilo soviético, dos irreconciliables concepciones del mundo.

---

mente por los alemanes (exterminio de seis millones de judíos y de poblaciones enteras en Rusia, Checoslovaquia o Francia) ni las que planeaban cometer si hubieran ganado la guerra (exterminio de unos cincuenta millones de *Untermensch* de raza eslava en el marco de una *Rassenkampf* o «guerra de exterminación racial»), cabe consignar que el Ejército Rojo violó a unos dos millones de mujeres alemanas. Fruto de esos abusos, en 1946 hubo un repunte de nacimientos que contribuyó a aumentar la mermada población alemana, los llamados *Russenbabies*.

550. Esto suponía destruir 1.500 fábricas y limitar su producción de acero a 5.800.000 toneladas anuales, el 25 por ciento de la que producían antes de la guerra.

551. Hubo incluso un plan, que no prosperó, de reducirla al «estado pastoril» para que Alemania se transformara en un idílico país agropecuario cuyas fábricas produjeran relojes de cuco (los típicos de la Selva Negra) antes que carros de combate.

552. Estados Unidos representaba al capitalismo y la URSS, al comunismo. La pugna entre capitalismo y comunismo se venía planteando desde los años veinte en que la URSS se erigió como teórica campeona de la causa obrera en el mundo (a través de las Internacionales).

Los soviéticos habían arriesgado más sangre y esfuerzo que ningún otro pueblo en la derrota de Alemania (27 millones de muertos les había costado) y, a cambio, gracias a la astucia de Stalin, habían convertido en satélites de la URSS a todos los países de la Europa del Este que el ejército soviético liberó. ¿Cómo? Por el sencillo procedimiento de entregar el poder a los dóciles partidos comunistas de cada país.[553]

Con Europa en ruinas y la pobreza y el hambre llamando a cada puerta era de temer que el comunismo triunfara entre los desheredados de la tierra, que en aquellas circunstancias eran casi todos. (Es sabido que el caldo de cultivo del comunismo es la miseria: donde hay pobreza y hambre, la gente se echa en brazos del comunismo redentor.) En Francia y en Italia, los partidos comunistas ascendían como la espuma. En Grecia, los comunistas se habían echado al monte en un intento de hacerse con el gobierno del país...

Estados Unidos, que aspiraba al gobierno del mundo, no podía consentir que Europa occidental virara hacia el comunismo y cayera en la órbita de la URSS. Para atajar ese peligro concedió generosas ayudas y créditos a los países europeos.[554]

Las relaciones entre Estados Unidos y la URSS se deterioraban por momentos. El dominio soviético llegaba hasta Berlín y hasta Suiza, en el corazón de la Europa libre. Los americanos comprendieron la urgente necesidad de un Estado tapón fuerte que contuviera a los soviéticos, y consecuentemente permitieron que Alemania se industrializara de nuevo.[555]

553. Polonia, Hungría, Rumanía, Bulgaria, Albania.

554. El *European Recovery Program* o «plan Marshall», del que se beneficiaron Francia, Alemania, Holanda, Turquía y Grecia. Entre 1947 y 1951, estos países recibieron trece mil millones de dólares en inversiones industriales que les permitieron recuperar el nivel de rentas anterior a la guerra.

555. La Instrucción del Departamento de Estado JCS 1067 que prohíbe a las fuerzas de ocupación americanas «... colaborar en la rehabilitación económica de Alemania» se sustituye por la JCS 1779: «Una ordenada y próspera Europa requiere la contribución económica de una Alemania estable y productiva.»

Rehabilitemos a Alemania, decidieron. Digamos que las barbaridades de la guerra no las cometieron los alemanes sino los nazis. Así fue como, gracias a la amenaza comunista, Alemania pudo levantar de nuevo el vuelo y ya vemos hasta dónde ha llegado: sin necesidad de provocar otra guerra mundial (complicada por otra parte, dado que sus vecinos disponen de armamento atómico), se ha adueñado de la economía europea y dicta sus normas a través de Bruselas.

Los rusos, por su parte, instituyeron un Estado satélite, la República Democrática Alemana, en la parte controlada por ellos.[556]

Europa occidental había caído en la órbita de los americanos; la oriental, en la de los soviéticos. Entre las dos se levantó un impenetrable telón de acero (la expresión es de Churchill). El mundo se dividió en dos bloques: comunista y capitalista, que representaban también dos formas de entender la política, dictaduras de un solo partido y democracias parlamentarias; países comunistas, liderados por la URSS, y países libres, apadrinados por Estados Unidos. A la Alianza Atlántica de los países libres (1949) respondieron los comunistas con el Pacto de Varsovia (1955).

Los dos colosos iniciaron entonces una carrera de armamentos y se entregaron frenéticamente a la construcción de portaviones, submarinos, carros de combate, misiles... A la fabricación por la URSS de bombas atómicas de fisión (1949) respondió Estados Unidos con el desarrollo de la más potente bomba de hidrógeno (1952), pero la URSS le igualó la apuesta al año siguiente. El resultado fue el equilibrio del terror: dado que ninguna de las dos superpotencias podía atacar a la otra (porque ello equivaldría a la aniquilación mutua) se enfrentaron indirecta-

556. Las dos Alemanias: una prosperó sobremanera gracias al sistema democrático y capitalista y la otra jamás salió de la miseria y hasta tuvo que vigilar las fronteras y levantar el Muro de Berlín para evitar que su población huyera a la otra Alemania. Este caso, unido al de las dos Coreas, comunista la una y capitalista la otra, bastan para ilustrar el fracaso de la utopía comunista.

mente en las guerras de terceros países[557] o favoreciendo revoluciones (los rusos) o golpes de Estado (los americanos).[558] También competían en atraerse a las naciones emergentes tras la descolonización (especialmente aquellas que suponían nuevos mercados o suculentas fuentes de materias primas).[559] Con algunas lo lograron, pero otras prefirieron mantenerse al margen de la disputa y crearon el Movimiento de Países No Alineados (1961).

Los americanos cercaron con un rosario de bases militares el inmenso territorio de la Unión Soviética. Los soviéticos, por su parte, buscaron alianzas en otros países comunistas como China[560] y se atrevieron a instalar sus misiles en la Cuba castrista, bajo las mismas narices del Tío Sam, lo que provocó la crisis de los misiles (octubre de 1962).[561] Los rusos comenzaron su carre-

557. En la guerra de Corea, entre Corea del Sur, apoyada por la Organización de las Naciones Unidas (ONU), y Corea del Norte, apoyada por la República Popular China, con ayuda militar de la Unión Soviética. En las guerras de Oriente Medio, los comunistas apoyaron a los países árabes mientras que los capitalistas apoyaron a Israel y así sucesivamente. El suministro de armas a los países satélites se convirtió en un gran negocio tanto para rusos como para americanos (sin despreciar a los ingleses, franceses, suizos y sudafricanos).

558. Adivinanza sudamericana: ¿Por qué en Estados Unidos nunca ocurren golpes de Estado? Solución: porque en Washington no hay embajada americana.

559. Los analistas políticos enunciaron la llamada teoría del dominó: el sistema político de un país acaba contaminando a sus vecinos. Eso explica el empecinamiento de americanos y soviéticos por erradicar la ideología del contrario dondequiera que triunfara.

560. En 1949 Mao Zedong derrotó a sus oponentes en la guerra civil e instituyó un severo régimen comunista, la República Popular China. Las dos potencias comunistas, URSS y China, vivieron un tortuoso idilio durante un decenio y después se distanciaron: los chinos no terminaban de aceptar la independencia de Mongolia (antiguo territorio chino) ni otras imposiciones doctrinales del vecino.

561. Nunca anduvo el mundo más cerca de una nueva guerra mundial, pero afortunadamente Kennedy ganó el pulso y Jrushchov retiró los misiles.

ra espacial con el satélite *Sputnik* (1957). Inmediatamente los americanos respondieron con su *Explorer I* (1958). Era una cuestión de prestigio. Cuando los rusos enviaron a su primer hombre al espacio (Yuri Gagarin en la nave *Vostok 1*, 1961), los americanos les mojaron la oreja enviando una nave tripulada a la Luna (*Apolo XI*, en 1969).

La crisis de los misiles vista con humor.

Marcial desfile de las amazonas del Ejército Rojo de Corea del Norte.

CAPÍTULO 114

Los colosos en el barrizal

En su noble empeño por dominar el mundo (con sus mercados) o, al menos, imponerle su ideología, los americanos y los soviéticos se han metido en jardines de los que han salido algo trasquilados.

Vietnam es una península rica en materias primas estratégicas (caucho, wolframio, estaño) y opio. En 1957 estalló un conflicto entre Vietnam del Norte (procomunista) y Vietnam del Sur (prooccidental). A los del norte (Vietcong) los ayudaban los soviéticos y los chinos; a los del sur, los americanos, que se fueron implicando con «consejeros militares» (o sea soldados), hasta medio millón (de los que murieron 58.159), sin que mediara declaración de guerra alguna.

El país, una jungla insalubre obstaculizada por las montañas, resultó imposible de controlar (lo que vemos en las películas *Apocalypse Now* y *Platoon*). Los americanos recurrieron a su flota aérea, pero frente a sus masivos bombardeos (con explosivos y herbicidas) el Vietcong opuso una eficaz guerra de guerrillas que finalmente logró desmoralizar a los americanos. En cuanto se retiraron, el Vietcong ocupó el sur.[562]

562. Los americanos todavía no se han repuesto del síndrome de Vietnam, una sensación de bochorno por la derrota de sus chicarrones bien alimentados y armados frente a unos alfeñiques desnutridos que trasladaban sus suministros en bicicletas. Antes de meterse en aquel avispero podían haber recordado la mala experiencia de sus colegas franceses

Como nadie escarmienta en cabeza ajena, también los rusos tuvieron su Vietnam en la guerra de Afganistán (1978-1992).

Afganistán, en medio de Asia Central, cruce de caminos entre la India, Irán y la URSS, es un país pedregoso y escaso de infraestructuras, de extensión algo mayor que España, unas tierras que vieron pasar a Alejandro Magno, a Tamerlán y a la simpática pareja integrada por Daniel Dravot (Sean Connery) y Peachy Carnehan (Michael Caine) en la película *El hombre que pudo reinar* (1975).

Al afgano —paleto, gorra pakul y kalashnikov o lanzagranadas (el presumible olor a chotuno que completaría el cuadro aún no lo emite la televisión)— le gusta más un tiroteo que una remonta. Descendiente de clanes bélicos, lleva la guerra en la sangre y le parece natural invertir en munición lo que debiera emplear en champú, cartillas escolares y puré de berenjenas. A pesar de todo, sus mujeres ven la vida color de rosa, el tono dominante de las rejillas del burka.

Afganistán se independizó del Reino Unido en 1919. En 1973 un golpe de Estado derribó a la monarquía y proclamó una república filocomunista (y bastante progresista, dicho sea de paso) apadrinada por la URSS. Los americanos, atentos a atajar la influencia soviética, armaron a los fundamentalistas islámicos (yihadistas o muyahidines) que intentaban derrocar al gobierno. Cuando se enconó la lucha, los rusos enviaron a más de cien mil «consejeros militares» y numerosos tanques, helicópteros y aviones en ayuda de sus correligionarios.

Pakistán, molesto con el gobierno procomunista afgano que le disputaba comarcas fronterizas, acogió generosamente y adiestró a los entusiastas fundamentalistas islámicos que les llegaban de todos los rincones del mundo musulmán para participar en la lucha.

La resistencia que había empezado con sables y espingardas, en cuanto la financió Arabia Saudí, la armó Estados Unidos y la entrenó

---

derrotados allí veinte años antes cuando aquello se llamaba Indochina francesa y el Vietcong se llamaba Vietminh. Remontando más la historia, en 1858, cuando el sur del Vietnam se llamaba Cochinchina, un destacamento de soldados españoles ayudó a los franceses a conquistar Saigón y establecerse allí como potencia colonial.

Pakistán, ascendió a contienda de sofisticada tecnología.[563] Los talibanes (palabra que significa «estudiantes», entiéndase memorizadores del Corán, aunque se mantengan voluntariosamente analfabetos en todo lo demás) asimilaron aplicadamente los rudimentos del avanzado cohete antiaéreo americano FIM92-Stinger, un ingenio ligero que puede disparar una persona apoyándolo sobre el hombro y que se guía con infrarrojos en busca del calorcillo de motor de cualquier cosa que vuele. Los helicópteros pesados soviéticos hasta entonces dueños del cotarro caían como moscas.[564] Después de sufrir veintiocho mil muertos y notables pérdidas de material, los soviéticos se retiraron de Afganistán, su particular «Vietnam ruso», en 1989.[565]

563. El príncipe Tarek Asis Al Faycal, director de los servicios secretos saudíes, reclutó a Bin Laden, saudí de acaudalada familia con conexiones en Estados Unidos, para encauzar la ayuda americana a los fundamentalistas islámicos de Afganistán.

564. La CIA organizó la Operación Cyclone para ayudar a la guerrilla afgana contra los soviéticos. El principal artífice de la idea fue el congresista Charlie Wilson apoyado por Joanne Herring, una millonaria algo extravagante que simpatizaba con los muyahidines afganos, no se sabe bien por qué, quizá porque era cónsul honoraria de Pakistán y Marruecos en Houston. Recomiendo al lector que vea la divertida y cínica película *La guerra de Charlie Wilson* (2007) en la que Tom Hanks interpreta el personaje de Wilson y Julia Roberts el de Joanne Herring. Salvando gustos, servidor piensa que la Joanne real estaba más buena que la actriz, aunque también es cierto que en el tiempo de los acontecimientos narrados estaba algo más chafadita por la edad (nació en 1929). Hoy se ha excedido con la cirugía estética y con el botox, una lástima. En su autobiografía, *Diplomacia y diamantes: Mis guerras desde la sala de baile hasta los campos de batalla* (2011), asevera, entre otras muchas cosas, que trató a Francisco Franco.

565. Los cuarenta mil muyahidines voluntarios llegados desde todos los países musulmanes que lucharon en la guerra de Afganistán regresaron a sus lugares de origen entrenados y aleccionados para imponer el islam en el mundo. Hoy constituyen el núcleo de al-Qaeda, y aureolados por su fama de héroes en aquella guerra, se han convertido en poderosos agentes de reclutamiento. Así que Estados Unidos, sin proponérselo, por una de esas carambolas de la historia, le ha dado combustible al yihadismo que ahora amenaza a Occidente (recordemos los atentados de Nueva York, de Londres, de Madrid y de Toulouse).

CAPÍTULO 115

La URSS se desploma

El descalabro de Afganistán acarreó consecuencias en el seno de la URSS. Desde el final de la guerra mundial, el país soviético había rivalizado en gasto militar con Estados Unidos (mucho más rico que él, pero sobre todo mejor administrado). Como en las familias de medio pelo que pretenden competir en rumbo con las solventes, eso sólo puede hacerse a costa de malcomer y malvivir sin calefacción ni vacaciones.

Después de cuarenta años de guerra fría y privaciones, la población rusa, privada o racionada en los más elementales bienes de consumo, comenzaba a estar harta. Fue entonces cuando los americanos comprendieron que si doblaban la apuesta arruinarían a su contrincante, que regresaba del avispero de Afganistán bastante maltrecho y flojo de moral.

El golpe de gracia lo dio el vaquero Reagan con su «guerra de las galaxias», un proyecto carísimo que aplicaría avanzadas tecnologías (láser de rayos gamma y misiles interceptadores) a la formación de un escudo capaz de destruir cualquier misil que amenazara Estados Unidos.

La URSS, exhausta, no estaba en condiciones de emprender nada parecido. Tuvo que tirar la toalla e iniciar su Perestroika, un desmayado intento de liberalizar la economía. Demasiado tarde acudía el aparato del partido al auxilio de su pueblo empobrecido. El imperio soviético comenzó a agrietarse con la emancipación de los países satélites, y[566] la caída del Muro de Berlín (1989). Se desmoronó definitivamente con la disolución de la URSS (1991) y su fragmentación en quince estados independientes de Rusia, hito histórico que acarreó el descrédito del comunismo (ya suficientemente desacreditado en otros experimentos comunistas como Corea y Cuba).[567] Incluso la astuta China, viendo pelar las barbas del vecino, abandonó la economía comunista para abrazar de hecho el más feroz capitalismo.

Los rusos abjuraron del comunismo y se entregaron al consumismo occidental. Largas colas de hasta cuatro horas se formaron delante del primer establecimiento McDonald's abierto en Moscú, mientras la sagrada momia de Lenin lloraba su soledad en su mausoleo-ermita de la plaza Roja. ¡Vivir para ver!

Cola de moscovitas ante el McDonald's.

566. Especialmente de Polonia, donde el sindicato *Solidarność* (Solidaridad), apadrinado por el Vaticano, consiguió la caída del gobierno comunista (1988). Esta vez los soviéticos no se atrevieron a invadir Polonia como habían hecho con Checoslovaquia en 1968, tras su intento de liberalización (Primavera de Praga).

567. Aparte de que el capitalismo siempre ha sido un bloque uniforme mientras que el comunismo se transforma a partir de los años sesenta en una jaula de grillos entre leninistas, maoístas, trotskistas y eurocomunistas.

CAPÍTULO 116

Los talibanes en el poder

Regresemos a Afganistán, que habíamos dejado unas páginas atrás sumido en una cruenta guerra civil. En 1996, los islamistas talibanes entraron en Kabul, la capital, lanzando alaridos de victoria y dando tiros al aire, como suelen hacer en nacimientos (de hijos varones), bodas y otras ocasiones festivas.[568]

Habían conquistado el país. Ahora tocaba reconstruirlo y gobernarlo. En su noble afán por regresar a los añorados tiempos de Mahoma impusieron el burka a las mujeres, la barba a los hombres, y la lapidación pública a los adulterios. Además prohibieron la televisión, la música, la radio recreativa, las chaquetas y la ropa vaquera, símbolos todos del satánico Occidente.[569]

568. Esta peculiar y ruidosa manera de manifestar entusiasmo, propia de países emergentes y analfabetos, ocasiona frecuentes desgracias entre los propios celebrantes dado que las balas que suben caen luego por la fuerza de la gravedad (una malignidad teorizada por el occidental Newton) y ocasionan desgracias.

569. Llevaron su sensibilidad islámica hasta el punto de volar con dinamita en 2001 las famosas esculturas gigantes de Buda (55 y 37 metros de alto respectivamente) de los acantilados de Bāmiyān, que desde mil quinientos años antes habían contemplado las caravanas que hacían la ruta de la seda entre China y la India. El motivo aducido fue que eran ídolos contrarios al Corán. Y de paso criticaron a la Unesco por librar fondos para su conservación (eran Patrimonio de la Humanidad) en lugar de dedicarlos a limosnas y obras pías.

Hubieran podido gobernar plácida y coránicamente muchos años si no llega a ser porque, en su afán ecuménico por extender los beneficios del islam al resto de la humanidad, acogieron a muchos terroristas y dieron asilo a Bin Laden tras los atentados que destruyeron las Torres Gemelas de Nueva York, ocasionaron tres mil muertos y humillaron al Tío Sam (2001).

Bin Laden a salvo y Afganistán convertido en santuario terrorista era más de lo que Estados Unidos podía consentir. No había pasado un mes desde la caída de las Torres Gemelas cuando fuerzas de la OTAN y de la Alianza del Norte (contando con la bendición de las Naciones Unidas) atacaron a los talibanes y a los terroristas en sus santuarios (operación Libertad Duradera) y ocuparon las zonas neurálgicas del país.[570]

Hoy los talibanes mantienen su guerra de guerrillas contra el ocupante occidental y Afganistán es un Estado fallido cuyo gobierno títere (Autoridad Interina Afgana reconocida como «depositario de soberanía afgana») sólo se mantiene por la protección de las tropas de 48 países, entre ellos España, integradas en la Fuerza Internacional de Asistencia a la Seguridad (ISAF).[571]

Mal asunto ese avispero de fanáticos irritados por las torpezas que cometen las fuerzas occidentales (entre las que se cuentan crecidas bajas entre la población civil).[572] El final del embrollo se

570. Los aliados (Estados Unidos y el Reino Unido) se acogieron al artículo 51 de la Carta de las Naciones Unidas que invoca al derecho a la legítima defensa para la operación contra las bases de al-Qaeda en Afganistán, donde esperaban capturar a Bin Laden, considerado el cerebro del atentado contra las Torres Gemelas.

571. España es el cuarto contribuyente con 1.600 hombres. En total la fuerza extranjera suma unos ciento treinta mil hombres. Nuestras fuerzas allí desplegadas en «misión de paz» (¿quién lo diría?) han sufrido ya más de cien muertos y otros tantos heridos, contrariedades a las que cabe añadir las reiteradas visitas de la ministra de Defensa Carme Chacón y del presidente Zapatero, el cual, vistiendo chaleco antibalas sobre el traje de Armani, declaró: «No estamos aquí para quedarnos.» En efecto, cumplido el expediente y realizadas las fotos, partió en avión de regreso a la mañana siguiente.

572. A menudo los soldados occidentales disparan primero y preguntan después, no sea que se trate de terroristas suicidas.

ve venir: Occidente retirará las tropas y abandonará al gobierno títere (y al país) a su suerte, o sea a los fundamentalistas islámicos.

A menudo se piensa que cada cual tiene lo que se merece, y eso es extensivo a los países, pero también es cierto que si los saudíes no hubieran costeado a los talibanes, los americanos no los hubieran armado y los pakistaníes no los hubieran entrenado, lo mismo Occidente habría evitado los problemas que le causa el terrorismo islámico formado o concienciado a raíz de las guerras de Afganistán.

Arriba, Joanne Herring y Bush. A la derecha, un felicísimo afgano provisto de FIM92-Stinger.

CAPÍTULO 117

Las guerras de Iraq

En 1990, el autócrata de Iraq, Saddam Hussein, cabreado porque su vecino Kuwait vendía el petróleo más barato de lo acordado, invadió el paisito con intención de anexionárselo. Unos meses después, bajo mandato de la ONU, Estados Unidos y el Reino Unido, principales beneficiarios del petróleo kuwaití, derrotaron a los iraquíes (operación Tormenta del Desierto) y liberaron Kuwait (cuyos príncipes les quedaron muy agradecidos). Saddam Hussein deglutió el sapo, se rindió y aceptó las condiciones de las Naciones Unidas.

En años sucesivos, el dictador iraquí, macho alfa humillado por la derrota, se dedicó a incordiar los intereses occidentales, lo que le valió diversas represalias por parte de Estados Unidos y sus aliados ingleses, quienes, finalmente, decidieron invadir Iraq, esta vez sin la bendición de las Naciones Unidas (aunque contando con el apoyo de España),[573] para eliminar a Saddam Hussein de una vez por todas. El pretexto esgrimido fue que Iraq fabricaba armas biológicas y químicas (las llamadas «de des-

573. Recuerden la famosa foto de las Azores, con el presidente Aznar codeándose con los grandes, de igual a igual, feliz como un ratón sobre un queso. Meses antes había puesto los pies sobre la mesa en el rancho de Bush. Aznar ni siquiera tuvo en cuenta que Saddam Hussein estaba en posesión del Collar de la Orden del Mérito Civil concedido al ilustre estadista por el gobierno español en 1978.

trucción masiva») y que ayudaba a la organización terrorista al-Qaeda.

La llamada segunda guerra del Golfo se saldó con la rápida victoria de los occidentales y la detención y ejecución del tirano. Después, fatalmente, el país se empantanó en una guerra entre tribus y sectas islámicas. (Siempre ocurre en estos países tribales cuando se les intenta imponer un régimen democrático, pero Occidente no escarmienta e insiste en ello.)

Los americanos y los británicos comprendieron que se habían metido en un jardín plagado de ortigas y cediendo a la presión de la adversa opinión pública de sus votantes abandonaron el país (2011).[574]

Tríos.

574. Es uno de los inconvenientes menores de la democracia, que hay que atender a la opinión pública. Las dictaduras no tienen ese problema.

CAPÍTULO 118

Se acaban las colonias: todos somos países soberanos

La Sociedad de Naciones nacida de la primera guerra mundial no había servido de nada. De la segunda nació un nuevo organismo internacional, la Organización de Naciones Unidas (ONU), cuyo cometido es mediar entre los países y evitar conflictos. Una de las directrices de la ONU fue descolonizar el mundo.[575]

En los dos decenios que siguieron a la guerra se suceden las independencias en cascada. El escéptico lector no debe interpretarlo como una bondad de las potencias colonialistas, de pronto convertidas en hermanitas de la caridad, sino más bien en una imposición de las superpotencias emergentes de la guerra (Estados Unidos y la URSS), que codician los mercados y las materias primas de Asia y África mientras que las potencias coloniales europeas carecen de fuerza para oponerse al expolio.

También es cierto que los perjudicados se consolaron prontamente porque, echando cuentas, con los cambios de la economía

575. En su resolución 1.514 (XV) (Declaración de Garantías de Independencia para las Colonias y los Pueblos) aprobada el 14 de diciembre de 1960 con el voto favorable de 89 países, el voto contrario de ninguno y el voto en blanco de los países que todavía conservaban colonias, entre ellos España. Aunque Franco las había declarado provincias y llevaba a las Cortes procuradores moros pomposamente vestidos de chilaba y turbante, la ficción no colaba. Una pena porque le daban cierto colorido exótico a aquel panorama de obispos y falangistas de camisa azul, brillantina y bigotito recortado.

y la política mundiales, el mantenimiento de las colonias no era ya tan buen negocio como solía ser. Se habían inventado fórmulas para ordeñar la vaca sin tener que mantenerla, procedimientos para obtener mayores beneficios con menos inversiones.[576] O, dicho más finamente con palabras del economista Galbraith: «El final de la era colonial se celebra en los libros de historia como el triunfo de las aspiraciones nacionales de las colonias y una concesión bondadosa de las potencias coloniales. Oculto debajo de todo eso, como suele suceder, existía una fuerte confluencia de intereses económicos o, en este caso, desintereses.»[577]

En la segunda mitad del siglo XX las antiguas colonias obtienen la independencia: el Reino Unido libera a la India (1947), que se escinde en dos países por razones de religión: la India propiamente dicha (de mayoría hindú) y Pakistán (musulmana).[578]

576. El llamado neocolonialismo, que consiste en prolongar la explotación colonial sin necesidad de mantener un dominio efectivo y nominal sobre la antigua colonia. Para ello basta con sobornar a sus dirigentes, por lo general corruptos e ignorantes, que se entrampan con la banca internacional y permiten la explotación de sus materias primas, convenientemente devaluadas, mientras que ellos adquieren bienes de consumo, principalmente armas, a precios astronómicos. Los tiranos aupados al poder en los nuevos Estados consienten el expolio de las riquezas de sus naciones a cambio de generosos sobornos que les permiten vivir en la abundancia mientras el pueblo al que deberían servir vive más miserablemente que en los tiempos coloniales.

577. John Kenneth Galbraith, 1994.

578. Pakistán es producto de una improvisación de última hora cuando los británicos dejaron aquellas tierras. Incluso la palabra es un acrónimo (Punjab, Afgania, Kachemira, Indus-Sind seguido del sufijo *stan*, «tierra»), ideado en 1930 por el propagandista musulmán Chaudhri Rahmat Ali, cuando estaba en la Universidad de Cambridge. Más que un país, Pakistán es una macedonia de tribus, clanes, sectas y comarcas de geografías agrestes, propiedad del clan feudal punyabí que se ha construido una apabullante capital artificial, Islamabad («morada del islam»), de amplias avenidas, inmensos parques, lagos artificiales, palacios burocráticos y la excesiva mezquita Faisal, una inmensa tienda beduina hecha de mármoles y decorada con exquisito gusto sin escatimar molduras, yeserías, cortinajes, pasamanería y do rados. Es conocido que Pakistán y la India derrochan buena parte del pro-

Además el Reino Unido emancipa en pocos años el resto de sus colonias y dominios.[579]

Otras potencias coloniales que liquidan su imperio son Francia,[580] los Países Bajos,[581] Portugal,[582] Italia[583] y España, que, dentro de su modestia, conservaba aún unos retalitos de su pasado esplendor.[584] Incluso la hermética URSS no tuvo más remedio que independizar a sus colonias cuando la caída del régimen comunista, en 1991, la disolvió como entidad política.[585]

---

ducto nacional en sus respectivos arsenales de bombas atómicas mientras la población vive en la más espantosa miseria. Con todo, la India va ganando la carrera y se ha colocado entre las naciones emergentes.

579. El Reino Unido abandona su protectorado de Palestina (1948) y lo divide entre el nuevo Estado judío de Israel, Egipto y Jordania; el Sudán (1956); Ghana y Malaya (1957); Nigeria, Somalia y Chipre (1960); Tanganika, Zanzíbar, Sierra Leona, Kuwait y el Camerún británico (1961); Uganda, Jamaica y Trinidad-Tobago, (1962); Malasia y Kenia (1963); Rodesia (1964); Barbados, Guyana y Botsuana (1966); Yemen (1967); los Emiratos Árabes Unidos (1971); las Bahamas (1973); Zimbabue (1980) y finalmente Hong Kong, que se devuelve a China (1997).

580. Camboya y Vietnam (1953); Túnez (1956); Marruecos (1956); Guinea (1958); Dahomey (hoy Benín), Alto Volta (hoy Burkina Faso), Camerún, Chad, Congo-Brazzaville, Costa de Marfil, Gabón, Malí, Senegal, Mauritania, Níger, Togo, República Centroafricana y Madagascar (1960); Argelia (1962).

581. Indonesia (1949), el Congo Belga (1960) y Ruanda-Urundi (1962).

582. Guinea-Bissau (1968), Angola, Mozambique, Cabo Verde, Santo Tomé y Príncipe (1975). Y Macao, que pasa a dominio chino (1999).

583. Italia independizó Libia (1951) poco antes de descubrirse que aquel arenal improductivo estaba asentado sobre un mar de petróleo (¡mecachis!). Rommel se removió en su tumba: él había perdido la batalla de África porque no tenía gasolina para sus tanques y resulta que a unos metros debajo de las arenas tenía más de la que podía consumir.

584. El norte de Marruecos (1956), Guinea (1968) y el Sáhara (1976), del que se trajeron los disgustos y dejaron los fosfatos.

585. De ella se desgajaron Letonia, Estonia, Lituania, Ucrania, Bielorrusia, Moldavia, Uzbekistán, Kazajistán, Tayikistán y Kirguistán.

CAPÍTULO 119

Israel y los palestinos

Usted lleva años escuchando que los palestinos son inocentes víctimas de los perversos israelíes. Es el monotema de la prensa progre. No obstante, para juzgar con cierta ecuanimidad conviene escuchar a las dos partes. Conozcamos ahora la versión israelí.

Recordará el lector que, en tiempos de Cristo, Judea era una provincia del Imperio romano. Los levantiscos judíos se sublevaron en el año 70. Roma los aplastó, les destruyó Jerusalén y les arrasó el Segundo Templo (del que sólo quedó, para muestra, el Muro de las Lamentaciones). El quebranto fue tal que muchos optaron por emigrar y dispersarse por el Imperio romano. Por doquier formaron comunidades más cerradas que abiertas y siguieron tercamente apegados a su religión incluso cuando todo el imperio aceptó el cristianismo.

Esta fidelidad o contumacia, según se mire, les iba a costar cara a los judíos porque, a lo largo de la Edad Media y hasta nuestros días, las comunidades cristianas descargaron en ellos los malos humores, unas veces porque la Iglesia predicaba que habían sido los asesinos del Señor[586] y otras veces porque los culpaban de las epidemias (se ignoraba todavía la relación entre falta de higiene, contagio y microbios).

586. Nadie parecía reparar en que, sin la crucifixión, Cristo jamás hubiera demostrado que era Dios y por lo tanto, jamás hubiera habido cristianismo, como la propia doctrina de la Iglesia enseña.

En el siglo XIX, cuando el romanticismo impulsó los movimientos nacionalistas, muchos judíos acariciaron la idea de regresar a la tierra de sus mayores y refundar el Estado de Judea, o sea, Israel.[587]

Esa idea germinó especialmente entre los judíos rusos, que seguían padeciendo periódicas persecuciones de sus vecinos cristianos (recuerden los jinetes que estropean la boda judía de *El violinista en el tejado*). Los judíos empezaron a emigrar a la actual Israel, que entonces pertenecía a la provincia turca de Siria meridional (o valiato de Jerusalén).[588]

La tierra que la Biblia describe como un vergel que mana leche y miel se había deteriorado bastante desde los tiempos en que reinaba el rey David. Las guerras y el asentamiento de poblaciones pastoriles son dos circunstancias propensas a la tala de árboles. A finales del siglo XIX los cerros estaban deforestados, la erosión había convertido los sembrados en pedregales y los pantanos favorecían un endémico paludismo que aquejaba a la escasa población formada por cristianos drusos, judíos y árabes (con neta predominancia de estos últimos).[589]

Los árabes llamaban a aquella tierra siria. Los cristianos la conocían por Tierra Santa. ¿De dónde ha salido el nombre de Palestina? Paradójicamente, de los propios judíos que, cuando empezaron a instalarse allí, se esforzaron por diferenciar la antigua tierra de Israel, que aspiraban a restaurar, del resto de la Siria otomana.[590]

587. A ese movimiento político se llamó sionismo, por Sión, uno de los nombres bíblicos de Jerusalén. Los sionistas suelen ser laicos de ideas avanzadas que sostienen la identidad nacional judía y su derecho a poseer un Estado propio. En Israel existe un movimiento ultraortodoxo opuesto al sionismo, que rechaza la identidad nacional (ni siquiera reconoce al Estado de Israel, al que considera obstáculo para la esperada venida del Mesías).

588. El valiato era, en la división provincial otomana, el territorio gobernado por un valí.

589. En total 142.000 árabes, según el censo otomano de 1882.

590. Palestina jamás ha sido un término político, sino meramente geográfico, usado por los romanos en el siglo II para evitar el nombre de

Imagen idílica: desde un cerro, un mozalbete árabe que apacienta un rebaño de cabras contempla con curiosidad los afanes de los colonos judíos que se empeñan, con mil sudores, en cultivar las tierras bajas y pantanosas que le han adquirido al rentista turco dueño de la comarca.

Aquellos colonos vestidos de negro a pesar del sol abrasador resultaron, a la postre, ser menos lerdos de lo que parecían. Aclimataron un extraño árbol procedente de Australia, el eucalipto, que ayudaba a desecar los pantanos,[591] y lograron erradicar la malaria y hacer la tierra cultivable.

Mientras tanto no dejaban de llegar judíos, especialmente de Rusia y Polonia, que fundaban *kibbuzim* («granjas colectivas») y *moshavim* («cooperativas») en las que ponían en práctica sus ideas socialistas. No sólo estaban recuperando para los cultivos el antiguo reino de Israel, también estaban recuperando su idioma, el hebreo, la lengua de la Biblia, que ya en tiempos de Cristo estaba en desuso (Cristo y los apóstoles hablaban arameo).

Los árabes que veían prosperar a los extranjeros en el secarral comenzaron a preocuparse. Espoleados por el ejemplo de los judíos, también ellos reclamaron su propia nación independiente de los turcos, una gran nación que abarcara las tierras del antiguo califato de Bagdad o de Damasco, la época dorada del islam.

En 1916, durante la primera guerra mundial, los ingleses estimularon la rebelión de los árabes sometidos al Imperio turco por medio de agentes como el legendario Lawrence de Arabia.[592]

Judea que les recordaba a los levantiscos nativos. El topónimo Palestina procede en última instancia de Philistina, «la tierra de los filisteos», un pueblo costero que fue absorbido por los judíos en tiempos bíblicos.

591. Los árabes lo llamaron *sayrát al-iahúd*, «el árbol de los judíos».

592. Thomas Edward Lawrence (1888-1935), menudo, enclenque, cabezón y licenciado en estudios medievales por la Universidad de Oxford, no parecía llamado a ser un hombre de acción pero a base de mucho ejercicio físico y disciplina espartana se convirtió en un fibrilla, superó sus complejos y llegó a ser un agente secreto excepcional muy valorado por su «extraordinaria capacidad para conseguir lo que quiere» recurriendo a métodos poco convencionales. Logró unir a las tribus árabes contra el turco, lo que le valió reconocimiento y fama. Es posible que

De este modo los aliados lograron arrebatar a los turcos buena parte de su imperio asiático, incluida la Siria otomana. Al finalizar la guerra (1918), Francia e Inglaterra se repartieron aquellas tierras y trazaron las fronteras de Siria, Líbano e Iraq, de una manera bastante caprichosa que obedecía a sus necesidades del momento.

Durante la guerra, los británicos habían prometido a los árabes las tierras arrebatadas a los turcos. Lo malo es que también habían prometido a los judíos un «hogar nacional judío» en Palestina.[593]

Terminada la guerra, la Sociedad de Naciones asignó a los británicos las tierras que hoy ocupan Israel y Jordania con el estatus de «territorio bajo mandato». Inmediatamente crecieron los problemas entre las dos comunidades (un 80 por ciento de árabes y un 20 por ciento de judíos).

La llegada de los nazis al poder en Alemania fomentó la emigración judía, con el consiguiente descontento de los árabes, que veían fortalecerse a su potencial enemigo. Después de la segunda guerra mundial, el conflicto se enconó. Arreciaba la llegada de judíos supervivientes del Holocausto (recuerden la novela de León Uris que inspiró la película *Éxodo*). El Reino Unido, deseoso de abandonar aquel avispero, transfirió el problema a la recién creada ONU, que optó por una solución salomónica: repartió el territorio entre judíos y árabes (1947).

Los judíos aceptaron el plan de la ONU. Los árabes, por el contrario, lo rechazaron. Sus enardecidos líderes prometieron

---

fuera homosexual y que lo violaran los turcos. Es indudable que fue un buen escritor como lo prueba su obra *Los siete pilares de la sabiduría*. Murió en un tonto accidente de moto que posiblemente le evitó una penosa vejez.

593. La Declaración Balfour del gobierno británico, hecha en 1917, reza: «El gobierno de Su Majestad ve con buenos ojos el establecimiento en Palestina de un hogar para los judíos, y utilizará sus mejores medios para facilitar la consecución de esta causa. Sin embargo, debe quedar claro que no debe hacerse nada que perjudique los derechos civiles y religiosos de las comunidades no judías existentes en Palestina, o que merme los derechos y el estatus político del que gozan los judíos en cualquier otro país.»

echar a los judíos al mar. «Hermanos —avisaron a sus correligionarios—, retiraos a este lado de la frontera. Ya regresaréis a vuestros hogares cuando hayamos aniquilado a los judíos.» Unos cientos de miles de palestinos los creyeron y se fueron; otros, por el contrario, permanecieron en sus aldeas.

Israel declaró su independencia. Aquel mismo día, los ejércitos regulares de los países limítrofes lo invadieron.[594] La guerra duró unos meses. Contra todo pronóstico, los judíos resistieron la embestida y devolvieron los golpes. Hasta ganaron terreno al enemigo.

Como resultado del conflicto, el Estado palestino previsto por la ONU quedó repartido entre Israel, Jordania y Egipto.[595] Se había logrado un armisticio (impuesto por las superpotencias), no la paz. Israel cerró sus fronteras a cal y canto.

Paradoja: Israel aceptó e integró a las comunidades judías procedentes de los países árabes (donde los musulmanes les hacían la vida imposible), pero los Estados árabes limítrofes no aceptaron ni integraron a sus hermanos palestinos (que se hacinaron en los famosos «campamentos palestinos», hoy verdaderas ciudades caóticamente urbanizadas que en nada se distinguen de las de cualquier ciudad árabe de la zona).

Los hijos y nietos de aquel exilio cultivan el victimismo que les permite vivir de las subvenciones de la agencia de la ONU para los Refugiados Palestinos (UNRWA), de ONG internacionales y de las ayudas humanitarias de diversos países.[596]

Aleccionados por la propaganda, estos palestinos en el exilio

594. Los principales agresores fueron Egipto y Jordania, a los que se unieron importantes contingentes militares procedentes de Siria, Líbano e Iraq.

595. Tras el armisticio impuesto por la ONU, Israel dominaba la costa, Galilea y todo el Neguev: mientras que Jordania dominaba Judea y Samaria (la Cisjordania) y Egipto la Franja de Gaza. Jerusalén quedó dividida entre Israel y Jordania. Gracias a las ganancias territoriales, Israel ha pasado de los 67.000 km^2 que le otorgó la ONU a los 88.000 km^2 conquistados a sus vecinos.

596. En realidad no existen diferencias sustanciales entre palestinos, sirios, libaneses o jordanos. Son todos ellos un mismo pueblo. El mante-

reprochan su atraso y su desgracia a Occidente, en especial a Estados Unidos, lo que explica que inteligentemente se echaran a la calle, con grandes manifestaciones de júbilo, para celebrar los atentados contra las Torres Gemelas de Nueva York.

Sucesivas guerras entre Israel y sus vecinos árabes (1956,[597] 1967,[598] 1983)[599] enconaron el conflicto. Egipto y Jordania han reconocido el derecho de Israel a existir. Incluso han intercambiado embajadores. El resto de los países árabes insisten en la idea de aniquilar a Israel y echar a los judíos al mar.

Complejo problema el de Israel y sus vecinos. Para los árabes no se trata tan sólo de defender los derechos de los palestinos (que, recordemos, jamás tuvieron un Estado propio) sino de eliminar lo que ellos consideran un bastión del imperialismo occidental. A las dictaduras islámicas de la región, ancladas en regímenes feudofascistas, les molesta la vecindad de un Estado moderno, libre y democrático, dotado de justicia independiente, derechos cívicos, libertad de prensa, igualdad de oportunidades, igualdad de la mujer, tolerancia religiosa y libertad de expresión (o sea todo lo que les falta a ellos) y se sirven de él como justificación de sus carencias sociales y su retraso.[600]

---

nimiento de la «identidad palestina» se debe solamente a razones políticas.

597. Tras el anuncio del líder egipcio Nasser de que «la batalla contra Israel sería total y con el objetivo de destruir totalmente a Israel», los israelíes les conquistaron la Franja de Gaza y la península del Sinaí, hasta el canal de Suez.

598. La guerra de los Seis Días, en la que Israel derrotó a sus tres vecinos (Egipto, Jordania y Siria) y conquistó Judea, Samaria, Gaza, la península del Sinaí y la meseta del Golán. En 2005, tras los acuerdos de Camp David, Israel devolvió el Sinaí a Egipto y se retiró unilateralmente de Gaza.

599. La guerra del Yom Kippur. Israel, sorprendido por el ataque árabe, logró volver las tornas y derrotar a Egipto y Siria.

600. Los países árabes e Irán acumulan el 80 por ciento del petróleo y el gas del mundo. Ni siquiera contando con esos recursos se han desarrollado, debido a los gobiernos corruptos y al anquilosamiento social que les acarrea la ideología religiosa dominante.

Paradójicamente, la población árabe que vive dentro de las fronteras de Israel goza de mayores derechos y de un nivel de vida más elevado que la de cualquier otro país árabe.[601]

En los decenios de 1970 y 1980, los palestinos liderados por Yassir Arafat,[602] fundador de la organización terrorista Al Fatah, perpetraron numerosos atentados en Israel y Occidente (secuestros de aviones, asesinatos...). Eso duró hasta que los países occidentales adoptaron el infalible método saudí de sobornar regularmente a Arafat (y hoy a sus sucesores) bajo la especie de ayudas humanitarias. Incluso lograron que los palestinos dejaran de entrenar a terroristas europeos (entre ellos a los de ETA).[603]

Es un hecho comprobado que los palestinos, en su noble

601. Esto no se percibe en Occidente, donde los intelectuales de izquierdas, los medios de comunicación y los bobos antisistema demonizan a Israel y acatan a pie juntillas el discurso victimista palestino.

602. El egipcio Mohamed Muhammad Abd ar-Ra'uf Quduwa al-Husayni, más conocido como Yasser Arafat (1929-2004), premio Nobel de la Paz en 1994, es una figura controvertida, héroe liberador para unos y terrorista sanguinario para otros. En sus aspectos más íntimos no era menos contradictorio: Ahmad Jibril, fundador del Frente Popular por la Liberación de Palestina, confirmó que era homosexual y que murió de sida, lo que contrasta con su fama de mujeriego (especialmente cimentada en las sorprendentes declaraciones de la no se sabe si extremadamente veraz actriz y periodista uruguaya Isabel Pisano, autora del libro *A solas con Arafat* (1997), que lo define como «persona supersensible, con muchísimo sentido del humor, muy pasional, romántico y terriblemente celoso»). Incluso si conciliamos las dos inclinaciones sexuales, eso no supone demérito alguno del gran hombre. También Alejandro Magno y Julio César fueron ambidextros, de pelo y pluma. Arafat fue astuto y maniobrero. Logró comparecer ante las Naciones Unidas con una pistola al cinto. Acabó loco como un cencerro. Su máximo logro fue conseguir que la ONU reconociera a la Organización para la Liberación de Palestina (OLP) legítima representante del pueblo palestino. Era muy coqueto y ocultaba cuidadosamente la calva bruñida bajo el pañuelo palestino (que se arreglaba morosamente para que luciera un plieguecito encima del entrecejo). Resumiendo: un pájaro de cuenta.

603. Entre noviembre de 1976 y febrero de 1980 oficiales palestinos entrenaron a terroristas etarras en el manejo de armas y explosivos en

afán por afirmar su identidad nacional, desestabilizan a los países que generosamente los hospedan. Expulsada de Jordania a causa de sus constantes abusos, la OLP se instaló en el vecino Líbano en 1970 e inmediatamente perturbó el equilibrio del apacible país que hasta entonces se había considerado «la Suiza de Oriente Medio». Expulsados los líderes de la OLP del Líbano (donde provocaron una cruenta guerra civil y la invasión israelí) se instalaron en Túnez. Allí dejaron de incordiar, demasiado lejos de Israel y de los campamentos de refugiados.[604]

En 1987 los líderes palestinos cambiaron de táctica e iniciaron la Primera Intifada: niños y adolescentes que apedreaban a los israelíes.[605] Simultáneamente el Consejo Nacional Palestino proclamó la creación del Estado palestino (1988). En 1993 los acuerdos de Oslo establecieron una administración autónoma palestina en Gaza y Cisjordania, embrión de un futuro Estado palestino.

Un débil rayo de esperanza iluminó la escena cuando Arafat y el primer ministro de Israel, Isaac Rabin, se estrecharon las manos ante el presidente Clinton. Fue un espejismo: a los Estados de la región no les interesa la paz con Israel. En el año 2000 se produjo la Segunda Intifada. A la oleada de ataques suicidas palestinos respondió Israel con bombardeos y asesinatos selectivos de líderes terroristas.[606]

Así siguen las cosas: al lanzamiento de cohetes sobre poblaciones israelíes, responde Israel puntualmente con bombardeos o asesinatos de líderes terroristas.

Israel impone su superioridad militar, pero los palestinos le han ganado la batalla de la propaganda. Para la maniquea progresía occidental, los palestinos son muy buenos y sufridos y los

---

Líbano y Yemen del Sur. «Palestina Euskal Herria, dos pueblos y un camino», reza un cartel que testimonia el idilio entre las dos organizaciones.

604. También los expulsaron de Kuwait después de que se pusieran de parte del invasor Saddam Hussein.

605. Se saldó con la muerte de unos 160 israelíes y 1.100 palestinos.

606. El saldo fue esta vez de unos 1.000 israelíes y 6.000 palestinos muertos.

israelíes muy malos.[607] Se criminaliza a Israel cuando bombardea un campamento (siempre en respuesta por algún atentado) pero se disculpa a los palestinos que cotidianamente bombardean las localidades israelíes. Esto se debe a que el buenismo dominante incurre en una curiosa inversión moral: excusa al agresor cuando pertenece al grupo victimizado y culpa al agredido por pertenecer al grupo opresor. Eso explica, también, que la progresía tan presta a condenar los abusos de Israel desvíe la mirada y prefiera ignorar ciertas características de la llamada cultura palestina: la sistemática conculcación de los derechos humanos, los asesinatos familiares por honor, la esclavización de las mujeres, la predicación del odio en las escuelas, la corrupción gubernativa, el adiestramiento de niños como bombas humanas, el casamiento de niñas púberes con ancianos...

La prensa occidental participa de esa concepción maniquea. Jalea las condenas a Israel de las Naciones Unidas (cuando responde con violencia a las agresiones de sus vecinos), pero guarda silencio ante los genocidios que los países árabes cometen sobre sus minorías étnicas o ante la represión de sus disidentes.[608]

607. La tendencia es heredera de la progresía izquierdista de los años sesenta y setenta que apoyó resueltamente a las causas palestina y argelina en las que veía nacionalismos socialistas y laicos (el naserismo, el baasismo) opuestos al abuso y a la intromisión de Estados Unidos. Tras el fracaso de la modernización (impensable en estructuras tribales como las que aún disfrutan las sociedades árabes), la progresía occidental no ha advertido que el socialismo se sustituía paulatinamente por el radicalismo religioso y que las causas que parecían tan nobles se han vuelto enemigas de la libertad. Otro tanto ha ocurrido con la percepción de la revolución cubana: los progres no quieren ver la dictadura en la que se ha convertido. La fábula de George Orwell *Animal Farm* («Rebelión en la granja») resume muy bien la perversión de las nobles teorías políticas que acaban en dictaduras opresoras.

608. Esto se debe a que en la Asamblea General de la ONU sientan sus posaderas los representantes de más de cien dictaduras (la mayoría de ellas árabes o vinculadas a dictaduras islámicas) en las que sistemáticamente se atropellan los derechos humanos. (El llorado coronel Gadafi fue, un tiempo, presidente de la Comisión de Derechos Humanos. Parece chiste, ¿no?)

Israel

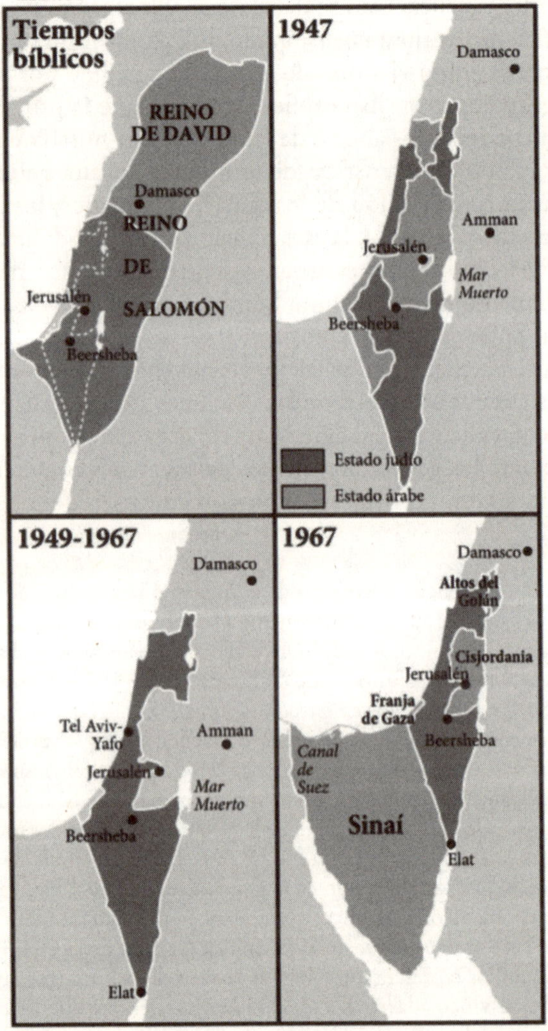
Tiempos bíblicos
REINO DE DAVID
Damasco
REINO DE SALOMÓN
Jerusalén
Beersheba
1947
Damasco
Amman
Jerusalén
Mar Muerto
Beersheba
Estado judío
Estado árabe
1949-1967
Damasco
Tel Aviv-Yafo
Amman
Jerusalén
Mar Muerto
Beersheba
Elat
1967
Damasco
Altos del Golán
Cisjordania
Jerusalén
Franja de Gaza
Beersheba
Canal de Suez
Sinaí
Elat

CAPÍTULO 120

África, un puñado de desgracias

Antes de la llegada de los blancos, África era un conglomerado de tribus y etnias en el que coexistían, y a veces convivían, hasta diez mil comunidades. No había fronteras precisas.

El reparto colonial europeo de 1885, previo al formidable trasvase de riquezas de África a Europa, dividió el continente en unos treinta retales separados por fronteras arbitrarias.

Tras la descolonización, lo sensato hubiera sido redibujar el mapa de los nuevos Estados sobre límites geográficos o étnicos razonables. No hubo tal. La nueva Organización para la Unidad Africana (OUA) se limitó a elevar las colonias a la categoría de Estados soberanos sin tener en cuenta para nada la arbitrariedad de sus fronteras. Tampoco hubiera sobrado el sentido común necesario para comprender que una sociedad tribal no puede convertirse de la noche a la mañana en una sociedad democrática respetuosa de los derechos humanos.

El resultado de aquella chapuza ha sido un continente repartido entre tiranos sanguinarios y corruptos como Idi Amin, Bokassa o Macías (aunque, eso sí, autóctonos), y una endémica guerra civil que causa millones de muertos.

África nunca se ha librado del colonialismo, aunque el que ahora padece sea encubierto. Desalojados los colonialistas europeos, se la disputaron las dos superpotencias, Estados Unidos y la URSS.[609]

609. A las que, cuando se escriben estas líneas, gana la partida la recién llegada China.

Algunos líderes de las naciones emergentes se inclinaban al mundo capitalista; otros pretendían implantar un socialismo a la africana.[610] A esa primera hornada de líderes africanos aparentemente bienintencionados y deseosos de emular a los Estados modernos fueron sucediendo, con la eficaz ayuda de agentes desestabilizadores a sueldo de compañías o naciones, gobiernos títeres de autócratas encumbrados por golpes de Estado (más de cien desde 1960).[611]

Los países del Primer Mundo, antiguos colonialistas, practican hoy la explotación indirecta de las riquezas del Tercer Mundo (y las del segundo, qué caramba). Las antiguas colonias, hoy países independientes, suelen soportar gobernantes fantoches, aficionados a las charreteras y medallas (Idi Amin, el tirano de Uganda, fue un ejemplo extremo). No les faltan un himno nacional, una selección nacional de fútbol, un funcionariado corrupto, un ejército de analfabetos dotado de modernas armas cuyo manejo ignoran, moneda propia, bandera e incluso asiento en la ONU. Parecen Estados, pero en realidad son dictaduras corruptas al servicio de compañías extranjeras que saquean los recursos del país y se lo llevan crudo. Y si el gobernante fantoche se insubordina o exige más de la cuenta, nada más fácil que organizar y armar un movimiento independentista que lo derroque y coloque a otro fantoche más manejable en su lugar.

Nuevamente los americanos propiciando golpes de Estado con guante de terciopelo y los soviéticos interviniendo menos sutilmente (a veces tras la oportuna pantalla de consejeros militares cubanos).

Esa imagen idílica del negro africano, un poco infantil, servicial, noble, transmitida por la propaganda misionera no refleja exactamente la realidad. Librado a su suerte, sin el yugo colonial,

610. Julius Nyerere, Kwame Nkrumah, Modibo Keita y Seku Turé.

611. Un ejemplo: el Congo Belga. Disputado por soviéticos y americanos con las formidables reservas de materias primas de la provincia de Katanga como telón de fondo. El líder Patrice Lumumba (el peón de la URSS, amigo del Che Guevara) fue depuesto y asesinado para dejar paso al general Mobutu Sesé (proamericano).

el salvajismo del africano alcanza cotas difícilmente imaginables: exterminio de tribus rivales,[612] mutilaciones de pueblos enteros y secuestros masivos de niños (a ellos los convierten en soldados; a ellas, en prostitutas).[613] Detrás de ese horror perdura una nueva y más sinuosa forma de explotación colonial: los traficantes de armas hacen un negocio fabuloso y las codiciosas multinacionales cambian y derrocan gobiernos a capricho con la mirada puesta en las reservas de diamantes, cobalto, petróleo, coltán[614] y otros productos estratégicos abundantes en la desventurada África.

República Centroafricana, Burundi, Biafra, Congo, Sudán, Chad, Nigeria, Níger... todos asolados por la plaga de los odios tribales y sectarios, por las milicias de los señores de la guerra. Detrás de cada nombre, detrás de cada conflicto, si se rasca un poco, aflora la codicia de las materias primas.

Para colmo de desgracias, a las motivaciones raciales y económicas se suman, como una nueva calamidad, las religiosas. La extensión del islam en el África subsahariana da lugar a sectas

612. En lo de exterminar a las tribus rivales no les tenemos nada que envidiar los europeos: ahí están el Holocausto de los judíos a manos de Alemania o el genocidio de la guerra de los Balcanes.

613. El congolés Thomas Luganba (jefe de la milicia Unión de Patriotas Congoleños, UPC) reclutó en 2002 miles de niños para emplearlos en la guerra y como esclavos sexuales. Lo mismo hizo el señor de la guerra ugandés Joseph Kony, líder del Ejército de Resistencia del Señor (LRA), quien, de preconizar un Estado regido por los diez mandamientos de la Biblia, ha escorado a secuestrar a cientos de niños para emplearlos como soldados o esclavas sexuales. Los diamantes de Sierra Leona estimularon el patriotismo y la filantropía de Foday Sankoh, jefecillo del Frente Revolucionario Unido (RUF) cuyos esbirros asesinaban aldeas enteras a machetazos y castigaban con amputación de labios, orejas, narices o manos. En las montañas Nuba de Sudán se exterminan aldeas enteras (como denuncia el actor George Clooney).

614. El 80 por ciento de las reservas mundiales de coltán, usado en condensadores electrolíticos de tantalio, se encuentran en el Congo y ha sido causa directa de la denominada segunda guerra del Congo (1998-2003), que causó unos cinco millones de muertos. Negros, claro. Si hubieran sido blancos, menudo escándalo.

fundamentalistas (Shabab en Somalia, Boko Haram en Nigeria) cuyo mantra es «la educación occidental es pecado».[615]

Idi Amin.

Bokassa.

Gadafi.

«Hay que romper muchos huevos africanos para hacer una tortilla occidental.»

615. Son los que ponen bombas en iglesias cristianas a la hora de misa. Al resentimiento africano contra las religiones del blanco colonialista y explotador se añade el desprecio islámico a la cultura occidental que según la opinión de uno de sus imanes «produce hombres débiles e inmorales, dominados por sus mujeres a las que permiten vestir como putas». Admirable concisión.

CAPÍTULO 121

La guerra de los Balcanes

Un lío, lo de la península de los Balcanes, también conocida como «el polvorín de Europa», una región que «produce más historia de la que puede consumir» (Churchill). En una tierra quebrada, que no facilita el trazado de frontera alguna, coexisten, como agitados en una coctelera, media docena de pueblos, etnias y religiones unidos solamente por el odio al otro. Han aportado al diccionario el sustantivo «balcanización», que significa desmembración de un país en territorios o comunidades enfrentadas.

Estas tierras gozaron de cierta unidad bajo los imperios de la antigüedad (Alejandro Magno, Roma y Bizancio), pero después acogieron diversas hornadas de bárbaros (tártaros y eslavos) y finalmente formaron parte del Imperio otomano desde el siglo XV hasta el XIX.

Después de la primera guerra mundial, el nuevo mapa europeo, resultado de la disolución del Imperio austrohúngaro, creó el Reino de los Serbios, Croatas y Eslovenos (desde 1929 llamado Yugoslavia), que agrupaba a Serbia y diversos retales históricos de sus contornos, una mezcolanza de serbios (ortodoxos), croatas (católicos) y bosnios (musulmanes).[616]

No fue buena idea meter a gente tan mal avenida en el mis-

616. Los croatas y los eslovenos con una irreprimible nostalgia de los tiempos en que formaron parte del Imperio austrohúngaro. En Año Nue-

mo saco: los croatas eran católicos fervientes que se vanagloriaban de su sangre aria, germana, y guardaban junto con los serbios una memoria fresca de las atrocidades turcas de un pasado aún reciente que de algún modo querían vengar en los bosnios, aquellos renegados que colaboraban con los turcos. Por eso acogieron con los brazos abiertos a Hitler cuando invadió Yugoslavia en 1941[617] e incluso aceptaron con entusiasmo las doctrinas racistas y construyeron su propio campo de exterminio.[618]

La retirada de los alemanes debilitó a los croatas y permitió ganar la partida a las milicias comunistas del croata Josip Broz «Tito», que creó la República Independiente de Yugoslavia y gobernó con mano firme sobre tirios y troyanos.[619] A su muerte, en 1980, los países de la federación quisieron independizarse, pero los serbios (predominantes en el gobierno) se opusieron. Estalló la guerra que tan magistralmente describe Arturo Pérez-Reverte en su novela *Territorio comanche* (me la lean). El líder serbio, Slobodan Milosevic (1941-2006), que de haber practicado el arte de Cúchares habría merecido el sobrenombre de «carnicerito de los Balcanes», en vista de que no iba a ser posible mantener la unidad, optó por la creación de una Gran Serbia que incorporara los territorios de Croacia y Bosnia donde existieran minorías serbias significativas. (¿No nos recuerda a Hitler en su afán por agrupar a las

---

vo siguen conectando con Viena para escuchar el concierto y cuando perciben los primeros compases de la marcha Radetzky eyaculan.

617. También apoyaron al ejército alemán con una especie de División azul croata, la *Hrvatska Legija* («Legión Croata»), integrada por unos diez mil voluntarios, que luchó en el frente ruso.

618. Sus milicias (la *Ustashe*) limpiaron su territorio de judíos, e incluso intentaron exterminar al pueblo serbio. Como en el caso de los alemanes, Pío XII, que estaba perfectamente informado de la persecución y de las matanzas, no se dio por enterado. Los serbios, por su parte, también tuvieron sus milicias (las Chetnik, de signo monárquico), igualmente sañudos con los croatas.

619. Integrada por seis repúblicas federadas (Eslovenia, Croacia, Bosnia, Serbia, Montenegro y Macedonia). En 1968, Tito concedió autonomía a la provincia de Kosovo (90 por ciento de albaneses y 10 por ciento de serbios).

comunidades germanas?) De paso, emprendió la limpieza étnica en sus territorios (o sea el exterminio de los bosnios).[620]

Croatas y serbios rememoraron las matanzas mutuas del pasado, apenas superados los lutos adquiridos en la segunda guerra mundial. Por eso, todo el que podía madrugaba al vecino dándole matarile. Para prevenir.

Europa asistió a las matanzas sin mover un músculo, procurando mirar hacia otro lado.[621] La guerra terminó cuando los americanos obligaron a las partes a firmar la paz.[622] Pelillos a la mar. Daos la mano. Ni vencedores ni vencidos.[623]

El conflicto se saldó con más de cien mil muertos y cerca de dos millones de desplazados.[624] En fin, resumiendo, antes o después, a lo largo de unos cuantos siglos, todos fueron igual de hijos de puta.

620. Los serbios asesinaron a unos ocho mil musulmanes bosnios en Srebrenica (1995) y violaron a unas treinta mil bosnias. Las milicias bosnias, por su parte, reforzadas por numerosos voluntarios muyahidines llegados de los países islámicos, se esforzaron también por asesinar a la población serbia de sus dominios, pero no consiguieron emular a sus contrincantes, más numerosos y decididos.

621. Alemania y Estados Unidos crearon el ambiente propicio para la fragmentación del país, y procuraron que no les faltaran armas a las repúblicas independentistas. De hecho, hoy las repúblicas de Croacia y Eslovenia son virtuales colonias de Alemania y los americanos tutelan a la depauperada Bosnia.

622. En buena parte es un débito que los balcánicos tienen con Mónica Lewinsky porque si el escándalo de las felaciones en el despacho oval de la Casa Blanca no hubiera salpicado seminalmente la limpia trayectoria del presidente Clinton y éste no se hubiera visto obligado a desviar la atención de la opinión pública hacia otro asunto, quizá los americanos no hubieran intervenido en los Balcanes y hubieran continuado las matanzas de civiles.

623. Bueno, los serbios opinarán distinto: su proyecto de la Gran Serbia ha fracasado y han perdido la salida al mar por Montenegro e incluso la provincia autónoma de Kosovo, «la cuna de la cultura serbia».

624. De los setecientos mil serbios residentes en Croacia antes de la guerra, aproximadamente la mitad abandonó el país durante la contienda. Por su parte, Bosnia y Herzegovina tiene más de dos millones de desplazados.

Los Balcanes se han desmembrado en una docena de Estados independientes.[625] De ellos Grecia, Eslovenia, Bulgaria y Rumanía pertenecen a la Comunidad Europea y a la OTAN; otros tres, sólo a la OTAN (Turquía, Croacia y Albania); los seis restantes aspiran a incorporarse a la Comunidad Europea.[626]

Por su parte, Bosnia se ha dividido en dos entidades: la República Serbia (que ocupa el 49 por ciento del territorio) y la Federación Bosnia y Herzegovina (el 51 por ciento), cuya población es mayoritariamente musulmana y croata. Juntos, pero no revueltos. Mantienen dos gobiernos, dos parlamentos, dos cuerpos de policía, dos correos, dos compañías telefónicas... Recelosa coexistencia de serbios, bosnios y croatas. Los serbios quieren constituir un Estado independiente con su mitad. Los croatas (católicos) no se sienten cómodos con los bosnios (musulmanes). Ya veremos lo que acarrea el futuro: más historia de la que puedan digerir.

El abrazo balcánico, caricatura de Miro Stefanovic.

625. Albania, Bosnia y Herzegovina, Bulgaria, Kosovo, Grecia, Macedonia, Montenegro, Serbia, Rumelia (Turquía europea), Croacia, Eslovenia, Eslovaquia, Hungría, Rumanía, Moldavia y Zakarpattya (Subcarpatia). Estos siete últimos están fuera de la península de los Balcanes pero es costumbre incluirlos por motivos históricos.

626. Alemania se lo está pensando. Su PIB per cápita oscila entre el 30 y el 50 por ciento de la media comunitaria, o sea, son pobres de solemnidad, más pobres que los pobres comunitarios, los denostados PIGS (palabra que, como el lector no ignora, significa «cerdo» y que se forma con las iniciales de Portugal, Italia, Grecia y Spain).

CAPÍTULO 122

El despertar del islam

Los pueblos islámicos languidecieron durante siglos bajo el poder turco hasta que el quebrantamiento del Imperio otomano tras la primera guerra mundial y el de sus herederas coloniales Francia e Inglaterra tras la segunda les concedió su ansiada libertad y regaló al mundo una vigorosa floración de jóvenes naciones islámicas nuevamente dueñas de sus destinos: Egipto, Libia, Siria, Líbano, Jordania, Iraq, Arabia Saudí y Yemen. A ellas se unirían sus hermanas Argelia y Marruecos.

Con la euforia de la recién estrenada autonomía, algunos líderes árabes dieron en soñar en una sola nación que uniera a todos los pueblos islámicos (el panarabismo), como en los tiempos gloriosos del califato omeya de Damasco. Por separado no somos nada —dijeron—, juntos formaríamos la nación más poderosa de la Tierra.

La idea no era mala sobre el papel o discutida en los cafés, pero quizá resultaba utópica en el siglo XX. La fanática cohesión religiosa que un día cimentó el Imperio omeya y los que lo sucedieron se había rebajado considerablemente con el tiempo. Los árabes instruidos se sentían más inclinados a un socialismo vagamente laico como el que predicaban el egipcio Nasser o el argelino Ben Bella, que soñaron con acomodar a la realidad de los pueblos islámicos el modelo económico soviético, entonces muy prestigiado entre los parias de la Tierra.

Durante un tiempo, las pautas socialistas, consideradas signo de modernidad y progreso, suavizaron las costumbres islámicas.

En los años cincuenta y sesenta, los árabes de las clases dirigentes que habitaban las ciudades vistieron a la europea, las mujeres abandonaron el velo y las largas tocas y los hombres se raparon las barbas.[627]

El mundo árabe deseaba occidentalizarse, pero, para escapar de su atraso secular, necesitaba algo más que buena voluntad y atuendos europeos. Las estructuras económicas y sociales perduraban. El mero cambio de apariencia exterior no bastaba. Con el progresivo desencanto, los líderes que al principio proclamaban libertad y democracia se fueron tornando dictadores autócratas, la corrupción administrativa heredada de los virreyes otomanos se perpetuó, y el pueblo, que tenía acceso a la propaganda de los bienes de consumo occidentales pero no a su disfrute, se sintió frustrado y malcontento.

Aquellos tímidos brotes de socialismo islámico de Argelia, Líbano y la extinta RAU[628] se agostaron ante la dura realidad: se habían liberado de las potencias imperialistas que los explotaban, eran dueños de su propio destino, pero seguían tan subdesarrollados y sometidos a poderes tiránicos como antes. Incluso peor. No se habían independizado de sí mismos, de los esquemas tribales y de la consideración de la mujer (más de la mitad de la población) como ciudadano de segunda clase, dos factores que impiden el desarrollo de una sociedad moderna.

A partir de los años cincuenta, el aumento de población[629] y la falta de perspectivas laborales originaron una creciente ola migratoria hacia los países desarrollados de Occidente (Europa y América) donde el ciudadano disfrutaba de un nivel de vida y de libertades civiles impensables en los países islámicos. Algunos se integraron en el país de acogida y mejoraron de vida, pero otros llevaron consigo la sociedad opresiva e intolerante de la que ve-

627. Sin embargo, se dejaron bigotazos, signo de masculinidad.

628. República Árabe Unida (RAU), entidad formada por Egipto y Siria entre 1958 y 1961. Desapareció sin dejar más vestigio que las dos simbólicas estrellas que aún lucen en la bandera y el escudo de Siria.

629. La población islámica global es aproximadamente de mil doscientos millones, el 20 por ciento de la población del mundo.

nían huyendo y la reprodujeron en guetos y comunidades cerradas en las que voluntariamente se recluyeron.

¿Cómo se explica esa contradicción? Por la frustración y el desencanto que se ha apoderado del mundo islámico tras el fracaso de su tímida aproximación al socialismo y a los valores occidentales. Aquel frustrado intento aperturista desencadenó una reacción contraria en la ultraconservadora monarquía saudí cuyas consecuencias se prolongan hasta hoy. Veamos cómo.

La familia real saudí profesa una interpretación extremadamente puritana y rigorista del islam sunita, la wahabí o salafista.[630] En otras circunstancias es dudoso que esta doctrina tan rigorista se hubiera impuesto en sociedad alguna, pero el respaldo de los billones de petrodólares que acumulan los príncipes saudíes les permite influir grandemente en las depauperadas sociedades islámicas.

Los príncipes saudíes gastan millonadas (mera calderilla comparada con sus ingresos) en la financiación de mezquitas e imanes salafistas (*salafiyyun*), dondequiera que haya musulmanes.[631] Los misioneros salafistas llevan su ardiente mensaje tanto a los correligionarios emigrados a Europa como a las escuelas coránicas de Afganistán, que están en sus manos, como a los rincones más apartados de África, donde el islam gana terreno tanto al animismo como al cristianismo.[632]

630. Salafistas notorios fueron Bin Laden y los responsables del atentado contra las Torres Gemelas de Nueva York. También los terroristas que perpetraron la matanza de Atocha se iniciaron en la mezquita de la M-30 de Madrid, principal foco de salafismo en España, construida y mantenida con petrodólares saudíes.

631. Cuando el rey Faisal de Arabia Saudí costeó en 1986 la mezquita que lleva su nombre en Islamabad y pregonó *urbi et orbi* que era la más grande del mundo, inmediatamente le salió un competidor en Marruecos, donde Hassan II construyó en Casablanca otra mezquita todavía más grande y lujosa (1993). Ésas tenemos, dijeron los saudíes, y ampliaron su mezquita de La Meca (Masjid al-Haram, la Gran Mezquita) y la del Al-Masjid al-Nabawi (Mezquita del profeta) en Medina, hasta que excedieron las proporciones de la marroquí.

632. El wahabismo o salafismo es obra del jefe Mohamed ibn Abdel-

La frustración de los pueblos que no han podido alcanzar el nivel de vida de Occidente (al que culpan de ese fracaso), sumada a la actividad misional de los salafistas que los persuade de que el regreso al islam riguroso los hará más felices, explica que tantos musulmanes cambien democracia por teocracia, y tolerancia por intolerancia. Los que en su juventud usaron pantalones vaqueros y dejaron que sus esposas vistieran a la europea, abominan ahora de pantalones y minifaldas y regresan, contritos, a lo que creen ser su prístina identidad, la chilaba, la kandora, el hijab, la kufiyya y el recitado del Corán con un ojo rencoroso clavado en Occidente, que, a pesar de ser corrupto y degenerado (desde la perspectiva islámica), nada en la abundancia y tiene de todo mientras que ellos, los buenos musulmanes, siguen sumidos en la miseria.[633]

Ese rencor racial y religioso es caldo de cultivo de los fundamentalismos que creen encontrar las claves de su vida política y social en el Corán, un libro concebido para tribus de pastores y caravaneros en el siglo VII. Esto explica que se recluyan en un voluntario *apartheid* regido por normas contrarias a la sociedad que los acoge (recordemos los conflictos planteados por el velo femenino en las escuelas o por el uso del burka; recordemos su insistencia en mantener esas barbas, esos gorros, esos atuendos diferenciadores). También explica que sigan sin integrarse incluso los musulmanes de la tercera generación nacida en Europa.

Los imanes salafistas predican la guerra santa contra los impíos regímenes occidentales y contra los regímenes musulmanes tolerantes, a los que consideran apóstatas. El ateo y decadente Occidente sigue siendo para ellos una tierra de infieles cuya so-

---

wahab, que en el siglo XVIII convirtió a la dinastía de los Saud a su versión rigorista y fanática del islam. Los salafistas o wahabíes actuales se dividen en dos ramas: los yihadistas, seguidores del imán egipcio Mustafá Kamel, y los jequistas, que obedecen ciegamente a los jeques saudíes. Unos y otros prosperan singularmente en Europa.

633. El caso argelino es especialmente significativo: comenzó siendo un país socialista y europeizado y paulatinamente ha ido virando hacia el fundamentalismo religioso contra el que hoy se debate.

ciedad moralmente corrupta no tiene nada que ofrecerles aparte de oportunidades profesionales, gratuidad del estado del bienestar, hospitales, servicios sociales, igualdad entre los sexos, carreteras, escuelas, justicia y derechos civiles desconocidos en los países musulmanes.

Años cincuenta. Ben Bella y Nasser, la esperanza frustrada.

Manifestación islámica en Occidente: «El islam dominará el mundo. Al diablo con la libertad».

CAPÍTULO 123

La globalización

Antiguamente la gente no se movía del lugar donde nacía. Como no había radio ni tele, el personal vivía ajeno a lo que pasaba en el pueblo de al lado e ignoraba lo que había al otro lado de la línea del horizonte. No exagero.[634] Hoy descarrila un mercancías en Katmandú, o un chinito cantonés queda atrapado en una tubería, y antes de que lleguen los bomberos ya estamos contemplando el suceso en las imágenes en el telediario al otro lado del mundo. Hemos asistido en directo, a través de la televisión, al desplome de las Torres Gemelas e incluso a la boda de Belén Esteban. No hay acontecimiento de alcance universal que pase inadvertido.

La globalización ha convertido el mundo en un enorme tablero de ajedrez con infinitas piezas. Se mueve una y, como en la teoría del vuelo de la mariposa, eso puede provocar un tornado que arrase una región en el otro extremo del mundo.[635]

634. Por ejemplo, los primeros gitanos llegan a Europa en el siglo XV y durante muchos años viven tan ricamente de la estafa consistente en ir contando por cada ciudad que son peregrinos cristianos a los que el papa ha impuesto esa penitencia errante porque años atrás apostataron y se hicieron moros en Egipto. Otro ejemplo más reciente: el del famoso crimen de Cuenca, en 1910. El presunto asesinado, el pastor José María Grimaldos, *el Cepa*, vivió muchos años en un pueblo cercano sin ser notado cuando en su pueblo todo el mundo lo daba por muerto y los dos sospechosos de su asesinato habían cumplido condena.

635. Un ejemplo: un trabajador turco que añora la simplicidad de

Esa globalización de la economía permite hoy la explotación a distancia y consiente, también, que en Occidente se haya llegado felizmente a un pacto social entre capitalismo y socialismo, dos concepciones de la economía que después de siglo y medio de feroz enemistad han llegado a un entendimiento en el que cada una acata los principios esenciales de la otra: se respeta la propiedad privada y, a cambio, el Estado ampara al trabajador (el estado del bienestar).

¿Cómo ha sido posible? Ha sido posible porque la globalizada economía moderna ha trasladado la ancestral explotación del pobre por el rico a la de los países pobres por los ricos, con la ventaja añadida de que nadie tiene mala conciencia de estar abusando del prójimo dado que ojos que no ven, corazón que no siente. Incluso la clase humilde de un país rico se asegura su cuota, por mínima que sea, en ese saqueo del Tercer Mundo. Gracias a ese desequilibrio (y a esa explotación encubierta), los países desarrollados alcanzan su justicia social y pueden permitirse la financiación de un estado del bienestar y hasta lanzarse a un consumismo desenfrenado. Sí, querido lector, gracias a su economía boyante basada en la explotación de terceros, tu país se puede permitir regalarte las migajas de los servicios sociales y subvencionar tu dosis nocturna de telebasura y las fiestas patronales del

---

sus rústicos orígenes, cuando pastoreaba cabras en Capadocia, caga en el invernadero alemán donde trabaja (le parece que eso de hacerlo en el retrete es una mojigatería occidental). Su deposición, que hemos de imaginar fluida y de una textura semejante a la de las natillas, resulta ser portadora de bacterias *Escherichia coli* (el O104:H4, perteneciente a los filos *Escherichia coli enterohemorrágica* o EHEC), que contaminan los pepinos de la mata más cercana (si es que no se limpió con ellos el truhán), lo que provoca un brote epidémico que se salda con 32 muertos y unos miles de afectados. La alarma sanitaria consiguiente, aventada por las precipitadas declaraciones de una vacaburra de la administración alemana, desencadena la crisis del pepino que arruina a los agricultores bajo plástico de Almería, lo que a su vez acarrea el quebranto de las industrias de la zona, singularmente de la whiskería El Erizo Hendido, atendida por pupilas ucranianas, cuya caja desciende casi un 40 por ciento debido a la inapetencia de los parroquianos habituales.

pueblo, procesión, baile, comilona y borrachera.[636] Es, sencillamente, estupendo.

Lo malo es que últimamente no tenemos más remedio que importar pobres del Tercer Mundo, porque precisamos sus servicios como mano de obra barata o disponible para trabajos desagradables o mal pagados que nuestras clases humildes rechazan. La solución es crear guetos: ellos trabajan, los explotamos, y fuera de las horas de trabajo se quitan de la vista y regresan a sus reservas donde disponen de todo lo necesario: sus tiendecitas, sus locutorios, sus oficinas bancarias para girar dinero a la familia que quedó en el país de origen y sus centros de reunión. El problema es que también ellos tienen un alma en su almario y quieren consumir (los jodidos anuncios de televisión que los malean mucho y los despabilan) y aspiran a equiparar sus sueldos a los nuestros y a vivir dignamente en pisos como los nuestros y hasta pretenden que sus hijos accedan a la educación. Son insaciables. Al final no vamos a tener más remedio que asimilarlos, como los americanos (tan pioneros en todo) están asimilando a sus negros, que ya hasta tienen un presidente (Obama). También cabe resistirse a la asimilación como los arios alemanes, que mantienen a los trabajadores turcos en sus guetos y no hay peligro de que se les suban a las barbas (todavía).

636. Nada nuevo. *Panem et circenses* llamaban a este paquete de medidas los romanos.

CAPÍTULO 124

Unas amables reflexiones sobre la economía globalizada

Después de la segunda guerra mundial parecía que la derrota de los fascismos instauraba una era de paz presidida por la democracia occidental que se basaba en valores éticos, de justicia y libertad.

Todo eso lo pervirtió el capitalismo liberal (el de los bancos y financieros) de Occidente y el capitalismo estatal de los países comunistas.

Fenecido el comunismo con la caída de la URSS, ha quedado, campando por sus respetos en el ancho mundo, el capitalismo liberal.

Lo malo es que el capitalismo liberal se pervirtió cuando el poder pasó de los políticos a los financieros y nacieron políticos a sueldo de financieros (periódicos, partidos subvencionados, grupos de presión, etc.).

La globalización es la consecuencia de la combinación de liberalismo económico y progreso en las comunicaciones que eliminan fronteras al comercio y el capital.[637] El mercado globalizado organiza la fabricación, circulación y consumo de bienes y servicios a escala mundial: un ciudadano del Tercer Mundo trabaja doce horas por un puñado de arroz fabricando un producto que se venderá en los mercados del Primer Mundo. Negociazo para los empleadores,

637. Por eso las grandes naciones industriales ni siquiera se molestan en producir, cierran sus fábricas y encargan el trabajo a países más pobres, con salarios más bajos.

para los intermediarios y para el consumidor final, que tendría que pagar diez veces más si el producto se hiciera en su país.

Paralelamente, la libre circulación de capitales estimula la creación de grandes centros financieros tan potentes que pueden imponer sus condiciones a naciones y a grupos de naciones. Los gobiernos democráticos, integrados por funcionarios que pueden cambiar cada pocos años y que, por lo tanto, deben asegurarse un futuro desahogado para ellos y para sus familias, tienden a secundar los intereses del capital.[638]

Ahora, los bancos salvados con nuestros impuestos pueden seguir explotándonos con sus hipotecas y sus préstamos, lo que les permite acumular copiosos beneficios sin restituir un céntimo. Las virtudes de la economía moderna, productividad, innovación y competitividad tienen su envés en el consumismo desenfrenado y en la explotación globalizada.

LA GLOBALIZACIÓN

638. Recuerde el lector que ayudaron, con los impuestos extirpados a la clase media y a los pobres, a reflotar los bancos aquejados por la crisis del 2008. No menciono a la plutocracia porque ya se encarga ella de eludir los impuestos con ingenierías financieras en sus paraísos fiscales. Uno de estos paraísos, en las Islas Caimán, quinto centro bancario del mundo, tiene más bancos y sociedades registradas que habitantes. Gibraltar, lo mismo, y de eso viven. Otros paraísos se sitúan en las Bahamas, las islas Vírgenes británicas, las Bermudas, San Martín, Vanuatu, las islas Cook, la isla Mauricio, Luxemburgo, Suiza, las islas Anglo-Normandas, Dublín, Mónaco, Malta... todos lugares estupendos donde podría rodarse una película de James Bond.

CAPÍTULO 125

El ocaso de Occidente

Si la historia fuera cíclica, como mantienen ciertos filósofos, cabría preguntarse: suponiendo que Occidente esté en decadencia, ¿qué barbarie (en la acepción noble y clásica del término) se vislumbra que pueda renovar a la vieja Europa a medio plazo?

La necesidad de mano de obra barata (y cierta mala conciencia por un pasado de explotación colonial) ha favorecido la entrada en Europa de veinticinco millones de musulmanes de baja cualificación, muchos de ellos analfabetos.[639]

Algunos partidos europeos, por fortuna minoritarios, se complacen en sembrar la alarma, como la Casandra troyana, al señalar que estos emigrantes no se integran[640] y que constituyen un caldo de cultivo favorable al fundamentalismo islámico.[641]

639. En España sólo hay millón y pico, pero en Francia hay cuatro millones; en Alemania, tres millones; en Inglaterra, casi dos millones; Holanda, Bélgica y los países nórdicos también tienen su cuota.

640. Admitamos que algunas minorías resultan inasimilables (recordemos el caso de los gitanos, que mantienen tercamente sus costumbres), especialmente si en las raíces de la cultura anida el rechazo a esa asimilación. En el caso de los musulmanes «pueden casarse con cristianas, dejándolas incluso practicar su fe, pero ninguna musulmana puede casarse con un cristiano, por ser delito religioso y social penado con la muerte» (Emilio García Gómez, *Diario ABC*, 26 de enero de 1982).

641. Según estos críticos, lo demuestra el hecho de que los terroristas de los autobuses de Londres y de los atentados de Francia fueran musul-

No tienen en cuenta que la tolerancia, la convivencia pacífica y el respeto a las culturas diferentes (la multiculturalidad) son esenciales en el sistema de valores de Occidente.[642] Los antiguos colonialistas y negreros hemos evolucionado y ahora nos hemos vuelto tan bondadosos que toleramos incluso a quienes no respetan nuestras normas y leyes.

Estos partidos alarmistas quieren persuadirnos de que los emigrantes musulmanes son el caballo de Troya que ingresa en Europa para destruirla. «Vienen huyendo de una forma de vida que los condena a la miseria, pero la traen consigo y pretenden imponérnosla», nos dicen, y citan profusamente a Montalambert: «Cuando soy débil os reclamo la libertad en nombre de vuestros principios; cuando soy fuerte os la niego en nombre de los nuestros.»

Esos partidos, afortunadamente minoritarios, no advierten que lo que puede parecer fanatismo religioso, intolerancia o discriminación de la mujer son idiosincrasias culturales que deben encuadrarse en su propio contexto y valorarse por sus propios principios.

Es cierto que, confrontados con los valores de la democracia occidental y su sistema de libertades, los musulmanes experimentan un visceral rechazo. Pero ¿acaso no constituyen la esen-

---

manes de segunda y tercera generación, nacidos en el país, jóvenes privilegiados que tenían a su disposición libertades cívicas, escuelas, seguridad social, modernos servicios y la posibilidad de una vida muy superior a la que llevan sus correligionarios en los países islámicos.

642. Un ejemplo de su negativismo: al pie de un póster amable y conciliador del Ministerio de Asuntos Sociales que señala que los emigrantes de procedencia tercermundista «nos traen mundos», añaden a rotulador, con toda la mala baba, «... que creíamos superados». Otros critican las sugestivas declaraciones al *sheij* («sabio») Mohamed Bakri, un hombre cuyo fundado discurso se respeta en la comunidad islámica, cuando avisa: «España es un país que ocupa tierra árabe, como ha hecho Israel con la tierra palestina. [...] Todo musulmán, incluso los españoles convertidos, tiene que combatir contra las fuerzas que ocupan Al-Andalus hasta su liberación total y su entrega a la comunidad islámica» (declaraciones a *Tiempo*, 24 de marzo de 2003).

cia misma de nuestra cultura la tolerancia y el contraste de pareceres? ¿No caben sus costumbres bajo el amable paraguas de la multiculturalidad que ya va siendo amplia como la carpa de un circo? ¿No aportan los que llegan soluciones a nuestra angustia existencial?[643]

La gente sencilla e impresionable se alarma, pero ¿por qué hemos de ver la botella medio vacía y no medio llena? ¿Por qué no pensar que el islam ha desembarcado en la vieja y decrépita Europa, tercamente aferrada a sus democracias liberales y a sus derechos humanos, para renovarla con la savia joven de su sangre y con las exquisitas formas de vida ancestral que su cultura aporta? Considerémoslo en su verdadera dimensión: una inyección de vigor en esta sociedad occidental abotargada y exhausta que ha perdido el pulso y el rumbo, un estilo de vida renovado y fresco que floreció en lejanos desiertos y que nos permitirá recuperar superados atavismos.[644]

Por otra parte, ¿qué objeto tiene resistirse a lo inevitable? De-

643. Desde luego que sí. En una reciente manifestación islámica celebrada en Londres (también denominado Londostán) se leía en una pancarta: «Europa es el cáncer, el islam es la medicina.»

644. Hay que reconocer que a veces son los propios musulmanes los que no ayudan. En un programa de la televisión catarí Al Yazeera (21 de febrero de 2006) la psicóloga y periodista siria nacionalizada estadounidense Wafa Sultán se despachó con las siguientes sonrojantes acusaciones que no soportarían el más mínimo examen crítico: «El enfrentamiento que estamos presenciando en el mundo no es un enfrentamiento entre dos religiones ni entre dos civilizaciones. Es un enfrentamiento entre dos polos opuestos, entre dos eras. Es un enfrentamiento entre una mentalidad que pertenece a la Edad Media y otra mentalidad que pertenece al siglo XXI. Es un enfrentamiento entre el progreso y el atraso, entre lo civilizado y lo primitivo, entre la barbarie y lo racional. Es un enfrentamiento entre la libertad y la opresión, entre la democracia y la dictadura. Es un enfrentamiento entre derechos humanos por una parte y la violación de esos derechos por la otra. Es un enfrentamiento entre aquellos que tratan a las mujeres como animales y aquellos que las tratan como seres humanos.» Afortunadamente otras voces más cualificadas han contrarrestado los infundios de esta señora y siguen la senda marcada por el presidente del gobierno español José Luis Rodríguez Zapatero en la 59.ª

bido a las altas tasas de natalidad de los emigrantes, que contrastan con las bajas tasas de los europeos, la población musulmana aumenta sin cesar.[645] Nosotros quizá no lo veamos, pero nuestros nietos asistirán a la instauración de la civilización islámica en Europa. Es posible que esos nietos gasten barba y usen turbante o velo. Lo único discutible es la fecha en que la entidad política Europa dejará de serlo para transformarse en Eurabia. Si mantenemos al mismo ritmo la tasa de nacimientos, el feliz acontecimiento ocurrirá hacia el año 2050.[646] Entonces más de la mitad de los europeos serán musulmanes y estarán en condiciones de imponer la *sharia* democráticamente.[647]

Asamblea General de la ONU, el 21 de septiembre de 2004, cuando propuso una «alianza de civilizaciones».

645. El especialista en temas del islam Piero Gheddo señala que «el islam tiene en sus manos, demográficamente, el futuro de Europa. Todos los años, los italianos disminuyen en ciento treinta mil. Pero aumentamos en cien mil inmigrantes, que son, en gran parte, musulmanes. Antes o después, el islam conquistará la mayoría en Europa. Por lo pronto en las cuatro ciudades más pobladas de los Países Bajos —Ámsterdam, Rotterdam, La Haya y Utrecht— el nombre Mohammed es el más difundido entre los recién nacidos. En Marsella y Rotterdam, el porcentaje islámico alcanza el 25 por ciento; en Malmö (Suecia) el 20; en Bruselas, el 15; en Londres, París y Copenhague, el 10.

646. Los jóvenes musulmanes daneses se muestran más impacientes y quieren adelantar la fecha a tenor por lo que declaran en una popular camiseta: «2030 y tomaremos el control.»

647. El ideólogo islámico Omar Bin Bakri lo ha avisado claramente: «Usaremos vuestra democracia para destruir vuestra democracia.» La misma opinión encontramos en el converso Ali González: «¿Cómo no vamos a creer en la democracia si con el voto pacífico y democrático de nuestra creciente población en vuestros países, creéis que os vamos a arrebatar el gobierno de Europa?» (Rodríguez Magda, 2006, p. 160). Piet Hein Donner, primer ministro holandés, admite la posibilidad de que «grupos musulmanes suban al poder (en Holanda) por medios democráticos. Cada ciudadano debe poder argumentar la razón para cambiar una ley, y que se obedezca tal ley... Si dos terceras parte de Holanda mañana desean introducir la ley *sharia*, hay que darles esa posibilidad... La mayoría es lo que cuenta. Ésa es la esencia de una democracia.»

Los romanos se dieron a la buena vida y permitieron que los esclavos hicieran su trabajo. Después otorgaron la ciudadanía romana a los pueblos sometidos y abrieron las fronteras a los bárbaros. No es necesario esforzarse mucho para establecer un paralelo entre la Roma antigua y el hedonista mundo occidental que importa mano de obra barata del Tercer Mundo para que le haga el trabajo sucio.[648]

¿Recuerdan a Amiano Marcelino, al que encontramos páginas atrás, el que criticaba a los jóvenes de su tiempo que, además de no dar palo al agua, pasaban las noches en las plazas molestando a los vecinos, se dejaban el cabello largo como los bárbaros (*crines maiores*) y vestían extravagantemente con una especie de chalecos de piel (*indumenta pellium*)? ¿No nos recuerda algo a los jóvenes europeos actuales?

Continuando con el paralelismo entre Roma y la Europa actual apuntemos que otra virtud fundamental romana, la honestidad (*pudicitia*) estaba en entredicho en tiempos de Amiano Marcelino después de que cada generación relajara un poco más las costumbres sexuales de la anterior...

A ello se unía el drástico descenso de la natalidad, especialmente la de las clases dirigentes. Unos siglos antes de Amiano Marcelino, en pleno auge del Imperio romano, César Augusto abroncaba a los patricios de Roma porque se habían entregado de tal manera a la molicie y a la comodidad que ni siquiera querían tener hijos, por evitar la obligación de criarlos. Augusto afeaba a los romanos que perdieran sus valores morales y se entregaran al lujo y al sexo desenfrenado (lo que incluía la prostitu-

648. Haciendo gala de nuestro refrán «donde comen tres, comen cuatro», la hidalga España se ha convertido en un permanente ejemplo para Europa y para el mundo desarrollado en lo tocante a facilidades de acogida de inmigrantes tercermundistas. Hace diez años los inmigrantes legales en nuestro territorio eran menos de un millón. En 2010 son seis millones, la mayor tasa de crecimiento de la Unión Europea. La población inmigrante registrada alcanza ya el 12 por ciento. El mayor aporte de riqueza étnica procede de Rumanía y de Marruecos, lo que conforma un prometedor futuro intercultural.

ción, la homosexualidad y el adulterio). «¡Roma no son las columnas ni las estatuas —clamaba el emperador en vista del descenso de la natalidad—: son los romanos, sus hijos!»

Para redondear la similitud entre el tiempo viejo supuestamente virtuoso y el tiempo nuevo claramente depravado, añadamos que, en tiempos de Amiano Marcelino, el ejército romano, que una vez fue invencible y extendió el dominio de Roma por casi todo el orbe conocido, estaba prácticamente integrado por mercenarios procedentes de los pueblos sometidos, que llegaron para hacer el trabajo sucio y terminaron quedándose con el negocio y expulsando a sus amos (las invasiones bárbaras). Hoy los ejércitos de Occidente, y no digamos el español, alistan cada vez más soldados profesionales reclutados en el Tercer Mundo.[649]

¿Qué nos depara el futuro? Eso nadie lo sabe. Que Europa se precipita a su decadencia es cosa segura: pensemos que sólo somos el 7 por ciento de la población mundial, una peninsulita en el extremo occidental del continente euroasiático, una pilila encogida, de viejo prostático, que vive su decrepitud adormecida en el sueño de sus pasados esplendores, los de su dorada mocedad, cuando ordenaba, y ordeñaba, el mundo. Dos devastadoras guerras mundiales y enconadas rencillas familiares nos han conducido a esta postración de la que ni siquiera la pertenencia al disciplinado Cuarto Reich alemán, capital *Eleuro*, parece que baste para salvarnos. El futuro, mejor o peor, parece que será de los emergentes, de los que pronto alcanzarán a Estados Unidos (e incluso los superarán), o sea China, la India, Brasil y hasta puede que Rusia.

Dios dirá.

No se me depriman. A pesar de todo, la vida es bella.

649. Los soldados musulmanes en las guarniciones de Ceuta y Melilla (ciudades que Marruecos reclama como suyas) son ya más del 30 por ciento, cifra nada escandalosa si tenemos en cuenta que los emigrantes magrebíes establecidos en España rondan el millón y medio.

La Declaración de los Derechos del Hombre.

Bibliografía

Asimov, Isaac, *Historia y cronología del mundo*, Ariel, Barcelona, 2006.

Blainey, Geoffrey, *Una brevísima historia del mundo*, Península, Madrid, 2004.

Bock, Susan, *Los hunos, tradición e historia*, Secretariado de Publicaciones, Universidad de Murcia, 1992.

Busquets, Lluís, *Última noticia de Jesús el Nazareno*, Destino, Barcelona, 2007.

Cunqueiro, Álvaro, *Obras literarias I y II*, Fundación Castro, Madrid, 2006.

Diamond, Jared, *Armas, gérmenes y acero. La sociedad humana y sus destinos*, Debate, Madrid, 1998.

Eslava Galán, Juan, *Roma de los césares*, Barcelona, Planeta, 1988.

—, *Tartessos y otros enigmas de la historia*, Planeta, Barcelona, 1994.

—, *Cleopatra, la serpiente del Nilo*, Planeta, Barcelona, 1993.

—, *Julio César, el hombre que pudo reinar*, Planeta, Barcelona, 1995.

—, *El enigma de Colón y los descubrimientos de América*, Planeta, Barcelona, 1992.

—, *Una historia de la guerra civil que no va a gustar a nadie*, Planeta, Barcelona, 2005.

Fanjul, Serafín, *Buscando a Carmen*, Siglo XXI, Madrid, 2012.

Galbraith, John Kenneth, *A Journey Through Economic Time*, Houghton Mifflin, Boston, 1994.

Harris, Marvin, *Nuestra especie*, Alianza, Madrid, 1995.

JORDANES, *Origen y gestas de los godos*, ed. de José María Sánchez Martín, Cátedra, Madrid, 2001.
KÜNG, Hans, *La Iglesia católica*, Mondadori, Barcelona, 2002.
LOCHHART, James, *The men of Cajamarca*, University of Texas Press, Austin, 1972.
MAALOUF, Amin, *The crusades through Arab eyes*, Schocken Books, Nueva York, 1984.
MAGRASSI, Guillermo, *Los aborígenes de la Argentina*, Búsqueda, Yuchán, 1989.
MARCELINO, Amiano, *Historias*, Gredos, Madrid, 2010.
MCNEILL, J. R., *Mosquito empires. Ecology and war in the Greater Caribbean, 1620-1914,* Cambridge University Press, Nueva York, 2010.
MONTSERRAT TORRENTS, Josep, *Jesús, el galileo armado. Historia laica de Jesús,* Edaf, Madrid, 2007.
MUÑOZ CAMARGO, Diego, *Historia de Tlaxcala*, Dastin, Madrid, 2002.
OVERY, Richard, *Por qué ganaron los aliados*, Tusquets, Barcelona, 2011.
RESTALL, Matthew, *Los siete mitos de la conquista española*, Espasa Calpe, Madrid, 2004.
RODRÍGUEZ MAGDA, Rosa María, *La España convertida al islam,* Áltera, Barcelona, 2006.
ROJAS, Carlos, *¿Por qué perdimos la guerra?*, Planeta, Barcelona, 2000.
—, *Diez crisis del franquismo*, La Esfera de los Libros, Madrid, 2003.
SAN JERÓNIMO, *Cartas selectas de San Jerónimo*, versión directa del latín, Guadalupe, Buenos Aires, 1945.
SÁNCHEZ DRAGÓ, Fernando, y Albert BOADELLA, *Dios los cría...*, Planeta, Barcelona, 2010.
SOLAR, David, *La caída de los dioses*, La Esfera de los Libros, Madrid, 2006.
—, *Cavernas, pirámides, imperios*, Espasa, Madrid, 2011.
THEISSEN, Gerd, y Annette MERZ, *El Jesús histórico*, Ediciones Sígueme, Salamanca, 1999.
WEIGHTMAN, Gavin, *Los revolucionarios industriales. La creación del mundo moderno, 1776-1914*, Ariel, Barcelona, 2008.
WESSERLING, Henry L., *Divide y vencerás. El reparto de África, 1880-1914*, RBA, Barcelona, 2010.

Índice alfabético

Otros títulos del autor en Booket: